AF745135

Analyse de la dualité juridique au Cambodge

Collection « Droit international »
Collection fondée et dirigée par Gérard Teboul, professeur à l'université Paris-Est

Au regard du champ disciplinaire qu'elle couvre, la collection « Droit international » présente un caractère transversal : si elle accueille des ouvrages de droit international public ou de droit international privé, elle est ouverte également à des études portant sur des thématiques – nouvelles et de plus en plus nombreuses – se situant au confluent de ces deux disciplines. Par ailleurs, la collection « Droit international » n'entend aucunement privilégier des travaux de nature théorique ou de nature pratique : toute théorie maîtrisée doit reposer sur une connaissance sérieuse de la pratique tandis que toute analyse pratique ne saurait valablement éclairer une problématique juridique sans une compréhension de ses fondements théoriques. Ainsi, la présente collection se propose de contribuer à la connaissance de tous les aspects du droit international, branche du droit qui, au fil des ans, tient une place croissante au sein des disciplines juridiques.

Déjà parus

Abdelbasset Ibrahim, *La délégation de compétences des organisations internationales*, 2023.

Yoleth Laínez Calderón, *L'attente légitime en droit international économique*, 2023.

Alejandra Blanquet, *Le contrôle de régularité internationale des jugements étrangers, Étude comparée de droit international privé français et colombien*, 2023.

Ira Lymperopoulou, *L'européanisation du secteur de l'énergie. dans le contexte de crise de la dette Volume I, Les mutations structurelles : La création des marchés de l'énergie,* 2023.

Ira Lymperopoulou, *L'européanisation du secteur de l'énergie. dans le contexte de crise de la dette Volume II. Les mutations fonctionnelles : La nouvelle régulation des marchés de l'énergie*, 2023.

Hélène Sabalbal, *Le choix du droit applicable dans l'arbitrage d'investissement. Expérience euro-arabe*, 2022.

Bienvenu Okiemy, *La justice pénale internationale au prisme du parcours judiciaire de Jean-Pierre Bemba Gombo*, 2022.

Siphana Sok

Analyse de la dualité juridique au Cambodge

L'Harmattan

5-7, rue de l'École-Polytechnique - 75005 Paris

www.editions-harmattan.fr

ISBN : 978-2-336-42530-6
EAN : 9782336425306

Remerciements

J'adresse mon infinie reconnaissance à mon épouse, KHIEU Mealy, pour son indéfectible soutien et pour tous les sacrifices qu'elle a faits pour moi tout au long de notre mariage. À ma fille, SOK Khieu Rosette, et à mon fils SOK Khieu Samithi, je tiens à leur témoigner ma reconnaissance pour leur amour et leurs encouragements. Avec une immense affection pour mes sœurs et mes frères aux États-Unis, à mon oncle S.E. Dr. SAY Bory et son épouse S.E. Mme SUM Nipha, pour leur amour, leur attention et leur appui, quelles que soient les épreuves, tout au long de ma vie. J'espère les rendre fiers. En pensant avec grande tristesse à mes parents, feu Colonel SOK Ngieu et feu Mme HONG Hunny, et à mes oncles, feu Colonel HONG SAY Taing Khun et feu Dr. SAY Boran.

Principales abréviations

ACDI	Agence Canadienne de Développement International
AMF	Accord Multi Fibres
APD	Aide Publique au Développement
APRONUC	Autorité Provisoire des Nations Unies au Cambodge
ARPJ	Académie Royale des Professions Judiciaires
ASEAN	Association des Nations de l'Asie du Sud Est
AUF	Agence Universitaire de la Francophonie
BAD	Banque Asiatique de Développement
CCI	Centre du Commerce International
CDHNU	Conseil des Droits de l'Homme des Nations Unies
CEA	Communauté Économique de l'ASEAN
CETC	Chambres Extraordinaires au sein des Tribunaux Cambodgiens
CIRC	Comité International à la Reconstruction du Cambodge
CNAC	Centre National d'Arbitrage Commercial
CNRP	Cambodia National Rescue Party
CNUCED	Conférence des Nations Unies sur le Commerce et le Développement
CNUDCI	Commission du droit commercial international des Nations Unies
CNS	Conseil National Suprême
COHCHR	Cambodia Office of the High Commissioner for Human Rights
CRA	Conseil pour la Réforme Administrative
CRJ	Conseil pour la Réforme judiciaire
CSM	Conseil Suprême de la Magistrature
CSRE	Conseil Suprême sur la Réforme de l'État
DFID	Department for International Development
DK	Kampuchéa Démocratique

ECOSOC	Conseil économique, social et culturel (Economic, Social et Culturel Council)
ERA	École Royale d'Administration
FLE	Français Langue Étrangère
FMI	Fonds Monétaire International
GATT	Accord Général sur les Tarifs Douaniers et le Commerce
ICD	Instrument de Coopération au Développement
JICA	Agence Japonaise de Coopération Internationale
MPNRD	Mise en œuvre du Programme National pour la Reconstruction et le Développement du Cambodge
ODM	Objectifs de Développement du Millénaire
OIT	Organisation Internationale du Travail
OMC	Organisation Mondiale du Commerce
OMPI	Organisation Mondiale de la Propriété Intellectuelle
ONUDI	Organisation des Nations Unies pour le Développement Industriel
PDEC	Principes du Droit Européen des Contrats
PDI	Politique de Développement Industriel
PDSE	Plan de Développement Socio-Économique
PDSN	Plan de Développement Stratégique National
PIDCP	Pacte International relatif aux Droits Civils et Politiques
PIDESC	Pacte International relatif aux Droits Économiques, Sociaux et Culturels
PMA	Pays les Moins Avancés
PNRD	Programme National de Réhabilitation et de Développement du Cambodge
PPC	Parti du Peuple Cambodgien
RPK	République Populaire du Kampuchéa
SGP	Système Généralisé de Préférences
SIDA	Swedish International Development Cooperation Agency
UCJ	Unité de Coordination Juridique
UE	Union Européenne
UNICEF	Fonds des Nations unies pour l'Enfance
URDSE	Université Royale de Droit et de Sciences Économiques
Art.	Article

Introduction

« Patiemment, le Cambodge bâtit ou perfectionne ses institutions... le droit du Cambodge est en cours de refonte dans la plupart de ses branches... Accueillant tous les apports extérieurs, notre pays a comme souci de choisir ceux qui se fondent le plus heureusement dans le moule de son génie propre. Il n'entend pas innover dans le legs de son histoire longue et mouvementée, mais retenir tout ce qui est conforme à sa destinée et à ses besoins. Comment n'aurait-il pas, dans ces conditions, un penchant particulier pour les idées maîtresses du droit privé français qui doivent tant elles-mêmes aux institutions de l'ancienne Rome et dont la renommée est telle que de nombreux pays étrangers, qu'ils soient ou non de culture latine, ont cru devoir s'en inspirer. »
Préface de S.A.R. Samdech Preah Norodom Sihanouk dans Clairon Marcel (M.), Manuel de procédure civile et voies d'exécution, 2e éd. 1959.

Le Cambodge s'est construit sur un ensemble unique de facteurs historiques qui ont façonné son processus de développement. Il est clair que l'ampleur de la transition que le Cambodge a traversée au cours de ces dernières décennies a été dramatique comparée à d'autres pays. Depuis le début des années 1990, le Cambodge a réécrit sa constitution et a expérimenté ses ouvertures politiques, avec l'instauration d'élections libres et la mise en place d'institutions sur la base d'un modèle démocratique. Cette décennie a vu un déplacement de la tendance post-conflit vers la stabilisation et la reconstruction du pays. Les années 2000 ont quant à elle tendu vers un stade plus classique de croissance et de développement. Le changement a été marqué par le passage d'un modèle à forte prééminence étatique à une approche fondée davantage sur le marché, se traduisant par un effort significatif pour s'intégrer aux économies régionales et mondiales. Selon les statistiques mondiales et régionales, le Cambodge a connu une évolution remarquable. En effet, malgré l'impact de la Crise financière Mondiale et du ralentissement économique associé en 2009, le Cambodge a connu une croissance moyenne de son PIB (produit intérieur brut) d'environ 7 pour cent par an au cours de ces 20 dernières années.

À la lumière des progrès accomplis ces dernières décennies, force est de constater que la politique, le système juridique et les institutions semblent avoir joué un rôle de premier plan dans le développement économique effréné du Cambodge. Bien que le progrès du pays pourrait être dû à ses propres dotations culturelles et à son influence géopolitique, une hypothèse pencherait plutôt en faveur de la politique entreprise consistant à rattraper le développement des pays occidentaux, mais aussi celui d'autres pays d'Asie qui constituent des références dans le domaine de l'intégration économique et commerciale. Dans le même temps, ce développement rapide permet de pointer du doigt la difficile harmonisation des institutions judiciaires du pays. En effet, ce qui dessert ce développement rapide réside dans la difficulté qu'a le pays à garantir une certaine prévisibilité et sécurité juridique, deux éléments pourtant essentiels au bon fonctionnement de l'économie de marché.

Durant la dernière décennie, les réformes juridiques et judiciaires ont constitué une priorité critique sur le programme de développement du Cambodge. En interne, la complexité croissante des interactions sociales en raison de la démocratisation, de l'urbanisation rapide et des réformes du marché a créé des demandes sans précédent de la part du secteur privé pour une meilleure définition des droits et obligations en vigueur. Est donc apparue la nécessité d'améliorer les systèmes de règlement des différends, et ce en dehors du système juridique national. À l'international, des pressions sont exercées par les marchés concurrentiels, par les engagements internationaux découlant de l'adhésion du Cambodge à l'ASEAN[1] et par son adhésion à l'OMC[2]. Ces nouveaux engagements ont produit au fil du temps des contraintes accrues en vue d'une amélioration de la performance économique du pays. L'entrée imminente dans la Communauté économique de l'ASEAN (CEA) et son objectif de devenir un pays à revenu moyen inférieur sont des facteurs ajoutant de nouvelles pressions sur le processus de réforme.

L'expérience du Cambodge en matière de réforme juridique est en contraste frappant avec sa modernisation économique. D'aucuns estiment que le progrès économique considérable au Cambodge a été fait sans le bénéfice d'un État de droit fort et n'a pas été accompagné par l'institutionnalisation des règles d'État de droit dans les régimes juridiques commerciaux. En fait, l'exemple cambodgien semble indiquer que des niveaux élevés de la performance économique ont peu ou quasiment pas de rapport avec le développement d'un système juridique crédible.

Alors que la culture seule n'est peut-être pas suffisante pour expliquer le développement économique du Cambodge, il ne fait aucun doute que celle-ci est extrêmement importante pour influencer et contribuer à sa performance

---

[1] Acronyme en Anglais pour Association des Nations de l'Asie du Sud-est – ANASE – Une communauté qui compte 10 pays dont Brunei, le Cambodge, l'Indonésie, le Laos, la Malaisie, le Myanmar, les Philippines, Singapour, la Thaïlande et le Vietnam.

[2] Voir WTO, *Accession of Cambodia Memorandum on the Foreign Trade Regime*, (1999).

économique. Le socle des normes sociales régissant le peuple cambodgien, y compris vis-à-vis de la politique et de la gestion publique, s'appuie sur des règles institutionnelles sociales et culturelles qui ont été mises en place depuis l'époque précoloniale. Beaucoup de ces règles façonnent les systèmes informels qui sont si influents dans la vie nationale cambodgienne.

Les effets dépendant du parcours historique sont au cœur de la compréhension du développement juridique du Cambodge. La forme et la structure actuelle du système juridique cambodgien sont largement le résultat de distorsions historiques, parmi lesquelles les plus extrêmes ont eu lieu pendant le régime Khmer Rouge de Pol Pot. Le système juridique cambodgien a évolué au fil du temps à travers une série de contributions de diverses sources législatives, en commençant par les premiers jours avec les règles coutumières d'origines asiatiques, puis à travers les codes issus de l'influence française pendant le protectorat français. S'y sont également mêlées les traditions du droit civil issues du socialisme, les lois transitoires de l'Autorité Provisoire des Nations unies au Cambodge (APRONUC) et enfin les systèmes juridiques contemporains de la monarchie constitutionnelle du Cambodge. Plus récemment, le Code civil reflète une influence du système japonais, du droit commercial d'inspiration-saxonne et d'autres traités internationaux et conventions conduites par l'adhésion aux engagements de l'OMC et de l'ASEAN.

La mondialisation ou l'internationalisation du droit, ce qui signifie principalement la transplantation de lois occidentales, a joué un rôle énorme au Cambodge à partir de l'avènement de la présence de l'APRONUC. En cherchant à consolider et à développer le progrès économique, un petit groupe de législateurs et de décideurs politiques a commencé à modifier les lois et les institutions judiciaires, empruntant majoritairement aux pays occidentaux - quasiment *ex nihilo* – ce qui explique pourquoi les terminologies juridiques étrangères, les structures et la méthodologie sont si prégnantes dans les lois cambodgiennes.

Dans la plupart des cas, les transferts juridiques se font dans le cadre des programmes d'assistance technique. Un certain nombre de lois adoptées au Cambodge ont été développées avec le soutien et le financement des organismes multilatéraux et des donateurs étrangers, dont les règles de passation des marchés publics sont à la disposition d'experts internationaux pour aider à l'élaboration des lois, ce qui est un facteur contribuant à la diversité du cadre juridique du Cambodge.

Globalement, la double voie du développement juridique empruntée par le Cambodge a été influencée dans une large mesure par des orientations et des projets extérieurs. Les bailleurs de fonds, notamment, offrent un soutien essentiel pour le secteur juridique et constituent en quelque sorte le point d'orgue de tous les efforts entrepris en termes de réforme juridique, judiciaire et institutionnelle. Les principaux points à l'ordre du jour de la réforme juridique et judiciaire ont été inclus, servant comme points de repère et sont un objectif principal de la pression diplomatique et de l'aide économique. Les investisseurs soutiennent également l'action des ONG nationales et internationales qui exercent également une certaine influence sur la réforme juridique.

Tout en soulignant la nécessité de stimuler les institutions sociales, politiques et économiques pour favoriser le développement, un bon nombre de ces projets de réforme juridique sont conçus avec un accent porté sur les droits de l'homme, l'amélioration de la gouvernance, l'indépendance judiciaire et les campagnes de lutte contre la corruption, pour la transparence et tous moyens d'accroître la reddition de comptes. Ces influences, combinées à l'aide des Occidentaux au Cambodge, tentent d'opérer un remodelage qui se traduit par le renforcement des institutions existantes dans un moule néo-libéral.

Malgré cet enthousiasme, la greffe juridique d'une multitude de systèmes parfois contradictoires avec le socle culturel économique et sociopolitique du pays s'est accompagnée de certaines difficultés. D'une part, beaucoup d'éléments laissent à penser que nombre de ces lois étrangères importées sont restées lettre morte et sans influence dans le contexte du changement économique éclair. L'application des lois issues de greffes juridiques au Cambodge n'est souvent effective que lorsque des intérêts nationaux ont appelé à leur mise en œuvre et lors de révisions importantes de ces mêmes lois. Dans ce cas, l'efficacité de l'application de la loi demeure très dépendante du soutien politique qui lui est accordé.

Actuellement, le cadre juridique commercial du Cambodge reste insuffisant à plusieurs niveaux, qu'il s'agisse des lois de fond ou encore de la mise en œuvre de ces lois. Le Cambodge n'a pas la gamme complète de lois à laquelle certains investisseurs internationaux peuvent être habitués dans leur propre juridiction. En plus des lois votées par l'Assemblée nationale, un système élaboré de décrets, de sous-décrets et des circulaires ministérielles jalonnent le paysage juridique commercial. Il est souvent difficile d'accéder aux lois pertinentes concernant une transaction et encore plus difficile de trouver les règlements qui s'y appliquent. Cela conduit à une incohérence inhérente aux décisions judiciaires au Cambodge qui rend l'environnement juridique commercial hautement imprévisible.

CHAPITRE I –

Aperçu historique des politiques et de leurs évènements transformatifs au Cambodge

Le droit est culturellement indissociable de la société dans laquelle il a été créé. Il ne déroge pas à cette règle. Il ne peut se comprendre sans être restitué dans son contexte historico-géographique. À titre liminaire, il est donc essentiel d'avoir un bon aperçu de l'évolution de la société cambodgienne depuis la période Angkorienne. Comparé à d'autres pays de la région, le Cambodge se différencie nettement d'un point de vue politique, constitutionnel et juridique. En effet, ce cheminement est le résultat d'une évolution unique et d'un passé complexe. Le développement juridique du Cambodge peut s'envisager à travers une chronologie des évènements importants de son histoire politique qui sont indissociables des bouleversements juridiques qu'a connus le pays.

Il existe différentes façons d'analyser l'impact de ces moments historiques. Une approche chronologique de ces évènements transformatifs semble particulièrement appropriée dans le cas du Cambodge. Depuis son indépendance en 1953, le Cambodge a connu des changements fréquents, liés à un contexte politique et économique particulièrement marquant. Les différents types de modèles juridiques qui se sont ébauchés et appliqués à l'époque sont le fruit des tendances des divers régimes alors en place.

Afin d'avoir un panorama complet de cette évolution, il conviendra d'abord de rendre brièvement compte de la période allant du protectorat français jusqu'à l'arrivée des Nations Unies en 1991, marquant le rétablissement de la paix et la promulgation deux ans plus tard d'une nouvelle Constitution. Avant cette date, les institutions cambodgiennes ont été successivement influencées par leurs contacts avec l'Occident. Après avoir obtenu son indépendance, le pays a connu plusieurs bouleversements politiques, à commencer par le régime du « Sângkum Reastr Niyum » qui fut établi par le roi Norodom Sihanouk en 1955. Quinze ans plus tard, un coup d'État a renversé ce régime, instaurant un régime républicain de 1970 à 1975. Ce régime a ensuite laissé place au tristement célèbre régime des Khmers Rouges d'avril 1975 à janvier 1979.

Face aux conséquences de plusieurs années du régime Khmer Rouge, le Cambodge a dû être placé pendant près de 10 ans sous la protection des Vietnamiens, jusqu'en 1989. Un processus de paix lancé dans le cadre des Nations Unies a abouti à la signature de l'Accord de Paris en 1991. Une nouvelle Constitution a été promulguée par le roi Norodom Sihanouk le 24 septembre 1993.

La période suivant l'adoption de la Constitution peut être qualifiée de « Cambodge moderne », période marquée initialement par l'intervention de la communauté internationale qui chercha à instaurer un processus de paix alors que la Guerre Froide venait de s'achever. L'exemple du Cambodge pourrait en quelque sorte illustrer un changement de paradigme, marquant le passage à un pouvoir axé sur le marché et la démocratie libérale comme outil pour mettre un terme à un conflit armé. Un autre enjeu résidait également dans le fait de relancer le développement du pays. Outre le changement de paradigme, le pays est également un exemple parfait de transplantation juridique récente et des enjeux sous-jacents. C'est dans cette perspective que l'exemple du Cambodge peut être riche d'enseignements aussi bien théoriques que pratiques sur les errements et la lutte d'un pays pour trouver son identité juridique.

Le développement politique de la période précédant le Protectorat aux temps modernes

Le Cambodge est une civilisation millénaire. Considérée comme l'apogée de la civilisation khmère, la période Angkorienne s'étendit du Ve au XVe siècle après J.-C. À son apex, l'Empire khmer incluait non seulement l'actuel Cambodge, mais également une grande partie du Myanmar, de la Thaïlande, du Laos et du Vietnam[1].

Cette période glorieuse commença à décliner à la fin du XIIIe siècle. L'empire Khmer s'affaiblit alors, marqué par de longues guerres avec les Siamois (Thaïlandais) et les Annamites (Vietnamiens). Les siècles suivants furent également marqués par des conflits, le Cambodge se retrouvant dans une situation d'étau géographique face à divers ennemis d'origines différentes. Au cours des XVIIe et XVIIIe siècles, le pays souffrit de guerres civiles, tandis que les rois thaïlandais et vietnamiens entretinrent une invasion continue du pays, menant quasiment à son effondrement. Ainsi, au milieu du XIXe siècle, la Thaïlande s'empara de la région d'Angkor à l'Ouest tandis que le Vietnam imposa sa présence grandissante à l'Est.

---

[1] GROSLIER (B-P), *Angkor and Cambodia in the Sixteenth Century According to Portuguese and Spanish Sources* (trans : Michael Smithies), Orchid Press, (2006). L'étude scientifique de Groslier sur les récits des premiers missionnaires et aventuriers espagnols et portugais au Cambodge a été publiée en 1958. Il reconstruit une vaste image de la civilisation angkorienne, de son économie, du génie de ses ingénieurs et planificateurs, de ses fondements religieux uniques et du rôle humanitaire central de ses rois-dieux.

Confrontée à cette situation très difficile, Sa Majesté Norodom, alors roi du Cambodge, appela la France à venir en aide à son pays. C'est dans ce contexte-là que le Protectorat français fut introduit en 1863, sous le règne du roi Norodom 1er, empêchant ainsi le pays de tomber sous la domination de ses ennemis d'alors. En 1884, le Cambodge devint ainsi une colonie virtuelle[2] et peu de temps après, il rejoignit l'Union de l'Indochine avec l'Annam, le Tonkin, la Cochinchine et le Laos[3].

La capitale fut transférée à Phnom Penh avec le protectorat français en 1863. Par la suite, le Royaume entreprit ses premières démarches vers une modernisation juridique, sous l'impulsion du roi Sisowath[4] et du gouverneur général d'Indochine à la fin du XIXe siècle, Paul Doumer[5]. Ainsi furent promulgués : la mise en place d'un registre d'état civil, l'introduction d'un Code pénal et d'un Code civil[6]. Cette période vit également la redécouverte du site d'Angkor, qui fut par la suite conservé sous l'égide de l'École Française d'Extrême-Orient[7].

La France continua à contrôler le pays même après le début de la Seconde Guerre mondiale avec le gouvernement de Vichy. En 1945, les Japonais mirent fin à l'administration coloniale et le roi Norodom Sihanouk déclara un gouvernement indépendant et anticolonial sous la direction du Premier ministre Son Ngoc Thanh. Ce gouvernement fut cependant très éphémère puisqu'il prit fin dès octobre 1945 avec la victoire des Alliés.

---

[2] Pour apprécier la société coloniale à travers une perspective de journaliste voir JENNAR (Raoul M.), *Comment Malraux est devenu Malraux*, CapBear edition, (2015).

[3] Pour une analyse savante d'une généalogie culturelle de la formation de l'État au Cambodge à travers une évaluation de l'impact du colonialisme français sur la pensée khmère moderne et l'édification de la nation, voir EDWARDS (Penny), *Cambodge : The Cultivation of a Nation, 1860-1945*, University of Hawaïi Press, 2007; Voir aussi TULLY (John), *France on the Mekong : a History of the Protectorate in Cambodia*, 1863-1953 (2002).

[4] Voir TULLY (John), *Cambodia under the Tricolour: The Sisowath Years*, (1996).

[5] Paul Doumer a été gouverneur général d'Indochine entre 1897 et 1902, cela ne se passe donc pas en même temps que le transfert de la capitale.

[6] ROS (Chatrabot), *Les recherches en sciences humaines et sociales sur le Cambodge, un survol historique*, *In* ROYAL UNIVERSITY OF PHNOM PENH, *The 5th Socio-Cultural Research Congress on Cambodia*, (2002). pp. 461-467. Il est à noter que les débuts de la présence française, les années 1880-1910 ont connu une impressionnante production de travaux fondamentaux au Cambodge, résultant de la collecte et de la première mise en ordre des matériaux les plus divers (chroniques historiques, coutumes et festivités, codes, vocabulaire, littérature savante et populaire). Parmi ces grands hommes, on pourrait citer entre autres les noms de Jean MOURA, de Gustave JEANNEAU, d'Etienne AYMONIE et d'Adhemar LECLERE, ce dernier est résident en plusieurs postes au Cambodge (Kratie et Kampot). C'est une personnalité exemplaire de ces temps pionniers des études cambodgiennes. Ses synthèses restent fondamentales, en particulier ses ouvrages sur les Codes cambodgiens ou sur le bouddhisme au Cambodge qui n'ont jamais été « surpassés ».

[7] Pour les dernières révélations des temples d'Angkor à travers de la technologie laser scanning voir COE (D. Michael), EVANS (Damian), *Angkor and the Khmer Civilization*, 2nd ed., Thames & Hudson, (2003).

Cette première constitution fut par la suite modifiée avec un changement du régime politique découlant d'un coup d'État soutenu par les États-Unis en 1970[8]. La Constitution de 1972 abolit ainsi la monarchie cambodgienne et définit le pays en tant que « République Khmère ». Par la suite, le pays fut plongé dans une guerre civile entre le gouvernement de Lon Nol, les forces de résistance loyales envers le prince Sihanouk et les communistes Khmers Rouges. Cette guerre civile continua jusqu'à la chute de la République le 17 avril 1975, date de la prise de Phnom Penh par les Khmers Rouges.

En 1976, les Khmer Rouges adoptèrent leur propre Constitution et créèrent, sous l'égide de Pol Pot le « Kampuchéa Démocratique (DK) »[9], un régime qui réunit les trois branches du gouvernement – l'exécutif, l'Assemblée législative et le pouvoir judiciaire – sous une seule institution nommée l'« *Angkar* ». Ce régime mit en place un système communiste maoïste favorisant l'ultra-collectivisme, s'accompagnant d'un bouleversement total de l'économie, à la faveur d'un processus de nationalisation extrême, de désindustrialisation et de l'abolition de toute forme de propriété privée. Bien que ce régime atroce et génocidaire n'ait duré que 3 ans, 8 mois et 20 jours, on estime qu'il a été responsable de la mort de plus de 2 millions de personnes, marquant la période la plus sombre de l'histoire du Cambodge[10].

Vers la fin décembre 1978, les forces vietnamiennes lancèrent une intervention[11] éclair au Cambodge et parvinrent à prendre Phnom Penh le 7 janvier 1979, mettant en déroute l'armée des Khmers Rouges qui s'enfuit vers l'ouest en direction de la Thaïlande[12]. La « République populaire du Kampuchéa (RPK) » fut par la suite instaurée, avec à sa tête M. HENG Samrin, chef de l'État et Président du parlement[13]. En 1981, la RPK adopta une nouvelle Constitution, établissant une économie socialiste, un système de parti unique et une politique étrangère orientée vers d'autres pays socialistes. Cette constitution fut modifiée en 1989, lorsque la RPK devint « l'État du Cambodge »[14].

En 1991, un processus de paix soutenu par les Nations Unies a été entamé à la suite de la conclusion des Accords de Paris, dont les principaux objectifs étaient de poursuivre la réconciliation nationale entre les quatre factions

---

[8] STONE (Oliver.) et al, *The Untold History of the United States*, (2012).

[9] DY (Khamboly), *A History of Democratic Kampuchea (1975-1979)*, (2007).

[10] Trente ans plus tard, l'institut Sleuk Rith a été mis en place dans le but de documenter les atrocités de cette période. Voir SLEUK RITH INSTITUTE, *Building a Permanent Documentation Center of Cambodia : Helping Cambodians remember, heal, and build a brighter future after the legacy of the Khmer Rouge*, (2010).

[11] Voir KLINTWORTH (Gary), *Vietnam's Intervention in Cambodia in International Law*, (1989).

[12] CHHANG (Song), *The Origin of the Cambodian-Vietnamese Border Conflict*, Cambodia Affairs Institute, Inc., (1978). p. 8.

[13] HENG (Samrin), *The People's Struggle Cambodia Reborn*, (2018).

[14] HEDER (Steve), *Cambodian Communism and the Vietnamese Model (Vol. 1). Imitation and Independence, 1930-1975*, (2004).

belligérantes et de reconstruire le pays[15]. Cet accord transféra aux Nations Unies le plein pouvoir pour la supervision du pays. Cela a été l'occasion d'instaurer un cessez-le-feu, de rapatrier les Khmers déplacés le long de la frontière avec la Thaïlande, de désarmer et de démobiliser les armées afin de préparer le pays à des élections libres. Une nouvelle assemblée constituante fut établie par des élections universelles et une nouvelle Constitution promulguée par le roi Norodom Sihanouk le 24 septembre 1993[16]. Le Cambodge est alors devenu un pays démocratique pluraliste avec un gouvernement dirigé par le Prince Norodom Ranariddh et M. Hun Sen.

La période précédant le Protectorat : le droit régissant la société cambodgienne

Selon les historiens, le droit régissant la société cambodgienne pendant les périodes du Funan et du Chenla suivait les doctrines de l'Hindouisme et du Brahmanisme influencées par des lois indiennes[17]. Les règles mises en place pour gouverner l'administration provenaient alors essentiellement du roi. Antérieurement à 1863, il existait un État cambodgien et donc un ordre juridique cambodgien, mais celui-ci était construit sur la concentration des pouvoirs entre les mains d'un monarque absolu. Jusqu'au début du protectorat français, le roi était officiellement considéré comme le juge suprême et toutes les lois émanant de ses décisions étaient codifiées.

À l'égard des éventuels abus de pouvoir émanant de l'administration, les Cambodgiens auraient cherché des voies de recours au sein de l'administration elle-même ou par requête directe auprès du roi, mais le recours à un organisme indépendant n'a pas été envisagé. Il existe donc un vaste et complexe système d'administration qui exerceraient leurs mandats au nom du roi, étant placés directement sous son autorité.

---

[15] Les quatre factions sont composées du (1) PPC – le parti au pouvoir actuel ; (2) FUNCIPEC (créé par l'ancien roi NORODOM Sihanouk et plus tard dirigé par son fils NORODOM Rannaridh), (3) Parti démocratique, libéral et bouddhiste (composé principalement d'anciens républicains et dirigé par M. SON San) ; et (4) le parti du Kampuchéa démocratique (connu sous le nom de parti POL Pot).

[16] Sur la procédure d'adoption des constitutions cambodgiennes, voir GAILLARD (Maurice), *Démocratie Cambodgienne, La constitution du 24 septembre 1993*, l'Harmattan, (1994). p. 135.

[17] Il est dit dans l'histoire que la société Funan suivait les idées d'un Brahman nommé Kaundiny. La société Funan ayant des relations commerciales étroites avec l'Inde et la Chine, elle a été progressivement influencée par les règles de ces pays. Voir BALIVET Béatrice (coordinatrice), *Introduction au droit cambodgien (Introduction to Cambodian Law),* Presse Universitaire du Cambodge, (2005), p. 3-4.

La période du Protectorat : Le début de la transplantation du système juridique français

Le 11 août 1863, le roi Norodom signe un traité bilatéral avec le gouverneur français, Pierre-Paul de la Grandière, mettant le Cambodge sous protectorat français. Lors de la signature du protectorat, le Roi s'engage à accepter toutes les réformes administratives, judiciaires, financières et commerciales que la France sera amenée à prendre. Par la suite, une nouvelle tradition administrative calquée sur le modèle français fut introduite. Dans ce cadre, le Cambodge devait également maintenir ses relations pendant près d'un siècle avec la France qui restait en charge des relations internationales, le Cambodge n'ayant qu'une autonomie interne[18].

L'administration française entreprit ainsi une série de réformes juridiques, à commencer par la mise en place d'un système fondé sur une dualité des ordres de juridiction se divisant, à l'instar de l'actuel système français, en tribunaux judiciaires et en tribunaux administratifs. En 1877, elle essaya également d'établir un organe judiciaire remplaçant le système traditionnel cambodgien de règlement des différends. La publication des Codes cambodgiens a été particulièrement foisonnante sous le règne du roi Norodom à partir de 1881 puisque trente-neuf sur cinquante-deux des codes actuellement existants ont alors été publiés. Ces textes, encore loin d'être de véritables textes de loi, représentaient davantage une sorte de vaste compilation officielle des décisions de justice établies à l'occasion de litiges portés devant le roi lors de ses audiences publiques traditionnelles héritées de la tradition angkorienne.

Par la suite, la Convention de 1884 conféra les pleins pouvoirs au protectorat français pour entreprendre des réformes administratives et judiciaires[19]. Une ordonnance royale du 11 juillet 1897 reconnaissait le représentant de la France au Cambodge comme étant l'administrateur en chef du pays[20]. Un an plus tard, des mesures sociales ont été prises dans le but d'éradiquer complètement l'esclavage conformément à un décret du 1er février 1898.

Les lois considérées comme « modernes », transplantées de France et plus ou moins adaptées aux conditions locales ont été introduites au fil des années, à commencer par la promulgation du premier Code pénal, d'un Code d'enquête criminelle et d'un Code d'organisation judiciaire en 1911[21]. Tout un travail législatif de codification et d'introduction des concepts de droit français a été

---

[18] CHANDLER (David), *A History of Cambodia*, 2e edition, ed. (Boulder, Colorado : Westview Press), (1993).

[19] COLLARD (Paul), *Cambodge et Cambodgiens : Métamorphose du royaume khmer par une méthode française de protectorat*, Centre de documentation et de recherche sur la civilisation khmère (CEDOREK) 2001, pp. 109-111.

[20] FOREST (Alain), *Le Cambodge et la colonisation française : Histoire d'une colonisation sans heurts* (1897-1920) (1980).

[21] BALIVET, *op. cit.*, p. 11. Avant cette date le système juridique applicable sur l'ensemble du territoire du protectorat demeure l'ancien droit khmer.

effectué, et non plus seulement une simple adaptation du droit français au droit khmer. C'était à ce stade que certains juristes attribuèrent réellement l'entrée du droit cambodgien au sein du système romano-germanique.

L'élaboration du droit civil cambodgien dit moderne a nécessité plusieurs années d'étude. Une importante réforme va aboutir par l'application, à compter du 1er juillet 1920, d'un nouveau Code appelé « Code civil, de Procédure civile et d'Organisation judiciaire au point de vue civil ». Le Code civil comprend alors 1 365 articles et trois livres concernant successivement : les personnes, les biens et les obligations. Le Code civil de 1920 reflétait une similarité plus qu'étroite avec le Code civil français. Le Code avait également introduit un système d'enregistrement cadastral national avec un enregistrement foncier qui rendait compte des divers droits relatifs à la propriété, la possession et l'hypothèque. Par ailleurs, un nouveau Code pénal fut promulgué par l'ordonnance royale du 25 août 1924 et connaîtra deux révisions successives en 1929 et en 1934.

En 1936, trois lois furent promulguées afin de réglementer les différentes catégories de travailleurs et les relations industrielles initialement prévues dans le Code civil de 1920[22]. Ces lois marquèrent un tournant considérable dans l'évolution historique du droit cambodgien dans le secteur du travail. En 1938, un nouveau Code de procédure civile fut également promulgué[23].

À partir de 1940, on assiste à une remise en ordre et à une reconstruction progressive de l'autonomie juridique khmère. Le Krâm n° 17 du 30 mars 1945, en abrogeant la coexistence de la dualité de législation française d'un côté et khmer de l'autre, étend à tous l'application unique de la loi cambodgienne. Un effort législatif conséquent fut entrepris pour remplacer la législation française antérieure par des textes khmers, même si en pratique ces mêmes textes avaient été recopiés dans une très large mesure directement de l'ancienne législation française, entraînant de multiples empiètements de compétence[24].

Par le traité d'association du 8 novembre 1949 qui a abrogé les traités de protectorat, la France a perdu toute possibilité de légiférer pour le Cambodge[25]. Cette incertitude juridique disparut d'ailleurs définitivement avec l'acquisition de la pleine indépendance, parachevée avec le transfert au gouvernement cambodgien des dernières prérogatives encore détenues par la France. À compter de ce moment, la hiérarchie juridique cambodgienne ne connaîtra plus aucune interférence[26].

---

[22] D'autres règlements détaillés sur l'emploi lié aux contrats furent émis dans un sous-décret de 1927 pour établir une journée de travail de 10 heures et une exigence matérielle pour les conditions de vie.

[23] Le Code de procédure civile du 16 décembre 1938 comprend 662 articles compilés en trois livres, le premier portant sur « des juridictions et de la procédure proprement dite », le deuxième sur les « voies de recours » et le troisième livre sur les « voies d'exécution ».

[24] GOUR, *op. cit.*, p. 31.

[25] *Idem.* Le retour de la puissance protectrice entraina très brièvement la réapparition d'une certaine dualité juridique à travers le modus vivendi provisoire 1946.

[26] GOUR, *op.cit.*, p. 32.

La première Constitution cambodgienne fut promulguée le 6 mai 1947 établissant une monarchie constitutionnelle[27]. Au cours de cette même année, le Cambodge promulgua la Loi sur le fonctionnement du Conseil suprême de la magistrature. Par la suite, un Tribunal administratif fut créé en 1948 suivi par la création de la Cour suprême de justice en 1949. Cette dernière pouvait saisir la juridiction sur des crimes commis par les membres du gouvernement dans le cadre de leurs fonctionnements officiels. Subséquemment en 1950, le Code de justice militaire et le Code commercial furent promulgués.

Période après l'Indépendance (1953 - 1970) : Développement du système juridique

Il convient de souligner que le Cambodge a obtenu son indépendance en 1953 après presque un siècle de protectorat. En somme, et même si cela peut sembler paradoxal, le protectorat français a donné lieu à l'une des plus longues périodes de paix et de développement économique[28] qu'a connu le pays. La période consécutive à l'indépendance correspond à un tournant dans le développement de la réflexion juridique cambodgienne. Les lendemains de l'indépendance sont marqués par une intense activité législative et par un foisonnement des études juridiques sur le Cambodge. Les praticiens et les chercheurs s'appuient sur des textes législatifs français pour faire avancer leurs recherches. C'est la période du développement de la technicité du droit et de la création de la Faculté de Droit du Cambodge qui vit le jour en 1957. Des thèses sont soutenues par des Cambodgiens afin de diffuser les recherches en droit ; des revues juridiques spécialisées sont publiées[29].

Après l'accès à la souveraineté, le Cambodge continuait à appliquer le modèle du système administratif français. De même, toutes les sources juridiques existantes pendant la période du protectorat sont restées en vigueur, y compris la Constitution de 1947. Néanmoins, la période d'après protectorat a été l'occasion de changements tels que le transfert de l'administration des tribunaux

---

[27] À noter que le 7 janvier 1946, un modus vivendi a été signé entre le prince MONIRETH, représentant du Roi NORODOM Sihanouk et le Gouvernement français. Ce texte qui a mis fin à l'épisode ouvert par l'occupation japonaise, n'a pas rétabli le protectorat. Il a ouvert la voie à une autonomie interne que doit consacrer une Constitution. Une commission franco-cambodgienne a rédigé un premier projet qui a été ensuite soumis au Roi. Ce texte contenait deux propositions principales : d'une part, le caractère électif de la monarchie, et d'autre part, l'élection de l'Assemblée nationale au suffrage universel. Le 1er septembre 1946, la première élection démocratique de l'histoire du Cambodge fut organisée. La première Constitution fut élaborée et proclamée par le Roi Sihanouk le 6 mai 1947. Voir JENNAR (M. Raoul), Les Constitutions Cambodgiennes : 1953-1993, Bangkok : Lotus blanc, (1995).

[28] SLOCOMB (Margaret), *An Economic History of Cambodia in The Twentieth Century*, (2010); Voir aussi EDWARDS (Penny), *Cambodge : The Cultivation of a Nation, 1860-1945*, University of Hawaïi Press, (2007).

[29] ROS (Chatrabot), *op. cit.*, pp. 461-467.

cambodgiens qui est passé des mains de l'administration française à celles du gouvernement cambodgien le 29 août 1953. Un nouveau système de justice administrative fut mis en place avec le *Krom Viveat* qui sert de tribunal administratif de première instance à Phnom Penh.

Pour ce qui est de la transformation de l'économie cambodgienne, le développement rapide de l'industrie et du commerce ont exigé, dès 1950, un amendement du titre II du Code de commerce réglementant les sociétés commerciales. Cet amendement a eu pour objet, entre autres, de développer la pratique autour de la société anonyme[30]. Auparavant la législation applicable aux sociétés dans le royaume était essentiellement constituée par les dispositions des articles 1287 à 1294 du Code civil de 1920 traitant du contrat de société et du Code de commerce.

Cette période a également été témoin du développement dans le secteur du bien-être social, avec la promulgation d'un Code du travail de 1960[31]. La Constitution de 1957 garantit aux citoyens cambodgiens un certain nombre de droits fondamentaux tels que la liberté de croyance, de la parole, de l'écriture, de l'impression, de réunion, et la liberté de se présenter aux élections, y compris parlementaires[32]. En 1969, le Cambodge rejoignit l'Organisation internationale du Travail (OIT) et ratifia quatre de ces conventions.

En mars 1955, la Constitution de 1947 fut révisée, ouvrant la voie à l'abdication du roi NORODOM Sihanouk en faveur de son père, NORODOM Suramarit, qui devint le nouveau chef d'État et roi du Cambodge. Il forma ensuite un parti politique appelé le « *Sangkum Reastr Niyum* » qui remporta une victoire écrasante lors des élections nationales de septembre 1955[33]. En 1960, par suite du décès de son père, NORODOM Sihanouk est redevenu chef d'État, portant cependant cette fois-ci le titre de Prince.

La République Khmère et la guerre civile (1970 - 1975) : Point de départ de l'influence juridique américaine

En 1970, la guerre civile sonne le glas des recherches en droit et interrompt la réflexion juridique et l'effervescence intellectuelle du pays. Le prince Norodom Sihanouk fut déposé par son Premier ministre le Maréchal LON Nol.

---

[30] Voir CLAIRON (Marcel), *Droits des sociétés*, Droit Khmer. pp. 7-8. L'article 1287 du Code civil, dont la rédaction est demeurée inchangée, définissait la société comme un contrat entre deux ou plusieurs personnes qui conviennent de mettre en commun certaines de leurs ressources personnelles dans un but déterminé, en vue de partager les bénéfices et les pertes pouvant en résulter.

[31] CLAIRON (Marcel), *Notion essentielles du droit du travail au Cambodge*, *In* Annales de la Faculté de Droit et des Sciences Économiques de Phnom Penh, 1965.

[32] Voir JENNAR (M. Raoul), *Les Constitutions Cambodgiennes : 1953-1993*, (1995).

[33] Pour une bonne compréhension de l'économie pendant la période du *Sangkum Reast Niyum* voir PRUD'HOMME (Rémy), *L'économie du Cambodge*, Presse universitaires de France, Paris, (1969).

Ce coup d'État militaire[34] plongea le Cambodge dans une guerre civile qui durera presque cinq ans et qui causa plus de 500 000 morts[35]. Avec le soutien du gouvernement des États-Unis, le pays fut renommé en « République Khmère » et sa Constitution fut ensuite modifiée le 30 avril 1972, reflétant le changement de régime politique et l'abolition de la monarchie cambodgienne[36].

Néanmoins, tous les autres aspects du système juridique demeurèrent jusqu'en 1975. La rupture politique résultant du coup d'État, bien qu'ayant transformé le Royaume du Cambodge en une République, n'a pas eu d'impact sur les normes de droit civil, lesquelles n'ont pas subi de modifications, à l'exception de l'import de quelques traditions juridiques américaines. Le système de contrôle de constitutionnalité fut établi pour la première fois avec la création d'une « Cour constitutionnelle ». Cependant, en dépit des apparences et du nom dont elle est affublée, la Cour constitutionnelle est un organisme à l'écart du pouvoir judiciaire.

La Constitution de 1972 introduisit un nouveau système politique multipartite fondé sur des principes démocratiques avec un parlement élu et un président. Le Maréchal Lon Nol, élu président, concentra entre ses mains tout le pouvoir exécutif aussi bien que le commandement des forces armées. Le système parlementaire était composé selon un système bicaméral comprenant une Assemblée nationale et un Sénat avec leurs membres élus par des élections générales. Les tribunaux étaient supposément indépendants et placés sous la surveillance d'un Conseil suprême des tribunaux qui garantissait l'indépendance de la magistrature, notamment à travers un pouvoir disciplinaire à l'égard des magistrats.

Le Kampuchéa démocratique et son régime (1975 - 1979) : Démantèlement total du système juridique

En avril 1975, après une guerre de presque quatre ans[37], les Khmers rouges réussirent finalement à renverser le gouvernement de Lon Nol et instaurèrent le

---

[34] Voir SHAWCROSS (William), *Sideshow: Nixon, Kissinger and the Destruction of Cambodia*, (1979).

[35] FERNANDEZ (Sosthène), *Mémoire d'une guerre oubliée, Le testament jamais publié de l'ancien chef d'État-Major de Lon Nol*, AsieInfo Publishing. Voir aussi CHANDLER (David), The Tragedy of Cambodian History: Politics, War, and Revolution Since 1945 (1991).

[36] ROS (Chantrabot), *La République Khmère et l'Asie du Sud-Est*, thèse pour le Doctorat de 3e cycle, EHESS, soutenue en 1978 (inédite). Elle est remaniée et publiée plus tard, en 1993, sous le titre de La République Khmère, chez L'Harmattan. Elle sera ensuite traduite en khmer, et publiée en feuilleton dans le quotidien Rasmei Kampuchéa en 1999-2000.

[37] SAK (Sutsakhan), *The Khmer Republic at War and the Final Collapse*, (1980).

« Kampuchéa démocratique (DK) »[38] sous la direction de Pol Pot[39]. La prise du pouvoir par les khmers rouges fut marquée par un véritable démantèlement des structures juridiques existantes. Quelques jours seulement après avoir pris le pouvoir, les Khmers rouges firent évacuer toutes les villes, obligeant pratiquement toute la population cambodgienne à vivre et à travailler dans les campagnes suivant un modèle politique basé sur le communautarisme poussé à son extrême, où les droits individuels les plus élémentaires sont niés. Ils abolirent toute forme d'entreprise privée, de professions et de tout ce qui restait de l'influence des régimes du passé, y compris les vestiges de la colonisation française et donc de son système juridique.

Non seulement le régime de Pol Pot anéantit tout le système de l'économie de marché[40] et les institutions démocratiques, mais il abrogea toutes les lois existantes, peu importe qu'elles fussent issues de la période ancienne ou moderne. Cette révolution marqua une rupture complète de l'État de droit au Cambodge ainsi que la fin de toutes traditions juridiques dans l'ensemble du pays. À vrai dire, le régime des Khmers rouges était fondé sur un État sans lois[41].

En 1976, les Khmer Rouges adoptèrent leur propre Constitution, introduisant un système communiste maoïste en faveur de l'ultra-collectivisme en vertu duquel l'exécutif, l'Assemblée législative et le pouvoir judiciaire étaient réunis sous une seule institution appelée l'« *Angkar* ». Sous les Khmers rouges, les conditions de vie étaient extrêmement sévères : 18 heures par jour de travail manuel collectif avec seulement des rations alimentaires dérisoires. La plupart des crimes furent sanctionnés par la peine de mort. Bien évidemment, la notion de « crime » n'avait alors pas grand-chose à voir avec les traditionnelles incriminations du Code pénal, et toute personne dissidente pouvait facilement être reconnue coupable de crime, selon la volonté des représentants du régime. Les intellectuels étaient parmi les cibles privilégiées du régime qui souhaitait les exterminer, car jugés menaçants. Le Cambodge aurait ainsi perdu la majorité de ses juristes durant cette période. Pendant seulement quelques années de ce régime auto-génocidaire[42] unique dans l'histoire du monde, plus de deux millions de citoyens auraient été torturés, exécutés ou seraient décédés soit par les travaux forcés, soit par malnutrition, soit emportés par la maladie.

---

[38] Voir ETCHENSON (Craig), *The Rise and Demise of Democratic Kampuchea*, (1985).

[39] Voir CHANDLER (David), *Brother Number One: A Political Biography of Pol Pot*, (1999) ; KIERNAN (Ben), *How Pol Pot Came to Power: A History of Communism in Kampuchea, 1930-1975*, (1985).

[40] KHIEU (Samphan), *Économie du Cambodge*. Aussi traduit en Anglais KHIEU (Samphan), *Cambodia's Economy and Problems of Industrialization*, (1959) (translated in English by Laura Summer in 1976). Cornell University: New York.

[41] BALIVET, *op. cit.*, p. 18.

[42] KIERNAN (Ben), *The Pol Pot Regime: Race, Power and Genocide in Cambodia under the Khmer Rouge, 1975-1979*, (1996).

La République populaire du Kampuchéa (1979-1989) : Reconstruction du système juridique sous l'influence socialiste

La fin du régime des Khmers rouges de Pol Pot le 7 janvier 1979 a marqué d'un point de vue juridique l'introduction de concepts socialistes, influencés par les pays de l'ex-bloc de l'Est. La Constitution promulguée en 1981 témoigne de cette idéologie. Le régime communiste marxiste-léniniste fut établi sous le nom de la « République populaire du Kampuchéa (RPK) », dirigée par M. HENG Samrin en tant que chef d'État et président du parlement. Ce régime était effectivement contrôlé par le « Parti révolutionnaire populaire du Cambodge (PRP) », qui s'était mué plus tard en « Parti du peuple cambodgien (PPC) »[43].

Lorsque la RPK avait pris le pouvoir en 1979, le pays souffrait d'un côté d'un vide juridique hérité du régime de Pol Pot et d'un autre côté d'une misère extrême accompagnée d'une désintégration sociale, conséquence de longues années de guerre civile[44]. Il y avait très peu de personnes éduquées ou formées qui pouvaient contribuer efficacement à la reconstruction de l'infrastructure juridique du pays[45].

En 1981, la RPK adoptait une nouvelle Constitution établissant un système à parti unique et une économie planifiée socialiste, marquée par l'absence de reconnaissance de toute forme de propriété individuelle[46]. Le droit privé disparut au profit du droit public. Un nouveau système juridique fut introduit et suivait le modèle socialiste du Vietnam ou d'autres pays communistes quoiqu'il retînt de nombreux éléments du système juridique romano-germanique[47]. Le droit était considéré comme un outil visant à transformer la société au service des objectifs de la révolution. Par conséquent, le droit privé est inexistant et toute propriété privée est proscrite et remplacée par la propriété collective.

Progressivement des lois et des règlements procéduraux ont été adoptés pour combler le vide juridique. Les tribunaux provinciaux ont été reconstitués après 1982, puis la Cour suprême en 1987. La question de l'indépendance de la magistrature n'a alors qu'une importance marginale et le système de tribunal populaire se substitue à celle d'un tribunal de justice. De nombreux survivants

---

[43] DETH (Sok Udom), PhD. Thesis, *the People's Republic of Kampuchea 1974 – 1989: A Draconian Savior?* (2009).

[44] EK (Madra), *The Factors Contributing to Cambodia's Civil War, 1950s-1980s, Lessons Then and Now*, EK Tha & Madra and Associates, (2015). Cet ouvrage présente une perspective d'un journaliste khmer sur le parcours meurtrier du Cambodge à travers la période de la guerre froide et la recherche incessante de la paix, la sécurité et de son identité.

[45] HUN (Sen), *The Ten-Year Journey, 1979-1989*, (1988) [trans of : *Dop Chhnam Ney Domnaeur Kampuchea*].

[46] Constitution de la République populaire du Kampuchéa, 1981, art. 11-20.

[47] Voir aussi le système soviétique suite à la Révolution d'octobre. RENE (David), JAUFFRET-SPINOSI (Camille), GORE (Marie), *Les grands systèmes de droit contemporains*, 12 th ed., Dalloz (2016) pp. 95-115.

du régime de Pol Pot furent envoyés dans d'autres pays communistes pour y étudier le droit et l'économie politique.

L'État du Cambodge (1989-1991) : Le début d'une transition

Le processus de réconciliation nationale entre les différentes factions antagonistes a été le terreau permettant la transformation de la tradition juridique. La chute du bloc communiste, le retrait final des troupes vietnamiennes du Cambodge et l'aboutissement d'un processus de deux ans de négociation a finalement permis la modification de la Constitution en 1989, transformant ainsi la « République populaire du Kampuchéa » en « État du Cambodge ». Cet amendement constitutionnel marqua le début d'une période de décollectivisation et de transition progressive vers une économie de marché ainsi que l'adoption du bouddhisme comme religion d'État. Depuis, le gouvernement a réintroduit une forme limitée de propriété privée, rétabli les entreprises privées et a accepté l'ouverture au commerce international[48].

Jusqu'en 1989, les citoyens avaient le droit de détenir des biens, mais leur titre de propriété restait au nom de l'État. Le renversement des politiques agricoles du passé favorisant la collectivisation des terres a laissé place à de nouvelles politiques foncières qui ont permis aux familles des zones rurales puis des zones urbaines d'acquérir des droits d'usage des terres. Bien que la distribution de ces droits d'usage et le transfert des terres soient encore étroitement surveillés par l'État, un marché actif des propriétés foncières se développait très rapidement. En dépit de cette reconnaissance progressive des droits de propriété privée, il n'y avait pas encore de changement fondamental dans le système juridique.

L'Autorité provisoire des Nations unies au Cambodge (1991-1993) : Lois et règlements provisoires imposés par l'ONU

La Constitution de l'État du Cambodge permettant un système multipartite avait apporté des changements significatifs dans le paysage politique du pays, favorisant un climat politique relativement plus ouvert. Par la suite, les « Accords pour un règlement politique global du conflit du Cambodge » (les Accords de Paris) parrainé par les Nations Unies ont été signés par les quatre principales factions antagonistes et 18 pays à Paris le 23 octobre 1991, mettant officiellement fin à 13 ans de conflit[49].

---

[48] WILLIAM (N.), *Recommendations for United States Policy toward Cambodia*, (1989).

[49] De nombreux États ont participé aux Accords, dont notamment l'Australie, la Chine, la France, Singapour, la Thaïlande, l'Union des républiques socialistes soviétiques, le Royaume-Uni, les États-Unis et le Vietnam.

Les Accords de Paris ont donc établi le cadre d'un nouveau Cambodge démocratique pluraliste. En vertu des termes de ces Accords, le Conseil national suprême Conseil national suprême (CNS) est constitué, pendant toute la période de transition, comme l'organisme légitime unique et la source d'autorité représentant la souveraineté, l'indépendance et l'unité du Cambodge[50]. En vertu de ces Accords, le Conseil de sécurité des Nations Unies avait créé à son tour l'APRONUC qui s'est vu investie par mandat du CNS tous les pouvoirs nécessaires pour assurer l'organisation et la conduite des élections libres et équitables aussi bien que la supervision directe dans les domaines de la maintenance de la loi et l'ordre, la protection des droits de l'homme, l'application de la loi et des procédures judiciaires[51].

Le 16 mars 1992, la mission de l'APRONUC, sous la direction du représentant spécial du Secrétaire général de l'ONU, Yasushi AKASHI, et du lieutenant général John Sanderson, initia la mise en œuvre du plan de règlement du conflit des Nations Unies[52]. Au cours de cette période de transition, des lois furent rédigées par l'APRONUC et adoptées par le CNS telles que la Loi électorale de 1992. Ces lois sont restées en vigueur jusqu'à leur abrogation ultérieure par le parlement cambodgien.

La première élection au suffrage universel faisant suite aux nouvelles lois s'est tenue en 1993 et a rencontré un franc succès. S'ensuivit l'installation d'un gouvernement provisoire, d'une Assemblée constituante qui adopte le 24 septembre 1993 une nouvelle Constitution désignant le roi Norodom Sihanouk comme chef de l'État et établissant le Gouvernement royal du Cambodge selon un modèle de démocratie parlementaire. Cette même date marqua ainsi la fin officielle du mandat de l'APRONUC[53]. L'Assemblée constituante fut ensuite transformée en Assemblée nationale et un gouvernement de coalition fut également formé, dirigé respectivement par le prince Norodom Ranariddh et M. Hun Sen en tant que premier et deuxième Premiers ministres.

*****

[50] Dans la période de transition entre la signature des Accords de Paix de Paris en octobre 1991 et la tenue d'élections libres par l'APRONUC en mai 1993, le Cambodge était gouverné par le CNS, regroupant tous les quatre grands partis politiques de l'époque.

[51] CONSEIL DE SÉCURITÉ DES NATIONS UNIES, *Résolutions 718 (1991) du 31 octobre 1991 et 745 (1992)* du 28 février 1992. Le texte de la Résolution 745 sur l'établissement de l'APRONUC reflète ces attentes.

[52] En termes d'analyse sur le défi de reconstruction, voir THE WORLD BANK East Asia and Pacific Region Country Department I, *Cambodia Agenda for Rehabilitation and Reconstruction*, (1992).

[53] Pour une analyse sur les opérations de maintien de paix des Nations Unies, voir UNITED NATIONS, *Report of the Panel on United Nations Peace Operations : Comprehensive Review of the Whole Question of Peacekeeping Operations in All Its Aspects* ('Brahimi Report') UN Doc A/55/305–S/2000/809 (21 August 2000).

CHAPITRE 2 –

Le Cambodge contemporain et les évènements transformatifs

La Constitution de 1993 (1993-présent) : La transition vers la démocratie, l'économie de marché et le rétablissement de l'État de droit

Dans l'histoire constitutionnelle contemporaine du Cambodge, le premier évènement transformatif aurait commencé par l'acceptation de la part des factions antagonistes des Accords de Paris, aboutissant à la promulgation de la Constitution de 1993. Par la suite, une série de lois a été adoptée marquant d'importantes avancées vers l'État de droit et la démocratie[1].

La Constitution de 1993 découlait d'un mélange de diverses traditions politiques telles que les coutumes traditionnelles khmères et les traditions démocratiques et libérales. Cependant, l'un des aspects majeurs différenciant la Constitution de 1993 du passé réside dans le fait que le texte sur la reconnaissance des droits fondamentaux de l'homme au sein d'un système de pluralisme démocratique[2] fait partie intégrante de la Constitution.

Bien que le Cambodge soit devenu membre des Nations Unies en 1955, sa Constitution ne contient aucune disposition sur le statut juridique de la Charte des Nations Unies ou sur les instruments juridiques internationaux adoptés par l'ONU en relation avec les lois nationales du Cambodge. Les modifications constitutionnelles subséquentes et les changements dans la politique constitutionnelle n'ont jamais réellement pris en compte ces considérations juridiques à vocation pourtant universelle. Ce n'est qu'en 1993, à l'occasion

---

[1] SOK (Siphana), *Position Paper on the Legal and Institutional Framework for the Strengthening of the Market Economy,* (1995).

[2] Les dispositions de la Constitution semblent en effet disposer que le Cambodge « reconnaît et respecte les droits de la personne tels que stipulés dans la Charte des Nations Unies, la Déclaration universelle des droits de l'homme, les pactes et conventions relatifs aux droits de l'homme, aux droits des femmes et des enfants ».

de la rédaction de cette nouvelle Constitution par l'Assemblée constituante, que des dispositions ont été rédigées en tenant compte des instruments internationaux relatifs aux droits de l'homme.

La Constitution de 1993 a par ailleurs servi de fondation solide pour la tenue plus tard des élections nationales successives en 1993, en 1998[3], en 2003, 2008, 2013 et en 2018[4].

En instaurant la séparation des pouvoirs, le contrôle judiciaire, les droits procéduraux et la décentralisation des pouvoirs, la Constitution de 1993 a également prévu l'établissement d'un système de droit administratif général. Le gouvernement a fait aussi des progrès considérables dans la mise en place de nombreuses lois dans le but de soutenir le bon fonctionnement d'une économie de marché.

À noter également qu'en 1998, la déroute des soldats Khmers rouges et la mort de leur dirigeant, Pol Pot, mit un terme à un cycle de trois décennies de guerre civile. Sous l'impulsion de la « Politique gagnant-gagnant » menée par le Premier ministre HUN Sen, une paix totale fut rétablie en 1999 après la reddition et le démantèlement des Khmers rouges, permettant la réunification du pays sous une seule administration, ouvrant ainsi la voie au gouvernement pour rétablir la sérénité dans la vie politique, économique et sociale.

Pour la première fois dans l'histoire du pays, le territoire et la nation entière se retrouvent légitimement, intégralement et constitutionnellement sous le contrôle d'un État unitaire. Une fois la réconciliation nationale consolidée, la paix et la stabilité politique assurées, le gouvernement a orienté ses efforts sur la protection de l'ordre public et de la sécurité, commençant par prohiber l'usage des armes, ce qui permit notamment de limiter très fortement les vols à main armée.

Les négociations politiques entre les principales forces en présence ont conduit à la tenue de la deuxième élection générale en 1998[5]. Le succès de ces élections générales pourrait être attribué, dans une certaine mesure, à un bon cadre juridique permis par la Loi sur les Partis politiques, la Loi sur l'Élection des membres de l'Assemblée nationale et ses amendements subséquents, la Loi sur l'Organisation et le fonctionnement du Conseil constitutionnel, et d'autres amendements constitutionnels. Le Gouvernement royal, au cours de son second mandat, a créé deux nouveaux organes constitutionnels, à savoir le Sénat et le Conseil constitutionnel.

---

[3] HUGHES (Caroline), *Nature and Causes of Conflict Escalation in the 1998 National Election*, (2000). Voir aussi JENNAR (M. Raoul), *In* Annales de la faculté de droit et des sciences économiques, (1998), p. 21.

[4] GOVERNEMENT ROYAL DU CAMBODGE, *To Tell The Truth*, White Paper I and II, (2018).

[5] Trente-neuf partis politiques se sont présentés aux élections nationales de juillet 1998. Trois partis – le CPP, FUNCINPEC et le SRP - ont obtenu des sièges à l'Assemblée nationale et un nouveau gouvernement de coalition entre le CPP et FUNCINPEC a été formé en novembre 1998.

Depuis les Accords de Paris, le pays a connu trois importantes réformes constitutionnelles. La première en 1999 a eu pour objet la modification de la constitution modifiée pour créer le Sénat[6]. Historiquement, le Sénat est aussi le symbole de la restauration d'un système bicaméral que le Cambodge avait connu dans son passé.

La deuxième réforme constitutionnelle a eu lieu en 2004 lors de la création d'une nouvelle loi constitutionnelle dite « Loi sur le Vote en bloc » (en anglais « *package vote law* »). Cette loi fut introduite d'un côté dans le but de résoudre une crise constitutionnelle causée par des difficultés liées à la formation d'un nouveau gouvernement et d'un autre côté dans le besoin d'assurer une certaine stabilité de la démocratie parlementaire cambodgienne.

La troisième réforme constitutionnelle a été introduite en 2006 avec une modification sur le processus de formation du Conseil des ministres ainsi que sur le quorum de la session parlementaire. Avant ce changement, un système pro-consensuel entre les divers partis politiques est appliqué, c'est-à-dire que la formation d'un nouveau gouvernement nécessitait désormais une majorité au deux tiers, tandis que le quorum d'une réunion parlementaire exige une majorité à sept dixièmes. La justification derrière ce principe constitutionnel était de maintenir une stabilité politique afin d'encourager la réconciliation et l'unité nationale après une longue période de guerre civile. Avec cet amendement constitutionnel, l'approche pro-consensuelle fut supprimée à la faveur d'une approche majoritaire ne nécessitant qu'une majorité de 50 % + 1 voix, ce qui contribuerait à faire du Cambodge une démocratie parlementaire équilibrée.

Réinsertion régionale et mondiale : De l'ASEAN à l'OMC (1999-2004) : Présence des lois privées internationales

Au début de la mise en œuvre du premier programme de réformes soutenu par la communauté internationale en 1993, le gouvernement a dû faire face à des obstacles de nature sociale, institutionnelle, économique et politique. Du point de vue économique, le Cambodge étant un petit pays est confronté à une croissance assez rapide avec une population relativement pauvre. Le nombre de jeunes entrant sur le marché du travail n'a cessé d'augmenter d'année en année. La nécessité de créer des opportunités d'emploi est donc un défi majeur.

La réintégration économique est un des objectifs principaux du gouvernement en termes de sa vision de croissance pour le pays. Cet objectif

---

[6] OUM (Sarith), SUNG (Sy Youth), *Activités de l'Assemblée nationale du Royaume du Cambodge* (première législature 1993-1998), In Faculté de droit et des sciences économiques, Annales, (1999), p. 98.

a été réalisé lorsque le Cambodge est parvenu à rejoindre l'ASEAN en 1999[7] puis l'OMC en 2004[8]. Cette adhésion à l'OMC, à la fois pour des raisons politiques et économiques, fut un évènement déterminant, tant pour le pays que pour l'OMC elle-même. En effet, le caractère unique de cette adhésion réside dans le fait que le Cambodge a été le premier pays le moins avancé (PMA) à pouvoir bénéficier d'une adhésion au titre de l'article XII de l'Accord de Marrakech instituant l'OMC[9].

Le gouvernement avait terminé les négociations sur les conditions d'adhésion énoncées dans le Protocole d'adhésion lors de la Cinquième Conférence ministérielle du 11 septembre 2003 à Cancún (Mexique)[10], devenant le 148e membre de l'OMC le 13 octobre 2004 et, avec le Népal, les seuls deux PMA à avoir réussi leur adhésion à l'OMC depuis le passage de l'Accord général sur les tarifs douaniers et le commerce (ou GATT) en 1995.

Selon M. Hervé Ascensio, la libéralisation économique est la fonction la plus évidente du droit international économique actuel si l'on observe les objectifs des principaux traités en matière économique, au premier rang desquels figurent les accords de l'OMC et autres nombreux accords de libre-échange bilatéraux ou plurilatéraux. Il s'agit en somme de faciliter les échanges économiques internationaux et la circulation des facteurs de production en supprimant ou limitant les entraves résultant des réglementations nationales. Les règles du jeu économique, parfois perçues comme de simples externalités par les participants, requièrent en réalité une grande attention de la part des pouvoirs publics. Ceux-ci doivent aussi prendre en considération des intérêts et des valeurs extra économiques, de façon à maintenir la cohésion sociale[11].

Avec ses relations avec le Fonds monétaire international (FMI) et la Banque mondiale rétablies et son adhésion à l'ASEAN et à l'OMC assurées, le Cambodge pouvait finalement revendiquer sa place dans le monde du commerce. Cependant, son adhésion à l'ASEAN et à l'OMC exigeait la mise en place de stratégies économiques plus adaptées à ce nouvel environnement. Tous ces changements ont également exigé un cadre juridique fiable qui

---

[7] L'Assemblée nationale a adopté le projet de loi autorisant la ratification du traité d'amitié et de coopération de l'Asie du sud-est, ce qui a ouvert la voie au Cambodge pour devenir membre observateur de l'ASEAN dans la période qui suivit le mois de juillet 1995. OUM, SUNG, *op. cit.*, p. 92.

[8] MINISTRY OF COMMERCE, *Protocol on the Accession of the Kingdom of Cambodia to the World Trade Organization*, (2004).

[9] Le Cambodge a soumis sa demande d'adhésion à l'OMC en octobre 1994. Le 21 septembre 1994, le Comité préparatoire de l'OMC a créé un groupe de travail chargé d'examiner l'adhésion du Cambodge en vertu de l'article XII de l'Accord de Marrakech instituant l'OMC.

[10] Pour une analyse complète du processus d'adhésion, consulter SOK (Siphana), *Leçons de l'entrée du Cambodge dans l'Organisation mondiale du commerce*, Version Anglaise, ADBI, Tokyo, (2005).

[11] ASCENSIO (Hervé), *Droit international économique*, Thémis droit, Presses universitaires de France, (2018), p. 6.

permettrait aux agents économiques de protéger leurs droits commerciaux, mais aussi de faire en sorte que les institutions étatiques améliorent la prévisibilité, la transparence et la responsabilité des actions de l'État.

Dès le début, le gouvernement a clairement indiqué qu'il considérait le processus d'adhésion à l'OMC comme un évènement qui pourrait stimuler une libéralisation économique irréversible et des réformes ambitieuses. Cette orientation politique s'est traduite par un engagement politique très visible et a permis au Cambodge de progresser rapidement dans sa réforme institutionnelle et son processus de développement économique[12].

Il est évident que les engagements pris envers l'OMC ont eu un impact considérable dans la politique menée par le Gouvernement. Le succès des diverses réformes a eu des conséquences palpables en termes d'amélioration de la qualité des services fournis, de leur prix et de leur variété. L'influx considérable des investissements étrangers dans les secteurs de télécommunications, du transport et d'autres services a rapidement propulsé l'économie dans la région. Avec l'ouverture du marché, les citoyens, commerçants et investisseurs étrangers ont pu bénéficier aussi d'une certaine sécurité juridique émanant du système de commerce international fondée sur des règles claires et prévisibles.

De l'OMC à la Communauté économique de l'ASEAN (2004-présent) : Consolidation de l'État de droit et approfondissement des lois privées

Une décennie après l'adhésion à l'OMC, les effets des réformes économiques commencèrent à s'essouffler et à se faire plus discrets. Néanmoins, l'entrée dans la Communauté de l'ASEAN en 2016 a ravivé la dynamique économique étant donné que ce groupement régional est fondé sur des règles institutionnelles. Le Cambodge, y voyant une opportunité pour lancer une « deuxième génération de réformes », a initié ce processus en s'appuyant sur le fondement de son « premier programme de réformes » issu des engagements envers l'OMC une décennie plus tôt.

Étant donné que l'OMC confère un cadre internationalement reconnu dans lequel le Cambodge peut s'organiser et mener à bien ses nouvelles réformes, le gouvernement est considéré comme la clé de voûte de ce succès dans ce défi de transformer l'adhésion en instrument positif dans l'accélération du développement du pays[13]. À la tête du pays, le Premier ministre Samdech

---

[12] Pour une perspective sur l'ouverture du Cambodge aux échanges, voir Propos de SOK (Siphana), *Pourquoi le Cambodge a-t-il fait de l'ouverture aux échanges la pierre angulaire de sa politique économique*, *In* GARDERE (Jean-Daniel), *Les Voies du Cambodge : Croissance et défis 1998-2013*, Banque nationale du Cambodge, (2013), pp. 109-112.

[13] Voir SOK (Siphana), *Leçons de l'entrée du Cambodge dans l'Organisation mondiale du commerce*, (2005).

Techo Hun Sen s'est saisi de cette occasion pour orienter la ligne politique de son gouvernement, favorable à l'adhésion du Cambodge à l'ASEAN et aux autres mécanismes de coopération régionale. Au cours de la présidence de l'ASEAN en 2012 par le Cambodge, il a continué à exhorter la valeur de l'ASEAN et de son agenda de développement pour une communauté - économique, politique, sécurité et socio-culturelle - avec la même ferveur que lors de l'adhésion du pays à l'OMC.

*****

CHAPITRE 3 –

Expériences du Cambodge en termes de transplantation juridique

> *« Les comparatistes sont souvent comme les touristes qui visitent une ville étrangère et s'aperçoivent que les choses sont différentes, mais, dans une certaine mesure, également similaires à leur ville d'origine. De retour chez eux, ils sont en mesure de décrire ce qu'ils ont vu à leur famille et à leurs amis, mais il leur manque le cadre plus général utilisé par des spécialistes en histoire de l'art ou architecture pour décrire une même scène de manière différente. Les chercheurs en droit comparé devraient devenir des professionnels plutôt que d'être des touristes »*[1].
> Mark Van HOECKE, *Professeur de droit comparé à l'Université de Londres (Queen Mary) et Professeur émérite de l'Université de Gand, Belgique*

Pour un juriste, l'appréciation des traditions juridiques comparées n'est pas seulement bornée à une valeur théorique. Il existe d'ailleurs des avantages très concrets et pratiques quand on peut bien maîtriser la compréhension de ces systèmes respectifs.

La discipline qui a pour objet la comparaison des systèmes juridiques est appelée « droit comparé ». C'est, selon MM. Zweigert et Kötz « une activité intellectuelle ayant le droit pour objet et la comparaison comme procédé »[2]. L'expression « droit comparé » est à cet égard parfois source de confusion. Il est peut-être plus exact de se référer à la « comparaison des lois » ou à « l'étude

[1] VAN HOECKE (Mark), *Six méthodes pour la recherche comparative en droit*, *In* ALBARIAN (Alexis), MORETEAU (Olivier), *Le droit comparé et Comparative Law*, Actes de la conférence annuelle de Juris Diversitas, Presses Universitaires D'Aix-Marseille, (2016) p. 33.

[2] ZWEIGERT (Konrad) et KÖTZ (Hein), *An Introduction to Comparative Law*, Clarendon Press, Oxford, 3 rd (1998).

comparative des lois »[3]. Même l'usage du mot « droit français comparé » est un peu plus précis que celui de la version anglaise. Selon MM. Carpano et Mazuyer l'expression allemande « *Rechtsvergleichung* » (comparaison du droit) décrit bien mieux son essence et son objet[4]. Les Allemands utilisent une distinction intéressante dans la terminologie selon laquelle le terme « loi comparée » indiquerait la méthode et la science autonome, la méthode comparative est utilisée pour désigner le « droit comparé » en tant que méthode, et la discipline autonome est appelée théorie du droit comparé ou de la science du droit comparé. Selon Otto Pfersmann le droit comparé n'a pas d'autonomie normative. Il est une science[5].

Le droit comparé a d'abord une fonction cognitive en ce qu'il permet de vivifier, rajeunir et enrichir l'étude du droit national. II est l'instrument d'une meilleure compréhension de notre propre droit. Il a également une fonction normative en ce qu'il est un outil de politique législative et jurisprudentielle permettant l'approfondissement et le développement des droits nationaux par leur confrontation[6].

L'intérêt des études sur le droit des autres pays peut résulter de cinq points[7] : (a) un intérêt général sur la connaissance des lois étrangères ; (b) une meilleure compréhension du droit positif; (c) une amélioration du droit national ; (d) l'unification et l'harmonisation des lois ; et (e) l'application d'une méthode comparative aux études d'histoire et de philosophie juridiques.

Contexte historique

Les enquêtes en droit comparé ont toujours existé (« Traité Politique d'Aristote »). En revanche, la science du droit comparé est récente et le terme « droit comparé » n'aurait été utilisé qu'à partir du XXe siècle. Le Congrès international de droit comparé de Paris organisé en 1900 par MM. Édouard Lambert et Raymond Saleilles constituent son acte de naissance. Les organisateurs du Congrès de Paris étaient animés d'un rêve universaliste : ils souhaitaient la consécration d'une véritable science du droit comparé afin de permettre le développement d'un « droit commun de l'humanité ». Cette conception universaliste des fonctions du droit comparé au profit d'une conception cognitive et normative a été durablement remise en cause par les deux

---

[3] Voir DAVID (René), JAUFFRET-SPINOSI (Camille), GORE (Marie), *Les grands systèmes de droit contemporains*, 12 th ed., Dalloz, (2016). pp. 1-14.

[4] CARPANO (Eric), MAZUYER (Emmanuelle), *Les grands systèmes juridiques étrangers*, Guilano, Lextenso éditions, (2009). p. 19.

[5] PFERSMANN (Otto), *Le droit comparé comme interprétation et comme théorie du droit*, *In* Revue internationale de droit comparé. Vol. 53 n° 2, Avril-juin 2001. pp. 275-288.

[6] CARPANO et MAZUYER, *op. cit.*, p. 19.

[7] DAVID (René), *Droit Civil comparé*, Libraire Générale de Droit et de Jurisprudence, Paris, (1950) pp. 35-214.

guerres mondiales. Selon M. Lambert, le droit comparé aspirait à « réduire le nombre des divergences juridiques consécutives à des incidents historiques et à des circonstances temporaires ou contingentes »[8].

Les juristes comparatistes mettent en lumière les similitudes et différences des droits et systèmes juridiques de différents pays[9]. À priori il existe presque autant de systèmes de droit qu'il y a d'États, voire plus dans la mesure où certains États n'ont pas unifié leur droit applicable sur leur territoire. Historiquement, les comparatistes ont commencé par faire de la micro-comparaison, confrontant des principes, institutions ou des règles juridiques particulières dans deux États, mais rarement à plus grande échelle. Ce n'est qu'au lendemain de la Seconde Guerre mondiale que les juristes ont fait de la macro-comparaison, appréhendant plusieurs systèmes juridiques dans leur globalité.

Pour les besoins de la comparaison, diverses classifications des systèmes juridiques en familles ont été proposées pour surmonter l'apparente diversité des droits[10].

MM. Arminjon, Nolde et Wolff sont les premiers à avoir proposé une approche globale de manière systématique. Il s'agit d'identifier, d'analyser et d'ordonner les caractéristiques principales des systèmes juridiques par la constitution de « familles de droit ». Ils proposèrent dans leur « Traité de droit comparé (1950) »[11], une classification plus précise en identifiant sept familles (française, allemande, scandinave, anglaise, russe, islamique et hindoue) à partir de la « substance » de ces droits. René David proposait de son côté en 1950 cinq grandes familles de droit (occidentale, socialiste, islamique, hindoue et chinoise) qu'il a qualifiées de « grands systèmes juridiques contemporains »[12].

---

[8] LAMBERT (Edouard), *Conception général et définition de la science du droit comparé*, Congrès international de droit comparé I (1905), p. 25.

[9] Voir l'approche comparative de Raymond Legeais dans son ouvrage pour une bonne compréhension des grands systèmes de droit contemporains, y compris les cadres généraux, les notions et les institutions du droit anglais, du droit allemand et du droit français. LEGEAIS (Raymond), *Grands systèmes de droit contemporains : Approche comparative*, 3e éd., LexisNexis, (2016).

[10] Pour une étude didactique et approfondie de la diversité des systèmes juridiques dans le monde voir CARPANO et MAZUYER, *Les grands systèmes juridiques étrangers*, (2009). Voir aussi ZWEIGERT et KÖTZ, *Introduction to Comparative Law*, (1998) ; DAVID (René) and BRIERLEY (John), *Major Legal Systems in the World Today*, London, Stevens and Sons, (1985), pp. 22-24 ; GLENDON (Mary Ann), GORDON (Michael) and OSAKWE (Christopher), *Comparative Legal Traditions in a Nutshell*, St. Paul, West Publishing Company, (1992), pp. 4–5.

[11] ARMINJON (Pierre), NOLDE (Boris) et WOLFF (Martin), *Traité de droit comparé*, Paris LGDJ, Tome I et II (1950).

[12] CARPANO et MAZUYER, *op. cit.*, p. 21. Par la suite, René David réduira sa proposition à trois familles principales (romano-civiliste, russe, Common Law) et une famille « fourre-tout » intitulée « autres conceptions de l'ordre social et du droit » regroupant le droit musulman, le droit de l'Inde, les droits de l'Extrême-Orient et les droits de l'Afrique et de Madagascar.

MM. Zweigert et Kötz proposent de retenir sur la base d'un double critère (technique juridique et idéologique)[13], une classification en six grandes familles : romaniste, germanique, anglo-américaine, nordique, extrême-orientale[14] et religieuse (droit hindou et droit musulman)[15]. Enfin, Paul Glenn, en raisonnant en termes de tradition, identifie sept grandes traditions juridiques : les traditions chtonienne, talmudique, civiliste, islamique, Common Law, hindoue et asiatique. Cet aperçu de la profusion des classifications montre combien le regroupement des systèmes juridiques en familles est peu aisé compte tenu de la complexité des systèmes juridiques[16]. Il convient toutefois de mentionner que les frontières entre les différentes familles juridiques identifiées par les spécialistes comparatistes ne sont pas toujours claires et qu'il est parfois difficile d'identifier avec certitude à quelle famille appartient un système juridique donné. C'est particulièrement le cas pour les systèmes juridiques dits « mixtes » ou « hybrides », c'est-à-dire des systèmes dont le développement a été influencé par deux ou plusieurs familles juridiques[17].

La tradition romano-germanique

La tradition juridique civiliste ou continentale est la plus représentée dans le monde. Elle est dominante dans près de la moitié des systèmes juridiques des États membres des Nations Unies, et présente dans plus de 70 % des États. La tradition romano-germanique a connu une très large diffusion du fait de la colonisation et de l'exportation pratique de la technique de la codification. Selon M. Grimaldi, la circulation hors d'Europe de la famille romano-germanique est

[13] Le critère proposé par Zweigert pour le regroupement des systèmes juridiques en familles est celui du « style » (Rechtsstil), un critère multidimensionnel façonné par l'interaction des facteurs suivants : a) le contexte historique et l'évolution d'un système particulier ; b) son mode de pensée juridique prédominant et caractéristique ; c) ses institutions juridiques distinctes ; d) la hiérarchie et l'interprétation de ses sources juridiques ; e) le contexte idéologique du système. Voir ZWEIGERT et KÖTZ, *Introduction to Comparative* Law, 2nd ed., Oxford, (1987), pp.68–75.

[14] James FEINERMAN souligne que « dans ces systèmes juridiques, un autre modèle d'influence et des normes communes émergent. Il les divise comme suit : 1. Les nations confucéennes d'Asie de l'Est (Chine, Japon, Corée et Vietnam) ; 2. les nations bouddhistes d'Asie du Sud-Est (Thaïlande, Birmanie, Cambodge et Laos) ; 3. les nations hindoues d'Asie du Sud (Inde et Sri Lanka) ; 4. Nations islamiques d'Asie (Pakistan, Malaisie et Indonésie). Voir FEINERMAN (V. James), *Introduction to Asian Legal Systems*, *In* Danner & Bernal (eds) (1994) at 96.

[15] Zweigert et Kötz ont accordé une importance spéciale dans la distinction entre le Common Law et la tradition civiliste.

[16] CARPANO et MAZUYER, *op. cit.*, p. 21. Voir Glenn (Paul), *Legal traditions of the world*, Oxford University Press, 2 ed., (2004).

[17] ZWEIGERT et KÖTZ, *op. cit.* Cette catégorie englobe les systèmes juridiques du Québec (influence française et anglaise), de la Louisiane (influence française et américaine) et de l'Afrique du Sud (influence romaine-néerlandaise et anglaise).

le résultat, d'abord, du « rayonnement sans égal » du Code civil français[18]. On la trouve ainsi en Amérique latine, dans une large partie de l'Amérique du Nord, dans les pays du Proche-Orient, mais également en Chine ou au Japon.

Selon M. Rambaud, la tradition romano-germanique regroupe les traditions juridiques qui font techniquement dépendre les règles de droit et les différends de la loi écrite ou de la codification (*codicem focere*)[19]. Cette codification renvoie autant au fait de compiler l'ensemble des dispositions juridiques au sein d'un recueil de textes selon une logique d'ensemble qu'au résultat pratique de cette opération.

La tradition de Common Law

La tradition dite de Common Law est l'autre pan juridique traditionnel majeur du monde occidental. Il a été principalement construit en Angleterre sous l'impulsion des Cours royales de justice. Tous les États de langue anglaise ont cet héritage juridique en commun : la Common Law[20]. Il existe une relation intime entre anglophonie et Common Law, car tous les concepts et constructions intellectuelles s'expriment initialement dans la langue de Shakespeare. On la retrouve dans les pays qui ont été soumis à la domination de l'Empire britannique[21] et faisant désormais partie de la Commonwealth[22] ou demeurant associés à l'Angleterre. À l'heure actuelle, un tiers des pays du globe partagent, à titre principal (Australie, Irlande, Canada, États-Unis, Nouvelle-Zélande, Royaume-Uni, Hong Kong, Singapour, Malaisie, etc.) ou secondaire (Afrique du Sud, Inde, Israël, Kenya, Nigeria, Pakistan, Philippines, etc.) cette même tradition juridique. On la retrouve aussi dans quelques pays d'Amérique de l'Ouest et de l'Est et des Antilles. Ce droit est bien entendu administré en langue

---

[18] DAVID, JAUFFRET-SPINOSI et GORE, *op. cit.*, p. 59. Voir GRIMALDI (Michel), *Exportation du Code civil*, Pouvoir, n° 10, p. 80 s. Plus généralement, la circulation du modèle juridique français, Trav. Ass. Henri Capitant, Journées franco-italiennes, Paris, Litec, (1993), T.XLIV.

[19] RAMBAUD, *op. cit.*, (2014), pp. 66-67. Sur la primauté de la loi voir aussi RENE (David), JAUFFRET-SPINOSI (Camille), GORE (Marie), *Les grands systèmes de droit contemporains*, 12 th ed., Dalloz, (2016). pp. 95-115.

[20] Selon Rambaud, la difficulté pour les Français commence par la question de la traduction de cette formule. Littéralement, elle signifie « droit commun ». Mais, comme le relève Etienne Picard, dans le Dictionnaire de la culture juridique, une telle traduction gommerait « L'irréfutable spécificité de la notion anglaise et prêterait à de graves confusions ». Il s'avère donc préférable d'utiliser en français la formule générale anglaise. À cet égard, et pour suivre la logique des historiens de droit Sir Frederick Pollock et Richard A. Cosgrove qui évoquaient « Our lady, the Common Law », nous emploierons, comme le fait également Etienne Picard, le genre féminin dans le présent ouvrage. Voir RAMBAUD, *op. cit.*, (2014), p. 117.

[21] CARPANO et MAZUYER, *op. cit.*, p.24.

[22] La Commonwealth est constituée de 49 États membres et de quelques territoires. Créée au début du XXe siècle autour du royaume de Grande-Bretagne, il s'agit d'une association volontaire fondée sur le principe de l'Égalité souveraine entre États extrêmement divers, qui tous, à un moment donné, se sont trouvés sous domination britannique.

anglaise, à quelques exceptions près : le français au Canada, l'afrikaans en Afrique du Sud, l'hébreu en Israël[23].

Certains indices d'appartenance à la tradition de Common Law peuvent être relevés pour l'identifier : la règle du précédent judiciaire, l'autorité du juge, le recours au jury pour statuer sur les points de fait du litige, l'absence de distinction marquée entre le droit privé et le droit public. Autrement dit, la suprématie du droit qui s'impose à toutes les personnes physiques, morales de droit public comme de droit privé, un peu à la manière d'un trust.

En opposition avec le droit écrit romano-germaniste fondé sur la loi, le droit de Common Law est par essence jurisprudentiel « *case law* »[24], élaboré par les juridictions de degré supérieur qui appliquent dans leurs jugements la règle du précédent[25]. En effet, la Common Law est le produit de règles non écrites élaborées par les tribunaux anglais qui en ont fait œuvre créatrice. Pour la Common Law, à l'inverse de la famille romano-germanique, les lois ne représentent pas forcément le seul mode d'expression du droit[26].

Fondamentalement, la jurisprudence est la source principale du droit. La loi ne joue en droit anglais qu'un rôle secondaire, dans la mesure où elle apporte des correctifs et des compléments à la jurisprudence. Le caractère secondaire de la loi se manifeste également dans le contenu des décisions de justice. De plus, le pouvoir judiciaire contrôle souverainement l'application des lois nouvelles. Lorsque les juges évoquent la loi, ils ne la citent que de manière imprécise. Le titre de la loi est souvent écourté et seule l'année de la loi est précisée, sans plus de détails. L'une des caractéristiques des pays de Common Law est qu'il n'y a pas de Codes rassemblant les règles de droit semblables à ceux des pays de la famille romano-germanique malgré une effusion toujours plus importante du nombre de lois et de règlements[27].

La tradition de Common Law à géométrie variable : La mise en pratique de la Common Law est à géométrie variable en fonction des pays la pratiquant. Elle peut varier d'un pays à l'autre aussi bien concernant l'organisation judiciaire que les différences branches du droit existantes. En effet, la Common Law s'est élaborée lentement, ce qui a façonné de manière particulière l'organisation

---

[23] RAMBAUD, *op. cit.*, (2014), p. 118.

[24] Pour un « Case Law » la cour étudie le cas et apporte une solution adaptée à chaque cas. La règle de droit est donc pour les anglo-saxons une règle non écrite élaborée par les juges à l'occasion d'un cas. Elle n'applique pas des règles abstraites à une situation concrète à l'opposé du système romano-germanique. C'est ainsi qu'une jurisprudence s'élabore. Le système devient général, comportant des règles pour toutes les situations, tant de droit public que de droit privé.

[25] Pour un aperçu sur l'absence de force obligatoire des précédents en droit français, voir GHESTIN (Jacques), BARBIER (Hugo), *Traité de droit civil : Introduction générale*, 5e éd., LGDG, (2018). pp. 631-634.

[26] RAMBAUD, *op. cit.*, (2014), p.130.

[27] BALIVET, *op. cit.*, p. 25.

judiciaire de l'Angleterre. De préciser que les États-Unis ont créé leur propre Common Law avec un système judiciaire américain sensiblement différent[28].

Tout en appartenant au système de la Common Law, le droit américain présente des caractères qui le distinguent du droit anglais. Les États-Unis d'Amérique, contrairement à la Grande-Bretagne, reposent sur un État constitutionnel. La constitution fédérale de 1787, complétée par vingt-six amendements, exerce son influence sur le droit américain et notamment les dix célèbres premiers amendements connus sous l'appellation de « *Bill of Rights* » imposant aux États fédérés le respect des droits et des libertés individuelles. Le juge constitutionnel puise dans ce texte autant de fondements à l'appui de ses principales décisions.

La constitution est donc une source importance du droit : les américains ont élaboré une constitution pour un État en distinguant les attributions respectives de l'État fédéral de celles des États fédérés. La compétence de l'État fédéral est une compétence d'exception limitée à ce qui est prévu par la constitution. En pratique, les constitutions des états fédérés ne jouent qu'un rôle secondaire. Les États sont compétents en droit civil ou en droit pénal, l'État fédéral ne disposant que de compétences résiduelles. Il dispose de vastes pouvoirs dans les domaines régaliens. En cas de carence de la législation fédérale, les États fédérés peuvent légiférer, mais sans aller à l'encontre l'esprit de la constitution. Cependant, la distinction entre les compétences respectives de chacun et leurs limites n'est pas toujours aisée à envisager du fait de l'interprétation des textes constitutionnels[29].

Méthodes de recherche comparative

Le droit comparé implique bien plus qu'une simple description des lois d'un pays étranger. Il se réfère à la distinction généralement acceptée entre le droit comparé descriptif, qui est une comparaison instituée dans le seul but d'obtenir des informations sur le droit étranger et le droit comparé envisagé comme recherche comparative profonde suivant une méthode. Le droit comparé n'est pas destiné à résoudre un problème de nature abstraite ou pratique. Un bon exemple de comparaison serait entre la Common Law et le droit civil.

Van Hoecke[30] considère qu'il est possible de distinguer six différentes méthodes de recherche comparative : la méthode fonctionnelle ; la méthode structurelle ; la méthode analytique ; la méthode du droit en contexte ; la méthode historique ; et la méthode du noyau commun. Réunies, elles constituent le couteau suisse de la recherche comparative.

La « méthode fonctionnelle », selon l'ouvrage introductif bien connu de Zweigert et Kötz, est « la méthode classique du droit comparé » souvent

---

[28] BALIVET, *op. cit.*, p. 26.

[29] *Idem.*

[30] VAN HOECKE, *op. cit.*, p. 33.

enseignée à l'université. Le fonctionnalisme peut être défini, dans les sciences humaines, comme « la théorie qui accorde à la fonction d'un élément d'un système, et au fonctionnement du système, la primauté sur le classement des éléments (taxinomie) et sur les modifications du système »[31].

Le « fonctionnalisme », considéré comme la méthode prédominante des études comparatives, surtout dans le monde anglo-saxon et pour le droit privé[32], est utilisé dans des sens assez divergents et sert des objectifs variés : comprendre le droit, comparer (*tertium comparationis*), cibler les similarités (*praesumptio similitudinis*), construire un système (de « familles juridiques » par exemple), déterminer le « meilleur droit », unifier le droit, évaluer de manière critique les ordres juridiques[33]. En effet, dans cette conception traditionnelle, la maîtrise de la problématique de la fonctionnalité des règles et des institutions est essentielle.

La méthode comparative, s'appuyant sur le fonctionnalisme a été l'objet de vives critiques venant d'auteurs comme Geoffrey Samuel qui dénonce « l'impérialisme théorique, sinon idéologique »[34] du fonctionnalisme, signe d'une absence de « curiosité inquisitrice ». Cette approche isolerait selon lui le droit comparé, et le droit en général, des autres sciences sociales et même des autres sciences sociales du droit. Cette théorie supposerait « un savoir juridique constitué de règles ou de normes bien définies, existant en tant que système indépendant des faits sociaux ». Aujourd'hui, beaucoup d'auteurs insistent sur la place et le rôle d'autres méthodes, qui peuvent s'avérer aussi efficaces que le fonctionnalisme[35].

La « méthode structurelle » a été à la base de l'élaboration des classifications des « familles juridiques ». Cette approche fait fi des différences entre les systèmes juridiques concernant les règles concrètes s'ils ont suffisamment de caractéristiques structurelles communes pour être classifiés dans la même « famille juridique », contrairement à d'autres familles juridiques qui ne partageraient pas ces caractéristiques structurelles communes[36]. Selon MM. Arminjon, Nolde et Wolff, la typologie structurelle reconnaît la priorité du critère technique et ne considère que la manière dont s'organisent et fonctionnent les ordres juridiques afin d'en identifier et nommer les structures. Cette théorie vise à écarter l'« idéologie », concept que René David mettait sur le même plan

---

31 Dictionnaire Le Robert.

32 PONTHOREAU (Marie-Claire), *le droit comparé en question(s) : entre pragmatisme et outil épistémologique, revue internationale de droit comparé*, (2005), p. 15.

33 VAN HOECKE, *op. cit.*, pp. 34-37.

34 SAMUEL (Geoffrey), *Dépasser le fonctionnalisme, In Comparer les droits, résolument*, ed. by Pierre Legrand (2009), pp. 405-430.

35 FUMICHON (Bruno de Loynes de), *Introduction au Droit Comparé*, Journal de Droit Comparé Du Pacifique, Collection 'Ex Professo', Volume II (2013), p. 87.

36 RAMBAUD, *op. cit.*, (2014), p. 55. Ces auteurs distinguent ainsi sept familles : la famille française (droits du Portugal, de l'Espagne, de l'Italie, de la Louisiane, de la Roumanie, du Bas-Canada, de l'Égypte) ; et la famille germanique qui combine le droit romain avec des institutions germaniques : codifications allemande, autrichienne, Suisse).

que les croyances religieuses et philosophiques. Pour ces auteurs, il existe des droits originaux qui créent des « centres de rayonnement juridique ». Ce sont les droits-souches. Ces droits et ceux qui en sont une déclinaison forment ensemble les familles juridiques[37]. Il paraît aussi évident de reconnaître la traditionnelle distinction entre les familles juridiques « anglo-saxonne » et « romano-germanique »[38]. Pour MM. Zweigert et Katz, les facteurs de distinction entre les familles romaniste, germanique et scandinave concernent exclusivement le droit privé, notamment en ce qui concerne la formation du contrat ou le transfert de propriété. Or si l'on examine maintenant le droit public, le droit constitutionnel allemand est plus proche du droit constitutionnel américain que des droits constitutionnels continentaux, alors même que le droit américain est considéré comme appartenant à la même famille que le droit anglais (Common Law) dont le système constitutionnel est pourtant fondamentalement différent[39].

La « méthode analytique » qui se réfère plutôt à l'analyse du concept de « droit » (*right*)[40], menée par le professeur américain Wesley Newcomb Hohfeld[41], est bien connue dans le monde de la Common Law. Elle permet en effet une étude plus poussée du concept de « droit », car on distingue plus facilement les ressemblances et différences entre systèmes juridiques lorsqu'il s'agit de concepts similaires tels que « propriété » d'un fonds v. « *fee simple absolute in possession* », « *easement* » v. « servitude », « *mortgage* » v. « hypothèque » utilisés dans chacun des langages juridiques. Le large concept de « trust » dans la tradition de Common Law est inconnu en Europe continentale[42]. Ce n'est qu'au niveau « hohfeldien » le plus poussé, qu'une comparaison adéquate entre le « trust » et les concepts juridiques continentaux et leurs constructions est possible[43].

La « méthode du droit en contexte » peut simplement se fonder sur un élément de contexte généralement connu. À titre d'exemple, la vision économique libérale du monde sur laquelle repose l'Union européenne (UE). On peut utiliser, à l'appui de cette méthode, des données issues de recherches historiques, sociologiques,

---

[37] RAMBAUD, *op. cit.*, (2014), p. 55.

[38] VAN HOECKE, *op. cit.*, pp. 37-39.

[39] CARPANO et MAZUYER, *op. cit.*, p. 22.

[40] Pour une analyse sur les multiples sens du droit, voir aussi ROBAYE (René), *Comprendre le droit*, 4e éd., Couleur Livres, (2010). pp. 5-11. Selon l'ouvrage le mot « droit » reçoit généralement une des quatre significations, à savoir le droit naturel, le droit objectif ou droit positif, le droit comme discipline intellectuelle et le droit subjectif.

[41] Wesley Newcomb Hohfeld était un juriste américain du début du XXe siècle. Il appartient à la tradition de jurisprudence analytique, qui revendique l'héritage de Jeremy Bentham. Il a marqué le droit et la philosophie américaine, par son article de 1917 qui propose un système de concepts pour analyser la notion, trop générale, de droits. Hohfeld a été une source importante pour l'analyse des questions de droits, aussi bien les droits juridiques que les droits moraux.

[42] L'une des constructions particulières du droit anglais est le trust. Mécanisme singulier développé par « l'Equity », le trust est devenu une technique universelle utilisée en matière d'administration du patrimoine. Voir BALIVET, *op. cit.*, p. 30.

[43] VAN HOECKE, *op. cit.*, pp. 39-42.

anthropologiques, psychologiques, etc. Dans son approche du droit en contexte, le comparatiste italien Rodolfo Sacco a par exemple mis l'accent sur les « formants juridiques », autrement dit sur ce qui a fait que le droit est tel qu'il est. Dans cette approche, le contexte juridique revêt la plus grande importance : les règles constitutionnelles, législatives, la jurisprudence et la doctrine, mais aussi des « modèles implicites » et d'autres éléments cachés, telles que les visions politiques ou géopolitiques influencent la façon dont le droit est interprété et appliqué[44]. En 1974, Rodolfo Sacco[45], s'appuyant sur sa propre théorie des formants juridiques, a avancé l'idée selon laquelle les sources du droit comprennent tous les facteurs culturels et sociaux susceptibles d'influencer sur l'élaboration d'une solution donnée. Cet auteur a ainsi estimé que ces différents formants peuvent se contredire, ou révéler un message autre que celui porté par le discours officiel[46]. Rodolfo Sacco a accepté l'idée de circulation (ou « transplant » en anglais) d'Alan Watson avec sa théorie des formants juridiques. Son influence en Italie et en France a contribué à populariser les idées de transplantations dans ces deux pays et à les rendre familières aux Européens[47].

La « méthode historique » n'est en fait qu'une partie de la « méthode du droit en contexte », le contexte étant dans ce cas la comparaison des origines historiques des droits actuels. La caractéristique spécifique de cette approche historique est que son utilisation est incontournable dans toute recherche comparative. Il n'est possible de comprendre pleinement le droit tel qu'il fonctionne aujourd'hui dans une société qu'en sachant d'où il vient et pourquoi il a évolué jusqu'à sa forme actuelle contemporaine. Pour les comparatistes, les informations et les sources sur l'histoire du droit sont généralement plus facilement disponibles que celles requises pour les autres méthodes d'approches du droit en contexte. Dans la doctrine juridique traditionnelle, les livres incluent des chapitres historiques, riches d'enseignements et en références quant aux origines des concepts, règles, constructions juridiques, etc. Inévitablement, une étude historique utilise aussi des données sociologiques, économiques, psychologiques ou autres données contextuelles. Cette méthode peut donc englober l'approche du droit en contexte[48].

La « méthode du noyau commun » est largement construite autour de la méthode fonctionnelle et est, dans une certaine mesure, combinée avec la méthode du droit en contexte. Ce qui lui est spécifique est que l'on va ici chercher un noyau commun en vue d'une éventuelle harmonisation d'une partie du droit. En Europe, c'est un processus dynamique, à la fois de manière dite descendante

---

44 VAN HOECKE, *op. cit.*, pp. 42-45.

45 SACCO (Rodolfo), *Les buts et les méthodes de la comparaison du droit, In* Rapports nationaux italiens au IX Congrès international de droit comparé, (1974), pp. 113, 127–31.

46 MUIR-WATT (Horatia), *La fonction subversive du droit comparé, In* Revue internationale de droit comparé. Vol. 52 N° 3, juillet-septembre 2000. pp. 523.

47 CAIRNS (John W.), *Watson, Walton, and the history of legal transplants*, GA. J. INT'L & COMP. L. Vol. 41:671 (2013).

48 VAN HOECKE, *op. cit.*, pp. 45-46.

à travers les règles et décisions de justices européennes, mais aussi de manière ascendante avec l'enseignement et la recherche juridique. La méthode du noyau commun recherche les points communs et de désaccord entre les systèmes juridiques afin d'évaluer dans quelle mesure une harmonisation de certains domaines serait envisageable, ou encore pour savoir comment une régie européenne, par exemple, pourrait être interprétée en harmonie avec elle, de telle manière qu'elle puisse différencier les traditions nationales qui la composent[49].

Théories et concepts sur la transplantation juridique

En fait, il existe une relation très étroite entre une transplantation juridique et l'étude du droit comparé. Le concept de transplantation juridique, en général, est très complexe. Il pourrait concerner ses objectifs, ses causes, ses modes et ses effets. Il pourrait également être compris au sens botanique, c'est-à-dire la transplantation d'un substrat d'un endroit à un autre. On pourrait également le comprendre, mais au sens médical, comme une greffe d'un organe ou encore une transplantation partielle. Ce dernier sens semble particulièrement approprié pour éviter les malentendus.

Les comparatistes ont souligné à maintes reprises qu'une solution qui fonctionnait dans une juridiction pourrait ne pas fonctionner dans une autre. Selon MM. Arminjon, Nolde et Wolff, « Telle institution (...) qui fonctionne (...) bien dans son pays d'origine (...) donne parfois un très mauvais rendement dans certains autres. Il en est des institutions comme des espèces végétales ou animales. La transplantation de cépages américains en Europe y a introduit le phylloxera ; l'acclimatation des lapins en Australie y a causé des ravages incalculables »[50].

Dans certains domaines, les comparatistes se rendraient compte que les règles juridiques sont fondées sur des points de vue fondamentalement différents. Selon Paul-A. Crépeau, elles pourraient être liées aux certaines valeurs morales ou religieuses, en particulier dans le domaine de la loi des personnes, du mariage et de la famille, ou encore à d'autres valeurs sociales comme dans le domaine la loi sur la propriété ou sur les questions de travail[51]. Dans ces cas, les « transplantations juridiques » seraient naturellement très difficiles à introduire dans une autre juridiction où ces valeurs ne sont pas identiques ou similaires. Néanmoins, dans le domaine des opérations

---

[49] VAN HOECKE, *op. cit.*, pp. 46-47.

[50] WHELAN (Darius), Thesis for a Master of Laws, *The Comparative Method and Law Reform*, University College Cork, (1988), p. 34.

[51] Lors de la Conférence internationale de droit comparé qui s'est tenue à Pékin les 7 et 10 avril 1992, le professeur Paul-A. CREPEAU, président de l'Académie internationale de droit comparé, l'a souligné dans sa thèse « Droit comparé, réforme du droit et codification ». Voir SHEN (Zongling), *Legal Transplant and Comparative Law*, *In* Revue internationale de droit comparé. Vol. 51 N° 4, Octobre-décembre 1999. pp. 856.

commerciales, les différences ne sont généralement pas aussi fondamentales qu'elles empêchent un foisonnement d'idées entre les divers pays[52].

Alors que la question des transplantations juridiques a été abordée depuis des décennies, l'intérêt des économistes pour le concept est quant à lui plus récent. Il semblerait que la première référence aux « transplantations juridiques » a été reprise dans une théorie économique parue en 1996 dans un document de travail de MM. La Porta, Lopez-de-Silanes, Shleifer et Vishny, plus tard publié dans le « *Journal of Political Economy* »[53]. Dans cet article, en passe de devenir l'un des articles les plus cités en économie, un groupe d'économistes mené par le professeur d'économie de Harvard Andrei Shleifer a établi les principales prémisses de la « théorie des origines juridiques », qui a depuis été élaborée et appliquée dans de nombreuses œuvres[54].

Tandis que la littérature classique traite de la pratique du droit comparé et de la transplantation juridique et si cette dernière est souhaitable, d'autres auteurs traitent le sujet d'un point de vue institutionnel. Au lieu de se demander si la greffe de doctrines et de concepts du droit étranger est une pratique souhaitable, ils se demandent plutôt comment, pourquoi et qui en est à l'origine. La tendance actuelle suit une voie différente. En effet, ce sont plutôt les institutions juridiques et les procédures de mise en œuvre de la transplantation qui sont examinées. Les transplantations peuvent être introduites par toutes les branches du pouvoir législatif, judiciaire ou exécutif, et même au niveau constitutionnel par modification du texte de loi suprême. Cependant, les implications pratiques et normatives du choix entre ces alternatives ont rarement fait partie du discours sur le droit comparé[55].

---

52 Sur les différentes perspectives sur le droit comparé, voir les publications académiques et doctrinales suivantes : RAMBAUD, *op. cit.* (2014) ; PONTHOREAU, *Le droit comparé en question(s)*, (2005) ; FUMICHON, *Introduction au droit comparé*, (2013) ; HORATIA, *La fonction subversive du droit comparé,* (2000).

53 LA PORTA (Roberto), LOPEZ-DE-SILANES (Florencio), SHLEIFER (Andrei) and VISHNY (Robert), *Law and Finance*, NBER, Working paper No 5661, (1996) ; La Porta, Lopez-de-Silanes, Shleifer and Vishny, *Law and Finance*, 106 Journal of Political Economy, No. 6, (1998), pp. 1113-1154.

54 BAKARDJIEVA ENGELBREKT (Antonina), *Legal and Economic Discourses on Legal Transplants: Lost in Translation? In* Law and Development, ed. Vol. 60, Scandinavian Studies in Law, (2015), p.117 ; FEKETE (Balázs), *Paradigmes du droit comparé moderne, Vers une nouvelle interprétation de l'histoire du droit comparé*, thèse de doctorat, Université catholique Pázmány Péter, Budapest, (2009).

55 KAHN-FREUND (Otto), *On Uses and Misuses of Comparative Law*, 37 M.L.R. 1 (1974).

Comprendre Montesquieu, le pionnier du droit comparé, sur « De l'Esprit des Lois »

Cette section suivante tentera de mettre en perspective un contexte théorique sur le droit comparé et la transplantation juridique. Nous commencerons par les travaux du Baron Montesquieu[56].

Montesquieu aurait passé plus de vingt ans à écrire son chef d'œuvre « De l'Esprit des Lois », finalement publié en 1748. Cet ouvrage regroupe un large éventail de sujets - droit, philosophie, histoire, politique, etc[57]. Le droit comparé est déjà une base solide pour traiter de la question de la transplantation juridique, mais ces deux notions ont besoin l'une de l'autre pour produire une analyse complète. Cette complémentarité nécessaire explique ainsi le besoin de mettre en perspectives les travaux de Montesquieu que certains considèrent comme étant le père et pionnier du droit comparé[58], quoique d'autres experts ne lui accordent pas tant de considération[59].

Montesquieu, premier juriste en droit comparé, aurait déclaré qu'« une loi rédigée pour le peuple d'un pays devrait être très adaptée à la population de ce pays et par conséquent, si cette loi correspondait au besoin d'un peuple d'un autre pays, ça ne devrait être qu'« un grand hasard »[60]. Cela signifie donc que si des lois d'un pays ne sont appropriées que pour celui-ci, il serait dès lors difficile de le transplanter dans un autre pays. Cette déclaration soulève une autre question sur les obstacles à la transplantation. De nombreux autres chercheurs en droit comparé, en histoire juridique, en sociologie juridique et en jurisprudence ont également eu leur mot à dire sur les avantages et les inconvénients de la transplantation juridique[61]. Les sceptiques comme Pierre Legrand, dans une perspective culturaliste, ont proclamé « l'impossibilité de greffes légales », estimant que la possibilité de déplacement d'une juridiction vers une autre chose n'entraîne que « la forme dénuée de sens et de mots ». De ce point de vue, tout plaidoyer en faveur des transplantations légales consisterait à « réduire le droit

---

[56] MONTESQUIEU (Charles de Secondat, Baron de), *De l'Esprit des Lois*, (1748, Flammarion, 1979, tomes 1 et 2) ; Ce classique de Montesquieu peut être considéré comme le premier ouvrage majeur de droit comparé.

[57] De l'Esprit des Lois. Il y a aussi une traduction de Thomas Nugent en anglais (2 volumes, George Bell & Sons, Londres, révisée par J.V. Prichard, 1897).

[58] NIBOYET (J.-P.), *Montesquieu et le Droit Comparé*, *In* L. Juillot de la Morandière (ed.), Montesquieu : Bicentenaire de l'Esprit des Lois (Recueil Sirey, Paris, 1952), p. 257. Kahn-Freund fait référence à Montesquieu comme « le premier de tous les avocats du Droit comparé ».

[59] Montesquieu « a tenté trop, et son travail est déconnecté, non systématique et marqué par les excentricités. Tout comme le succès de De l'Esprit des Lois, ce n'était pas le moyen de faire des recherches juridiques comparatives sur une base durable ». Voir aussi GUTTERIDGE, p. 12. Sir Frederick Pollock : « Il [Montesquieu a pris ses exemples de l'histoire universelle et des histoires de voyageurs, sans se soucier des énormes différences entre les contextes dont il les a détachés ».

[60] MONTESQUIEU, *de l'Esprit des Lois*, (1878).

[61] STEIN, *op. cit.*, pp. 198-216.

aux règles et aux règles en de simples déclarations de proposition » (en Anglais « *reducing law to rules and rules to bare propositional statements* »)[62].

Il paraît donc important de préciser que le Baron n'aurait pas discuté en détail ni de la possibilité, ni du caractère souhaitable ou non de tels emprunts juridiques. Montesquieu aurait dit qu'il croyait au particularisme par opposition à l'uniformité, rejetant ainsi les idées d'uniformité comme celles qui « frappent infailliblement les petits [esprits] »[63], et que les lois sont mieux comprises dans leur ensemble juridique, historique, politique, etc.[64]. On pourrait facilement en déduire qu'il serait contre une transplantation de lois sans adaptation. Il aurait défini « le droit politique » comme « les lois dans le rapport qu'ont ceux qui gouvernent avec ceux qui sont gouvernés », c'est-à-dire le « droit public » et « le droit civil » en tant que lois concernant « le rapport que tous les citoyens ont entre eux » c'est-à-dire le droit privé[65].

Les points de vue des juristes contemporains sur la question des transplantations juridiques : Kahn-Freund, Legrand, Watson et Marsh

En ce qui concerne la transposition des règles juridiques d'un pays à l'autre que ce soit à l'occasion d'un processus législatif ou d'une réforme juridique, nous nous référerons à quatre chercheurs parmi les plus renommés qui pourraient nous éclairer sur ces questions, à savoir le professeur Otto Kahn-Freund[66], le professeur Pierre Legrand, le professeur Alan Watson[67] et le professeur Norman S. Marsh. Leurs arguments, pour nombre d'entre eux, font directement écho à l'Esprit des Lois de Montesquieu. Le concept de « transplantation juridique » a été rendu célèbre par le débat entre Otto Kahn Freund et Alan Watson dans les années 1970. Depuis lors, les écrits savants sur le sujet se sont considérablement élargis. Dans les années 1990, la critique de ce concept s'est radicalisée.

Pierre Legrand : Le comparatiste Pierre Legrand a présenté sa vision relativiste de l'absurdité des transplantations juridiques, principalement sur le

---

62 LEGRAND (Pierre), *The Impossibility of Legal Transplants*, 4 Maastricht J. Eur. & Comp. L., (1997), pp. 111-124.

63 MONTESQUIEU, *Influer infailliblement sur les petits esprits*, Livre XXIX, chap. 18 (Des idées d'uniformité).

64 MONTESQUIEU, Livre XXX, chap. 11 (De quelle manière deux lois diverses peuvent être comparés) and chap. 12 (Que les lois qui paraissent les mêmes sont quelquefois elles même différentes).

65 AUBY (Jean-Bernard), FREEDLAND (Mark), *La distinction du droit public et du droit privé : regards français et britanniques*, The Public Law/Private Law Divide : une entente assise cordiale ?, Colloques, Panthéon-Assas, (2004). pp. 9-11.

66 Otto Kahn-Freund était un comparatiste juridique anglais et ancien professeur de droit comparé à Oxford. KAHN-FREUND, *op. cit.*, pp. 1-27, and WATSON (Alan), *Legal Transplants and Law Reform*, 92 The Law Quarterly Review, (1976), pp. 79-84.

67 WATSON (Alan), *Legal Transplants : An Approach to Comparative Law*, (1993).

terrain du droit privé[68]. Selon lui, « toute personne qui estime que le droit ou les règles du droit voyagent d'une juridiction à l'autre doit avoir à l'esprit que le droit est une entité quelque peu autonome qui n'a pas de bagage historique, épistémologique[69] ou culturel. En effet, comment le droit pouvait-il voyager s'il n'était pas séparé de la société ? Je veux remettre en question cette vision du droit et, plus précisément, cette compréhension des règles que je considère comme un manque profond de pouvoir explicatif. Les règles ne sont tout simplement pas ce qu'elles sont représentées par Watson. Et, en raison de ce qu'elles sont effectivement, les règles ne peuvent pas voyager. Par conséquent, les transplantations juridiques sont impossibles »[70].

Kahn-Freund : Étant connu comme juriste spécialisé en sociologie, le professeur Kahn-Freund aurait embrassé une vision juridique plutôt « micro », axée principalement sur la réforme des lois, qu'elles soient contemporaines ou plus anciennes, dans les pays développés. Kahn-Freund a procédé de la célèbre citation de Montesquieu précitée : « une loi rédigée pour le peuple d'un pays devrait être très adaptée à la population de ce pays et par conséquent, si cette loi correspondait au besoin au peuple d'un autre pays, ça ne devrait être qu'« un grand hasard ». Selon la théorie de Kahn-Freund, le contexte sociopolitique des pays donneurs et des pays bénéficiaires ou receveurs doit être soigneusement examiné en vue d'assurer la viabilité des transplantations juridiques. Son raisonnement aurait été inspiré de la célèbre déclaration de Montesquieu selon laquelle « les lois sont les relations nécessaires découlant de la nature des choses »[71].

Bien qu'il ne soit pas d'accord avec Montesquieu en tous points, il ne fait nul doute que Kahn-Freund a largement été influencé par les écrits du baron. Il se référait à une analogie dans le contraste entre une transplantation rénale (avec des problèmes de « réglage » ou de « rejet ») et le transfert d'un carburateur d'un véhicule à un autre. « Le rein et le carburateur sont les points terminaux d'un continuum, et toute transplantation de règle ou d'institution juridique pourrait être se retrouver quelque part le long de ce continuum »[72]. Il admettait qu'il existe des lois qui peuvent être très facilement transplantables, comme une loi sur la responsabilité civile, mais que dans la plupart des cas il y aurait des besoins de faire des adaptations nécessaires.

---

[68] LEGRAND, *op. cit.*, pp. 111-124. Pour une perspective plus nuancée sur le sujet, voir MOUSORAKIS (George), *Legal Transplants and Legal Development : A Jurisprudential and Comparative Law Approach*, (2013) 54 Hungarian JL Studies, p. 219.

[69] L'épistémologie est une branche de la philosophie qui étudie l'origine, la nature, les méthodes et les limites de la connaissance humaine.

[70] LEGRAND (Pierre), *The Impossibility of "Legal Transplants*, HeinOnline -- 4 Maastricht J. Eur. & Comp. L. 112 (1997), pp. 113-114. Traduction de l'anglais.

[71] SHEN (Zongling), *Legal Transplant and Comparative Law*, *In* Revue internationale de droit comparé. Vol. 51 N° 4, Octobre-décembre 1999. p. 855. MONTESQUIEU, de l'Esprit des Lois. (1878).

[72] KAHN-FREUND, *op. cit.*, pp. 1-27.

En ce qui concerne Montesquieu, Kahn-Freund aurait affirmé qu'il croyait qu'une « transplantation législative en tant qu'analogie serait beaucoup plus proche du côté de l'extrémité organique que du côté mécanique de notre continuum »[73]. Les lois ne peuvent guère changer de leur habitat, en raison de diverses causes, englobant les facteurs géographiques, climatiques, politiques, sociologiques, culturels, religieux et économiques[74] qui, selon Montesquieu, seraient plus importants dans certains pays que dans d'autres[75].

Kahn-Freund ajoutait que l'importance de certains éléments serait à géométrie variable, plus importants à certains moments qu'à d'autres. Les facteurs politiques auraient ainsi pris une importance croissante ces derniers temps. Kahn-Freund reconnaîtrait cette notion grandissante de « standardisation de la vie »[76] considérant que « le fait de la différenciation politique est aussi évident que celui de l'intégration culturelle et sociale », et ce à trois égards[77] : (i) l'écart significatif entre présence et absence du communisme ; (ii) les diverses variations du concept de la démocratie ; (iii) le rôle des intérêts dans la création et le maintien des institutions juridiques (le facteur de puissance).

Pour Kahn-Freund son idée de transplantation est plus orientée scientifiquement. Il proposait un ensemble de normes pour déterminer le degré de transplantabilité de telles règles et institutions. Pour lui, la loi est inséparable des conditions naturelles, sociales, économiques et culturelles. Ces obstacles peuvent être groupés dans deux groupes de variables : le premier groupe est composé de facteurs exogènes, y compris des facteurs géographiques, socio-économiques et culturels, tandis que l'autre groupe ne regrouperait que « des facteurs purement politiques ».

Cependant, la thèse centrale de Kahn-Freund selon laquelle, au cours des deux centenaires ayant suivi les écrits de Montesquieu, les facteurs géographiques, socio-économiques et culturels auraient perdu considérablement de leur importance. En cause l'industrialisation, l'urbanisation, le développement de la communication et la mobilité continue de la population auraient réduit d'une grande manière les obstacles à la transplantation juridique[78].

Kahn-Freund a donné une description détaillée de ce qu'il appelle « l'aplatissement de la diversité économique et culturelle ». Tout d'abord, il y a

---

[73] KAHN-FREUND, *op. cit.*, p. 7.

[74] La liste est abrégée dans de l'Esprit des Lois. XIX, chap. 4, « le climat, la religion, les lois, les maximes du gouvernement, l'exemple des événements passés, les mœurs et les coutumes ». C'est « peut-être le chapitre le plus important de l'ensemble du travail » - SHACKLETON (Robert), *Montesquieu : A Critical Biography* (Oxf.U.P. 1961), pp.316-317.

[75] MONTESQUIEU, *de l'Esprit des Lois*. Livre XIX, chap. 4 : « Dans la mesure où, dans chaque pays, l'une ou l'autre de ces causes agit avec plus de force, les autres sont affaiblies dans la même mesure ».

[76] WHELAN, *op. cit.*, p. 14.

[77] KAHN-FREUND, *op. cit.*, p. 11.

[78] SHEN, *op. cit.*, p. 854.

assimilation des conditions économiques : dans les pays développés, la plupart des gens vivent plus ou moins de l'industrie, du commerce et du service public. Cela s'explique aisément par l'évolution du commerce, de la production de masse et de la publicité qui ont uniformisé les postes de dépenses économiques de la population.

La Mondialisation : Les XIXe et XXe siècles ont vu l'émergence des empires et des « État-nations ». En 1900, plus de la moitié des habitants du monde vivaient sous la domination coloniale. À partir de 1950, des nouveaux États se forment consécutivement, à la décolonisation, aux mouvements de l'auto-détermination et des guerres d'indépendance. D'aucuns ont pu dire que le monde était devenu plus petit en raison de la mondialisation[79].

L'existence d'activités économiques internationales ne date pas d'hier puisqu'on en trouve des traces depuis l'Antiquité. Néanmoins, force est de constater qu'à partir de la seconde moitié du XXe siècle, les progrès rapides dans les secteurs des transports et de télécommunications ont multiplié ces activités économiques, non seulement en termes de marchandises, mais aussi en termes de transfert de connaissance, d'information, de technologies et de services.

La mondialisation est le résultat de choix fondés sur la profitabilité, la productivité et la rentabilité du marché. En somme, nous vivons actuellement avec une économie mondialisée. Les communications n'ont plus de frontières ni de limites, les politiques s'uniformisent de plus en plus, sous l'impulsion de tentatives de mondialisation du droit. Une chose est certaine : aucun pays ne peut maintenir sa croissance économique sans tenir compte de ces tendances mondiales.

Émergence des différences dans les systèmes juridiques : Ce que nous voyons aujourd'hui à travers l'avènement d'une économie mondiale, c'est une tentative d'universalisation du droit dans le monde. Ce processus de plus en plus palpable de nos jours aurait été initié après la Seconde Guerre mondiale. La tradition européenne du droit comparé du XXe siècle aurait vu apparaître un monde complexe composé des systèmes juridiques « civilistes », « communs » et « socialistes », souvent regroupés en « familles juridiques ». Le droit islamique - si tant est qu'on puisse le définir comme tel - est considéré comme marginal et faisant souvent partie des États ou des colonies économiquement sous-développés. Cette vision du monde juridique du XXe siècle persiste de nos jours, même en proie à des changements globaux importants qui auraient rendu comme dépassée la taxonomie classique du droit comparé.

Du fait de l'adaptation de lois occidentales par de nombreux pays, il semblerait que ces derniers se ressembleraient de plus en plus. Une analyse plus approfondie nous révèle une réalité tout autre. C'est au cours des années 1950 et 1960 que nous aurions assisté à une exportation de grande envergure des

---

[79] Voir aussi DELIYANNI-DIMITRAKOU (Christina), *Le Droit comparé à l'épreuve du pluralisme juridique et de la mondialisation*, Études de l'IRDEIC n° IX/2013, Presses de l'Université Toulouse 1 Capitole.

concepts économiques, politiques et juridiques occidentaux au nom de la modernisation et du développement. Au cours des années 1970, de nombreux universitaires s'étaient rendu compte que ce serait de la pure folie de s'attendre à ce que la transplantation d'un système juridique d'une société dans une autre fonctionne de la même manière étant donné que les systèmes juridiques des diverses nations sont intimement liés à leurs propres cultures.

Ce que nous constatons au début du XXIe siècle, c'est une série de changements réglementaires qui induisent des changements dans la manière de faire des affaires dans les pays en voie de développement, et ce selon les anciens usages et sans beaucoup de références au droit national ou international. Cette réorientation rapide de ces systèmes juridiques signifierait que les juristes et les hommes d'affaires sont maintenant confrontés à un nouvel environnement juridique et réglementaire largement inconnu dans de nombreux pays qui sont pourtant comme des moteurs du développement mondial et de la croissance économique actuelle. Cela suggère ainsi une revue de notre compréhension des systèmes juridiques et réglementaires à l'échelle mondiale.

Changements dans les régimes réglementaires : L'un des moteurs de la réforme approfondie des systèmes juridiques et réglementaires aurait été un échec systémique. En Asie, la crise financière asiatique de 1997 en a été un exemple clé avant la crise financière mondiale de 2008-2009. La crise financière asiatique a éclaté en 1997, suivie dix ans plus tard par la crise financière mondiale. La crise financière de l'Amérique latine dans les années 80 et la crise financière asiatique des années 90 auraient été associées à des périodes de renforcement du dollar. La crise des « subprimes » aux États-Unis en 2007 aurait quant à elle été le résultat d'une négligence des États-Unis à surveiller la fragilité du marché hypothécaire, encombré de produits dérivés toxiques vendus par des banques d'investissement à fort potentiel. La crise financière mondiale de 2007 a ainsi eu un effet négatif considérable dans les affaires économiques mondiales. Toutes ces crises auraient suscité l'émergence dans ces régions de nouvelles lois sur l'insolvabilité aussi bien que sur la bonne gouvernance et la gestion des risques.

Impact du changement technologique : Un autre changement majeur de la fin du XXe siècle est l'avènement de la technologie. Ce changement aurait forcé les grandes entreprises à se tourner vers d'autres moyens de protection juridique à une vitesse effrénée plus que les dernières 50 années auparavant. L'inclusion de composants immatériels ou numériques dans le marché aurait exigé de nouvelles formes de protection sur la propriété intellectuelle[80] pour les inventeurs et producteurs partout dans le monde. Les chaînes d'approvisionnement deviennent plus complexes et éparpillées dans de

---

[80] Pour une bonne compréhension des droits de propriété intellectuelle liés au commerce, voir ASCENSIO, *op. cit.*, pp. 237-249.

nombreuses locations géographiques, nécessitant des systèmes technologiques plus performants en termes de commandes électroniques, de contrôle d'inventaire, et de transmissions de fonds électroniques. En outre, il devient de plus en plus nécessaire de se conformer aux exigences légales de la part des importateurs tout le long de la chaîne de production juste qu'à la vente, à savoir par exemple, les conditions sanitaires et phytosanitaires des aliments, la sécurité et la qualité des entrants et la réglementation de la protection du consommateur.

Environnement culturel : La mondialisation aurait amené une forme d'uniformité de l'environnement culturel. Il existerait plusieurs cas dont la « normalisation de la vie » donnerait raison à des réformes juridiques qui conduiront vers de nouvelles solutions[81]. « L'explosion du concept d'ombudsman » aurait été l'attrait universel quant à la réaction à la montée du pouvoir et de l'influence des « grands gouvernements ». La nécessité de protéger les droits des employés de leurs employeurs concernant les salaires et les heures de travail, la sécurité et la santé, les congés et les pensions deviennent une nécessité universelle ; d'où les réalisations impressionnantes de l'OIT dans ces domaines[82].

Facteurs politiques : D'autre part, les facteurs politiques ont gagné en importance en raison des « différenciations politiques » qui ne cessaient de s'accroître : entre le bloc communiste et non communiste, entre les dictatures et les démocraties dans le bloc non communiste ; mais également entre le modèle présidentiel (type des États-Unis) et le modèle de gouvernement parlementaire ; et enfin, dans le rôle accru exercé par les intérêts organisés dans la mise en œuvre et le maintien des droits[83]. Ainsi, pour Kahn-Freund, les facteurs environnementaux que Montesquieu considérait comme décourageants pour la transplantation sont maintenant beaucoup moins importants, mais les facteurs constitutionnels et politiques sont quant à eux devenus beaucoup plus importants[84].

En conclusion, le professeur Kahn-Freund soutenait que « nous ne pouvons pas considérer que les règles ou les institutions sont transplantables », que l'utilisation de la méthode comparative « exige une connaissance non seulement de la loi étrangère, mais aussi de son caractère social et surtout son contexte politique » et que cette utilisation devient un abus « seulement si elle est informée par un esprit légaliste qui ignore ce contexte de la loi »[85]. Certains commentateurs ont rejeté l'hypothèse de Kahn-Freund selon laquelle les

---

[81] GRAVESON (Ronald), *The Task of Comparative Law in Common Law Systems* (1959) 34 Indiana L.J. p. 571.
[82] KIRBY (Michael D.), *Reform the Law*, Oxf.U.P., Melbourne, (1983), pp. 32-33.
[83] SHEN, *op. cit.*, p. 854.
[84] CAIRNS (John W.), *Watson, Walton, and the History of Legal Transplants*, GA. J. INT'L & COMP. L. [Vol. 41:644. (2013).
[85] KAHN-FREUND, *op. cit.*, p. 27.

facteurs politiques auraient gagné beaucoup d'importance, estimant qu'il y a des limites entre les facteurs politiques, socio-économiques et culturels qui sont très difficiles à définir et que la politique est en grande partie déterminée dans le domaine du droit par les intérêts économiques des différents groupes sociaux.

Alan Watson : L'historien juridique et comparatiste écossais Alan Watson, dans son ouvrage classique Legal Transplants, publié en 1974, a introduit le concept de transplantation juridique[86]. Watson était très critique de Montesquieu et de Kahn-Freund pour diverses raisons. Il pensait que l'on ne peut tout simplement pas accepter l'affirmation de Montesquieu selon laquelle il est « un grand hasard »[87] que les règles d'une nation puissent convenir à une autre[88]. Montesquieu aurait ainsi sous-estimé le nombre des emprunts juridiques réussis à son époque.

Et en effet, comme le disait Watson, l'accueil du droit romain en Europe occidentale était l'exemple principal d'un emprunt bien réussi, ce que Montesquieu semblerait avoir ignoré. Cette réception illustrerait également qu'une transplantation peut se produire même lorsque le contexte juridique et historique du pays récipient est très différent de celui du pays donateur[89]. Watson pensait qu'un réformateur de la loi, en recherchant des solutions étrangères, « devrait être après (...) une idée qui [pourrait] se transformer et en faire une partie de la loi de son pays »[90].

Même si ce réformateur avait mal compris cette loi étrangère, cela ne devrait pas porter atteinte à l'utilité de l'idée. Ici, l'exemple de Watson était celui de la façon dont les auteurs de la Constitution des États-Unis auraient repris les idées inexactes de Montesquieu sur la séparation des pouvoirs en Angleterre. Le fait que Montesquieu ait ou n'ait pas raison n'est pas vraiment pertinent. Un droit étranger pourrait être influent même s'il est totalement mal compris.

Watson contestait également l'idée de Kahn-Freund concernant la transplantation juridique. Étant un juriste et historien, il avait adopté une vision juridique plutôt « macro », englobant des idées de transplantation massive. Selon lui, une transplantation juridique était simple et facile, et une connaissance systémique du système étranger n'était pas nécessaire. Il aurait

---

86 WATSON, *Legal Transplants : An Approach to Comparative Law*, (1993). Voir les autres œuvres de Watson, en particulier, WATSON, *Legal Transplants*, Edinburgh, Scottish Academic Press, (1974) ; WATSON, *The Evolution of Law*, Johns Hopkins University Press, (1985) ; WATSON, *Legal Origins and Legal Change*, London, (1991) ; WATSON, *Law out of Context*, University of Georgia Press, (2000). Pour une analyse compréhensive et critique des œuvres savantes de Watson, voir EWALD (William), Comparative Jurisprudence (II) : *The Logic of Legal Transplants*, 43 Am J Comp L, (1995), p. 489.

87 MONTESQUIEU, *de l'Esprit des Lois*. (1748) Livre 1, Chapitre 3.

88 WATSON (Alan), *Legal Transplants and Law Reform*, (1976) 92 LQR 79 at p. 80.

89 WATSON, *Legal Transplants*, Edinburgh, Scottish Academic Press, (1974).

90 WATSON, *Legal Transplants* : An Approach to Comparative Law, (1993).

même insisté sur le fait que les règles juridiques ne sont pas spécialement conçues pour une société particulière dans laquelle elles opèrent et que cela ne poserait pas de grandes préoccupations. Cela impliquerait donc que la loi est une entité supra-sociale ou isolée de la société[91].

Selon Watson, dans une grande mesure, la loi possèderait une vie et une vitalité propres. En d'autres termes, il n'existerait aucune relation intimement proche entre la loi, les structures juridiques, les institutions et les règles d'une part, et les besoins, désirs des élites dirigeantes ou membres de la société d'autre part. En revanche, s'il y avait une relation aussi étroite, les règles juridiques, institutions et structures ne pourraient se transformer que très difficilement et leur pouvoir de survie serait de fait très limité. Les changements dans la structure sociétale entraîneraient toujours des changements dans la loi[92].

Norman S. Marsh : Kahn-Freund soutenait qu'une transplantation ne pouvait avoir lieu lorsque les milieux politiques et culturels étaient fondamentalement différents[93]. Cependant, Norman Marsh exposa sa conclusion selon laquelle il existerait de nombreux exemples de « Kahn-Freund à l'envers » – ce qui veut dire qu'une transplantation pourrait avoir lieu même si les milieux politiques et culturels sont fondamentalement différents tant que le pays récipient démontre un grand respect pour le système du pays donateur.

Plusieurs observations de Marsh sont pertinentes ici. Tout d'abord, la pénurie de temps limiterait la quantité de recherches comparatives qui pourraient être entreprises. Si la référence aux systèmes étrangers est trompeuse (en raison des différences de structure socio-politique entre le pays donateur et le pays récipient), il serait peut-être préférable de l'omettre. Ensuite, le réformateur ne pourrait souvent s'appuyer que sur des articles dans des revues ou autres sources, car l'information devrait être adaptée aux besoins particuliers de son projet de réforme en cours. Enfin, le réformateur doit examiner si ces réformes ont une chance d'être mises en œuvre par le législateur. Il est souvent préférable de suggérer de nombreuses petites améliorations plutôt qu'une transformation massive sur la base de grandes recherches comparatives.

---

[91] Sur ce point, Robert B. Seidman, professeur de droit à la « Boston University School of Law », après avoir examiné Legal Transplants en détail, a décrit que les « conclusions générales » d'Alan sont « triviales ou banales. » Le problème, a-t-il affirmé, est que les facteurs sociaux ne pouvaient pas être ignorés, et quand finalement ils sont pris en compte il n'y a pas « d'analyse ou vérification minutieuse des hypothèses. » Voir SEIDMAN (R.B.), Book Review, 55 B. U. L. REV. p. 683 (1975) (reviewing LEGAL TRANSPLANTS (1st ed.), supra note 1).

[92] Le point de vue de Watson a été rejeté dans STEIN (Eric), *Uses, Misuses and Nonuses of Comparative Law* (1977) 72 Northw.U.L.R. p. 198.

[93] WHELAN, *op. cit.*, p. 30.

Méthodes pour la recherche comparative en droit

De nombreuses questions de grande importance découlent donc de la nécessité d'adaptation aux conditions locales dans le processus d'une transplantation juridique. Quand est-ce qu'une loi émanant d'un autre pays pourrait-elle être transplantée ? Dans quelle mesure une adaptation aux conditions locales est-elle nécessaire ? Quels seraient les éléments les plus importants - le contexte juridique ? Le contexte historique ? Le contexte politique ? Par ailleurs, il peut être parfois très difficile de distinguer des transplantations juridiques qui engendrent des réformes juridiques avec changement social de celles qui ne s'accompagnent pas d'un tel changement.

Finalement, pour le réformateur cambodgien, il existerait une grande distinction entre le droit comparé descriptif et le droit comparé appliqué, et une liste de leurs fonctions pourrait être résumée comme suit[94] : (a) La recherche d'information sur le droit des autres pays (droit comparatif descriptif) ; (b) la comparaison pour assister un théoricien juridique à formuler des théories abstraites du droit (par exemple, le « noyau commun » des systèmes juridiques) ; (c) la comparaison pour assister l'historien à tracer les origines et l'évolution des concepts et des institutions juridiques ; (d) la comparaison dans le but de contribuer aux réformes juridiques ; et (e) la comparaison dans le but de contribuer à l'unification de diverses lois divergentes.

Le Cambodge dans le contexte théorique du droit comparé

Dans le cas du Cambodge, les arguments de Montesquieu et Kahn-Freund ne seraient pas satisfaisants pour un certain nombre de raisons. La raison principale est qu'ils semblent imposer un standard trop élevé pour les réformateurs cambodgiens, de sorte qu'ils pourraient décider de ne pas se référer à ces solutions venant de l'étranger à cause de ces risques bien trop élevés. En d'autres termes, leurs théories seraient contre-productives.

Certes, il existe toujours des dangers résultant d'une mauvaise application du droit comparé si un réformateur l'utilisait comme excuse pour importer un système totalement étranger qui ne peut tout simplement pas fonctionner dans son système national. En fin de compte, un réformateur aurait plutôt besoin d'examiner le contexte juridique du système qu'il proposerait d'introduire dans son système national. S'il est un expert de son propre système national ; le réformateur n'a pas pour autant à aspirer au même niveau d'expertise dans le système du pays donateur.

---

[94] GUTTERIDGE (H. C.) - Comparative Law, An introduction to the comparative method of legal study and research. *In* Revue internationale de droit comparé. Vol. 2 N° 1, Janvier-mars 1950. pp. 7-9.

Marsh reconnaît aussi « qu'une petite connaissance d'un système juridique étranger pourrait avoir des conséquences sérieuses dans la réforme juridique ». Il faisait aussi valoir qu'il était maintenant presque inconcevable dans la majorité des pays que toute tentative de réforme du droit national ne soit pas précédée d'un examen de solutions étrangères au même problème, bien que la qualité de ces recherches et leur importance puisse varier considérablement. Ainsi, le droit comparé est devenu la « *handmaid* » ou serviteur de la réforme juridique[95]. En outre, on pourrait dire que l'application pratique du droit comparé à la réforme juridique aurait contribué pour beaucoup à l'importance et au respect de cette discipline au cours de ces 50 dernières années.

Comme Watson l'aurait souligné, le réformateur cherche une idée de l'étranger. Il va sans dire qu'il serait plus efficace s'il connaissait le système de ce pays, mais la connaissance de ce système n'est pas théoriquement nécessaire. Même s'il appliquait la loi étrangère d'une manière erronée, l'idée pourrait malgré tout apporter une certaine valeur et fonctionner. Montesquieu et Kahn-Freund auraient ainsi freiné le réformateur dans sa recherche d'inspiration de solutions étrangères[96]. En termes d'adaptation, la préoccupation principale du réformateur devrait donc se concentrer sur son système actuel plutôt que celui des pays donateurs.

John Cairns, dans son article publié en 2013, a conclu que les quarante années passées ont vu évoluer le concept de transplantations légales d'une position théorique largement ignorée ou rejetée à une position généralement acceptée — souvent avec enthousiasme — comme une approche standard en droit comparé qui mérite de plus amples développements. Les mêmes quarante années ont vu le livre d'Alan Watson, Legal Transplants, passer d'une œuvre souvent sévèrement critiquée à un classique de droit comparé[97].

Dans la reconstruction de son système juridique, le Cambodge ne peut se permettre d'être trop rigoureux dans sa méthodologie. Les divers choix de méthodes dépendent en premier lieu des circonstances actuelles. Comme le mentionne Kahn-Freund, l'utilisation de la méthode comparative exigerait la connaissance de la loi étrangère, mais aussi de son contexte social et surtout de son contexte politique, faute de quoi l'utilisation du droit comparé deviendrait une mauvaise manœuvre. La méthode historique pourra aider le réformateur à mieux saisir les différences et les caractéristiques communes dans l'évolution de son propre système juridique au fil des sept dernières décennies.

La méthode analytique pourra quant à elle être utile comme instrument dans la recherche comparative de concepts nouveaux comme le « trust ». La méthode

---

95 MARSH (Norman S.), *Comparative Law and Law Reform*, Proceedings of the 4th European Conference of Law Faculties (Council of Europe, Strasbourg, 1977) p. 85, In WHELAN, *op. cit.*, p. 20.

96 DAVID, *op. cit.*, p. 114, pp. 116-117.

97 CAIRNS (John W.), *Watson, Walton, and the History of Legal Transplants*, GA. J. INT'L & COMP. L. [Vol. 41:644. (2013).

fonctionnelle sera surtout utilisée dans les recherches individuelles dans lesquelles une analyse pointue de solutions juridiques comparables est envisagée, aussi bien pour le fonctionnement de l'administration que pour celui des transactions privées. La recherche du noyau commun sera la méthode évidente pour tout programme d'étude des possibilités d'harmonisation du droit dans le contexte de l'adhésion du Cambodge dans l'ASEAN et celle de l'OMC.

*****

CHAPITRE 4 –

Justification des motifs de transplantation juridique

Vestige de la transplantation du système juridique au Cambodge

Eu égard aux développements de la section précédente, il est intéressant de noter que la transplantation juridique au Cambodge s'est déroulée d'une manière spontanée, sans aucune référence précise aux théories juridiques.

Les diverses institutions juridiques et leur fonctionnement, en particulier leur rôle dans la rédaction des textes législatifs et réglementaires sous l'influence de la transplantation juridique venant des pays de l'Occident, ont joué un rôle important dans le développement économique du Cambodge. Ce dernier est fortement imprégné d'une tradition bouddhiste, selon laquelle le « droit » est un instrument indésirable plutôt perçu comme nécessaire au maintien de l'ordre plutôt que source directe de droits. Il est donc logique que la transplantation juridique ne se soit pas déroulée sans certains heurts.

Les lois transplantées n'étaient pas facilement internalisées ou appropriées par les institutions gouvernementales ni par les tribunaux cambodgiens, expliquant ainsi pourquoi plusieurs lois restèrent inappliquées pendant de nombreuses années. La plupart des comparatistes seraient du même avis ; à savoir que le système juridique cambodgien regroupait plusieurs vestiges importants des trois principales traditions juridiques dans le monde occidental contemporain, la tradition romano-germanique du droit civil, la tradition du droit socialiste et la tradition de la Common Law. De même que le droit romain a été introduit dans les territoires conquis d'un vaste empire, l'influence juridique du Code civil français a été introduite à l'époque coloniale en Indochine. Le système soviétique, qui était le système juridique national le plus ancien au sein de la famille juridique socialiste, a été aussi imposé aux anciens pays socialistes dans la période pendant la Guerre froide comme le Vietnam, le Cambodge et le Laos. La tradition anglo-américaine de la Common Law aurait laissé quelques influences dans la période avant les années 1975 et récemment dans la période d'adhésion à l'OMC.

Avec l'arrivée de l'APRONUC, la transplantation des lois étrangères et l'assimilation des lois cambodgiennes aux pratiques internationales a commencé immédiatement. Les législateurs cambodgiens confrontés à des tâches urgentes dans la reconstruction d'un nouveau système juridique sans presque aucune loi appropriée au marché ont accepté sans réserve les suggestions des terminologies, structures et des méthodologies juridiques étrangères à un rythme effréné. Les deux dernières décennies ont été donc marquées par l'importance placée sur les réformes juridiques et judiciaires considérées comme composante essentielle du programme de développement du pays, d'une part, et comme facteur psychologique dans l'attraction des investissements étrangers et la relance du secteur privé d'autre part. Dans cette optique, le Cambodge a entamé un chantier conséquent aboutissant à l'adoption d'un grand nombre de nouvelles lois et de règlements.

Comme mentionné précédemment, toute sorte de transplantation juridique s'accompagne d'un coût[1]. La transplantation des codes de procédure judiciaire était limitée au transfert de règles formelles et de structures institutionnelles, sans tenir compte du manque d'un corps de juristes formés et compétents. En outre, ce processus n'aurait pas mis au jour les divergences entre le système de la Common Law et le système de droit civiliste. Dans les pays de Common Law, le pouvoir judiciaire est investi du pouvoir de créer de nouvelles lois à travers des cas de précédent, alors que son rôle dans les pays de droit civiliste tend à se limiter à l'interprétation. Par ailleurs, le Cambodge souffrait d'un manque de contrainte institutionnelle et procédurale pourtant nécessaires à un contrôle judiciaire selon la tradition juridique romano-germanique. Cet autre facteur a également entravé les travaux des juristes cambodgiens dans l'interprétation des lois anciennes et nouvelles.

Le cadre juridique du Cambodge souffrait également d'un grave manque de cohérence. Comme dans d'autres pays dotés d'un système de droit civiliste, la législation est la source principale de droit, commençant à l'apex par la Constitution. D'autres sources de droit comprennent les traités internationaux ratifiés par le Cambodge, les décrets et règlements gouvernementaux, les règlements adoptés en vertu de l'Autorité de transition des Nations Unies ainsi que les lois coutumières. En tant que tel, le système juridique du Cambodge pourrait être constitué de lois d'influence française adoptées avant son Indépendance ainsi que des lois adoptées par la suite sous divers régimes gouvernementaux. Néanmoins, conformément à la Constitution de 1993, les lois antérieures restent en vigueur dans la mesure où elles ne sont pas en contradiction avec la nouvelle Constitution.

---

[1] SOK, *Thèse de doctorat*, (2009).

Depuis 1993, de nombreuses nouvelles lois ont été adoptées dans l'esprit de cette nouvelle constitution. Cependant le manque d'interprétation uniforme des dispositions constitutionnelles a entraîné des cas de confusion quant à la mesure dans laquelle différentes anciennes lois auraient vocation à rester applicables ou non. Au fur et à mesure que les nouvelles lois ont été adoptées, un défi majeur pour les juristes cambodgiens a été de s'assurer de la cohérence entre les anciens et nouveaux textes.

Tout au long du processus de transplantation, le Cambodge se retrouvait constamment dans une bataille, tiraillé entre les intérêts des pays donateurs et des investisseurs bailleurs de fonds, qui saisirent cette occasion pour promouvoir leur propre influence juridique[2]. Les résultats de ces interventions ont conduit à une assistance technique fragmentée et non coordonnée. Bien que la plupart des bailleurs de fonds acceptent de se concerter entre eux et avec le gouvernement, leurs propres agendas et objectifs préconçus ont parfois été source de conflits et de tensions.

La coordination des pays donateurs ou bailleurs de fonds reste toujours difficile, car chaque organisation fonctionne selon un calendrier différent, assujetti à des pressions politiques différentes de leurs pays d'origine ou de leurs conseils d'administration. Les incitations institutionnelles qui façonnent le comportement de leur personnel n'encouragent que rarement à ce qu'ils consacrent assez de temps à la coordination[3]. En outre, étant donné que ces bailleurs de fonds possèdent le pouvoir d'imposer ses conditions sur le gouvernement, il n'est pas surprenant que la plupart de leurs suggestions aient été acceptées par le gouvernement sans aucun risque ni conséquence pour eux.

Du côté gouvernemental, les ministères et organismes gouvernementaux, une fois qu'ils ont établi d'importantes relations de financement et d'assistance technique auprès de certains donateurs, s'évertuent à garder jalousement leurs fiefs. Au-delà de son propre héritage juridique, le Cambodge se retrouve par ailleurs en difficulté face à la gestion d'une multitude de nouveaux projets de lois et d'ébauches diversifiées émanant d'un certain nombre d'idéologies et de systèmes juridiques. Pendant des années, la communauté des bailleurs de fonds s'est confrontée à des problématiques sur la question de savoir si le système juridique devrait être refondé sur un nouveau système de Common Law ou sur un système de droit civiliste, plutôt que de rechercher des similitudes et des complémentarités pour améliorer le système juridique en place.

---

[2] Malgré les critiques sévères auxquelles le « *Law and Development Movement* » a fait l'objet dans les années 1970, les années 1990 ont vu une nouvelle vague d'engagement des agences étrangères d'aide au développement et des organisations internationales dans la réforme juridique et la transition. Voir TRUBEK (David) and GALANTER (Marc), *Scholars in Self-Estrangement: Some Reflections on the Crisis in the Law and Development Studies in the United States*, Wisconsin Law Review, (1974) pp. 1062-1102.

[3] UNDP and UNOPS, the Consultative Group Meeting: *A Cambodian Experience*, (1996).

Diversité de cette transplantation juridique

Après le processus de paix, de nombreux textes juridiques ont été adoptés. Les exemples qui suivent représentent donc une bonne illustration de l'étendue et de la diversité de cette transplantation juridique :

Code pénal et Code de procédure pénale : En matière d'organisation, de répression et de procédure pénale, l'élaboration des textes les régissant a connu depuis dix ans une évolution aussi mouvementée que contrastée. Mis en place dans le cadre de l'Accord pour un règlement politique global du conflit du Cambodge, le CNS a adopté le 10 septembre 1992 une délibération intitulée « Dispositions relatives au système judiciaire, au droit pénal et à la procédure pénale applicables au Cambodge pendant la période transitoire ». Cette délibération, fatalement incomplète, posait les bases d'un nouveau système judiciaire cambodgien comportant notamment la définition de trente-cinq crimes et délits.

Dès l'année suivante, l'organisation judiciaire et la procédure pénale ont fait l'objet de dispositions beaucoup plus précises qui figurent dans deux lois votées le 28 et 29 janvier 1993 par la nouvelle Assemblée de l'État du Cambodge, la Loi relative à l'organisation et aux activités des tribunaux et la Loi portant sur la procédure en matière pénale, et donc antérieure de sept mois à la proclamation de la nouvelle Constitution. Même si cette loi est beaucoup plus complète que les dispositions résultant de la délibération adoptée le 10 septembre 1992 par le CNS, elle comporte un certain nombre de lacunes, notamment en ce qui concerne les droits de la défense, le sort des victimes, les pouvoirs de la police judiciaire et l'exécution des peines.

Un projet de code de procédure pénale rédigé en 1994 par un consultant français a été rejeté, car il avait été jugé aussi compliqué qu'inapplicable dans le contexte politique de l'époque. En prenant pour base la Loi du 28 janvier 1993 et en liaison avec un sous-secrétaire d'État à la Justice, deux magistrats français ont mis au point à partir de 1997 un nouveau projet alors en état d'être soumis à l'Assemblée nationale.

Ainsi a été élaboré un nouveau code de procédure pénale, à la fois plus moderne, plus efficace dans la lutte contre la criminalité et plus protecteur des libertés individuelles[4]. Selon Philippe Castel, Président de chambre à la Cour d'Appel de Paris, « ce projet ne bouleverse pas la Loi du 28 janvier 1993 : il ne remet pas en cause les principes fondamentaux de la procédure pénale ni l'organisation judiciaire. En revanche, il renforce les droits de la défense, il élargit les droits des victimes, il accroît le contrôle des autorités judiciaires sur la police judiciaire, il précise le déroulement des enquêtes, de la procédure d'instruction et de la procédure de jugement, et il met en œuvre le principe d'individualisation des peines. »

---

[4] La rédaction des articles du projet de Code Pénal a été effectuée par les membres de la commission pénale à partir d'un projet initial de M. Philippe Castel.

L'élaboration des projets de Code pénal et de Code de procédure pénale est un exemple typique du problème de la coordination et de la cohérence : les deux projets ont été identifiés comme des lois prioritaires en 1994, lorsqu'un premier avant-projet de code pénal a été préparé par un expert juridique français. Entre 1995 et 1996, un expert juridique américain a essayé d'améliorer ce premier projet de code pénal. En 1997, un autre expert juridique français a été engagé par le Conseil des droits de l'homme des Nations unies (CDHNU) à la demande du ministère de la Justice pour aider à la rédaction du Code de procédure pénale. En 1999, le gouvernement français, en coopération avec le ministère de la Justice, a finalement décidé d'entreprendre cette tâche de codification. Le projet de loi préliminaire a été complété par des experts juridiques français en septembre 2000 et examiné par les groupes de travail du ministère de la Justice. Deux groupes de travail venant de la société civile ont fait des commentaires sur les projets et les ont soumis aux groupes de travail du ministère de la Justice pour examen.

Selon monsieur Roe D'Albert, Ambassadeur de France au Royaume du Cambodge, le projet de Code pénal commenté et comparé « constitue une illustration particulièrement pertinente du sens et de la portée que nous souhaitons donner à notre coopération avec le Royaume du Cambodge. Cet important travail a en effet permis, dans le cadre du projet "Appui à l'État de droit", d'associer à part entière cinq jeunes diplômés de l'université de Phnom Penh qui ont complété leur formation auprès des universités françaises en vue de l'obtention d'un Doctorat en droit et qui constituent ainsi une équipe de recherche structurée[5]. »

La particularité de la démarche retenue pour la conception et la réalisation du Code de procédure pénale réside dans le lien qu'elle crée entre le passé et l'avenir judiciaire du Royaume du Cambodge. Les commentaires des quelque huit cents articles apportent une explication de notions et de principes juridiques parfois très complexes. En complément, les références puisées dans l'histoire du Royaume du Cambodge, qui mettent en évidence l'évolution d'une très riche réflexion juridique, constituent un assemblage de certaines des pièces de la mémoire du pays. Ces références donnent un éclairage particulier aux principales sources et règles du droit cambodgien en vigueur à une époque donnée. Il s'agit là d'une démarche qui s'inscrit dans la valorisation du passé[6].

Autres transplantations de lois : Le Code de procédure civile (2006) constitue un exemple de transplantation juridique venant du Japon. D'autres références juridiques suivantes ont servi de base pour les experts juridiques japonais à la rédaction de ce Code.

La Loi sur les instruments négociables est basée sur les « Uniform Laws of Bills of Exchange and Promissory Notes and of Checks » des conventions de

---

[5] Préface de Monsieur Roe D'Albert, Ambassadeur de France au Royaume du Cambodge, *In* Ministère de la Justice, *Projet de nouveau code pénal, Commenté et comparé : Contribution à l'étude du droit pénal khmer*, (2005).
[6] *Ibid.*

Genève de 1930. Ces sources constituent la base de la loi sur les instruments négociables en Europe continentale et dans les juridictions de droit civiliste dans le monde entier.

Les trois lois sur les droits de propriété intellectuelle (Loi sur la protection des marques, Loi sur les brevets et les dessins et Loi sur le droit d'auteur et les droits connexes) ont bénéficié des contributions techniques substantielles de l'Organisation mondiale de la propriété intellectuelle (OMPI) qui visent à assurer leur compatibilité avec les obligations du Cambodge envers l'Accord sur les aspects des droits de propriété intellectuelle qui touchent au commerce (l'Accord sur les ADPIC).

La Loi sur les Entreprises commerciales est un mélange d'origine romano-germanique et de concepts anglo-saxons. Les dispositions réglementant les partenariats généraux et les sociétés en commandite sont d'origine romano-germanique et en harmonie avec la tradition du droit civiliste du pays (Code de commerce cambodgien de 1951 (révisé en 1961). Les dispositions relatives aux partenariats sont fondées sur le droit français et le Code civil du Québec. Les dispositions régissant les sociétés privées sont d'origine anglo-saxonne et inspirées du « Corporations Act, Title 8 of the State of Delaware, United States of America » et du « Canada Business Corporations Act – Chapter C-44 »[7].

La Loi sur l'arbitrage commercial a été rédigée avec pour but la conformité aux normes et traités internationaux, en particulier avec les lignes directrices de la Convention de New York des Nations Unies sur la reconnaissance et l'exécution des sentences arbitrales étrangères (la « Convention de New York »). De nombreux modèles, règles, procédures et sources d'arbitrage commercial international ont été examinés tels que la CNUDCI, la Chambre du commerce internationale, le Hong Kong International Arbitration Center (HKIAC) et l'American Arbitration Association (AAA).

Transplantation ad hoc des lois

Les expériences internationales montrent des preuves solides en termes de lien de causalité entre les changements de la politique économique et le développement économique subséquent et ses effets réciproques sur le système juridique. Les évolutions des systèmes juridiques dans les pays asiatiques émergents offrent des leçons intéressantes sur ces liens de causalité entre l'évolution du droit et le développement économique, bien plus complexe qu'un simple lien de causalité à sens unique.

Les régimes de politiques économiques fournissent un cadre définissant l'ampleur de l'évolution du système juridique et ses interactions avec l'économie. Dans l'ensemble, nous observons que les grandes orientations de

[7] SOK (Siphana), *Commercial Enterprises Law, Text and Materials*, (2001); Voir aussi BAARS (Patricia) et al., *Explanatory Notes on Draft Law of Commercial Enterprises*, (2000).

politiques économiques et la croissance économique dérivée de ces périodes sont étroitement liées aux changements dans le système juridique.

Étant donné que l'économie cambodgienne traverse une période de transition d'une économie de substitution vers une économie d'exportation, il est évident qu'une réforme du système juridique a été nécessaire pour accompagner cette nouvelle stratégie. Dans ce cas, la substance des lois dans des domaines comme ceux liés à la propriété et aux transactions commerciales transfrontalières ont dû changer afin de s'adapter aux normes internationales. En outre, lorsque la politique vise à promouvoir la croissance dans certains secteurs, comme les industries de haute technologie ou les services financiers, on voit souvent en parallèle l'adoption de lois sur la propriété intellectuelle, les régulations dans le secteur bancaire et les marchés de bourses.

Les expériences du Cambodge semblent indiquer un résultat mixte, ce qui suggère que dans la phase initiale de développement économique, les performances économiques n'ont pas ou très peu été en lien avec le développement d'un système juridique crédible. La croissance économique récente du Cambodge, axée sur l'économie de marché, n'est généralement pas accompagnée par la même évolution vers l'État de droit ni à l'institutionnalisation des normes juridiques commerciales. Ce lien est plutôt attribué à d'autres facteurs tels que l'influx des aides au développement et à l'injection des investissements étrangers directs dans le marché national[8].

Cependant, ce lien de causalité n'est manifestement pas si évident vers la dernière étape du développement économique du pays, car l'absence ou l'émergence lente des institutions juridiques crédibles ont dû entraver la modernisation et la croissance économique. Comme l'économie devient de plus en plus grande et plus sophistiquée, les lois positives à caractère étatique et les procédures discrétionnaires sont inefficaces et découragent les transactions commerciales privées et par conséquent freinent la croissance économique et le développement. Par exemple, nous pouvons remarquer un certain lien de causalité entre les changements juridiques et économiques par rapport à la faiblesse de la gouvernance des sociétés et le manque de développement des marchés des capitaux. Malgré une politique bien claire sur le développement d'une bourse, le Cambodge a peiné à la démarrer à cause du manque d'infrastructures institutionnelles et juridiques.

Un lien de causalité entre la politique économique et le système juridique apparaît évident même s'il a pu varier au cours de différentes périodes politiques. Ce lien est d'autant plus visible pendant la période de l'intervention directe de l'État durant le régime socialiste. Le Cambodge n'a jamais eu de système juridique entièrement lié au marché et basé sur les principes de l'État de droit, ou soit exclusivement discrétionnaire, mais plutôt un mélange des deux. Les tendances de changements du système juridique suggèrent en tout cas donc

[8] SOK, *Thèse de doctorat*, 2009.

l'existence des liens entre les politiques de développement économique et les changements juridiques.

Dans les années 1980, le Cambodge maintient un système politique purement étatique avec des pouvoirs discrétionnaires hautement politisés. Ces politiques s'appuient sur des lois à vocation socialiste et des procédures discrétionnaires. Ces lois, adoptées au cours d'une période marquée de forte intervention étatique, ont été utilisées comme instrument de changement social et de contrôle économique. En effet, bon nombre de ces lois ont conféré un pouvoir discrétionnaire à l'État, ce qui se justifiait au regard d'un vide juridique et administratif hérité des nombreuses années de guerre civile. Il est à mentionner par exemple l'adoption d'une multitude de règlements ayant pour objet la réglementation et le contrôle du commerce et autres activités économiques. Les entreprises commerciales fonctionnaient avec un important vide juridique, le pays n'ayant pas encore adopté les lois régissant les sociétés. Les procédures gouvernant le secteur privé restaient discrétionnaires et souvent informelles en l'absence de ce cadre juridique.

Le changement de politique favorisant l'introduction de lois positives répondant aux besoins du marché a eu lieu progressivement dans le milieu des années 1990 et continue de nos jours. Cette démarche est marquée par deux périodes distinctes : la réforme économique et la libéralisation de l'économie (à partir de 1991 jusqu'en 1999) et la mondialisation (à partir de 2000 à aujourd'hui). Les indicateurs économiques reflétant ce changement de politique comprennent des mesures de privatisation, l'ouverture vers le commerce extérieur, en particulier la promotion des investissements directs étrangers et la libéralisation des marchés financiers. Les pays partenaires commerciaux, comme les États-Unis et l'UE ont commencé à exercer des pressions sur le gouvernement royal, particulièrement pour la modification de lois orientées sur le marché. D'autres acteurs économiques ont exprimé leur désir de voir un changement dans certains aspects du système juridique qui les affecte, en particulier les investisseurs étrangers qui sont généralement les premiers à militer pour le renforcement des institutions juridiques et de la réforme judiciaire[9].

Ce changement de politique qui a poussé l'État à allouer beaucoup plus de lois pour l'adaptation à une économie de marché a été rendu possible par des efforts concrets du gouvernement dans l'abrogation progressive de plusieurs lois anciennes à vocation socialiste. De nouveaux décrets d'application de la Loi sur les Investissements ont été adoptés et complétés par des mesures fiscales visant à réglementer tous les bénéfices accordés aux investisseurs. La plupart de ces lois prévoyant des règles standard (« *off-the-shelf rules* ») pour des transactions privées ont été transplantées, avec des révisions mineures, afin de répondre aux besoins du marché.

---

[9] Pour une étude approfondie de la politique des affaires étrangères du Gouvernement cambodgien voir DETH (Sok Udom), SUN (Suon), BULUT (Serkian), *Cambodia's Foreign Relations in Regional and Global Contexts*, Konrad Adenauer Stiftung, pp. 7-23, p.66 (2017).

Malgré l'accomplissement de progrès considérables dans des changements de politiques gouvernementales favorisant de plus en plus l'économie de marché, la transition du système juridique est restée très lente. Sur le plan procédural, l'administration a continué, jusqu'à la fin des années 1990, à exercer un interventionnisme fort dans les transactions du secteur privé, contribuant ainsi à l'inefficacité de l'économie de marché.

Les projets d'assistance juridique ont été largement influencés par le mouvement moderniste néo-libéral qui a toujours reconnu les écarts entre la théorie de la transplantation juridique et la réalité[10]. D'une part, ces projets ont été conçus pour combler certaines lacunes, et d'autre part, ils visent à stimuler les institutions sociales, politiques et économiques pour qu'ils effectuent des réformes en faveur du développement. Influencée par ces points de vue, l'assistance juridique émanant des pays occidentaux au Cambodge s'efforce, en renforçant les institutions existantes, à réorienter le pays dans le cadre de la pensée néo-libérale. Ces projets sont majoritairement centrés sur l'amélioration de la rédaction des textes de loi, l'établissement d'un cadre juridique normatif, le renforcement des institutions juridiques notamment les tribunaux, l'augmentation du nombre d'avocats et la formation juridique sur les droits commerciaux.

Un bon exemple est le rapport de la Banque « *Doing Business* », outil d'évaluation bien connu des divers systèmes juridiques développés en 2004[11]. L'étude se concentre sur la formation des entreprises ; l'embauche et le licenciement des salariés ; l'exécution du contrat ; l'accès au crédit ; la fermeture de l'entreprise ; le paiement de l'impôt ; le commerce international ; le traitement des licences et l'enregistrement des biens fonciers. Nombre de juristes se sont opposés à la théorie selon laquelle la diminution de la réglementation est une bonne chose, et que tout ce qui fonctionne dans les pays développés devrait également fonctionner dans les marchés émergents. Tenu compte que l'étude néglige l'importance des normes sociales, du contexte politique et de l'histoire du pays, il n'est pas du tout évident de faire le lien entre réglementations des pays riches et performances économiques de ces pays et vice versa.

Si l'on se penche sur les divers programmes d'assistance juridique, ce qui est frappant c'est que la question de savoir sur quel système juridique le Cambodge devrait s'inspirer n'est quasiment jamais évoquée. Si le pays est historiquement

---

[10] Pour une critique du « *Law and Development Mouvement* » lié à l'exportation massive des projets d'assistance juridique, voir BAKARDJIEVA ENGELBREKT (Antonina), (2015). Legal and Economic Discourses on Legal Transplants: Lost in Translation? In Law and Development, ed. Vol. 60, Scandinavian Studies in Law.

[11] Le rapport a été publié en 2004 comme un sondage de 145 pays (s'élevant à 155 pays en 2006 et actuellement à 181 pays). La méthode utilisée était de demander à un cabinet d'avocats ou de consultation dans chaque pays de répondre à un questionnaire portant sur des domaines clés du droit des affaires et de la procédure. Le dernier rapport, celui de 2017, traite toujours du lien entre la règlementation économique et l'attractivité économique et commerciale. Il s'intéresse en particulier à la législation relative aux créations d'entreprises. Voir RAMBAUD, *op. cit.*, (2014), pp. 65-68.

de droit civiliste, tel n'est pas le cas du comportement des bailleurs de fonds venant des pays de la Common Law ni des institutions internationales, et ce dès la période de l'APRONUC.

Transplantation involontaire

Selon une théorie de classification proposée par MM. Arminjon, Nolde et Wolff, il existe dans le monde certains systèmes « modèles » ou « fondamentaux » dont les règles juridiques et les structures institutionnelles ont été directement transplantées, souvent par la conquête militaire ou la colonisation, ou adoptées en raison de leur qualité perçue et de leur prestige dans de nombreux pays à travers le monde[12]. Ainsi, la transplantation ou la réception d'une idée juridique d'origine étrangère peut survenir pour différentes raisons. D'abord involontairement, en raison du hasard ou de la colonisation.

Deuxièmement, sur une base volontaire, en raison d'un grand respect de la part du pays récipient envers les lois du pays donateur. Troisièmement, pour favoriser la cause de l'unification du droit, ou parce qu'il existe une convention d'harmonisation sur le sujet auquel l'État a adhéré. Kahn-Freund a divisé ce raisonnement en deux parties : (i) donner un effet juridique adéquat à un changement social de la part du pays donateur avec le pays récipient ; et (ii) promouvoir au sein du pays un changement social que le droit issu de cette source étrangère était censé produire[13]. Les sections suivantes décriront, à travers des anecdotes concrètes, les diverses raisons motivant certaines transplantations juridiques qui ont eu lieu au Cambodge.

Historique de la réception des divers systèmes juridiques : La codification du jus commune n'est survenue qu'au XIXe siècle. Une place particulière doit être réservée aux deux grands droits-souches, les droits allemand et français, qui sont au cœur de la tradition romano-germanique[14]. Les deux plus célèbres et influentes codifications étaient incarnées par le Code civil français de 1804 (« Code napoléonien) et le Code civil allemand de 1896. En dépit de leur inspiration commune issue de la tradition de droit romain, ces deux codes contenaient des différences fondamentales. L'une d'elles résidait dans le fait que le code allemand était de nature très technique et précise, traitant de règles détaillées plutôt que de principes tandis que le code français contenait des principes généraux qui étaient censés être à la portée de tout un chacun. En outre, le code allemand était une synthèse du droit romain et des traditions juridiques germaniques indigènes, alors que le code français s'encombrait peu de coutumes et traditions locales. La plupart des codes civils contemporains sont basés sur l'un ou l'autre de ces codes quoiqu'on puisse également mentionner la

---

[12] ARMINJON, NOLDE, WOLFF, *Traité de droit comparé*. Vol. 1, Paris, 1950. 47 ff.

[13] KAHN-FREUND, *op. cit.*, pp. 2-5.

[14] Voir RAMBAUD, *op. cit.*, (2014).

« spécificité italienne », les « petits États » dont le Code a eu un certain rayonnement, la Suède et la coopération juridique nordique, la tradition sud-américaine et la tradition russe. Des développements spécifiques seront consacrés au droit public au sein de la tradition romano-germanique[15].

Le principe du Code français a été adopté plus facilement par d'autres pays que le code allemand. Et pour cause, l'expansion coloniale de la France au cours du XIXe siècle a largement contribué à cette adaptation. Napoléon aurait certainement été impressionné par l'influence toujours prégnante de son code après plus de deux siècles. Parmi les commentaires sur ses nombreuses victoires militaires, le consul aurait déclaré : « Ma vraie gloire n'est pas d'avoir gagné quarante batailles ; Waterloo effacera le souvenir de tant de victoires ; ce que rien n'effacera, ce qui vivra éternellement, c'est mon Code Civil »[16]. L'influence du code allemand aurait été moins étendue, principalement en raison de sa complexité, mais aussi parce qu'elle n'est apparue qu'après la période impérialiste du XIXe siècle.

En revanche, la tradition de la « Common Law » est principalement associée à l'Angleterre, aux États-Unis et à l'ancien Empire britannique. En général, la principale différence entre le droit civil et la Common Law est que les règles régissant la société dans un système de Common Law émanent de la décision de la cour, plutôt que des codes écrits, comme dans le cas du système de droit civil.

Dans la région de l'Asie-Pacifique, le Cambodge, le Laos et le Vietnam sont tous fortement influencés par le Code français. D'autres pays d'Asie suivent ce modèle général de droit civil comme l'Indonésie, Taiwan et la Thaïlande. La Corée du Sud a adopté un code civil fortement influencé par le modèle allemand. Cependant, ces systèmes juridiques ont aussi été influencés par le modèle de la Common Law des États-Unis et, bien évidemment, par leurs propres traditions juridiques. Les pays asiatiques adhérents ou influencés par la tradition de la Common Law sont la Malaisie, l'Inde, Singapour, Hong Kong, l'Australie, la Nouvelle-Zélande, le Myanmar et les Philippines.

Le système juridique du Japon a quant à lui été modernisé, suivant d'abord des modèles en provenance de la France, puis de l'Allemagne et dernièrement des États-Unis après la Seconde Guerre mondiale. Ces modèles ont été modifiés pour se fondre au mieux dans la société et la culture japonaises.

Il est tout à fait juste de dire que toutes les Constitutions du Cambodge, de la première adoptée en 1947 à la dernière adoptée en 1993, sont influencées par les concepts occidentaux en général et par la Constitution française en particulier. Sous protectorat français jusqu'en 1953, le Cambodge a calqué son système juridique et son corps judiciaire fondés presque entièrement sur celui de la France. Après son indépendance obtenue en 1953, toutes les sources juridiques

---

[15] RAMBAUD, *op. cit.*, (2014), pp. 77-88.

[16] DELPLANQUE (Catherine), *Origins and impact of the French Civil Code,* Ministry of Justice, Vietnam, 06 mars 2012. Translated into English by Edith Horak. https://moj.gov.vn/en/Pages/Talking-Laws.aspx?ItemID=10

françaises existant pendant la période coloniale sont maintenues, y compris la Constitution de 1947.

Le Code cambodgien de procédure civile de 1963 semble avoir assimilé toutes les réformes du droit procédural qui s'étaient produites en France jusqu'en 1958. Plusieurs tentatives ont été entreprises au cours des années suivantes pour vulgariser le Code, ainsi que la rédaction des textes d'application en 1965 et en 1967. Ce Code aurait subi un certain nombre de changements mineurs tout au long jusqu'au milieu des années soixante-dix.

Le Protectorat français a aussi introduit le concept de droit administratif pendant la période coloniale. La tradition du droit civil a apporté logiquement la notion d'une loi particulière applicable pour l'administration publique qui est différente du droit privé. L'une des caractéristiques d'un droit public est la conception d'un cadre de fonctionnaires employés dans la fonction publique les distinguant ainsi des autres employés engagés dans le secteur privé.

Facteurs politiques

Kahn-Freund estimait que certains éléments sont plus influents que d'autres selon les périodes étudiées. En particulier, les facteurs politiques peuvent prendre une grande importance ces derniers temps, considérant que « le fait de la différenciation politique est aussi évident que celui de l'intégration culturelle et sociale » à certains égards[17], comme le large écart entre le communisme et le non-communisme et les variations du concept de la démocratie.

Wilhelm Hofmeister de la Fondation Konrad Adenauer soutenait que durant l'ère de la mondialisation, la promotion de la démocratie devrait être plus que jamais au centre des activités de coopération internationale. Ceux qui prennent le concept de la démocratie au sérieux devraient d'abord essayer de connaître et de comprendre les autres pays et leurs cultures. Ils doivent se soumettre à un processus d'apprentissage interculturel et de dialogue interculturel qui ne sont pas toujours une entreprise facile. L'échange d'expériences est donc une contribution nécessaire, légitime et utile aux efforts de compréhension internationale[18].

Selon Peou Sorpong[19], l'aide à la démocratie internationale pour la consolidation de la paix explique que les donateurs internationaux puissent réussir à mettre les pays déchirés par la guerre sur la voie de la transition démocratique et de la paix, mais échouent lorsqu'il s'agit de consolider les acquis

---

[17] KAHN-FREUND, *op. cit.*, p. 11.

[18] HOFMEISTER (Wilhelm), *The promotion of democracy as a task of international cooperation*, *In* LEOPOLDO, (J. Dejillas), KARCHER (L. Gunther), *The Development of Democracy in the ASEAN Region*, Konrad Adenauer Stiftung, (1997), pp. 4-17.

[19] Peou Sorpong est professeur de sécurité internationale à l'Université Sophia, au Japon. Il a écrit sur la politique cambodgienne, le maintien de la paix internationale, la consolidation de la paix et la sécurité régionale en Asie du Pacifique.

de cette transition. Le Cambodge en est un parfait exemple : la communauté internationale a dépensé des milliards de dollars dans la reconstruction du pays entre 1992 et 2006, mais la démocratie reste non consolidée et peut même reculer vers la « dictature électorale ».

Critique de l'institutionnalisme néo-libéral, l'hypothèse de Peou Sorpong avance une théorie appelée « institutionnalisme réaliste complexe » pour expliquer les limites de l'aide à la démocratie internationale aux sociétés d'après-guerre. Les institutions sont importantes si elles sont fortes, mais la construction d'institutions est complexe et extrêmement difficile. La faiblesse institutionnelle permet aux élites de violer les règles de procédure, les principes et les normes démocratiques du jeu politique. Ayant une sympathie pour l'institutionnalisme historique et normatif, Peou Sorpong démontre ainsi les contraintes structurelles et les obstacles qui interfèrent avec le processus de consolidation démocratique[20].

La concurrence des donateurs pour les influences sur le système juridique : L'édification de la nation et le développement économique lors de ces deux dernières décennies a montré que la politique cambodgienne reflète une forte intervention de la part des donateurs étrangers et des organisations internationales. L'interaction complexe entre ces différents facteurs a influencé la structure du système juridique cambodgien où les solutions techniques et politiques étaient toutes mélangées, mais sans refléter nécessairement les réalités juridiques au sein du pays[21]. Nous pourrions soutenir que, dans une certaine mesure, le retour du droit romano-germanique a été le résultat de l'approche ad hoc des pays donateurs et autres partenaires du développement en ce qui concerne leur soutien à l'élaboration de lois et de règlements.

Confusion et incertitudes découlant de facteurs géopolitiques pendant la période transitoire après les Accords de Paris : La communauté des donateurs ayant fourni une assistance technique pour renforcer le système judiciaire peut être catégorisée en deux groupes : ceux qui viennent de pays de Common Law et ceux qui viennent de pays de droit romano-germanique et qui voulaient qu'un code civil soit élaboré. Cependant, sur le plan juridique, il y a eu très peu de débats sur les principes juridiques à appliquer. L'opinion générale sur la situation révèle plutôt que les conseillers internationaux travaillant au sein de l'APRONUC étaient moins préoccupés par la concurrence relative à l'influence de certains systèmes juridiques que par les droits de l'homme et l'État de droit tout au long du processus de leur mission de rétablissement de la paix et au cours de la rédaction de la nouvelle constitution de 1993. Néanmoins, il est très intéressant de noter que dans cette concurrence des influences des systèmes juridiques occidentaux, on ne ressent pas de telles tensions ni de divisions au sein de la communauté juridique cambodgienne.

---

[20] PEOU (Sorpong), *International Democracy Assistance for Peacebuilding: Cambodia and Beyond*, (2007).

[21] Voir en détails la politique des affaires étrangères du Cambodge dans KONRAD ADENAUER STIFTUNG, *Cambodia's Foreign Relations in Regional and Global Contexts*, (2017).

Il y a cependant quelques préoccupations conflictuelles entre les coutumes traditionnelles et le droit occidental, car la notion de droits et de lois est moins importante que les règles traditionnelles dans un pays où peu de survivants sont éduqués, et encore moins dans le domaine juridique. Cette tension est mieux observée dans les milieux économiques. Tout code ou loi visant à éliminer les anciennes traces du socialisme ont été bien accueilli, quel que soit son système juridique de rattachement, du moment qu'il était occidental. Il n'y a pas eu d'opposition ouverte à qui ou quel expert étranger qui est chargé de rédiger quelles lois ou quels codes et de quel système juridique. Les décideurs cambodgiens ont fait valoir que les lois modernes les aideraient à faire la transition vers une nouvelle ère de démocratie et de marché libre. Peu importe donc qui sont les rédacteurs étrangers, tant qu'ils peuvent apporter la modernité dans le système juridique cambodgien.

Cette position reflète en quelque sorte l'analyse de George Mousourakis. Selon lui, au lieu de deviner les solutions possibles et de risquer des résultats moins appropriés, le législateur peut s'appuyer sur l'énorme expérience juridique acquise par l'étude des lois étrangères. Il se réfère à Rudolf Jhering qui a déjà fait remarquer que « [l]a réception d'une institution juridique étrangère n'est pas une question de nationalité, mais une question d'utilité et de besoin. Personne ne prend la peine d'aller chercher quelque chose de loin quand on en a un aussi bon ou meilleur à la maison, mais seul un fou refuserait un bon médicament simplement parce qu'il ne pousse pas dans son propre jardin »[22]. Il n'est donc pas surprenant que les législateurs, lorsqu'ils examinent différentes approches possibles pour résoudre un problème particulier, tiennent souvent en compte la façon dont ce même problème est traité dans d'autres pays. En effet, l'élaboration et la réforme des lois contemporaines sont caractérisées dans de nombreux pays comme ayant une grande diversité[23].

Approche des donateurs bilatéraux

L'approche japonaise de la transplantation légale - approche systémique de la transplantation légale : nous pourrions avancer que, pour une question aussi fondamentale que celle du système juridique du pays, l'approche des donateurs bilatéraux est plus favorable que celle des donateurs multilatéraux. La transplantation du système de droit romano-germanique a été réalisée grâce à deux donateurs bilatéraux, la France et le Japon, qui ont été les principaux architectes des Accords de Paris. Cette section analysera les origines et les

---

[22] JHERING (Rudolf), Geist des römischen Rechts. I, 9th ed. 1955, 8 f; *In* ZWEIGERT et KÖTZ, *Introduction to Comparative Law*, 2nd ed., Oxford, (1987), p. 16.
[23] MOUSOURAKIS (George), *Legal Transplants and Legal Development: A Jurisprudential and Comparative Law Approach,* Acta Juridica Hungarica, 54, No 3, (2013) p. 220.

motivations du Japon dans son assistance à réintroduire le Code civil au Cambodge.

Dans un article publié en 2009, Thomas Carothers[24] a mis en opposition deux approches fondamentales de l'aide à la démocratie parmi les principaux partisans de la démocratie : « l'approche développementale » et « l'approche politique ». Il a fait valoir que si le soutien à la démocratie en Europe et aux États-Unis comportait des éléments communs aux deux approches, dans l'ensemble, les Européens ont tendance à suivre l'approche du développement, alors que ceux qui soutiennent la démocratie à l'américaine s'alignent plus fréquemment sur l'approche politique.

Carothers note que les méthodes d'aide à la démocratie tendent à se différencier entre les pays adoptant l'approche politique et ceux optant à l'approche développementale. L'approche politique tend à considérer la démocratisation comme une lutte politique dans laquelle les forces démocratiques cherchent à vaincre les acteurs non démocratiques. Cette perspective fait naturellement en sorte que l'aide à la démocratie soit dirigée vers les élections, les partis politiques et la société civile.

Le Japon s'est engagé dans le domaine de l'aide à la démocratie au début des années 1990 pour plusieurs raisons[25]. Premièrement parce qu'il perçoit lui-même des avantages en termes de soutien au renforcement des régimes plus démocratiques de la région avoisinante et deuxièmement pour ne pas être délaissé au profit d'autres pays.

Développement sur la politique - Efforts pour promouvoir la démocratisation : Pourquoi le Japon aurait-il mis l'accent sur le secteur des institutions d'État dans le cadre de son aide à la démocratie ? Les raisons motivant ce choix découlent de l'histoire du Japon et de ses conceptions du développement. Les puissances occidentales ont déjà saisi les occasions pour soutenir cette vague de transition démocratique en Asie. De nombreuses organisations américaines, européennes et multilatérales ont pris de l'avance dans la provision des programmes de soutien axés sur la démocratie.

Carothers a noté que les pays qui adoptent l'approche du développement de l'aide à la démocratie ont tendance à mettre l'accent sur la transparence, la responsabilisation et la responsabilité dans le développement économique. Ils fournissent principalement une aide aux institutions politiques et soutiennent le renforcement des capacités des fonctionnaires. En effet, Kofi Annan, lorsqu'il était secrétaire général des Nations Unies, avait déclaré que la « sécurité

[24] CAROTHERS (Thomas), *Democracy Assistance: Political vs. Development?*, Journal of Democracy, vol. 20, no. 1 (2009), p.5-19.

[25] ICHIHARA (Maiko), *Understanding Japanese democracy Assistance*, Carnegie Endowment for International Peace, (2013).

humaine » englobe des questions comme les droits de l'homme et la bonne gouvernance[26].

Pour de nombreux donateurs occidentaux, l'objectif premier de la sécurité humaine doit être la prévention des conflits et des guerres. Cette sécurité humaine s'entend principalement de la protection contre la peur et les menaces aux droits de l'homme dans les pays confrontés à des conflits militaires[27]. En revanche, la conception japonaise de la sécurité humaine met davantage l'accent sur le développement économique que sur la démocratie ou les droits de l'homme. L'approche du Japon est axée sur le développement[28] et se concentre sur l'absence de besoins par opposition à une conception canadienne ou de certains donateurs européens qui prônent une approche fondée sur les droits[29]. Le point de vue de Kofi Annan a renforcé l'accent mis par les Japonais sur le développement économique et la réduction de la pauvreté plutôt que sur la démocratie ou les droits de l'homme. Au cours de la crise asiatique de 1997, de nombreux pays d'Asie de l'Est et du Sud-Est ont eu des problèmes structurels avec leur économie et leur société en raison de la croissance spectaculaire de l'économie dans les années 1980. Les dévastations provoquées par cette crise financière auraient provoqué à une nouvelle réflexion sur la dimension régionale de la sécurité humaine[30].

En juin 1992, le gouvernement japonais a accepté de faire un petit amendement de sa Charte de l'Aide officielle au développement afin de fournir une aide étrangère qui soutienne les démocraties à l'étranger. Selon sa Charte, « il faut accorder toute l'attention aux efforts visant à promouvoir la démocratisation et l'introduction d'une économie de marché, ainsi qu'aux situations visant la protection des droits et libertés fondamentaux de l'homme dans le pays bénéficiaire ».

---

26 ANNAN (Kofi), Secrétaire général salue l'atelier international sur la sécurité humaine en Mongolie, *Communiqué de presse des Nations Unies SG/SM/7382*, 8 mai 2000, https://www.un.org/press/fr/2000/20000509.sgsm7382.doc.html

27 Commission on Global Governance, *Our Global Neighbourhood : The Report of the Commission on Global Governance*, Oxford: Oxford University Press, 1995.

28 Contrairement à d'autres pays donateurs, le Japon ne favorise pas explicitement la démocratie à l'étranger, mais fournit plutôt de l'aide aux gouvernements qui tentent de démocratiser ou de consolider la démocratie comme objectif de développement.

29 Deux facteurs ont incité le Japon à adopter une approche axée sur le développement et sur la liberté. La situation économique difficile de l'Asie à la fin des années 1990 en est une. Deuxièmement, les limites du recours à la force militaire définies dans la Constitution du Japon ont limité le rôle de l'État dans l'intervention humanitaire. Le Japon a donc adopté une approche fondée sur le développement qui ne nécessitait pas le recours à la force. Ce sont deux raisons principales qui expliquent l'aide du Japon au Cambodge depuis les Accords de paix de Paris.

30 Ce concept est apparu dans les cercles de développement international dans les années 1990, après la publication annuelle du Rapport sur le développement humain du Programme des Nations Unies pour le développement. Selon ce rapport, la sécurité humaine se compose de deux éléments : la protection contre la peur et la protection contre le besoin.

Le Japon s'est rangé à l'argument de la « nouvelle stratégie de développement » émis par le Comité d'aide au développement de l'Organisation de Coopération et de Développement Économique (OCDE) en 1996. Ce dernier document met l'accent sur les objectifs du développement axé sur l'être humain, du bien-être économique, du développement social et de la durabilité environnementale. Quatre ans plus tard, le Japon s'est déclaré fermement engagé en faveur de l'aide à la démocratie dans le cadre du Partenariat pour le développement démocratique, annoncé lors du sommet du G7 de 1996 à Lyon.

Depuis les années 1990, le Japon accroît son aide aux institutions étatiques et au développement de l'État de droit, principalement par le biais de trois grands vecteurs : aide aux institutions de l'État, renforcement des capacités de la société civile sur le processus politique - surtout dans les élections et le développement des partis politiques - et soutien à la rédaction des lois. En commençant par un projet pilote au Vietnam vers le milieu des années 1990, le Japon a élargi son programme d'assistance au Cambodge, au Laos, à l'Indonésie, à la Mongolie et à l'Ouzbékistan.

Souveraineté de l'État et politique fondée sur la demande : basé sur cette politique de respect de la souveraineté de l'État et de ses institutions, le Japon accorde traditionnellement son aide en fonction des demandes des gouvernements des pays bénéficiaires qui doivent être en phase avec ses plans de développement[31].

C'est dans ce contexte qu'en 1996, le gouvernement japonais, avec l'influence du professeur Akio MORISHIMA, émissaire et figure de proue dans le domaine juridique japonais, accueille favorablement la demande du ministre de la Justice du Cambodge, S.E.M CHEM Sgnoun, pour l'assister dans les travaux de révision du Code de procédure civile et dans la rédaction d'un nouveau Code civil. Subséquemment, un projet d'assistance juridique fut officiellement lancé en mars 1999 portant sur l'élaboration de ces deux projets[32].

La majeure partie de l'assistance accordée par le Japon au secteur des institutions d'État s'est concentrée sur les efforts visant à renforcer les organismes d'État, en particulier en aidant à améliorer la capacité des représentants du gouvernement à s'engager dans une gouvernance efficace. L'assistance juridique du Japon comprend également des bourses d'études japonaises pour les étudiants cambodgiens ainsi que le soutien de la Fédération japonaise aux associations de barreaux sous forme de séminaires juridiques. La Cour suprême et le ministère de la Justice ont également participé en organisant

---

[31] Bien que cette politique ait été officiellement abandonnée dans les années 1990, le Japon continue de fournir une aide à la démocratie sur la base de demandes gouvernementales.

[32] Conformément à sa philosophie d'utilisation de l'aide pour soutenir les initiatives locales, le Japon limite son aide à la réforme du droit à un rôle de soutien qui consiste à commenter les projets de loi initiés par les pays bénéficiaires. La seule exception à cet égard fut son assistance au Cambodge dans la rédaction des lois de procédure civile, qui a commencé en 1999. Sur ce plan, le Japon a joué un rôle très proactif de premier plan. Voir ICHIHARA (Maiko), *Understanding Japanese democracy Assistance*, (2013), p. 19.

des cours au Japon et en envoyant des experts juridiques à des séminaires au Cambodge.

Au fil des années, le Japon a orienté presque toute son aide à la démocratie vers le renforcement des capacités des fonctionnaires des pays bénéficiaires ou à travers des prestations de conseils en matière de gouvernance. Dans tous ses programmes d'assistance, le Japon a tendance à utiliser ses fonctionnaires de divers ministères et organismes comme agents de mise en œuvre pour travailler avec ses homologues cambodgiens.

Cette approche reflète le point de vue japonais selon lequel le partage des expériences pratiques des agences gouvernementales japonaises est un modèle d'assistance technique plus efficace que le recours à des consultants comme le font souvent les autres pays donateurs. Par ailleurs, puisque l'expérience du développement économique du Japon est relativement récente, les fournisseurs d'aide japonais estiment que ses organismes gouvernementaux possèdent un avantage comparatif quant à leur aide au Cambodge en matière de développement économique et de renforcement de la gouvernance.

Approche des donateurs multilatéraux

Nombreux sont ceux à s'être plaints de la difficulté à coordonner tous les différents donateurs multilatéraux et bilatéraux impliqués dans des initiatives de soutien à l'État de droit. En moyenne, il y a au moins une demi-douzaine de donateurs bilatéraux qui ont œuvré en plus des institutions financières internationales comme la Banque mondiale, le FMI, la Banque asiatique de développement (BAD) et les divers organismes des Nations Unies. La coordination a posé un problème majeur étant donné que le gouvernement n'avait pas de stratégie bien définie pour permettre aux donateurs de s'identifier dans les domaines juridiques sur lesquels ils souhaitaient s'engager. Bien que les Nations Unies aient joué un rôle important dans la facilitation des communications entre les donateurs et les autorités gouvernementales, leur effet est resté malgré tout très limité.

Pour les organismes multilatéraux, il y a toujours une question de conditionnalité : Le FMI a précisé à maintes reprises que l'adoption de plusieurs lois commerciales par l'Assemblée nationale était une condition préalable pour l'octroi de son prêt dans le cadre de son mécanisme d'ajustement structurel au Cambodge. Pour la BAD, la Loi sur les Transactions sécurisées était l'une des conditions politiques pour le décaissement des prêts dans le cadre de la réforme du secteur financier. Et la liste de conditions précitées est loin d'être exhaustive.

Application de la théorie de l'économie néoclassique : Kahn-Freund, comparatiste culturel a complété la théorie de Legrand selon laquelle les facteurs sociaux, et de même encore plus les facteurs politiques, doivent être pris en compte afin d'éviter le rejet des transplantations juridiques. Cette thèse s'avérerait plus tard pertinente au regard de l'échec des transplantations juridiques alors que les institutions de Bretton Wood avaient négligé ces facteurs. Kahn-Freud est convaincu que « certains domaines du droit sont plus étroitement liés, plus organiques à la société que d'autres, et que le succès de ces transplantations dans le domaine du droit plus organique dépend principalement du système politique ». Il estime que le droit est principalement une émanation de la société locale et qu'il est intégré de manière holistique dans la culture locale, ce qui rend problématique l'assimilation des idées étrangères. Il admet que les systèmes juridiques interagissent et s'influencent mutuellement, mais une comparaison doit être bien consciente des différences culturelles profondes entre les divers systèmes juridiques. Ces arguments rajoutent à l'argument de Montesquieu qui considérait que les enjeux environnementaux, comme les facteurs culturels et politiques, faisaient obstacle à la transplantation d'un système de droit à un autre.

La privatisation massive et prématurée des actifs de l'État : Sous la pression des institutions financières internationales et des agences des Nations Unies, le gouvernement a été contraint d'entreprendre une privatisation massive de ses entreprises publiques. En décembre 1994, une stratégie de privatisation a été adoptée visant à réduire systématiquement le nombre d'entreprises publiques et, au cours des années suivantes, des lois subséquentes et leurs règlements d'application ont été mis en place. Par la suite, le gouvernement a promulgué la Loi sur les Statuts généraux des entreprises publiques, suivie d'une série de réglementations pour compléter le Code sur les entreprises publiques. Le code prévoit des règles pour le fonctionnement, la gouvernance et la surveillance de toutes les entreprises publiques et les place dans le même cadre juridique que les entreprises privées. Bien qu'elle soit dotée d'une personnalité juridique indépendante et d'une autonomie financière apparente, chaque entreprise publique est placée sous la tutelle d'un ministère ou d'une autre autorité publique et soumise à divers contrôles étatiques. En fin de compte et en dépit de l'existence de ce cadre juridique initial, le processus de privatisation a été trop rapide et a conduit à un épuisement rapide des avoirs de l'État, dont les conséquences néfastes se sont fait ressentir dans les années qui ont suivi et dont les conséquences sont encore palpables de nos jours. Il s'agit probablement d'un des cas les plus négatifs, douloureux et de l'un des revers les plus extrêmes qu'aient connus toutes les politiques imposées par l'ONU et les institutions financières internationales.

La thèse de Gail Edwards semble arriver aux mêmes conclusions[33]. Cette thèse a passé en revue les prêts fondés sur des politiques de la Banque mondiale dans les années 80 à travers lesquels la Banque impose la greffe du modèle économique néoclassique aux pays du tiers monde souffrant de problèmes

---

[33] EDWARDS (Gail), Thèse de Masters à l'Institute of Advanced Legal Studies, *Legal transplants and economics: the World Bank and third world economies in the 1980s – a case study of Jamaica, the Republic of Kenya and the Philippines,* p. 10, European Journal of Law Reform, Vol IX, no. 2, pp. 243-283. 9 Eur. J.L. Reform 243 (2007).

économiques tels que la Jamaïque, la République du Kenya et les Philippines. Adhérant à théorie de Watson, la Banque mondiale se positionnant comme le donateur des lois n'a pas initié assez de consultations et de recherches approfondies afin de déterminer quelles seraient les lois les plus appropriées pour la transplantation juridique. Selon Gail Edwards, la Banque mondiale, par ses Statuts qui excluent toute considération politique, n'est pas habilitée à considérer le contexte social et politique des pays hôtes. Par ailleurs, son régime de vote place les pays du tiers monde dans une position d'asservissement[34]. La Banque mondiale considérant que l'environnement politique et social de ses emprunteurs n'a pas d'importance par rapport à la transplantation du modèle économique néoclassique, ne s'est donc pas vue obligée de poursuivre les consultations et les études nécessaires sur les conditions sociétales des pays hôtes. L'auteur conclut que le droit économique, tout en traitant des lois fiscales et monétaires au niveau macro-économique, est étroitement lié à la société et donc spécifique à la culture. Cette conclusion est fondée sur le fait que les habitants d'un pays hôte seraient personnellement affectés par toute modification de leur pouvoir d'achat ainsi que de leurs conditions de vie. Si la Banque mondiale avait engagé des études sérieuses sur le contexte social, elle aurait probablement pu anticiper les réactions dramatiques de la population touchée par les législations implantées et elle aurait pu concevoir d'autres solutions plus appropriées aux problèmes économiques de ces pays.

Imposition d'une transplantation juridique du droit international - Établissement des Chambres Extraordinaires au sein des Tribunaux Cambodgiens (CETC) : Un autre évènement transformateur qui a eu un lien direct sur la transplantation juridique des lois internationales au sein de la jurisprudence cambodgienne a été la création des CETC. Ces chambres ont été créées pour juger les hauts dirigeants du Kampuchéa démocratique ou Khmers rouges, et les personnes les plus responsables des crimes contre l'humanité perpétrés au Cambodge entre le 17 avril 1975 et le 6 janvier 1979.

Les CETC font partie d'une poignée de tribunaux pénaux internationaux créés pour juger les cas d'atrocités de masse. Elles contiennent un certain nombre de traits distinctifs qui les distinguent des autres tribunaux pénaux internationaux pour l'ex-Yougoslavie, le Rwanda et la Sierra Leone.

Les CETC sont un cas très particulier qui démontre comment la communauté internationale a pu imposer des pressions afin de transplanter différentes cultures juridiques et lois internationales relatives aux droits de l'homme dans le système judiciaire national cambodgien et comment un tel processus a pu entraîner des implications sérieuses dans les droits des accusés. Par ailleurs, bien que les CETC aient été créées par une loi cambodgienne et que les juges cambodgiens y soient majoritaires, leurs procédures dénotent un caractère international en ce qui

---

[34] EDWARDS, *op. cit.*, p. 57.

concerne leur mandat statutaire et leur structure de personnel multinationale[35]. Ces éléments présentent donc un contraste significatif qui mérite d'être pris en considération lors de l'examen de la transplantation de cette structure internationale hybride au Cambodge.

La création des CETC repose sur une loi adoptée et modifiée par l'Assemblée nationale le 27 octobre 2004[36], à la suite d'un accord bilatéral entre le Gouvernement et l'ONU[37] qui stipule que ces chambres extraordinaires ont été établies dans la structure judiciaire existante. Sa compétence englobe les infractions spécifiques énoncées dans le Code pénal cambodgien de 1956 concernant l'homicide, la torture et la persécution religieuse ; les crimes de génocide tels que définis dans la Convention sur la prévention et la répression des crimes de génocide de 1948 ; les crimes contre l'humanité ; les violations graves de la Convention de Genève du 12 août 1949 ; et les actes de destruction des biens culturels pendant les conflits armés conformément à la Convention de La Haye de 1954 pour la protection des biens culturels en cas de conflit armé. Les CETC seraient un premier tribunal pénal international qui utilise la procédure pénale civile avec des enquêtes menées par un bureau de co-juges d'instruction et des dispositions permettant la participation des victimes en tant que parties civiles.

Bien que les CETC fassent formellement partie du système judiciaire cambodgien, elles forment une juridiction à part entière, indépendante de la Cour d'appel et de la Cour suprême. Elles appliquent le droit international et sont constituées de Chambres composées de juges nationaux et internationaux. Il existe de nombreux autres exemples où la Chambre continue à se référer aux traités internationaux, aux jugements d'autres tribunaux internationaux et aux recommandations formulées par les organes conventionnels en tant que motifs de ses décisions. Tous ces cas soulignent une considération très attentive de la part de la Chambre préliminaire du droit et des pratiques internationales lors de leurs délibérations.

Les tribunaux pénaux internationaux cherchent souvent à emprunter des concepts et des procédures provenant de différents systèmes juridiques, à fusionner les cultures de la Common Law et du système continental et à appliquer une analyse des droits de l'homme aux questions de droit pénal[38]. La

---

[35] Bien que les CETC soient un tribunal national, le tribunal est composé de juges cambodgiens et internationaux, les juges cambodgiens étant majoritaires.

[36] Loi sur l'établissement des CETC pour la poursuite des crimes commis pendant la période du Kampuchéa démocratique, disponible à http://www.eccc.gov.kh.

[37] Accord signé le 6 juin 2003 entre les Nations Unies et le gouvernement royal du Cambodge concernant la poursuite en vertu du droit cambodgien des crimes commis pendant la période du Kampuchéa démocratique.

[38] Pour l'utilisation de dispositions de différents systèmes juridiques dans les procédures judiciaires internationales, voir les arrêts Crawford J., Pellet A., Redgwell C., *Anglo-American and Continental Traditions in Advocacy before International Courts and Tribunals*, Cambridge Journal of International and Comparative Law (2)4 : 1–23 (2013).

plupart des tribunaux internationaux sont fondés sur le système contradictoire, mais en revanche les tribunaux hybrides récemment établis ont pris comme base le système inquisitorial. Dans le contexte du Cambodge, même si le système juridique cambodgien est incontestablement inspiré du système français, les co-procureurs ont sans relâche essayé d'introduire des modalités anglo-saxonnes comme moyen d'entraver les principes juridiques existants du système cambodgien[39].

Transplantation volontaire

Volontarisme - le cas du régime comptable français : Cette section illustre le cas d'une réémergence d'une profession comptable au Cambodge par le biais d'un processus volontaire de transplantation. Les indices de cette réémergence laissent à penser que c'est grâce à une décision politique consciente de demande d'aide du gouvernement français que la réintroduction des modifications juridiques dans le cadre du régime comptable a pu revoir le jour.

Depuis la période du protectorat, il n'y a aucune loi définissant le système de comptabilité ni d'audit pour les entreprises privées. Par conséquent, le métier de comptable professionnel était tout bonnement inexistant au cours de cette période. Durant le régime du *Sangkum Reastr Niyum*, toutes les entreprises devaient préparer leurs états financiers selon le modèle comptable français. Il n'y avait pourtant aucune preuve indiquant que le Cambodge avait ses propres normes comptables et d'audit pendant le régime de la République khmère[40].

En 1980, alors que le pays commence à reconstruire son économie, le ministère de l'Économie et des Finances a été créé pour gérer les finances de l'État. Par la suite, le ministère a adopté des règlements pour régir les différents domaines du financement, du budget, de la fiscalité et du système de comptabilité.

Après le processus de paix et conformément aux objectifs de la réforme économique de la Constitution de 1993, le ministère a adopté un nouveau Plan comptable général. Ce plan a régi le système comptable du pays et contenait un tableau des comptes recommandés, une liste de comptes à appliquer, un traitement comptable, des principes comptables et des lignes directrices pour la présentation des états financiers.

Ce dernier plan comptable reflète une influence française dans sa structure et ses classifications des codes comptables. L'objectif de ce nouveau système comptable est de répondre à la fois aux besoins des entreprises publiques et privées dans le développement du modèle de l'économie de marché qui a

---

[39] Pour une analyse détaillée sur les leçons tirées du CETC, voir CIORCIARI (John D.) and HEINDEL (Anne), *Experiments in International Criminal Justice : Lessons from the Khmer Rouge Tribunal*, Michigan Journal of International Law, June 2013.

[40] CHAN (Bopta), *The Re-emergence of Accounting Profession in ASEA: The Case of Cambodia*, (2010).

commencé en 1993 avec le soutien du gouvernement français et par le biais du Conseil national de la comptabilité.

Compte tenu du lien historique avec la France, il était prévisible que le Cambodge développe un modèle de profession comptable d'emprunt de l'Europe continentale, fortement influencé par l'approche française. En réalité, vers mi-1999, sous la pression des réformes économiques et de la concurrence avec les autres pays asiatiques, le ministère a officiellement demandé au gouvernement français un projet d'assistance pour la mise à niveau des normes comptables cambodgiennes.

Le gouvernement français a accepté cette demande et, dans les années suivantes, une série de lois et d'institutions comptables ont été mises en place. La Loi sur l'Audit a ainsi été promulguée en janvier 2000, suivie par la Loi sur les Comptes d'entreprise, de leur audit et de la profession comptable. En 2002, le Conseil national de la comptabilité a été créé, puis l'établissement de l'Institut des experts-comptables agréés et des auditeurs a vu le jour en 2003.

Processus global pour réintroduire le Code civil par le Japon : Selon le professeur Marsh, certaines lois peuvent être transplantées simplement parce que le pays récipient témoigne d'un grand respect pour certains pays ou systèmes. Pour illustrer cette théorie, il se référait à une anecdote historique datant du cinquième siècle avant J.C où les Romains avaient gravé en bronze et mis sur le marché à Rome un ensemble de règles juridiques connues sous le nom de « tableaux de MI ». Ce récit historique aurait mentionné qu'une mission avait été envoyée en Grèce pour étudier le code (594-593 av. J.-C.) de Solon et que les Tables sont fortement influencées par la Grèce, puisque la Grèce était incontestablement l'état le plus avancé des temps[41]. Les Romains adoptèrent les lois grecques parce que la culture et la réputation politique - sinon le pouvoir réel - des Athéniens avaient longtemps occupé une position hégémonique en Méditerranée.

Le professeur Watson utilisait l'expression « Distorsion ou biais dans la transplantation (« *Transplant Biais* ») » pour marquer ce phénomène. Cette expression désigne la réceptivité d'un système à une certaine loi étrangère, ce qui est strictement différent d'une acceptation qui est fondée sur une observation approfondie des autres alternatives. Cela signifie, par exemple, une volonté du système d'accepter les règles du droit romain parce que ce sont des règles de droit romain, ou des règles françaises parce qu'elles sont des règles françaises[42].

Watson aurait soutenu que l'ampleur de ce biais dépendait de questions telles que la tradition linguistique, le prestige général et l'accessibilité à ce pays donateur, la formation et l'expérience des avocats nationaux. Ces trois facteurs auraient des applications bien évidentes dans le cas de l'Irlande. En termes linguistiques, l'anglais est la langue commune de l'Irlande et de l'Angleterre.

---

41 WHELAN, *op. cit.*, p. 30.

42 WATSON, *Comparative Law and Legal Change,* (1978) p. 327.

Le prestige de la loi anglaise est incontestable et ses lois, jurisprudences et manuels sont très facilement accessibles en Irlande. Les avocats irlandais sont formés dans la tradition de la Common Law et sont largement instruits dans les recherches de la loi anglaise. En revanche, le biais aux États-Unis envers la loi anglaise est moins perceptible, en raison des différences de la formation, l'accessibilité et du prestige de la loi anglaise.

Les expériences cambodgiennes qui peuvent être associées à ce biais de transplantation sont peut-être liées à celle du Japon en ce qui concerne les efforts dans le développement de son Code civil[43] et à celle de la France pour la rédaction du Code pénal. Ce sentiment de profond respect aurait commencé dès le début du processus de paix au Cambodge et aurait continué pendant les deux décennies pendant lesquelles le Japon a constamment pris les devants parmi la communauté internationale dans la reconstruction du pays.

Cette relation émotionnelle aurait commencé bien plus loin dans l'histoire contemporaine du Cambodge. Les relations entre le Japon et le Cambodge ont débuté dans les années 1950, notamment après la création des relations diplomatiques en 1953. Ces relations ont considérablement progressé lorsque le roi Norodom Sihanouk a effectué une visite officielle au Japon en 1955 pour signer un traité d'amitié entre les deux pays, ce qui a également conduit le Japon à adopter une résolution de gratitude par laquelle le Cambodge a abandonné le droit de réparation qu'il avait à l'égard du Japon. Ce geste magnanime du Cambodge envers le Japon après la Seconde Guerre mondiale, sous forme de renonciation aux réparations de guerre, et son offre de ravitaillement de riz pour le Japon ont peut-être été les premiers germes dans le contexte de la coopération future entre ces deux pays.

Les relations bilatérales ont été interrompues au milieu des années 1970 jusqu'au début des années 1990, après que les Khmers rouges eurent coupé net les relations diplomatiques avec le Japon en 1975. Les Accords de Paris ont rouvert la voie à la reprise des relations diplomatiques officielles entre le Japon et le Cambodge avec la réouverture de leurs ambassades respectives en 1992 et en 1994.

En janvier 2000, lors de la visite du Premier ministre Keizo OBUCHI au Cambodge, le Japon a affirmé au Premier ministre Hun Sen qu'il renforcerait sa coopération technique afin d'aider davantage les réformes cambodgiennes. Depuis cette déclaration, le Japon a fourni une assistance très large à la réforme du système juridique et judiciaire du Cambodge, notamment en ce qui concerne la rédaction d'un code civil et d'un code de procédure civile.

L'assistance juridique fournie par le Japon s'est matérialisée principalement au travers de ses programmes d'aide qui ont été administrés par l'Agence Japonaise de Coopération International (JICA), en conformité avec l'esprit de la

---

43 Site web de la JICA : Coopération japonaise dans le soutien de la formulation des politiques gouvernementales du système judiciaire du Royaume du Cambodge : Résumé des résultats d'évaluation. Voir https://www.jica.go.jp/french/

Charte japonaise sur l'aide au développement. Cette dernière dispose que « le Japon attache une importance centrale au soutien des efforts d'auto-assistance des pays en développement pour leur décollage économique »[44].

La Charte dispose spécifiquement que « ...historiquement, géographiquement, politiquement et économiquement, l'Asie est une région proche du Japon » et « il est important pour l'économie mondiale dans son ensemble de soutenir et de promouvoir le développement économique de ces pays ». De son point de vue, le Japon considérait que « ...les économies de l'Asie deviennent de plus en plus développées et reconnaissent que l'histoire mondiale est créée tri latéralement autour de l'Europe, de l'Amérique du Nord et de l'Asie. Le Japon, en se considérant comme partie intégrante de l'Asie, entend donc faire profiter et mettre ses expériences accumulées au profit de ces pays voisins, afin de rendre l'Asie plus compétitive envers l'Europe et l'Amérique ».

Le Japon est très fier de son expérience et de sa réussite depuis l'ouverture de leur pays dans la seconde moitié du XIXe siècle dans l'intégration des systèmes juridiques français, britanniques, allemands et américains dans leur culture asiatique et leurs pratiques juridiques traditionnelles. En fait, afin de rattraper son retard, le Japon a dû importer le droit occidental prématurément sans avoir ni code civil ni structure judiciaire solidement établies.

Le Japon a comparé sa situation lors de cette période comme à peu près semblable à la situation actuelle des pays en développement en Asie. À l'époque, le Professeur Boissonade, invité par l'École de formation du ministère de la Justice, a donné des conférences en français sur le Code civil français et sur d'autres lois françaises. Le Japon a estimé que cette expérience pourrait être considérée comme un bon exemple à suivre par d'autres pays asiatiques. Cela dit, il est intéressant de noter que c'était la première expérience du Japon en tant que pays procurant une assistance technique à un autre dans la rédaction d'un Code civil et d'un Code de procédure civile.

Cette priorité du Japon sur le Code civil et le Code de procédure civile semble très stratégique. Ces deux codes sont fondamentaux et constituent le cadre clé du système judiciaire dans un droit civiliste. Par pure coïncidence, ces deux codes ont fait partie intégrante de la réforme du système juridique et judiciaire alors que le gouvernement cambodgien tente de faire face aux problèmes de vide juridique. Le Code civil joue un rôle important dans la coordination des relations entre citoyens, entre les entités juridiques en matière de biens immobiliers, de transactions contractuelles, de paiements, de famille et de successions.

Suite à la demande du gouvernement cambodgien, la JICA avait lancé en 1999 un projet de coopération technique pour assister aux réformes juridiques du pays dont le coût total s'élevait à plus de 301 millions de yens (environ 3 millions de dollars). Trois chercheurs et juristes japonais engagés à long terme et 97 experts à court terme ont œuvré avec une équipe de travail du ministère de la

---

44 Charte officielle d'aide au développement, 30 juin 1992.

Justice cambodgien (environ 14 d'entre eux) pour rédiger le Code civil et le Code de procédure civile.

Une évaluation réalisée par la JICA a révélé de sérieuses difficultés dans le processus de cette rédaction : l'institution chargée de son exécution n'était autre que le ministère de la Justice qui souffrait d'une grave pénurie de ressources humaines d'une part et certains membres de l'équipe de rédaction avaient été sélectionnés selon des critères plutôt politiques que techniques d'autre part. Pendant les deux premières années de cette coopération triennale, le groupe de rédaction n'a ainsi pas été composé par des personnes ayant des qualifications appropriées.

La situation s'est légèrement améliorée après l'insistance du Japon pour que le gouvernement cambodgien nomme de nouveaux homologues hautement qualifiés. L'équipe japonaise a dû faire face à d'autres problèmes qui n'étaient pas prévus au stade de la planification. Premièrement, la charge de travail pour mettre en place un système de traduction en Khmer, compte tenu de nombreux termes juridiques qui introduisirent des concepts nouveaux. En second lieu, la nécessité de travailler sur une terminologie commune aurait pris beaucoup plus de temps que prévu initialement. Par ailleurs, les négociations avec les ministères et les pays donateurs pertinents dont le but est de réduire et d'harmoniser l'écart dans les concepts juridiques découlant des différences sociales, historiques et culturelles se sont également avérées difficiles. Le processus de rédaction au Japon a pris 2 ans, ne serait-ce que pour préparer les lignes directrices des codes qui ont ensuite été suivies par des ateliers de vulgarisation organisés au Cambodge.

La mise en œuvre de ces projets du Code civil par le Japon a pris une ampleur colossale, avec deux groupes de travail chacun composé d'environ dix membres et regroupant les principaux chercheurs du Japon, les juges et le personnel de l'Institut de recherche et de formation du ministère de la Justice japonaise. Ils avaient demandé conjointement à leur homologue cambodgien d'établir un comité de direction au ministère de la Justice dirigé par le ministre de la Justice en personne. Ces groupes de travail se sont réunis régulièrement à Tokyo et ont formulé séquentiellement les grandes lignes contenant les diverses propositions et dispositions pour ces 2 projets de code. Presque tous les mois, les membres du groupe de travail se sont rendus à Phnom Penh afin d'organiser des ateliers de consultation avec les juges, les responsables auprès du ministère de la Justice et ceux d'autres ministères afin de pouvoir examiner l'ensemble des projets et de travailler sur la traduction khmère.

À la lumière de leur expérience concernant l'adoption des lois des pays étrangers, les Japonais estiment que ces projets de code devraient être des projets de loi qui pourraient être acceptés par la société cambodgienne[45]. Par conséquent,

[45] Cependant, selon un conseiller japonais, l'équipe de rédaction japonaise avait affirmé avec fierté que tout au long du processus de rédaction, compte tenu de leurs expériences, l'équipe avait pris en

ils ont recherché les opinions et commentaires des juristes et juges connaissant bien l'état actuel de la société cambodgienne.

Dans le même temps, les Japonais ont insisté pour que leurs projets de code soient bien compris et correctement intégrés auprès des homologues cambodgiens. Les experts japonais ont ainsi organisé régulièrement des séminaires de « formation spécifique au pays » pour leurs homologues cambodgiens axés sur la philosophie, les principes de base et les interprétations juridiques du Code civil et de procédure civile. Après l'achèvement du projet, la JICA a renouvelé son soutien technique en envoyant des experts du droit japonais à Phnom Penh pour fournir des explications sur les différents articles en tenant compte du fait qu'ils s'avéreront indispensables plus tard lors des délibérations par le Conseil des ministres, par l'Assemblée nationale et par le Sénat.

Cette approche globale visant à répondre à ce grand défi sur un sujet si complexe aurait eu un impact considérable en termes de respect mutuel entre les homologues japonais et cambodgien, et ce en dépit des difficultés engendrées par les différences dans les concepts juridiques et les milieux juridiques et sociaux de ces deux pays[46]. En fin de compte, ces grands efforts ont été fructueux. Le Code de procédure civile a été promulgué en juillet 2006, avec une provision prévoyante qu'il ne soit mis en vigueur qu'à l'issue d'une période préparatoire d'un an. Pour sa part, le nouveau Code civil est entré en vigueur le 22 décembre 2011, marquant ainsi un tournant irréversible et décisif dans l'établissement de l'État de droit au Cambodge.

Dans l'ensemble, ces deux codes ont été une avancée importante pour le Cambodge, car ils représentent, avec l'inclusion des concepts juridiques japonais et français, une certaine modernité dans la loi actuelle du pays. Un observateur cambodgien y voyait même l'influence de la Common Law dans la section du code portant sur les règles du contrat.

La présence de concepts japonais et français n'est pas surprenante, car la rédaction des codes est un projet commun au Japon et au Cambodge, et la France est une ancienne puissance coloniale au Cambodge, ce qui explique aisément les traces de son influence. La présence de concepts de la Common Law pourra également être relevée, s'expliquant par la participation active de l'Australie et des États-Unis à la reconstruction du système juridique cambodgien. En résumé, les nouveaux codes devaient servir le Cambodge, portant l'espoir d'une meilleure sécurité juridique inédite pour le peuple cambodgien.

Transplantation juridique des lois économiques en raison des impératifs de développement économique : le cas de l'adhésion à l'OMC : L'adhésion du Cambodge à l'OMC a été un évènement déterminant pour le pays et il pourrait

---

compte toutes les ajustements nécessaires pour refléter les conditions sociales, économiques et juridiques actuelles du pays.

[46] Discours de M. OGAWA Gotaro, ambassadeur extraordinaire et plénipotentiaire du Japon au Cambodge, au Séminaire national sur la rédaction du Code civil et du Code de procédure civile du Cambodge.

être considéré comme un autre facteur transformatif en ce qui concerne l'acceptation du cadre juridique international, illustrant par là même la thèse centrale de Kahn-Freund selon laquelle les facteurs géographiques, socio-économiques et culturels auraient perdu considérablement de leur importance suite aux effets de la mondialisation, réduisant à peau de chagrin les obstacles à la transplantation juridique[47].

Dans les années 1960, le Cambodge jouissait d'un statut spécial dans le cadre de l'Accord général sur les tarifs douaniers et le commerce (GATT), en raison de ses relations antérieures avec la France. Toutefois, pour des raisons politiques, le parlement cambodgien n'a pas ratifié son adhésion au GATT. Selon les termes de l'article XXVI : 5 c) du GATT de 1947, certains pays, dont le Cambodge, auraient pu accéder facilement au GATT de par leur statut spécial d'ancienne colonie de la France[48]. Le Cambodge bénéficiait *de facto* de ce statut en tant que partie contractante du GATT, tout comme d'autres anciennes colonies de France. Alors que certaines anciennes colonies avaient rejeté ce statut, le Cambodge avait au contraire fait un effort d'adhésion pour intégrer le GATT, suivant l'approche plus difficile de la négociation au titre de l'article XXXIII du GATT.

Le pays avait opté pour cette approche afin d'éviter d'adopter les engagements tarifaires que la France avait déjà effectués dans ses négociations du GATT. Le pays avait poursuivi son processus jusqu'à la finalisation des négociations avec les parties contractantes d'alors selon les termes de son protocole d'adhésion, formellement conclus le 6 avril 1962[49]. En dépit de cet avancement, le Gouvernement n'a jamais réalisé les procédures nationales de ratification. Cette inaction et ce rejet du processus d'adhésion pourraient être attribués en partie aux turbulences politiques à l'intérieur du pays, reflet de la volonté du pays à affirmer sa neutralité politique[50].

Suite au processus de paix en 1993, le Cambodge devait faire face à de nombreux défis en termes de développement d'un commerce entravé par des années de conflit. En outre, le pays souffrait d'un cadre législatif inadéquat marqué par un manque de programmes de réformes législatives cohérents, par

---

[47] SHEN, *op. cit.*, p. 854.

[48] Les anciennes colonies des parties contractantes du GATT pouvaient acquérir le statut *de facto* du GATT dès qu'elles obtenaient leur indépendance. Le pays pouvait alors convertir ce statut pour devenir une partie contractante du GATT *de jure* par succession. L'option avait expiré avec la fin du GATT, et quarante ans plus tard, le Cambodge - comme tous les autres pays qui sont restés encore en dehors du système – avait dû satisfaire aux exigences les plus rigoureuses quant à son adhésion à l'OMC. Voir VANGRASSTEK, *Laws and Policies of the United States of America Concerning the Accession of Cambodia to the World Trade Organization*, UNCTAD, (2000).

[49] Voir le « Protocole d'adhésion du Cambodge » dans l'Accord général sur les tarifs douaniers et le commerce, Instruments de base et documents sélectionnés XIe supplément (Genève, Suisse : GATT, 1963), pages 12 à 16.

[50] C'est au cours de cette même période que le Prince Sihanouk aurait activement recherché la reconnaissance internationale de la neutralité cambodgienne. La décision prise en 1963 de rejeter toute aide étrangère supplémentaire des États-Unis devrait être considérée dans ce contexte, et il pourrait en être de même pour l'adhésion avortée.

un système judiciaire émergent accablé par des problèmes immédiats tels qu'un corps de juges mal formés, des infrastructures délabrées et une structure de soutien inefficace. D'où les justifications de ses premières étapes vers l'intégration économique dans l'ASEAN et les efforts d'adhésion à l'OMC[51].

À partir de 1999, l'ouverture de la politique vers l'intégration régionale et mondiale a généré un nouvel élan vers un changement qualitatif en termes de la rédaction des nouvelles lois et de l'amélioration du processus de la réforme juridique[52]. Les pays partenaires commerciaux, comme les États-Unis et l'Union européenne ont commencé à exercer une pression particulière axée sur la mise en œuvre ou le changement des lois et règlements favorisant les transactions économiques dans une économie du marché.

Un autre point de pression internationale qui expliquerait l'adhésion rapide du Cambodge à l'OMC est le défi auquel le pays devait faire face dans un monde sans quotas. Conformément à l'Accord Multifibres de l'OMC le régime spécial régissant le commerce des vêtements aurait pris fin le 1er janvier 2005. Ce régime permettait aux pays importateurs d'appliquer des restrictions quantitatives aux importations de vêtements. Par conséquent, les exportations de vêtements de presque tous les pays, y compris le Cambodge, étaient assujetties aux quotas des principaux marchés mondiaux, en particulier les États-Unis. Toutefois, à partir du 1er janvier 2005, les membres de l'OMC ont supprimé les quotas sur les importations de vêtements des autres membres de l'OMC, ouvrant la porte à des marchés mondiaux sans restriction pour les membres de l'OMC. Cependant, si le Cambodge ne pouvait pas accéder en temps et en heure à sa qualité de membre de l'OMC, les autres pays membres auraient été libres d'imposer leurs quotas sur les exportations provenant du Cambodge. Ainsi, le fait de ne pas adhérer à l'OMC avant cette date aurait mis l'industrie du textile en péril par rapport à ses concurrents[53].

Une autre justification plus importante encore pour le Cambodge dans sa politique d'adhésion à l'OMC revêtait plutôt une dimension psychologique, le pays voulant se dissocier de l'image d'un pays pauvre ravagé par la guerre et isolé de la communauté internationale. Selon un fonctionnaire cambodgien, le Cambodge ne voulait plus être connu comme « *The Killing Fields* ». Les décideurs cambodgiens ont vu en l'adhésion à l'OMC un moyen de réaliser ces objectifs stratégiques, dont la facilitation de la réémergence pacifique du Cambodge en tant que pays commerçant.

---

[51] KAPLAN (Jeffrey A.), *Cambodia's ASEAN and WTO Integration: A Legal Perspective*, *In Cambodian Legal and Judicial Reform in the Context of Sustainable Development*, edited by Sok Siphana. Phnom Penh, (1998).

[52] COUNCIL FOR LEGAL AND JUDICIAL REFORM, *Draft Justice Sector Reform Programme: Implementing Legal and Judicial Reform*, (2003) ; Council for the Development of Cambodia, International Conference on *Cambodian Legal and Judicial Reform in the Context of Sustainable Development*, (1998).

[53] MINISTRY OF COMMERCE, *Cambodia's Garment Industry: Meeting the Challenges of The Post-Quota Environment*, (2004).

L'une des principales exigences pour adhérer à l'OMC concernait la question de la transparence ainsi que d'autres réformes juridiques et institutionnelles en vue d'assurer une mise en œuvre uniforme et impartiale des engagements commerciaux. Dans le cadre de ses engagements d'adhésion, le gouvernement s'est engagé à adopter 46 lois,[54] dont 3 actions liées à la transparence.

Dans une décision du 27 février 2004, le Conseil des ministres a identifié 98 tâches distinctes découlant du Protocole d'adhésion de l'OMC devant être achevées par 20 ministères et organismes différents avant la fin de l'année 2005. Pour le Cambodge, ses engagements liés au respect des règles internationales dans la conduite du commerce et dans la réforme de sa politique nationale ont eu un effet d'accélération du processus de réforme à un rythme encore plus impressionnant.

*****

[54] SOK, *Thèse de doctorat*, (2009), p. 99.

CHAPITRE 5 –

L'aide au développement et son influence sur la transplantation bi-juridique au Cambodge

« *Au moment où le Cambodge a basculé rapidement d'une économie de type communiste à une économie du marché, le ministère du Plan de l'État du Cambodge s'est trouvé paralysé devant l'anarchie. Le ministère des Finances n'a pu faire mieux. Le système fiscal est presque totalement inefficace. Les impôts sont collectés de manière arbitraire ou non collectés. Les fonctionnaires sont souvent mal formés, toujours mal payés et démobilisés. La corruption est devenue un phénomène de société dans un contexte d'anarchie et de fonction publique pléthorique. Aussi, aucun chiffre n'apparaît pleinement satisfaisant, pas même celui des recettes douanières. Seule la présence d'experts-formateurs pourrait résoudre l'actuelle faiblesse des administrations*[1]. »
Jean MOREL, Conseiller économique auprès de l'Ambassade de France, Phnom Penh, 1993

Aide au développement axée sur la démocratie, les droits de l'homme et la reconstruction de l'État

Afin de mieux comprendre l'environnement de l'Aide publique au développement (APD) au Cambodge, il est nécessaire d'aborder le sujet dans un contexte plus global tenant compte de son passé, de ses attentes et ses potentiels[2].

[1] Pour une analyse approfondie sur les points de repères de l'état des finances et les réformes administratives à engager voir MOREL (Jean), État des lieux et projets de réformes administratives nécessaires au redémarrage économique du Cambodge, Ambassade de France, 14 juin 1993.
[2] Voir également SOK (Siphana), *Cambodia Country Paper*, UNDP Hanoi Conference on Globalization, Liberalization, and Transition, May 31 – June 1, 2004.

Pays d'après-crise, le Cambodge dépend désespérément de l'aide dans la reconstruction et le développement du pays[3]. La première Conférence ministérielle sur la réhabilitation et la reconstruction du Cambodge, tenue à Tokyo en juin 1992, décida de l'octroi de 880 millions de dollars US pour la période d'intervention des Nations Unies. Fut alors établi un Comité international à la reconstruction du Cambodge (CIRC)[4]. Au cours de ses trois réunions de septembre 1993, mars 1994 et mars 1995, il attribua 1079 millions de dollars US[5]. Subséquemment, le réengagement diplomatique avec les pays de l'Occident et les institutions financières internationales auraient permis au Cambodge de profiter de l'APD fournie par les partenaires de développement, précédemment connus comme des bailleurs de fonds, tant bilatéraux que multilatéraux, qui s'élevait approximativement à 600 millions de dollars US annuels[6].

Le développement institutionnel et les réformes structurelles imposent de considérables ressources financières et d'encadrement. Les bailleurs de fonds sont confrontés à des choix entre différents compromis étant donné l'amplitude des besoins urgents donc un investissement à court terme vis-à-vis celui à long terme et durable[7] ; un investissement dans les ressources humaines vis-à-vis de celui dans les infrastructures physiques ; amélioration des zones rurales vis-à-vis des zones urbaines tout en prenant compte des considérations comme l'équité et de leur efficacité. Par conséquent, les bailleurs de fonds ont investi considérablement dans le soutien des institutions qu'ils considèrent comme les plus prioritaires, tout en prenant compte des séquences d'interventions pour en assurer des résultats durables.

Les conditions favorisant des changements transformatifs

Depuis le milieu des années cinquante, la Guerre froide a suscité un climat de tension internationale faisant du Cambodge un pion dans les rivalités entre les grandes puissances qui ont amené des conséquences tragiques pour le pays. En 1975, une catastrophe sans précédent frappe le Cambodge, le plongeant dans un régime dictatorial sanguinaire qui a détruit les traditions du pays, ainsi que ses

---

[3] BANQUE MONDIALE, *Le Cambodge : Programme d'action pour le relèvement et la reconstruction*, juin 1992. pp. 184-214.

[4] Le CIRC fut relayé par un Groupe Consultatif en faveur du Cambodge. Progressivement cette nouvelle instance s'est tenue exclusivement à Phnom Penh. Depuis 2007, elle a été coprésidée par le pays récipiendaire, le Cambodge, et la Banque Mondiale, pour devenir un forum de la coopération pour le développement du Cambodge.

[5] GARDERE (Jean-Daniel), *Une histoire cambodgienne : Les 4 vies de l'étonnant M. Keat Chhon*, L'Harmattan, (2016), p. 387.

[6] Voir MINISTRY OF PLANNING, *Review of Progress in the 1990s and Action Programme for 2001-2010:* Presentation of the Royal Government of Cambodia at the Third United Nations Conference on the Least Developed Countries, (2001), p. 22.

[7] BANQUE MONDIALE, *op. cit.* pp. 31-38.

institutions politiques, judiciaires, financières et sociales. Après la libération du pays du joug des Khmers rouges en 1979, le gouvernement de la RPK a adopté une économie planifiée socialiste, s'efforçant à reconstruire ces infrastructures sociales et économiques. Par la suite, la période de 1980 à 1992 reste politiquement instable et la sécurité précaire.

Conformément à l'orientation de l'économie planifiée, toutes les activités économiques restent sous le contrôle de l'État, la planification économique étant centralisée selon les plans préétablis. Jusqu'en 1987, le commerce extérieur reste sous la coupe de l'État qui en a le monopole et la plupart des transactions sont régies par des protocoles annuels avec les pays du Conseil d'assistance économique mutuelle (CAEM). Vers la fin des années 1980, une réforme agraire doublée d'une reconnaissance des propriétés privées a été introduite pour tenter de transformer l'économie planifiée vers une économie de marché, pour provoquer un renouveau dans le but d'attirer des investissements dans le secteur privé et étendre les activités commerciales. En juillet 1989, le secteur privé se trouve libre d'établir des entreprises et des sociétés commerciales avec une participation étrangère maximale à hauteur 49 pour cent, tandis que les entreprises d'État continuent de s'occuper du commerce extérieur des denrées principales.

En 1989, le gouvernement a lancé un vaste programme de réforme afin de permettre la privatisation des entreprises d'État et d'autres biens de l'État, tout en encourageant des investissements privés étrangers et locaux. Plusieurs réformes ont été aussi mises en œuvre afin de diviser le système bancaire en deux responsabilités distinctes, la banque centrale d'une part et les banques commerciales d'autre part. En 1990, la Banque Nationale du Cambodge fut créée, se désengageant ainsi de ses fonctions de comptabilité publique auprès du Trésor. La politique de monétisation des déficits budgétaires pendant les années 1988-92 aurait poussé l'inflation à son paroxysme, entraînant une perte de confiance des citoyens envers la monnaie nationale[8].

Par suite de ces péripéties, le système monétaire du Cambodge a été caractérisé par son utilisation du dollar américain et des transactions en espèces. On pourrait argumenter que la « dollarisation » de l'économie cambodgienne s'est faite à la faveur de trois principaux facteurs que sont : la destruction des institutions économiques et financières après les années 1970 ; la gestion économique socialiste dans les années 1980 suivie par les afflux importants de dollars américains au début des années 1990, associés au retour de réfugiés

---

[8] Après l'indépendance en 1953, le Cambodge a traversé une période paisible de 17 ans avec une croissance économique stable, et le Riel comme monnaie principale utilisée dans toutes les transactions commerciales. Cependant, les expériences économiques radicales des années 1975-79 ont mené à la destruction totale de la propriété privée, du commerce, de la monnaie et des opérations bancaires. GARDERE (Jean-Daniel), *Monnaie et souveraineté, Eléments pour une histoire économique, politique et monétaire du Cambodge*, Banque nationale du Cambodge (non daté).

revenant de la frontière thaïlandaise vers le début des années 1990 ; et finalement en 1991-92 avec des opérations de l'APRONUC[9].

La libéralisation progressive de l'économie vers la fin des années 1980 et le début des années 1990 représente non seulement une réponse concrète aux besoins de s'ouvrir à une économie du marché, mais aussi une évolution dans le bloc communiste soviétique émanant des effets de la Perestroïka. Ce changement, combiné aux Accords de Paris, mit fin à la guerre civile chronique qui freinait le développement de l'économie. Avec l'aide internationale et la réussite des élections générales en 1993, le Cambodge a pu ainsi renaître sous une nouvelle forme de démocratie et relancer à vive allure sa machine économique qui lui permettra quelques années plus tard d'être reconnu par la Banque mondiale comme un pays émergent[10].

L'engagement envers la démocratie et les droits de l'homme façonné par les Accords de Paris

Adhésion aux traités internationaux des droits de l'homme - une caractéristique de la transition post-conflit du Cambodge : En 1991, les Accords de Paris ont créé un cadre juridique visant à protéger les droits de l'homme au Cambodge. Le texte de la Résolution 745 sur l'établissement de l'APRONUC, adoptée par le Conseil de sécurité des Nations Unies en 1992, reflétait ces attentes[11]. L'article 15 de ce texte dispose que « Toutes les personnes se trouvant au Cambodge et tous les réfugiés et personnes déplacées cambodgiennes jouiront des droits et des libertés formulés par la Déclaration universelle des droits de l'homme et par d'autres instruments internationaux pertinents relatifs aux droits de l'homme. »

Par la suite, ces principes ont été intégrés dans la Constitution de 1993 qui érigea le Cambodge en une démocratie libérale ayant pris des engagements fermes dans le respect des droits de l'homme[12].

---

[9] Voir UNDP, *NGO Assistance to Cambodia 1979-1990 : Lessons for the United Nations Development System,* (1990).

[10] Discours du ministre d'État et du ministre de l'Économie et de finances KEAT Chhon, à la visite du groupe Forum économique mondial, Sofitel Cambodiana Hotel, Phnom Penh, avril 1996.

[11] Résolution 745 du 28 février 1992 portant création de l'Autorité provisoire des Nations Unies pour le Cambodge (APRONUC), voir notamment les alinéas suivants : « Désireux de contribuer au rétablissement et au maintien de la paix au Cambodge, à la promotion de la réconciliation nationale, à la protection des droits de l'homme et à la garantie du droit du peuple cambodgien à disposer de lui-même grâce à des élections libres et équitables, convaincu que des élections libres et équitables sont essentielles pour un règlement juste et durable du conflit du Cambodge, contribuant ainsi à la paix et à la sécurité régionales et internationales. »

[12] L'article 23 de l'Accord prévoit que les principes de base concernant les droits fondamentaux de l'homme et des libertés fondamentales seront insérés dans la nouvelle Constitution cambodgienne. MACALISTER (Brun) et l'ed de ZASLOFF (Joseph J.), *Cambodia confounds the peacemakers 1979-1998*, Cornell University Press, pp. 190-210 et MARKS (Stephen), *New Cambodian*

Le contenu de ces principes, spécifié dans l'annexe 5 de l'accord[13], est devenu l'un des outils rhétoriques majeurs utilisés par les partis politiques lors de leurs campagnes électorales de 1993[14] et même bien plus tard au cours des élections nationales de 1998, 2003, 2008 et 2013.

Il est important de souligner que même si le Cambodge était devenu membre de l'ONU en 1955, le Constitution de l'époque ne contenait aucune disposition relative au statut juridique de la Charte des Nations Unies ni à quelconque autre instrument juridique international adopté par l'ONU. Aucune modification constitutionnelle durant les années qui suivirent n'a abordé cette question. Ce n'est qu'en 1993, à la suite des élections générales, que l'annexe 5 aurait servi comme élément directeur pour l'Assemblée constituante, formée sous les auspices de l'ONU, dans la volonté d'incorporer ces dispositions relatives aux droits de l'homme dans le projet de la Constitution de 1993. Cet évènement historique pour la première fois dans l'histoire du pays a lié de manière explicite la Constitution cambodgienne aux droits internationaux de l'homme. Ainsi déterminé, le contexte de l'évolution des concepts des droits de l'homme va permettre le développement juridique du pays sous divers aspects, et notamment à travers l'inclusion quasi automatique de programmes financés par les bailleurs de fonds liés aux questions des droits de l'homme.

En vertu de l'article 31 de la Constitution de 1993, les traités internationaux relatifs aux droits de l'homme occupent une place particulière dans la vie politique du Cambodge. La pertinence de ces traités qui influent sur les prises de décisions au sein de toutes les institutions de l'État a également été passée en revue par le Conseil constitutionnel dans sa décision du 10 juillet 2007. À cette occasion, le Conseil constitutionnel a pu préciser que les traités de droits de l'homme faisaient bien partie du droit cambodgien et qu'à ce titre ils devaient être appliqués par les juges[15]. Le Conseil avait affirmé « qu'en principe, dans ses considérations relatives à l'adjudication et l'imposition des peines, les juges doivent non seulement se baser sur l'article 8 de la Loi sur les circonstances aggravantes, mais aussi les autres lois ». Dans l'esprit du Conseil, le terme « loi »

Constitution: From Civil War to Fragile Democracy, 26 Columbia Human Rights Law Review, (1995), pp. 45-110.

[13] L'annexe 5 stipules six instruments relatifs aux droits de l'homme dont le Cambodge est membre : Pacte international sur les droits économiques, sociaux et culturels ; Pacte international sur les droits civils et politiques ; Convention internationale sur l'élimination de toutes les formes de discrimination raciale ; Convention sur l'élimination de toutes les formes de discrimination à l'égard des femmes ; Convention contre la torture et autres peines ou traitements cruels, inhumains ou dégradants ; Convention relative aux droits de l'enfant.

[14] CURTIS (Grant), *Cambodia Reborn ? The Transition to Democracy and Development*, Brookings Institution Press, (1998), p. 19.

[15] MENZEL (Jörg), *Counstitutionalism in South East Asia*, ed. Clauspeter Hill and Jörg Menzel, 2 vols., vol. Volume 2, Reports on National Constitutions (Singapore: Konrad Adenauer Foundation, 2008). p. 60.

se réfère aux lois nationales (y compris la Constitution, qui est la loi suprême), aux autres lois exécutoires et au droit international reconnu par le Cambodge.

En résumé, deux aspects transformatifs de la Constitution de 1993 ont amené une rupture totale du passé, premièrement par le biais d'une émancipation totale du pays de la tradition juridique socialiste vers la reprise de la tradition romano-germanique et en second lieu par la reconnaissance explicite du droit international relatif aux droits de l'homme dans son nouveau système démocratique pluraliste.

Évènement transformatif dans le secteur du travail - contrôle du respect des lois nationales sur le travail par une organisation internationale : Sortant d'une période d'isolation et fortement dépendant de l'aide au développement, le Cambodge a tenu à se réintégrer de nouveau dans la communauté internationale et c'est bien l'adoption d'instruments internationaux relatifs aux droits de l'homme qui a marqué sa transition. Le respect des droits de l'homme et plus spécifiquement des conditions de travail dans l'industrie de confection pourrait être utile à illustrer ce cas[16].

Dans le monde industriel contemporain, la mondialisation des règles élémentaires de travail a depuis longtemps été un objectif revendiqué par les mouvements ouvriers et les organisations internationales. Un point essentiel qui est directement lié à cette mondialisation des droits de travail et ces avancées obtenues au cours du XXe siècle est le rôle régulateur des États-nations. Pour le Cambodge, cette mondialisation offrait la possibilité d'harmoniser les conditions de travail et les salaires conformément aux normes internationales. Au cours des 20 dernières années, l'avènement des nouveaux systèmes de production, des investissements transfrontaliers et du commerce international favorisent la délocalisation de la production, clé de voûte des considérations liées au coût du travail et à la concurrence entre les nations. C'est particulièrement le cas de l'industrie de confection au Cambodge où le Gouvernement s'est engagé à améliorer les conditions de travail dans les usines.

Le Cambodge a commencé timidement son entrée dans le monde du commerce international par des exportations de vêtements au milieu des années 1990. Ce secteur de la confection a connu une croissance très rapide en raison de la normalisation des relations commerciales d'abord avec l'UE en 1996, puis avec les États-Unis en 1997 avec l'octroi d'un statut particulier pour le Cambodge, celui de la « nation la plus favorisée »[17] et du « Système généralisé de préférences »[18]. Entre 1994 et 1999, les exportations de vêtements du Cambodge ont augmenté de plus de 100 pour cent, passant de 495 millions de

---

[16] INTERNATIONAL LABOUR OFFICE, *Guide to the Cambodian Labour Law for the Garment Industry*, (2005).

[17] En Anglais « *Most Favoured Nation clause (MFN)* ». Voir La clause de la nation la plus favorisés dans DREYFUS (Simone), Droits des relations internationales : éléments de droit international public, 4e éd. Éditions Cujas, (1992). p. 40.

[18] En Anglais « *General System of Preferences (GSP)* ».

dollars US à 1 102 millions de dollars US. Quatre-vingt-dix pour cent des ventes ont concerné le marché des États-Unis. Cette performance exceptionnelle a poussé les États-Unis à imposer des quotas sur 12 catégories de vêtements exportées à partir de 1999.

L'émergence de l'industrie de confection et de ses milliers de travailleurs, dont principalement des jeunes femmes, a incité le gouvernement à formuler et à adopter très rapidement un nouveau Code du travail en 1997, autorisant ainsi la création de syndicats et la liberté d'association. À préciser néanmoins que ce code sur le travail ne s'applique que pour l'industrie de confection et ses secteurs connexes. Le développement rapide de cette industrie, en tandem avec le processus de démocratisation du pays, a entraîné une croissance exponentielle des syndicats. Toutefois, le manque d'expérience de la part des ouvriers et du corps managérial, les malentendus entre travailleurs cambodgiens et les managers étrangers et le manque de respect des lois par certains employeurs ont été source de nombreux conflits de travail. Les syndicats sont alors devenus plus actifs, le nombre de grèves n'a cessé d'augmenter et les groupes de défense des droits du travail de militer pour interpeller le gouvernement sur les conditions de travail.

En 1998, l'administration du Président Bill Clinton a mis au point un accord de commerce entre les États-Unis et le Cambodge sur les textiles et vêtements (1999-2004) ayant eu pour effet de relier l'accès au marché et l'augmentation du quota au respect des normes de travail[19]. L'accord stipule que le Cambodge doit mettre en œuvre un programme pour améliorer les conditions de travail dans le secteur du textile et du vêtement, y compris pour assurer le respect des normes internationales fondamentales du travail, par le biais de l'application de son Code du travail. À la suite des négociations commerciales entre les États-Unis et le Cambodge, l'OIT a institué un programme intitulé « Meilleures usines au Cambodge » (« *Better Factories Cambodia* ») en 2010 donc l'objectif principal est d'améliorer les conditions de travail dans le secteur textile et du vêtement, particulièrement à travers un système indépendant de surveillance des conditions de travail dans les usines de confection[20]. Ce dispositif impose que tous les exportateurs de vêtements soient contrôlés par l'Organisation Internationale du Travail (OIT). Sur la base de ces évaluations, le gouvernement américain détermine l'ajustement des quotas d'exportation.[21]. Il s'agit là d'une nouvelle

[19] Garment Manufacturers Association in Cambodia, *14 % Bonus of Quota on Labor Law Implementation*, (1999).

[20] Dans le cadre de ce programme, il y avait au départ 34 usines sous surveillance et ce nombre a augmenté jusqu'à 400 usines en 2013. Voir Better Factories Cambodia, Quarterly Newsletter, (2015). Dans ce contexte, l'OIT publie régulièrement des rapports de synthèse sur les conditions de travail dans les usines concernées. voir par exemple INTERNATIONAL LABOUR OFFICE, *Sixteenth Synthesis Report on Working Conditions in Cambodia's Garment Sector*, (2006), p. 94. (154).

[21] Afin d'encourager de telles améliorations, l'accord a également établi un système par lequel les quotas augmentent de 14 pour cent par an si les États-Unis constatent que les conditions de travail

norme fondée sur deux arguments valables : le contrôle du respect du droit de travail par l'OIT d'une part, et le lien entre un système de surveillance et l'allocation de quotas d'autre part.

Expériences du Cambodge concernant la justice pénale internationale – L'établissement des Chambres extraordinaires au sein des Tribunaux Cambodgiens (CETC) : Comme mentionné auparavant dans cet ouvrage, le Cambodge est le sujet d'une expérience inédite au niveau de la justice pénale internationale, matérialisée par un accord conclu entre l'ONU et le gouvernement cambodgien pour la création d'un tribunal ayant compétence pour juger les crimes commis par le régime de Pot Pol. Les caractéristiques expérimentales de ce tribunal se constatent tant au regard des objectifs du gouvernement cambodgien que de celui de la communauté internationale pour asseoir son autorité sur la capacité du tribunal à gérer efficacement le processus juridique. Cette maîtrise est en effet la condition sine qua non pour obtenir une jurisprudence fiable et un procès équitable et impartial, tout en laissant un vestige institutionnel bienvenu pour le renforcement de l'État de droit au Cambodge.

Le 21 juin 1997, le gouvernement cambodgien a soumis une requête à l'ONU leur demandant de créer ce tribunal. Par la suite, l'Assemblée nationale a adopté en 2001 une loi prévoyant la création des CETC[22]. Un accord entre le gouvernement cambodgien et l'ONU est conclu en juin 2003, précisant le cadre de coopération (« accord-cadre ») et la Loi nationale portant sur la création du Tribunal (« Loi sur les CETC »). En octobre 2004, l'accord est ratifié une fois les modifications apportées à la Loi sur les CETC approuvées par le Conseil constitutionnel, ouvrant enfin la possibilité de créer ce tribunal en 2006.

Ce tribunal pénal est considéré comme pionnier de par sa structure hybride, et ce pour deux raisons : sa composition reflète exceptionnellement une majorité de juges nationaux et il existe une distinction nette en termes de mandat entre les juges nationaux et internationaux pout tout ce qui concerne les questions juridiques, les fonctions administratives et les mécanismes de financement. Ce modèle de tribunal hybride a été créé dans le but de mieux tenir compte des préoccupations liées à la souveraineté du pays hôte, de promouvoir l'appropriation par le pays et d'en assurer sa légitimité, de faciliter l'accès à la justice par la population locale, de renforcer les capacités de gouvernement et de délivrer une justice crédible à moindre coût[23]. Ce tribunal diffère donc des autres tribunaux hybrides, et notamment en raison de son caractère essentiellement national.

---

dans le secteur du textile et du vêtement se conforment d'une manière significative à ces normes du droit de travail. L'accord aurait ainsi crée une incitation commerciale immédiate pour une meilleure mise en œuvre du droit de travail pour toutes les parties prenantes — les employeurs, les syndicats et le gouvernement dans son ensemble.

[22] En Anglais « *Extraordinary Chambers in the Courts of Cambodia (ECCC)* ».

[23] Voir DICKINSON (Laura A.), *The Promise of Hybrid Courts*, 97 AM. J. INT'L L. 295, pp. 302-07 (2003).

L'Accord-cadre et la Loi sur les CETC prévoient que les procédures du tribunal doivent être avant tout « conformes à la loi cambodgienne » et le recours aux règles de procédures internationales ne peut avoir lieu que lorsqu'il y aurait des lacunes, des zones grises dans certaines interprétations ou bien lorsque sont soulevées des questions de compatibilité avec les normes internationales. Selon le juge Marcel Lemonde, la structure du tribunal est une sorte de mélange entre le système du droit romano-germanique et celui de la Common Law, offrant ainsi la possibilité de mener une enquête judiciaire efficace, rigoureuse, suivie d'un procès contradictoire et relativement rapide[24]. Il se démarque plus singulièrement des autres tribunaux internationaux de crimes de masse par l'utilisation plus prégnante des procédures issues de la tradition de droit romano-germanique, y compris les rôles expansifs des juges d'instruction dans les enquêtes et l'introduction d'une nouvelle procédure ambitieuse permettant à certains survivants d'intervenir comme parties civiles[25].

En revanche, ces caractéristiques si uniques de ce tribunal s'avèrent également problématiques en raison de l'absence d'un code de procédure pénal[26], des difficultés dans l'adaptation des règles nationales aux pratiques internationales liées aux crimes de masse et à l'absence de précédent dans l'utilisation de règles de droit romano-germanique pour des cas de crimes de masse. En outre, le risque de confusion et d'inefficacité est important en raison de la fusion de plusieurs systèmes juridiques, du mélange de règles et procédures nationales et internationales. Pour ne rien arranger, la composition du personnel du tribunal est issue de formations et de perspectives très diverses[27]. Néanmoins, en termes de jurisprudence internationale, ce tribunal a contribué à un nombre de règles pouvant servir de modèles pour administrer d'autres procès à venir concernant des crimes de masse. Il permettra également d'offrir des enseignements précieux pour guider des réformes et des conceptions nouvelles[28].

En général, malgré ses nombreux défauts, ce tribunal a contribué positivement à l'évolution du système juridique et du corps judiciaire cambodgiens, en particulier au regard de la mixité des systèmes de droit romano-germanique et de Common Law. En fait, ce tribunal faisant officiellement partie

---

24 LEMONDE (Marcel), *Remarques lors de la Conférence sur « The Contribution of Criminal Proceedings before the Chambres extraordinaires au sein des Tribunaux Cambodgiens to Cambodian Law »*, Université royale de droit et d'économie, Phnom Penh, 4 décembre 2012.

25 Voir l'arrêt dans son entièreté, CETC, Trial Chamber Case 002/02, Case File No. 002/19-09-2007/ECCC/TC,http://vss.eccc.gov.kh/images/stories/Trial_Chamber_Full_Judgement_Case_002_01_ENG.pdf

26 Jusqu'à l'adoption du Code de procédure pénale cambodgien en août 2007, influencé par le système Français, le Cambodge n'avait pas de Code de procédure pénal intelligible auquel les chambres extraordinaires auraient pu se référer.

27 LINTON (Suzannah), *Cambodia, East Timor, and Sierra Leone: Experiments in International Justice*, 12 CRIM. L. FORUM 185 (2001).

28 JAYA (R.), *Genocide, Who are the Senior Khmer Rouge Leaders to Be Judged? The Importance of Case 002*, (2010).

du système judiciaire cambodgien, les juges cambodgiens en ont directement bénéficié en appliquant des pratiques de tribunaux internationaux où l'on retrouve les procédures mixtes de ces deux systèmes. Sans aucun doute, ces expériences ont été à l'origine d'un cercle vertueux qui devrait avoir des effets positifs sur l'avenir du système juridique cambodgien, notamment dans le renforcement des capacités des juges et des greffiers.

Cette expérience est fortement marquée par l'absence de directives légales dans bon nombre de nouveaux questionnements juridiques et dans la pratique des tribunaux internationaux, historiquement influencés par la Common Law. Pour certains observateurs, l'absence de règles prévisibles aurait pour effet la violation des garanties du procès et des droits fondamentaux des accusés, exposant ainsi le tribunal à des accusations de picorage ou « *cherry-picking* », pratique qui consiste à atteindre les résultats souhaités, au mépris du respect de certains droits[29]. D'autres auraient fait valoir que la raison pour laquelle les règles ont constamment changé serait moins liée au mélange des deux règles, mais plutôt au manque d'expérience des juges qui n'ont pas eu l'occasion d'évoluer dans d'autres juridictions internationales. Selon un commentateur, certains juges profiteraient de cette situation pour, « Quand ça les arrange, changer constamment les règles tout au long du jeu ».

Efforts concentrés sur la reconstruction institutionnelle de l'État

Fondation initiale - les lois organiques portant sur la création d'une administration efficace : Après la promulgation de la Constitution de 1993, fixant le cadre suprême de la loi du pays, le gouvernement de réconciliation (1993-98) a adopté par la suite d'autres lois afin de garantir les principes fondamentaux de la démocratie, cette dernière étant une notion très étrangère pour un peuple qui ne l'avait jamais historiquement connue.

Ces lois, entre autres, sont principalement des lois organiques visant à la création d'une administration efficace, d'une fonction publique opérationnelle[30], et d'un système économique approprié pour une économie de marché. Par ailleurs, elles s'avèrent importantes pour renforcer la confiance entre les politiciens des trois factions de la coalition. Bien que le pays souffrit encore de tensions politiques et d'instabilité, le gouvernement pu néanmoins articuler un plan de réhabilitation et de développement visant à réorganiser son administration pour répondre aux besoins d'une société démocratique et pluraliste.

---

[29] CIORCIARI (John D.) and HEINDEL (Anne), *Experiments in International Criminal Justice: Lessons from the Khmer Rouge Tribunal*, Michigan Journal of International Law, June 2013. p. 27.

[30] LIM (Eng), *Le nouveau statut de la fonction publique du Royaume du Cambodge*, *In* Faculté de droit et des sciences économiques, Annales, (1997). pp. 63-76.

Après les élections générales de 1998, le gouvernement poursuivit une politique de pacification, mettant enfin un terme à l'organisation politique et militaire des Khmers rouges et amenant ainsi pour la première fois dans l'histoire du Cambodge contemporain une unification du territoire sous le contrôle d'un État. Subséquemment, le gouvernement a mis en place une réforme militaire pour réaliser la politique de neutralisation de la force armée et réorganiser la structure de commandement militaire.

Approfondissement des fondements de la gouvernance locale et de la démocratie : Par la suite le gouvernement a poursuivi d'autres réformes visant à approfondir la démocratie, à travers des efforts de déconcentration et de décentralisation du secteur public et l'administration locale[31]. Un certain nombre de lois ont été promulguées à cet effet comme la loi sur les Communes (Sangkats) et la loi sur les Élections communales en 2001, ainsi que la loi organique sur l'Administration sous-nationale en 2008. Le Comité national pour le développement démocratique sous-national a été créé en 2008 pour mettre en œuvre cette politique de décentralisation et de déconcentration[32], avec notamment la mise en place d'un guichet unique pour les services administratifs décentralisés à l'échelle sous-nationale[33].

Selon Sidara, la décentralisation pourrait être considérée comme une réussite quant à la reconstruction politique et la consolidation de la paix. La décentralisation a permis jusqu'à présent de réaliser deux choses. Premièrement, ouvrir l'espace politique selon un modèle démocratique et permettre la croissance d'interactions positives entre la société civile et l'administration locale, réduisant par là même l'« écart de gouvernance » et renforçant la légitimité de l'État. En second lieu, cette décentralisation a permis de resserrer des liens entre l'administration centrale et l'administration locale, cette dernière s'étant vu attribuer un rôle central dans le lancement de réformes audacieuses du secteur public en termes de la gestion de leurs propres ressources financières. Le Cambodge a donc plutôt réussi sa reconstruction et la réforme de la décentralisation n'y a pas été pour rien dans ce processus[34].

*****

[31] Voir aussi THE WORLD BANK, *Decentralization and Deconcentration (D&D), Coordinated Intervention on behalf of the Donor Community,* 2004 Consultative Group Meeting, Donor statement on Decentralization and Deconcentration (D&D), presented by the German Government.

[32] Voir le site web du National Committee for Sub-National Democratic Development (NCDD), http://ncdd.gov.kh/en/what-we-do/

[33] One Window Service Office, official website: http://www.owso.gov.kh/?page_id=1843

[34] HENG (Seiha), KIM (Sedara), SO (Sokbunthoeun), *Decentralised Governance in a Hybrid Polity: Localisation of Decentralisation Reform in Cambodia,* Working Paper Series No. 63, November 2011, Phnom Penh, CDRI, p. 5.

CHAPITRE 6 –

Stratégies des bailleurs de fonds sur l'aide au développement et les programmes de réforme du gouvernement

> « *La mobilisation des financements étrangers pour le développement captait une grande part des énergies. Au-delà des montants et de leur affectation, un des points cruciaux consistait-il déjà en l'obtention de modalités d'octroi de l'aide qui soient aussi respectueuses de la souveraineté cambodgienne que possible* »[1]
> *S.E.M Keat Chhon, Senior ministre, ministre de l'Économie et des Finances*

Les grands évènements ayant eu une influence sur l'aide au développement

En ce qui concerne les considérations des bailleurs de fonds dans leurs stratégies respectives de soutien au Cambodge, trois évènements distincts ont marqué ou influencé leurs décisions.

Le premier évènement transformatif aurait commencé par l'acceptation de la part des quatre factions en guerre de l'Accord de Paris, lequel a ensuite abouti à la promulgation de la Constitution de 1993. La naissance d'une nouvelle démocratie libérale reconnaissant explicitement dans sa Constitution le rôle du droit international relatif aux droits de l'homme aussi bien que des engagements liés à l'État de droit ont exercé une influence énorme sur les programmes d'assistance des divers bailleurs de fonds[2]. Après les Accords de Paris, leurs agences de développement ont cherché, avec une enveloppe globale d'aide à la reconstruction, à rétablir un système de gouvernance visant à renforcer les

---

[1] GARDERE (Jean-Daniel), *Une histoire cambodgienne*, (2016), p. 387.

[2] Voir UNDP, *Programme-support for Aid Coordination and Management in Cambodia (first phase)*, (1994).

institutions gouvernementales, à rétablir l'ordre public ainsi qu'à permettre aux organisations de la société civile de mieux travailler[3].

Dans la période d'après-guerre, la société cambodgienne souffre d'un manque d'institutions et de structures essentielles crédibles permettant un bon fonctionnement d'une économie de marché. Il n'y a alors ni administration compétente, ni classe professionnelle largement cultivée, ni système judiciaire indépendant, ni un corps de juristes qualifiés et pas plus de groupement d'organisations non gouvernementales capables de promouvoir et de défendre les intérêts du peuple.

Le deuxième évènement transformatif qui a eu lieu parallèlement à la réinstauration de structures démocratiques a été l'impact des bailleurs de fonds quant à la promotion du développement économique et social et la lutte contre la pauvreté. En fait, de nombreux bailleurs de fonds bilatéraux et multilatéraux partageaient les mêmes préoccupations que le gouvernement sur les questions de gouvernance, considérées comme essentielles dans l'amélioration de l'efficacité de l'aide au développement et de la relance de l'économie d'une nation ruinée par la guerre.

Le Cambodge a dû faire face à plusieurs défis dans son processus de transformation d'une économie planifiée vers celle orientée sur le marché. Ce parcours s'avérerait inévitablement long à cause des séquelles laissées par plus de deux décennies de guerre et de luttes internes. Pire encore, cette reconstruction se retrouve placée dès son origine dans de très mauvaises conditions macro-économiques. Le pays souffrait d'un état de sous-développement complet au point de vue infrastructure physique, sociale et institutionnelle, tant qu'au point de vue du système financier. Par ailleurs l'État n'était pas en mesure de répondre aux besoins essentiels d'une population souffrant d'un niveau de vie très précaire.

La structure de l'économie d'un pays après-guerre n'a pas de quoi faire des envieux. Le Cambodge reste de loin un pays agricole qui absorbe en plus une grande partie de l'emploi. Environ 80 pour cent de la population gagnent leur vie dans le secteur agricole. La culture du riz, des produits maraîchers, et la pêche représentent les activités principales de la population rurale. En partenariat avec le gouvernement, les bailleurs de fonds ont contribué à la rédaction d'une série de documents de politiques nationaux tels que le « Programme national pour la reconstruction et le développement du Cambodge (PNRD) » de 1994, la « Mise en œuvre du Programme national pour la reconstruction et le développement du Cambodge (MPNRD) » de 1995, le « Plan de développement socio-économique (PDSE) » (1996-2000), ainsi que la « Stratégie nationale de réduction de la pauvreté (SNRP) (2003-05) ». Ces politiques ont été émises dans le cadre du

[3] ICORC III, Position Paper: *Budgetary Support*, (1995); ICORC III, Position Paper: *Cambodian Mine Action Center* (CMAC), (1995).

développement national lié à la planification de l'utilisation des ressources, y compris pour l'aide publique au développement.

Le troisième évènement transformatif n'est survenu que très tardivement, une décennie plus tard, avec l'adhésion du pays à l'OMC. Malgré toutes les contraintes liées au manque d'infrastructures physiques et de ressources financières, le gouvernement est alors conscient que la croissance économique ne peut être réalisée que dans le cadre d'une politique extérieure qui favorise la réintégration dans l'économie régionale et mondiale. La hausse des échanges commerciaux, promue par des politiques de libéralisation commerciale, a agi comme un puissant dopant pour la croissance économique.

Du côté des bailleurs de fonds on remarque visiblement une réorientation de l'aide au développement vers le soutien pour des réformes en faveur d'une croissance menée par le secteur privé et axée sur la création d'emploi. Pour ce qui est des projets d'investissements d'infrastructures, le pays reste très dépendant auprès des bailleurs de fonds en termes de financement de concessions.

Durant toute la période d'après-guerre, le pays est resté assujetti aux caprices des bailleurs de fonds venant des milieux très différents, se traduisant donc par des règles différentes de coopération[4]. Pour sa part, le gouvernement a œuvré dans la formulation et la mise en place de ses propres stratégies de développement. Un programme de réformes sur la bonne gouvernance[5] s'est retrouvé dans tous les documents de politiques gouvernementales, tous élaborés conjointement avec les bailleurs de fonds, à savoir la « Stratégie triangulaire », la « Stratégie de réduction de la pauvreté », la « PDSE II (2001-2005) »[6], et la « Stratégie rectangulaire pour la croissance, l'équité et l'efficacité II et III (2006-2010) » ce dernier intégrant les indicateurs liés à la réalisation aux Objectifs de développement du Millénaire (ODM).

Programme de réforme pour la reconstruction, la réhabilitation et le développement

Programme de réforme pour la reconstruction et la réhabilitation : Selon des mesures par revenu et d'autres indicateurs sociaux, le Cambodge est parmi les pays les plus pauvres au monde. Évalué en dollars américains, le PIB annuel

---

[4] Voir UNITED NATIONS DEVELOPMENT PROGRAMME, CMB/96/005: Programme Support for Aid Coordination and Management to the Council for the Development of Cambodia (CDC), *Project Performance and Evaluation Report*, (1997).

[5] MINISTRY OF PLANNING, *Cambodia Human Development Report*, (1999) ; Ministry of Planning, *Cambodia Millennium Development Goals Report*, (2003) ; Ministry of Planning, *Achieving the Cambodia Millennium Development Goals 2005 Update*, (2005).

[6] ROYAL GOVERNMENT OF CAMBODIA, *Second Socio-Economic Development Plan for Five Years Term 2001-2005: A Journey to the Economic Growth and Poverty Reduction Strategies*, (2002).

par habitant à prix courant ne s'élevait dans le milieu des années 1990 qu'à environ 284 dollars US.

Le Rapport sur le développement humain du PNUD situe, sur l'indice du développement humain, le Cambodge comme 136e sur 174 pays évalués. La pauvreté du Cambodge, reconnue par de nombreux indicateurs sociaux, est liée à la dépendance de son vaste secteur agricole : le rendement et la productivité de l'agriculture sont bas et leur croissance très faible, mais par contre elle permet de nourrir une large majorité de la population. La croissance rapide de la population et son effet sur le marché du travail, l'insuffisance dans la création d'emplois, ainsi que le niveau de revenu faible par habitant, sont sûrement les grands défis auxquels le Cambodge a dû faire face dans les années 1990. Le PNUD a joué un rôle important dans la provision de l'assistance technique nécessaire au gouvernement dans la formulation et la mise en œuvre de sa première vision de développement du pays, à savoir le PNRD et la MPNRD. Néanmoins, dans un document officiel présenté au CIRC III à Paris en 1995 :

« Le gouvernement a souligné des problèmes liés à la mise en œuvre du PNRD qui menacent de ralentir son rythme, voire sa durabilité même. La plupart de ces problèmes proviennent de la faiblesse de capacité d'absorption et de gestion du gouvernement tandis que d'autres touchent sur des procédures et pratiques des partenaires qui contribuent à aggraver nos propres faiblesses inhérentes »[7].

En février 1996, le gouvernement a lancé son PDSE I, qui est considéré comme un continuum du PNRD. Reflétant les réalités actuelles du pays, l'objectif principal du Plan était de parvenir à construire une société équitable, juste et pacifique et, grâce à une accélération du taux de croissance économique, d'élever le niveau de vie de tous les Cambodgiens. La PDSE envisageait l'évolution vers un État de droit construit sur la base d'un système judiciaire impartial ; d'une fonction publique efficace, transparente et responsable ; et la poursuite d'une politique de développement qui englobe la croissance économique, le développement durable, l'équité et la justice sociale[8].

Programme de réforme pour la réhabilitation et le développement : Au début des années 2000, après avoir consolidé la paix et le territoire, le gouvernement a intensifié ses efforts pour l'intégration du Cambodge dans la région et dans la poursuite de la normalisation de ses relations avec la communauté internationale, permettant ainsi d'attirer davantage les investissements étrangers pour soutenir les objectifs de développement du pays[9].

---

7 GOUVERNEMENT ROYAL DU CAMBODGE, *Problèmes liés à la mise en œuvre du Programme national pour réhabiliter et développer le Cambodge*, CIRC III, Paris, 14-15 mars 1995. Dans ce document le gouvernement propose que soit créé un Groupe de Travail International chargé de coordonner les diverses initiatives qui contribueront à l'amélioration de la capacité de mettre en œuvre le PNRD.

8 KEAT (Chhon), *45 mois au ministère de l'Economie et des finances : Bilan, diagnostique, et perspective*, (1998).

9 GARDERE, *Les Voies du Cambodge, Croissance et Défis : 1998-2013,* (2013).

Avec la ratification de 26 accords par l'Assemblée nationale, l'adhésion à l'ASEAN en 1999 a donné un momentum aux efforts d'intégration régionale du pays.

La période fût marquée par la mise en œuvre de bon nombre de politiques de développement, à commencer par la « Stratégie Triangulaire » en juillet 2004, suivie de la « Stratégie Rectangulaire », axée sur quatre dimensions : la stabilité sociale ; l'intégration régionale et mondiale ; le partenariat avec la communauté internationale et le secteur privé ; et la croissance macro-économique. Pour sa part, la SNRP a également été adoptée, avec une ligne directrice globale de lutte contre la pauvreté, avec comme mesures d'accompagnement le maintien de la stabilité macro-économique, la réallocation des ressources vers des secteurs plus performantes et l'accélération de l'intégration dans l'économie mondiale[10]. Au début de l'année 2006, le « Plan de développement stratégique national (PDSN) » a été adopté, contenant notamment des mesures pour mettre en œuvre la Stratégie rectangulaire.

Politique de développement après l'adhésion à l'OMC : Suite à l'adhésion à l'OMC, le gouvernement a redéfini sa Stratégie rectangulaire Phase III en faisant transparaître de nouvelles orientations prioritaires, notamment : diversification de la base d'exportation de l'économie en alignement avec les demandes régionales et mondiales ; renforcement du développement du secteur privé et du mécanisme institutionnel de règlement des différends ; promotion du développement du marché du travail ; encouragement des investissements dans les secteurs clés ; supervision et gestion plus efficace des crédits et risques conformément aux normes internationales.

Conformément aux engagements pris dans le cadre de l'adhésion à l'OMC, le gouvernement a promu sa politique de libéralisation en mettant un point d'honneur sur le commerce international comme vecteur de croissance, à travers un régime de libre-échange et un accroissement des échanges commerciaux. À bien des égards, le commerce international facilite la diffusion des connaissances et peut même occasionnellement se substituer à l'aide au développement[11]. Par ailleurs, le processus d'adhésion aurait amené comme effet positif une impulsion nécessaire dans la réforme des politiques commerciales pour tendre vers un ancrage dans les normes internationales, faisant peu à peu oublier les pratiques *ad hoc* du passé.

Généralement, le gouvernement est conscient des insuffisances institutionnelles par rapport aux exigences de l'OMC. Une série de réformes a

---

[10] La préoccupation sur la réduction de la pauvreté reste toujours une priorité pour le gouvernement. Voir Cambodia Development Resource Institute, Research Framework for 2001-2003: *Cambodia's Reforms and Strategies towards Poverty Reduction,* (2000) ; UNDP, Cambodia Country Competitiveness Driving Economic Growth and Poverty Reduction, (2009) ; Voir aussi JENNAR (Raoul Marc), *Trente ans depuis Pol Pot : Le Cambodge de 1979 à 2009*, L'Harmattan, (2010).

[11] Discours prononcé par le ministre du Commerce CHAM Prasidh sur le « Cadre Intégré » à Genève et à Monterrey en 2002.

été mise en branle afin de répondre à la nécessité d'un système basé sur des règles commerciales multilatérales, à savoir la transparence des textes réglementaires, la stabilité et la prévisibilité en ce qui concerne les conditions d'accès aux marchés. Afin que le pays puisse bénéficier pleinement de son adhésion à l'OMC, le gouvernement a formulé et mis en application la « Politique de développement industriel (PDI) (2015-2025) » dans le but de promouvoir la production industrielle à valeur ajoutée.

Principaux programmes d'aide au développement

Depuis 1993, la communauté internationale a fourni son soutien par le biais de programmes et de projets mis en œuvre par diverses organisations non gouvernementales afin de restaurer des structures démocratiques et renforcer la gouvernance. Dans plusieurs domaines transversaux, notamment dans la lutte contre la pauvreté, la réforme de la fonction publique, la déconcentration et la décentralisation, la réforme des finances publiques[12], la promotion de nombreux programmes a été couronnée de succès.

Politique de développement de l'Union européenne et de la Commission européenne en coopération avec le Cambodge : L'UE est l'un des plus grands bailleurs de fonds et partenaires du gouvernement cambodgien. L'UE a joué un rôle essentiel dans le développement du Cambodge depuis la signature des Accords à Paris en octobre 1991. Un accord de coopération avec le Cambodge a été signé en avril 1997 et entré en vigueur le 1er novembre 1999, réaffirmant un engagement à long terme. L'accord affirme dans son article 1er que « le respect des principes démocratiques et des droits fondamentaux de l'homme établis par la Déclaration universelle des droits de l'homme inspire les politiques internes et internationales de la Communauté européenne et du Cambodge et constitue donc un élément essentiel du présent accord ».

La coopération entre l'UE et le Cambodge est réglementée par l'Instrument de coopération au développement (ICD). L'accord met l'accent sur le commerce, la coopération économique et le développement, tout en reconnaissant les « éléments essentiels » des principes démocratiques et des droits de l'homme. Les domaines d'intervention prioritaires incluent le soutien au développement rural, l'enseignement primaire et la formation, la santé, les actions humanitaires, les opérations de déminage, l'appui à la réforme de l'administration publique et militaire ainsi que des activités en faveur des droits de l'homme et la consolidation de la démocratie.

Politique de l'Aide au développement du Japon : Depuis le processus de paix, le Japon est l'un des grands bailleurs de fonds en termes d'APD, dont la

---

12 Pour une analyse détaillée sur le cadre juridique des finances publiques au Cambodge, voir HANG (Chuon Naron), GILBERT-DESVALLONS (Patrick), *Les Finances publiques au Cambodge : Le défi de la réforme*, Phnom Penh, (2007).

contribution jusqu'à la fin de 2010 dépasserait les 25 pour cent de toute l'assistance globale dont a pu bénéficier le Cambodge. Le Japon respecte les grands principes de la Charte de l'APD, qui dispose que « le Japon attache une grande importance dans leur soutien aux efforts propres des pays en développement envers le décollage économique. La stabilité juridique et la prévisibilité dans la région asiatique joueraient un rôle important dans le développement de liens plus étroits entre le Japon et les autres pays de la région ».

Dans le domaine de l'Assistance juridique, les politiques du Japon sont fondées sur son expérience dans l'élaboration de leur propre système depuis la seconde moitié du XIXe siècle après qu'il leur fût introduit une mixture du système de droit civil français et allemand sur une période d'environ 130 ans et du système de Common Law après la Seconde Guerre mondiale[13]. L'assistance juridique japonaise est orientée sur l'élaboration de lois et systèmes fondamentaux visant au bon fonctionnement de l'économie de marché, y compris le Code civil, le code du commerce, le code de procédure civile et le système judiciaire qui sont la pierre angulaire de la garantie de la liberté des activités économiques.

Initiatives des donateurs dans le cadre des réformes juridiques et judiciaires : Le soutien de la communauté internationale au processus de réforme juridique et judiciaire au Cambodge a généralement été axé sur la réforme juridique, en ce qui concerne l'élaboration de diverses lois et le processus législatif à l'Assemblée nationale[14]. L'aide internationale reliée au processus de réforme juridique et judiciaire est donc fragmentée et il y a un manque flagrant d'efforts coordonnés, et de nombreux donateurs ne font qu'avancer leur propre programme. Selon MM. Gourdon and Ghelber[15], il est à constater que dans le secteur des réformes judiciaires et juridiques, une activité intense et parfois désordonnée s'est développée au Cambodge depuis 1992. Plusieurs dizaines de consultants sont intervenus dans le secteur du droit et de la justice parfois pour des périodes de longue durée. Des centaines de projets de textes juridiques, de notes ou de rapports ont été établis. En général, la majorité de l'aide dans ce secteur est acheminée par l'intermédiaire des ONG internationales et locales. Cette approche est particulièrement évidente dans l'ensemble du secteur de la gouvernance, y compris la réforme des droits de l'homme et des réformes juridiques et judiciaires. Seulement une partie négligeable de l'aide est allouée à leur mise en œuvre par le gouvernement.

---

[13] Deux grands droits-souches allemand et français sont au cœur de la tradition romaniste, voir RAMBAUD (Thierry), *Introduction au droit comparé : Les grandes traditions juridiques dans le monde,* Quadrigue Manuels, Presses universitaires de France, (2017). pp 77-88.

[14] SPM Consultants, *Towards Legal & Judicial Reform; The Third Report of the SIDA Advisory Team on Democratic Governance and Human Rights in Cambodia,* (2002), pp .13-14.

[15] GOURDON et GHELBER, *Projet de rapport final, Réforme juridique, Diagnostic*, Présidence du Conseil des ministres, Unité de Coordination juridique, 2000.

Dans le domaine de la gouvernance, la coopération multilatérale et bilatérale avec le gouvernement est portée sur la réforme de l'administration publique, la décentralisation et la déconcentration. Les bailleurs de fonds dictent généralement leurs programmes respectifs auprès des différents organismes gouvernementaux et non gouvernementaux. Un certain effort de coordination a été entrepris par l'intermédiaire du Groupe de travail des donateurs sur la gouvernance, dirigé par la Banque mondiale quoique le chemin à parcourir avant que les donateurs ne s'expriment d'une seule voix reste long. La Banque mondiale et d'autres donateurs ont pris l'initiative d'élaborer une stratégie de réforme juridique et judiciaire présentée à la réunion du Groupe Consultatif en juin 2001. Il est à noter tout de même que bon nombre de donateurs se sont rendu compte de l'importance de la coordination, ainsi propice à une volonté de travailler de concert. Par ailleurs on pourrait faire valoir également un changement important, à savoir que les bailleurs de fonds semblent se rendre compte qu'il faut éviter cette concurrence artificielle entre le droit romano-germanique et celle de la Common Law. Des efforts se sont vu développer dans une recherche de similitudes et de complémentarités entre les deux systèmes.

Politique de l'aide des agences bilatérales

Autriche, Belgique, Danemark, Espagne, Italie, Luxembourg, Pays-Bas, Pologne, République tchèque : Ces bailleurs de fonds travaillent principalement dans le secteur de l'énergie rurale, l'accès au marché, l'aide humanitaire, la coopération culturelle, le développement urbain et rural, la bonne gouvernance et les droits de l'homme, la lutte contre la corruption, stratégie de réforme judiciaire, le soutien aux ONG, l'éducation, formation des enseignants et développement des ressources humaines[16].

Allemagne : L'agence GTZ[17] soutient le gouvernement en termes de renforcement des capacités de rédaction de lois. Il finance des programmes liés à la bonne gouvernance et des droits de l'homme par le biais des ONG allemandes et locales. GTZ s'implique également au domaine foncier.

Australie : L'Australie est un autre important bailleur de fonds bilatéral qui contribue dans le secteur du déminage, la gouvernance, la réforme juridique et judiciaire. L'AusAid soutient le parlement dans le cadre d'ateliers et de visites d'étude. Dans le domaine juridique et judiciaire, le Projet d'assistance à la justice pénale cambodgienne (CCJAP) finance la construction de bâtiments et la fourniture d'équipements pour les tribunaux provinciaux et les prisons.

Canada : l'Agence canadienne de développement international (ACDI) concentre son aide dans le domaine de la gouvernance démocratique à travers un

---

16 CAMBODIA DEVELOPMENT RESOURCE INSTITUTE (CDRI), *Publications Catalogue*, (2010).

17 En Allemand, « Gesellschaft für Technische Zusammenarbeit ».

appui au renforcement des capacités de l'Assemblée nationale. Le Projet d'appui législatif Cambodge-Canada est une initiative majeure de l'ACDI avec le Parlement. Dans le domaine de la législation, le projet vise à améliorer la gestion du programme législatif et des normes de rédaction des lois par le renforcement des capacités professionnelles des commissions parlementaires.

France : La France apporte son soutien dans l'enseignement supérieur et participe au renforcement des institutions. Elle finance également des programmes de développement dans le secteur juridique, de la santé et du commerce. Elle est également active dans le domaine du développement rural et des droits de l'homme. La France assiste dans la rédaction d'un nouveau Code pénal et d'un nouveau Code de procédure pénale. La France soutient également les travaux de création d'une école des magistrats et d'une école de hauts fonctionnaires de police. Elle apporte également son soutien au parlement, à la faculté de droit et au barreau.

Japon : Le Japon fournit une assistance technique auprès du ministère de la Justice dans la rédaction du Code civil et du Code de procédure civile. Le Japon appuie également des activités de formation au Barreau en coordination avec la France et le Canada.

Royaume-Uni : Le Department for International Development (DFID) est actif dans le domaine de la bonne gouvernance, quoiqu'il ne soutient pas directement de projets sur la gouvernance démocratique et les droits de l'homme. Leurs interventions prennent la forme de collaboration avec d'autres bailleurs de fonds dans le but d'accroître l'efficacité de l'aide déjà apportée. Les divers domaines d'intervention incluent le soutien pour l'amélioration de l'accès à la santé, la gestion des finances publiques, la gouvernance locale et la gestion des ressources naturelles.

Suède : La Swedish International Development Cooperation Agency (SIDA) soutient les ONG cambodgiennes en mettant l'accent sur les droits de l'homme, l'égalité des sexes, la surveillance juridique et électorale. Sida finance également une partie de la Cambodia Office of the High Commissioner for Human Rights (COHCHR).

États-Unis : L'USAID canalise ses fonds par l'intermédiaire des ONG et des entités comme la Fondation Asie, qui finance à son tour des ONG œuvrant dans le secteur juridique et à la défense des droits de l'homme.

Politique de l'aide des bailleurs de fonds multilatéraux

Banque asiatique de développement : La BAD est l'un des principaux acteurs en matière d'aide à la bonne gouvernance, mais elle ne s'implique pas directement dans les questions des droits de l'homme. Elle participe au renforcement des capacités, en développant une fonction d'audit et d'inspection, la gouvernance d'entreprise, ainsi que la rédaction et la mise en œuvre du droit foncier. Sa stratégie contient deux pôles principaux : 1) la réduction de la pauvreté et la croissance économique - ses activités recouvrent largement le développement rural par le biais de la promotion de la gestion des ressources hydrauliques, la décentralisation, la gestion des ressources naturelles et la réforme du secteur de l'agriculture ; 2) le développement du secteur privé, principalement par le biais du développement d'un réseau routier national, l'implication et la gouvernance dans la planification économique, les finances publiques et la réforme juridique.

Banque mondiale : La priorité de la Banque mondiale repose sur cinq groupes d'activités : la bonne gouvernance ; le renforcement des ressources humaines ; le développement du secteur privé et construction des infrastructures physiques ; le désarmement, la démobilisation et enfin la réinsertion. Ces projets phares incluent le soutien au secteur forestier, à la gouvernance, aux réformes juridiques et judiciaires, au déminage, à la facilitation du commerce, à l'élaboration d'une stratégie de croissance pour le secteur privé et à la mise en œuvre des engagements consécutifs à l'adhésion du Cambodge à l'OMC. La Banque s'est récemment vu confier un rôle clé de coordination dans le travail de réforme juridique et judiciaire suite à la demande conjointe du gouvernement et des principaux bailleurs de fonds en février 2002.

PNUD : Les activités du PNUD se concentrent sur le renforcement de l'administration des institutions, la réduction de la pauvreté, la gestion des ressources naturelles et sur le déminage. Le PNUD soutient également un programme lié au commerce pour le développement et l'équité, dont les activités sont organisées autour du développement des capacités nationales dans le contexte des négociations pour l'adhésion à l'OMC[18].

Autres agences de l'ONU : Le Fonds des Nations unies pour l'enfance (**UNICEF**) a mis en œuvre des réformes juridiques pour veiller à ce que les lois nouvelles et existantes soient compatibles avec la Convention relative aux droits de l'enfant. Le soutien comprend également la formation de juges, de procureurs ainsi que du Barreau pour l'élaboration d'un programme d'aide juridique pour les jeunes.

La **COHCHR** a participé à la formation de juges, de procureurs et de greffiers ainsi qu'au renforcement des capacités de l'Assemblée nationale, du Sénat, des ministères et des ONG. Elle a également fourni un guide sur la rédaction législative et a participé activement à la traduction et à la diffusion des lois.

L'Organisation des Nations Unies de développement industriel (ONUDI) et le **Centre du Commerce international (CCI)**[19] travaillent dans les

---

18 ROYAL GOVERNMENT OF CAMBODIA, UNITED NATIONS DEVELOPMENT PROGRAMME, EUROPEAN COMMISSION, *Strengthening Democratic and Decentralized Local Governance in Cambodia: Building Local Capacity through Networking and Local – Local Cooperation*, (2005).

19 BELISLE (J-Denis), *Speaking Notes for Making Trade Work for the Poor*, International Trade Center, Geneva, (2003).

domaines de l'accès aux marchés, la facilitation du commerce et des normes. La **Conférence des Nations Unies sur le commerce et le développement (CNUCED)** fournit une assistance sur la mise en œuvre des engagements de l'OMC et de la formation sur les négociations commerciales multilatérales.

*****

CHAPITRE 7 –

Examen des lacunes du processus législatif cambodgien

« *Avouons-le franchement : au cours de la première législature, toutes les réalisations de l'Assemblée nationale ne sont pas tout à fait parfaites. Elles peuvent comporter certaines insuffisances. Émergeant du néant, démunie de tout, l'Assemblée nationale a besoin encore d'un laps de temps, ne serait-ce que pour se roder et devenir un organe législatif vraiment dynamique et capable d'accomplir pleinement sa mission de mandataire de la nation. Notre démocratie libérale pluraliste vient justement d'être mise en œuvre dans une phase de période où nous travaillons tout en nous initiant aux activités professionnelles, tout en tirant des expériences professionnelles et tout en participant à l'œuvre d'édification nationale. Au cours de la période des années 1993-1998 et à l'heure actuelle même, nous nous trouvons dans l'obligation d'appliquer en toute priorité, la politique de réconciliation nationale et la stabilité politique pour la réhabilitation et la reconstruction, selon les exigences du pays. Dans la situation aussi délicate ou elle se trouve, l'Assemblée nationale ne peut pas se permettre d'accomplir des efforts allant au-delà des exigences que requiert la situation concrète du pays. Mais l'Assemblée nationale, toute imprégnée de sa parfaite conscience et de son entière responsabilité, est déterminée plus que jamais à aller jusqu'au bout de l'objectif qu'elle s'est fixée et auquel aspire ardemment le peuple cambodgien.* »

Activités de l'Assemblée nationale du Royaume du Cambodge (première législature 1993-1998) par OUM Sarith et SUNG Sy Youth[1]

---

[1] OUM (Sarith), SUNG (Sy Youth), *Activités de l'Assemblée nationale du Royaume du Cambodge (première législature 1993-1998)*, *In* Faculté de droit et des sciences économiques, Annales, 1999. p. 87.

Les sources internes du droit cambodgien

Les règles de droit ne sont pas de purs produits apparus *ex nihilo*. Elles proviennent de différents facteurs, qui expliquent leur élaboration progressive. Lorsque l'on parle des sources d'un ordre juridique donné, on distingue d'habitude les sources documentaires, les sources matérielles et les sources formelles du droit[2].

Le problème est plutôt au départ qu'il faut déterminer ce qui relève du droit et ce qui n'en relève pas. En réalité, cette question est moins celle de la définition du droit que celle de la définition de la règle de droit, car il faut pouvoir dire non pas ce qu'est le droit, mais ce qui relève du droit. Il existe en effet d'autres normes, comme la morale ou les convenances sociales, qui elles aussi ont une forme d'impact sur une population donnée. Selon René Robaye, il existe d'autres systèmes de régulation sociale, comme les mœurs, la morale, la religion, la culture ou l'idéologie politique. Il convient donc de dégager la caractéristique essentielle de la règle de droit. Sont des règles de droit, les règles que le groupe social, à travers les institutions qu'il a créées, accepte de traiter comme telles. Il en résulte qu'une société donnée peut considérer comme juridique une règle qui, dans une autre société, relève d'un autre mode de gestion des rapports sociaux, comme la religion ou la morale. Par exemple, le rapport entre parents et enfants peut être abandonné aux usages familiaux dans une société donnée alors qu'il fera l'objet de règles qui, dans une autre société, pourront être considérées comme juridiques et ainsi donneront lieu à intervention d'un tiers en cas de conflit.

Les sources documentaires : Dans le contexte cambodgien, les sources documentaires ou historiques du droit traditionnel classique sont des manuscrits, des inscriptions gravées sur des monuments de la période Angkorienne, ou encore des codes de Manu précités dans le présent ouvrage. Ces données intéressent surtout les historiens qui œuvrent à élucider les règles appliquées dans la société cambodgienne du passé. Cependant, il n'y a paradoxalement que très peu de données juridiques et administratives contemporaines de toute nature qui sont disponibles, ce qui laisse planer le doute quant à la connaissance approfondie du droit et les institutions juridiques en vigueur dans la collectivité cambodgienne moderne.

Les sources matérielles : Les sources matérielles tirent leur nom du fait qu'elles fournissent aux règles leur matière. Ce sont les facteurs économiques, politiques et sociaux, les principes religieux et philosophiques, le poids de la tradition, les données de l'histoire et les contraintes géopolitiques, qui imposent en quelque sorte à une société donnée de produire telle ou telle règle. La société cambodgienne d'après-guerre, dépourvue d'institutions étatiques fonctionnelles n'a pas été régie par des règles relevant d'une collectivité stable. De même, les

---

[2] ROBAYE (René), *Comprendre le droit*, 4e éd., Couleur Livres, 2010. pp. 97-100.

relations entre ouvriers et employés, dont la croissance phénoménale de l'industrie de confection s'observe de nos jours, doit beaucoup à la présence de l'OIT et aux préférences tarifaires des pays donateurs. Les règles de preuve n'ont rien à voir dans la société démocratique actuelle avec celles issues du régime communiste. Les sources matérielles sont, en d'autres termes, les causes de l'émergence d'un ordre juridique. C'est pourquoi elles sont étudiées par le sociologue ou l'historien lorsqu'ils se demandent pourquoi telle règle est née. En fin de compte, une partie des exposés de cette thèse se trouve confrontée à la difficulté à décrire ces sources matérielles étant donné l'importance de tous ces facteurs.

Les sources formelles : Enfin, les procédés par lesquels une règle vient à exister sont les sources formelles d'un ordre juridique. Ce sont les actes à accomplir, les procédures à suivre pour qu'une norme puisse s'insérer dans un système existant, être considérée comme valide et acquérir de ce fait une force obligatoire[3]. Dans la société cambodgienne actuelle, la source formelle de la majorité des règles est la loi et non plus, ou du moins très peu, la coutume. Les sources formelles sont donc les modalités de l'élaboration d'un ordre juridique qui intéressent surtout le juriste ou le théoricien du droit lorsqu'ils cherchent à faire la genèse d'une telle règle.

Cela dit, René Robaye attire l'attention sur le besoin de mentionner les autres sources, car les ignorer ou les négliger a trop souvent conduit les juristes à s'imaginer que le droit constituait une discipline autonome, un pur produit de la raison. Réduire le droit à la légalité, ne retenir que le critère du respect des formes et des procédures, c'est, par avance, justifier tous les abus et accepter tous les totalitarismes. Dans le cas du régime khmer rouge, on ne peut oublier que Pol Pot est arrivé légalement au pouvoir et que ses lois sanguinaires répondaient aux exigences formelles du système juridique du Kampuchéa démocratique.

Sources obligatoires et sources non obligatoires : Les sources formelles de notre droit positif sont au nombre de six. Quatre sont qualifiées d'obligatoires : la législation, la coutume, la convention collective de travail et les traités internationaux directement applicables. Par leur seule autorité, ces sources s'imposent en principe à tous, notamment aux juges.

La législation et la hiérarchie des lois

Les lois au sens matériel ne sont pas toutes placées au même rang, mais elles sont organisées de manière hiérarchique conformément à la pyramide définie par Hans KELSEN[4]. L'utilité d'une telle hiérarchie est déterminante, dans la mesure où une norme inférieure ne peut ni déroger à une norme supérieure ni avoir pour effet de l'abroger. Du sommet de la pyramide à sa base, se trouvent la

---

[3] ROBAYE, *Comprendre le droit*, pp. 98-99.

[4] Hans KELSEN (1881-1973) est un Autrichien ayant eu une influence importante en philosophie du droit et en droit public. Sa présentation pyramidale du droit a renforcé d'une aura de philosophie le phénomène de la hiérarchie des normes.

constitution, les traités et accords internationaux, les lois au sens formel[5] et les règlements.

La hiérarchie des normes suppose une définition très contraignante des différents textes, définition qui est basée en général sur des critères organiques : la qualification d'une règle de droit positif et sa place dans la hiérarchie dépendent de l'autorité dont elle provient. La constitution est le texte élaboré par le pouvoir constituant, la loi résulte du pouvoir législatif et le règlement est pris par le gouvernement.

Dans ce domaine, des années de bouleversements et d'épreuves ont conduit à une grande confusion dans l'utilisation et la définition des termes. Le doyen LOEUNG Chhay[6], dans son introduction dans les Annales de la Faculté de droit et des sciences économiques, remet parfaitement en perspective l'étude du recteur Claude GOUR, écrite en 1962[7] portant sur la hiérarchie des actes juridiques. On pourra reprocher à cette classification un manque de précision, en particulier dans la distinction entre loi et règlement, entre domaines législatif et gouvernemental. Ces deux éminents universitaires nous rappellent que ce système juridique est pourtant le reflet de l'histoire et le produit des traditions politiques cambodgiennes[8]. Or l'existence d'une telle hiérarchie est la caractéristique première d'un État de droit et pour reconstituer un ordre juridique, il faut donc commencer par corriger les dénominations, c'est-à-dire redonner aux termes juridiques leur sens et aux textes juridiques leur place dans la hiérarchie des normes.

L'article du recteur Claude Gour publié en 1962 dans les Annales de la Faculté de droit et des sciences économiques peut servir de point de départ pour retracer l'origine de la hiérarchie des textes en droit cambodgien. Il faut revenir au passé pour préciser cette hiérarchie aujourd'hui, dans la mesure où la constitution de 1993 est peu explicite sur ce point.

Selon Claude Gour, dès 1940, le besoin d'une remise en ordre général se fait également sentir à l'intérieur du système juridique cambodgien autonome. Une véritable réforme constitutionnelle est alors réalisée par le Krâm n° 1 du 1er juin 1940. Ce texte, qui réaffirme le principe de la souveraineté du roi, est fondamental pour la compréhension de la hiérarchie juridique actuelle. Il s'efforce sinon de poser les bases d'une nouvelle répartition des compétences gouvernementales, d'en préciser les modes d'exercice. Il instaure en même temps une nouvelle terminologie qui est encore de droit positif.

---

[5] Selon Balivet, la loi recouvre deux acceptions. Dans un sens large ou sens matériel, la loi est une règle générale émanant de l'organe législatif ou de l'organe exécutif et présentant un caractère contraignant. Dans un sens strict ou sens formel, les lois sont les actes de l'État qui émane de l'organe législatif et qui obéissent à une procédure particulière. Ainsi au sens formel, le décret royal n'est pas une loi, tandis qu'il est une loi au sens matériel.

[6] LOEUNG (Chhay), *Redonner aux termes juridiques leur signification*, *In* Faculté de droit et des sciences économiques, Annales, 1999. pp. 7-10.

[7] GOUR, *op. cit.*, p. 27-41.

[8] LOEUNG, *op. cit.*, pp. 7-10.

L'ordre juridique se présentait sous la forme d'une hiérarchie de textes dont les principaux sont définis par la constitution de 1947 et par le Krâm n° 168 du 15 avril 1948. Dans le cadre tracé par la constitution de 1947, les affaires du Royaume font l'objet de décisions dénommées *Krâm, Kret, Praka*s et *Deka*. En outre, certaines autorités administratives prennent des actes appelés décisions. Enfin, la volonté de l'administration se manifeste par d'autres actes (circulaire, ordre, note de service, ordre de mission, simple lettre). Il faut noter à cet égard que le silence gardé par l'administration pendant un certain temps peut valoir une décision implicite. La hiérarchie des textes disparaît avec la chute de la première monarchie (1970) et de la première république (1975). D'après le Décret-loi n° 17 du 13 juillet 1982 relatif à la procédure d'élaboration des lois et règlements, les actes juridiques changent de dénomination. On distingue : la loi, qui remplace le Krâm, le décret-loi[9] en lieu et place du Kret qui disparaît de la hiérarchie des normes ; l'Anukret (sous-décret) au lieu du Prakas présidentiel et enfin le Sachkdey Samrach (décision) au lieu du Deka[10].

La constitution de 1993, dans son article 139, dispose que « toute loi ou tout acte normatif garantissant les biens de l'État, les droits et libertés, les biens légitimes des particuliers et qui sont conformes à l'intérêt national, reste en vigueur jusqu'à l'adoption d'un nouveau texte, sauf les dispositions contraires à l'esprit de la présente constitution ». On peut déduire de cette disposition générale la volonté du constituant de maintenir intact l'édifice des normes existantes. De fait, aucun texte n'est venu modifier cet édifice.

Depuis les élections de 1993 et le rétablissement de la monarchie, le *Krâm* est réapparu. Le terme désigne l'acte de promulgation de la loi, remplaçant le Kret dans ce rôle, mais il n'a plus la valeur de la loi. D'un point de vue matériel, la classification établie dès 1947 reste donc globalement valable. Mais la loi-Chbap, votée par l'Assemblée, a opéré une distinction avec le Krâm royal qui ne désignait plus alors que l'acte de promulgation. Une fois adoptée par le parlement, la loi est promulguée par le Roi ou le chef de l'État. Théoriquement, le Krâm désigne à la fois la loi promulguée et l'acte de promulgation de la loi.

Le *Kret*, ou décret royal, peut constituer un acte à caractère réglementaire, c'est-à-dire un acte général et impersonnel. À titre d'exemple, on peut citer le Kret du 1 novembre 1993, créant des parcs nationaux et des zones protégées. Le plus souvent, il s'agit d'une décision individuelle, particulière, conférant une distinction honorifique ou nommant à des fonctions publiques.

---

[9] Les règles de droit d'importance majeure qui revêtent normalement la forme de la loi peuvent être prises sous forme de décret-loi ou *Kret-Chbap* lorsque les circonstances l'exigent, par exemple lorsqu'il n'est pas possible d'attendre la session de l'Assemblée nationale, ou lorsque le contenu de l'acte est susceptible de modifications ultérieures. Contrairement à la loi, le décret-loi n'est pas soumis à la promulgation ; il entre en vigueur immédiatement après sa signature.

[10] LOEUNG, *op. cit.*, pp. 7-10.

Les *Preah Reach Kret*[11] ou Décrets royaux sont les actes administratifs émanant du chef de l'État, le Roi, intervenant dans le domaine de l'exécutif. Un décret royal doit être conforme à la Constitution et signé par le roi ou le chef d'État par intérim. Cet acte exécutif est initié par le Premier ministre, soit pour mettre en œuvre une loi, un sous-décret[12] ou un autre décret royal. Il existe deux types de décrets : les décrets réglementaires et les décrets individuels qui sont essentiellement utilisés à plusieurs fins. Les décrets réglementaires sont des actes à portée générale et impersonnelle destinés à des sujets de droit indéterminés pour créer et organiser le fonctionnement d'une nouvelle institution gouvernementale. Les décrets individuels édictent des normes ayant pour destinataires une ou plusieurs personnes nominativement désignées. À titre d'illustration, aux termes de l'article 21 de la constitution, le roi signe, sur proposition du Conseil des ministres, les décrets de nomination des hauts fonctionnaires civils et militaires, des ambassadeurs, des envoyés extraordinaires et plénipotentiaires ou pour accorder des distinctions ou des titres honorifiques.

Les *Anu-Kret* ou sous-décrets sont des actes administratifs pris en Conseil des ministres utilisés soit pour prévoir des dispositions supplémentaires pour mettre en œuvre certaines lois, pour définir les fonctions et les devoirs des organes gouvernementaux, soit pour nommer des fonctionnaires du gouvernement de grades inférieurs[13]. Un sous-décret peut être à portée réglementaire ou individuelle. Un sous-décret est réglementaire quand il est conforme à la Constitution et à la loi dont il découle. II peut être individuel quand le Premier ministre nomme des fonctionnaires civils ou militaires, des gouverneurs adjoints de la Province ou de la Municipalité ou gouverneur de Srok.

Le processus d'adoption suit le même processus, avec des contraintes allégées, que celui d'un projet de loi. En pratique, un sous-décret peut être adopté de deux manières différentes. D'abord, il peut découler de la prérogative du Premier ministre en tant que chef de l'exécutif. L'autre possibilité est par le biais d'un projet proposé par un ministère ou un organisme gouvernemental. La Présidence du Conseil des ministres consulte le Conseil des juristes[14] et le

---

[11] À comparer avec l'article 4 du Krâm n° 1 du 1er juin 1940 ou le Kret s'agit des affaires ayant trait a) à l'exercice du pouvoir religieux, au palais royal, à l'octroi des titres et distinctions honorifiques, aux mesures de clémence, et b) à l'examen des titres et à l'affectation du haut personnel administratif et judiciaire du royaume. Voir GOUR, *op. cit.* p. 27-41.

[12] Par exemple, un sous-décret créant une université publique peut prévoir que le recteur (le président d'une université) sera nommé par décret royal.

[13] Loi sur l'organisation et le fonctionnement du Conseil des ministres (1994), art 13. Si le décret n'a pas été adopté par une réunion du Cabinet, une contre-signature par le ou les ministres responsables sera requise.

[14] Le Conseil des juristes est un organe consultatif rattaché à la Présidence du Conseil des ministres. Il est compétent pour donner des conseils au gouvernement sur des questions juridiques, bien qu'il n'ait pas de pouvoir réglementaire.

Conseil économique, social et culturel[15], avant de le soumettre au Premier ministre pour signature. Pour un sous-décret ayant juridiction transversale, c'est-à-dire impliquant plus d'un ministère, une autre couche de consultation interministérielle doit être convoquée par la Présidence du Conseil des ministres avant sa présentation finale à une réunion plénière du Conseil des ministres[16] pour adoption et apposition ultérieure de la signature du Premier ministre[17].

Les *Prakas* ou arrêtés ministériels sont des actes administratifs émanant des membres du gouvernement ou des chefs d'institution, c'est-à-dire de tous les membres du gouvernement dirigeant un ministère ou un secrétariat. Il peut s'agir aussi d'une réglementation émise par un organisme gouvernemental doté d'un pouvoir réglementaire. Il est signé par le chef de l'institution compétente. Ces décisions à caractère réglementaire ou individuel peuvent être prises par un ou plusieurs ministres, dans ce second cas, il s'agit d'un « Prakas conjoint ». Ils sont utilisés pour mettre en œuvre et clarifier des dispositions spécifiques prises par les instruments législatifs ou réglementaires de niveau supérieur. En pratique, beaucoup de décisions réglementaires et individuelles sont prises afin d'assurer la vie interne du ministère ou secrétariat. Les dispositions de ces décisions doivent être conformes aux textes hiérarchiquement supérieurs dont elles se réfèrent tels que les décisions du gouvernement, les sous-décrets, les décrets royaux et Krâm.

Les *Sechkdey Samrach* ou décisions traduisent un pouvoir de l'administration et sont généralement prises par le Premier ministre ou un ministre compétent. Ils sont utilisés pour annoncer une décision administrative relative à un certain sujet. Son effet est temporaire et reste valable jusqu'à ce que l'objectif visé ait été atteint. Il faut distinguer les décisions réglementaires à portée générale et impersonnelle des décisions individuelles. Les décisions réglementaires doivent se placer sous les sous-décrets et les décrets royaux et ont pour but de fixer des règles de détails dans le domaine administratif. Les décisions individuelles

---

[15] Plus communément appelé ECOSOC, le Conseil économique, social et culturel est un autre organe consultatif rattaché à la Présidence du Conseil des ministres. Il conseille le gouvernement sur les questions économiques, sociales et culturelles et n'a aucun pouvoir réglementaire.

[16] La réunion du Conseil des ministres est présidée par le Premier ministre. Y assistent tous les membres du gouvernement. Les conseillers du gouvernement, le chef d'État-major de l'Armée royale et le commissaire général de la Police nationale et le gouverneur de Phnom Penh sont parfois invités à assister à cette réunion lorsque l'ordre du jour de la réunion contient des sujets liés à leur juridiction respective.

[17] Des représentants de différents ministères et institutions du gouvernement assistent à la réunion interministérielle. Elle est coprésidée par le Secrétaire général du gouvernement royal et un représentant du ministre en charge du cabinet du ministre, habituellement un secrétaire d'État. Au cours de la réunion, les représentants des ministères et institutions concernés peuvent formuler des commentaires et proposer des amendements au projet. En cas de forte contradiction entre deux ou plusieurs ministères différents, le ministre responsable de la Présidence du Conseil des ministres organise une réunion ad hoc à laquelle assistent habituellement en personne les ministres concernés avant de soumettre le projet à la réunion du Conseil des ministres ou au Premier ministre.

édictent quant à elles des normes concernant une ou plusieurs personnes nominativement désignées.

Les *Sarachor* ou circulaires sont des instruments de circulation de l'information entre les services centraux d'un ministère et les services extérieurs déconcentrés. Ils sont destinés à éclairer les affaires et à donner des orientations que doivent respecter les différentes institutions. Ils sont signés par le ministre concerné.

Les *Deka* ou règlements locaux sont des décisions réglementaires prises par l'administration sous-nationale, qui peuvent inclure des conseils locaux au niveau sous-national, y compris le conseil municipal de la Capitale, les conseils provinciaux/municipaux, les conseils de district/Srok, les conseils communautaires/Khan/Khum. Ils sont normalement proposés par le chef de commune/district et le gouverneur de la province et adoptés par le conseil provincial compétent. Les Deka n'ont force de loi que dans le cadre de la juridiction territoriale du conseil local qui les a émis et ne peuvent entrer en conflit avec aucun instrument législatif ou administratif émis au niveau national.

Le droit coutumier

Le droit peut être défini comme l'ensemble des règles régissant les rapports sociaux et dont le respect est assuré par la puissance publique. Ces règles peuvent être établies de différentes manières. La coutume est également un mode d'élaboration de la règle de droit. La règle coutumière est celle issue d'un usage général et prolongé et de la croyance en l'existence d'une sanction a l'inobservation de cet usage. En France, la coutume est une source du droit secondaire, accessoire par rapport à la loi. En Autriche et en Italie, la coutume ne s'applique que quand la loi renvoie expressément. En Allemagne en revanche, la coutume est une source du droit sur le même plan que la loi. Au Cambodge, la coutume a une grande importance, en particulier du fait de la carence de la loi.

La société cambodgienne est historiquement une société traditionnelle, cimentée autour de la personne du Roi et de la religion bouddhiste. Les croyances bouddhistes et d'autres traditions ancestrales ont influencé le droit khmer ancien et persistent de nos jours. Il va sans dire que ce droit était coutumier, de tradition orale et dans lequel tous les actes étaient accompagnés d'un cérémonial se traduisant par l'accomplissement de rites[18]. De même, la religion bouddhiste, tournée vers l'avenir et la préparation de la prochaine vie par des actes méritoires, influence toujours la conduite des croyants.

Le droit cambodgien, issu d'une société traditionnelle, reste largement imprégné de règles coutumières[19]. Ainsi le Cambodge crée des lois, mais suit

---

[18] BALIVET, *op. cit.*, pp. 53-57.

[19] La loi a souvent besoin du supplément qu'apporte la coutume pour être comprise, les notions auxquelles recourt le législateur demandant à être éclairées au vu de la coutume. Pour un aperçu sur

aussi des coutumes[20] qui continuent donc à être une manifestation du droit positif et peuvent parfois servir de base à des décisions judiciaires. La coutume présente une force obligatoire propre et il est nécessaire de préciser ses rapports avec la loi, principale source du droit dans le système romano-germanique.

Les juges peuvent invoquer la coutume comme force obligatoire pour fonder leurs décisions de justice. Le législateur le prévoit expressément en matière d'affaires civiles lorsque la loi est silencieuse, les causes sont alors jugées en fonction des coutumes, des traditions, de la conscience et de l'équité[21]. Des dispositions particulières rappellent cette possibilité. À titre d'exemple, le Décret-loi n° 38 du 28 octobre 1988 prévoit que tout contrat conclu antérieurement à son entrée en vigueur ne peut être soumis à ses dispositions et doit être de ce fait soumis à la coutume[22].

En tant que force obligatoire propre, la coutume est créatrice de règles de droit. La coutume peut intervenir pour combler les lacunes du législateur, comme le prévoit expressément l'article 4 de la loi du 8 février 1993. La coutume peut ainsi se développer librement dans les domaines non réglementés. Inférieure à la loi, elle agit davantage pour la seconder, tout en y restant subordonnée. La loi peut renvoyer à la coutume pour le règlement d'un point particulier. Ce renvoi peut être exprès. Par exemple, la loi du 30 août 2001 sur la propriété immobilière dispose en son article 79 que « la répartition de la succession est régie par les règles de la coutume dans l'attente de l'adoption du nouveau Code civil ». Dans d'autres textes, la référence à la coutume est implicite et se fait au travers de notions telles que les bonnes mœurs.

Problèmes de la législation déléguée

Plusieurs facteurs sont à l'origine des lacunes et des incohérences dans le système juridique cambodgien. Une première cause est celle des lois déléguées. Les lois ont des classements différents, en référence à la « hiérarchie de normes ». Cette hiérarchie suppose une définition très contraignante des différents textes, basée en général sur des critères organiques : la qualification d'une règle de droit positif et sa place dans la hiérarchie dépendent de l'autorité dont elle provient[23]. Au sommet se trouve la constitution de laquelle dépend tout le système juridique

---

la conception de la coutume dans le droit français, voir RENÉ (David), JAUFFRET-SPINOSI (Camille), GORE (Mari), *Les grands systèmes de droit contemporains*, 12 th ed., Dalloz, (2016). pp. 116-118.

[20] BALIVET, *op. cit.*, pp. 38-39.

[21] Un exemple du droit coutumier khmer est le respect et le soin des parents. L'art. 47 de la Constitution dispose que les enfants ont le devoir de prendre soin de leurs parents âgés conformément à la tradition khmère. Toutefois, la signification de « bons soins » est définie par la tradition bouddhiste et khmère et non par la Constitution. Cette référence constitutionnelle à la tradition khmère illustre comment la coutume khmère régit le comportement et sert de source de droit.

[22] BALIVET, *op. cit.*, pp. 53-57.

[23] GOUR, *op. cit.*, p. 27-41.

interne, puis successivement aux degrés inférieurs, la loi et les règlements des diverses autorités publiques. Au bas de la pyramide, on trouve les décisions de portée individuelle. Outre les législations adoptées par l'Assemblée nationale, dans la terminologie juridique cambodgienne actuellement utilisée, il existe plusieurs formes d'actes réglementaires qui peuvent être émis par le gouvernement, certains issus de l'administration nationale et d'autres de l'administration sous-nationale.

Selon la pyramide de normes, la constitution est le texte élaboré par le pouvoir constituant, la législation résulte du pouvoir législatif et le règlement est pris par le gouvernement. Nous partons donc du principe que toutes les lois adoptées par l'Assemblée nationale et les règlements pris par le gouvernement doivent être strictement conformes à la Constitution[24]. En principe, les pouvoirs conférés à l'exécutif d'émettre des règlements, sous forme de législation déléguée ou subordonnée, constituent un élément extrêmement important de l'administration et de la législation modernes. Toutefois, c'est un autre facteur qui a largement contribué aux lacunes juridiques dans le système juridique cambodgien. En raison de la structure hiérarchique des normes, chaque instrument juridique tire sa validité et sa légitimité de l'instrument qui lui est hiérarchiquement supérieur. Ainsi, une nouvelle règle doit être conforme aux normes supérieures préexistantes. Elle peut modifier les anciennes règles de même niveau et abroger les normes inférieures contradictoires. Au fil des années, le gouvernement a ainsi émis des milliers de décrets, sous-décrets, déclarations, instructions et circulaires émanant de divers ministères et organismes gouvernementaux. La prolifération de ces règles et règlements se poursuit encore actuellement. Malheureusement, nombre d'entre eux ne sont pas rendus publics, comme le prévoient pourtant la Constitution et les engagements avec l'OMC. Il est donc très difficile de vérifier leur validité et leur cohérence avec d'autres textes juridiques.

En matière de préparation des projets de loi, les ministères sont censés se plier à la discipline du respect de la hiérarchie des textes, qui est parfois perdue de vue. Aucune opération administrative ne peut être réalisée sans qu'un texte ne l'authentifie et ne l'autorise. Malheureusement, cette exigence élémentaire n'a pas toujours été observée[25]. De même, il est arrivé que certains ministères prennent l'initiative de modifier par Prakas une réglementation qui avait antérieurement fait l'objet d'une loi. Selon le « principe de séparation du pouvoir » énoncé à l'al. 51(5) de la Constitution, l'Assemblée nationale et le Sénat édictent des lois[26] et l'exécutif les met en œuvre. Techniquement, une loi qui délègue la plus grande partie de la responsabilité législative à l'administration pourrait violer ce principe. Mais force est de constater que les frontières entre le pouvoir législatif et le pouvoir exécutif sont parfois perméables et il peut être

---

[24] Constitution du Royaume du Cambodge, art 150-new (1993).

[25] Parfois, certaines décisions faisant l'objet seulement d'un procès-verbal lors de discussion en Conseil des ministres alors qu'il eut fallu au moins un Prakas pour lui donner une base légale.

[26] Constitution du Royaume du Cambodge (1993), art. 90 et 99.

parfois difficile de définir cette ligne imaginaire. Les règlements sont l'ensemble du droit établi par l'exécutif et leur fonction législative peut entrer en conflit avec le principe de la séparation du pouvoir.

Toutefois, le principe de séparation du pouvoir n'est pas absolu. Comme le législateur ne peut pas réglementer tous les aspects techniques en détail, il peut autoriser l'administration à adopter des règlements d'application dans les domaines où les compétences techniques des ministères le nécessitent. La Constitution ne fait aucune référence claire à la séparation entre le domaine législatif et réglementaire, les lois fixant les principes généraux tandis que les règlements tendent à préciser ces principes ou à aborder des aspects plus techniques. Il n'existe donc pas de loi distincte sur la législation déléguée qui établirait la manière dont la législation déléguée doit être créée, vérifiée et appliquée[27]. Les exigences légales pour la prise de règlements sont vaguement définies dans la loi sur l'Organisation et le fonctionnement du Conseil des ministres. L'article 13 de cette loi prévoit les types de règlements et les organise hiérarchiquement[28]. En raison de ce flou, il semble que les pouvoirs réglementaires soient dévolus à l'exécutif. De nombreux sous-décrets ont été émis pour réglementer les questions litigieuses relatives aux zones sensibles comme les concessions de terres économiques. En ce qui concerne leur constitutionnalité, le Conseil constitutionnel ne dispose d'aucune prérogative pour contester la constitutionnalité de ces législations déléguées ou subordonnées.

*****

[27] Certains pays, comme l'Allemagne, ont élaboré une règle selon laquelle le Parlement devrait réglementer toutes les « questions essentielles ». Par conséquent, plus une question est essentielle pour un citoyen et pour le public, plus la loi élaborée par le Parlement doit être détaillée. Cette règle limite effectivement l'administration à émettre des règlements dans des domaines essentiels, par exemple en ce qui concerne les droits humains fondamentaux.

[28] TEP (Darong), *Cambodia and the State of Law*, *In* Occasional Papers Democratic Development Rule of Law, ed. Konrad Adenauer Foundation (2009), pp. 24-25.

CHAPITRE 8 –

La faiblesse de la rédaction législative comme cause principale des mélanges

Le processus législatif au Cambodge

Le processus d'adoption des lois au Cambodge est long, tortueux et parfois confus. Une grande partie des problèmes inhérents au système juridique cambodgien actuel d'aujourd'hui provient du « melting-pot » historique émanant des influences juridiques du passé colonial français, de la structure juridique et de la mentalité enracinées dans le système socialiste des années 1980, du mélange de l'influence juridique internationale pendant la période de transition des Nations Unies au début des années 1990, et de la récente influence anglo-saxonne dans les domaines des lois économiques et commerciales de la fin des années 1990 à nos jours[1].

Dans ce chapitre, nous ferons valoir que les causes principales des mélanges ad hoc des deux systèmes juridiques proviennent, entre autres (i) d'une absence ou d'une orientation politique inadéquate ou peut-être encore d'un manque flagrant de surveillance quant au système juridique à imiter ; (ii) d'un manque de leadership au niveau ministériel quant à la coordination de l'élaboration d'un programme législatif cohérent ; (iii) du manque de connaissances et d'expérience approfondies sur les différents systèmes juridiques ; (iv) de l'approche incohérente et concurrentielle adoptée par divers donateurs multilatéraux et bilatéraux dans leur aide au développement relatif au système juridique ; (v) de la paucité des lois et réglementations cambodgiennes et de l'absence d'une base de données juridique complète ; et (vi) d'une faible capacité technique de rédaction tout au long du processus de développement de la législation[2].

---

[1] Voir « État actuel et questions relatives à la législation et à la mise en œuvre des lois au Cambodge » présenté par SOK Siphana au Symposium international sur le changement social et la coopération juridique en Asie, 24-29 septembre 1998, Faculté de droit, Université de Nagoya, Japon.

[2] Lors des échanges avec les diplomates japonais en poste au Cambodge, certains d'entre eux ont mentionné que le système juridique cambodgien, suite à la période d'après-guerre, ressemblait à celui

Le rôle des politiques publiques et ses effets sur les législations : Nous commencerons par le rôle de la politique publique et ses effets sur les lois. Une politique publique est un plan d'action entrepris par une administration visant à atteindre un objectif précis pour la société. Les décideurs politiques déterminent les objectifs de développement parmi d'autres alternatives qu'ils considèrent comme meilleures et les plus appropriées. Lorsque ces décideurs prennent une certaine décision politique pour le pays, elle devient une politique publique que doit suivre tout le pays. À partir de là, des lois et règlements seront pris pour mettre en œuvre cette politique publique.

Une législation est une règle écrite, générale et permanente, votée soit par le Parlement sur sa propre proposition soit sur projet du gouvernement et promulgué par le Roi. Comme c'est le cas pour les lois, de nombreux décideurs à tous niveaux sont impliqués. S'ils sont membres de l'Assemblée nationale, les politiques publiques qu'ils adoptent deviennent des lois. S'ils sont ministres du gouvernement, leurs politiques publiques deviennent loi prenant forme de règlements adoptés par le Conseil des ministres. En d'autres termes, les lois et les politiques publiques se confondent, elles ressortent toutes du processus d'élaboration de politiques publiques[3].

Les pouvoirs de législation et de révision législative, s'ils sont exercés de manière ouverte et démocratique, constituent le rôle du Parlement dans l'établissement de la primauté du droit. La Constitution de 1993 déclare que l'Assemblée nationale est « la seule organisation à détenir le pouvoir législatif ». Elle ne peut déléguer ce pouvoir à aucun autre organe ou à aucune autre personne. Toute concentration des pouvoirs, même provisoire et partielle, sous forme de décrets-lois ou d'ordonnance se trouve ainsi prohibée. Ni le Roi ni le gouvernement ne peuvent intervenir dans le domaine législatif. Ce monopole apparent de l'autorité comprend le droit « de présenter une mesure législative » et, peut-être plus important encore, d'appeler les ministres à rendre compte de leurs actions et de la conduite des affaires publiques par leurs ministères respectifs. L'effet combiné de ces deux pouvoirs confère aux députés de l'Assemblée nationale le droit et la responsabilité de légiférer, d'évaluer et de débattre de la pertinence des projets de loi du gouvernement qui leur sont présentés et d'établir le programme législatif à chaque session[4].

---

du Japon après la Seconde Guerre mondiale. À cette époque, le Japon recevait l'influence du droit civil et de la Common Law. Comme les codes créés lors de la restauration de Meiji sont basés sur le droit français et allemand, le Japon est devenu un pays de droit civil, tant sur les lois matérielles que procédurales. Cependant, pendant l'occupation américaine entre 1945 et 1951, il y a eu un afflux de lois et d'institutions d'inspirations américaines. Voir aussi SHUSEI (Ono), *Droit comparé et Code civil du Japon*, revue Hitotsubashi de droit et de politique, 24 (1996).

[3] BAARS (Patricia), A Practical Guide to Legislative Drafting, ONU COHCHR, TAF et CLRDC, (2001). Voir aussi SOK (Siphana), *Capacity Development for Policy Research, Planning and Analysis Project, Phase I: Project Development and Design*, (1998).

[4] GAILLARD (Maurice), *Démocratie cambodgienne : La place de l'assemblée nationale*, Annales de la Faculté de droit et des sciences économiques, (1995), p. 49.

Depuis la révision constitutionnelle du 8 mars 1999, le Parlement se compose de deux chambres : l'Assemblée nationale et le Sénat. Chacune de ces chambres détient un pouvoir propre déterminé par la Constitution du 24 septembre 1993, modifiée en 1999[5]. En vertu de la Constitution, les deux chambres sont investies du pouvoir de légiférer, bien que l'Assemblée nationale soit l'institution ayant le pouvoir législatif principal. L'Assemblée nationale vote la loi, le Sénat délivre un avis sur les projets et propositions de lois et dispose d'un droit d'amendement sur ceux-ci.

Après la révision constitutionnelle de 1999, cette stricte séparation des pouvoirs n'apparaît plus aux termes du nouvel article 90. Le pouvoir exécutif se voit potentiellement confier un pouvoir plus vaste concernant les affaires publiques. La question de la détermination des domaines dans lesquels le gouvernement peut intervenir reste entière. L'imprécision de la constitution quant aux domaines réservés à la loi laisse plus de liberté au gouvernement pour sa politique. En droit positif, il est seulement précisé que le gouvernement doit déterminer et réaliser la politique de l'État, sauf pour ce qui relève de la compétence du Parlement. Cependant, concurremment avec les députés de l'Assemblée nationale qui votent la loi, le Premier ministre s'est vu conférer, par l'art. 91 de la Constitution un droit d'initiative, qui lui permet de jouer un rôle prépondérant en matière législative. Sous son autorité, il appartient alors aux ministres et secrétaires d'État d'intervenir en amont et de participer à la préparation des projets de loi, que centralise la Présidence du Conseil[6].

Dans la démocratie parlementaire cambodgienne, cette principale fonction législative semble donc avoir été effectivement transférée au pouvoir exécutif, le Conseil des ministres étant le principal rédacteur des lois et ayant la responsabilité directe de mettre en œuvre ces lois et ces politiques. Toutes les lois ont été initiées par le Gouvernement et presque toutes ont été adoptées par le Parlement sans aucun amendement de fond. En ce sens, le gouvernement est un acteur clé dans le processus législatif actuel, tant dans la rédaction du projet de loi qu'au sens large dans sa mise en œuvre directe du programme de politique publique.

La prédominance de facto du pouvoir de légiférer par le gouvernement est une extension naturelle de son passé politique, selon la théorie du parcours historique ou « path dependency », selon laquelle les fonctions principales du Parlement se résument à délibérer et à légitimer les projets de loi du gouvernement. Dans le contexte historique du pays, l'administration de l'État fait partie des pouvoirs du roi qui, agissant comme un monarque absolu, utilise ses décisions administratives pour administrer la société cambodgienne. Ces décisions sont considérées donc comme le principal instrument politique du gouvernement. Au fil du temps et jusqu'à nos jours, à cause des effets des

[5] BALIVET, *op. cit.*, p. 42.
[6] GOURDON et GHELBER, *op. cit.*, p. 26.

changements de régime, et plus récemment à travers le programme de décentralisation de l'administration, cette pratique a progressivement évolué, mettant ainsi fin à ces pratiques administratives.

À la suite de la chute du régime de Pol Pot, le passé socialiste du Cambodge s'est traduit par une forte dépendance à l'égard de l'administration qui a gouverné par des décrets exécutifs pendant plus d'une décennie. Après la formation d'un nouveau gouvernement en 1993, marquant le début de la phase de reconstruction du pays, une grande majorité de lois et de règlements ont été adoptés pour organiser l'administration et gouverner le pays sous sa nouvelle forme d'économie de marché émergente.

Contrainte par des normes culturelles et historiques bien ancrées dans le passé et submergée dans le cadre d'une politique partisane, la législature cambodgienne n'a pas pu jouer son rôle d'organe de surveillance indépendant. En pratique, le Parlement est un espace de coordination politique de l'exécutif et du parti politique au pouvoir. En général, les députés de divers partis politiques adhèrent à la ligne politique de leurs partis respectifs et par voie de conséquence votent selon leurs instructions[7].

Processus de rédaction et d'adoption des lois : L'exercice de ces pouvoirs législatifs parlementaires n'est pas facile à accomplir, que ce soit dans les démocraties matures ou en développement. Les efforts visant à renforcer le Parlement du Cambodge se sont heurtés à des obstacles de taille. Initialement formée comme une Assemblée constituante durant le mandat de l'APRONUC, elle a été transformée en Assemblée nationale actuellement reconnue et en vigueur, dès lors que la Constitution a été promulguée en 1993. Cette Constitution a établi un système parlementaire monocaméral, avec l'Assemblée nationale comme unique représentante du peuple. Ce n'est qu'après une crise constitutionnelle en 1998 que la Constitution fut modifiée en 1999, instaurant un système bicaméral avec la création d'un Sénat.

L'Assemblée nationale et le Sénat sont des organes représentatifs. Toutefois, l'Assemblée nationale est plus puissante que le Sénat, étant donné que la Constitution lui confère le mandat de remplir diverses fonctions démocratiques. Outre son rôle de représentation, l'Assemblée nationale désigne le Premier ministre et sa confirmation en votant la confiance de la formation du gouvernement, qui prend la forme d'un Conseil des ministres. Le nouvel article 90 de la Constitution énumère cinq domaines réservés à l'Assemblée nationale. Elle approuve le budget de l'État, le plan de l'État, les emprunts, les prêts, les diverses promesses de garanties financières et la création, modification et suppression d'impôts. Elle approuve également les comptes administratifs, vote la loi d'amnistie, l'approbation ou l'abrogation des traités ou conventions

---

[7] La procédure classique du vote de la loi est similaire aux autres régimes parlementaires pluralistes. Il existe deux sortes de procédures : la procédure nominale et la procédure spéciale ou urgente. Selon cette procédure, le vote de la loi se fait soit à main levée, soit au scrutin public, soit au scrutin secret.

internationales et vote la loi portant déclaration de guerre[8]. Le Sénat n'a que deux rôles principaux : revue et adoption de la législation et coordination du travail entre l'Assemblée nationale et le gouvernement.

L'Assemblée nationale est constituée de 125 députés élus au suffrage universel pour un mandat de cinq ans, représentant des circonscriptions provenant de 25 provinces et de la capitale Phnom Penh. L'Assemblée nationale se réunit en session ordinaire deux fois par an et chaque session dure trois mois, à l'issue desquels se déroulent alors les vacances, permettant ainsi aux députés de pouvoir rendre visite à leur circonscription[9]. En cas de nécessité, l'Assemblée nationale peut se réunir en session extraordinaire.

La Commission permanente est responsable de la gestion des affaires de l'Assemblée nationale entre les sessions[10]. L'Assemblée nationale est composée de neuf commissions spécialisées, dont les fonctions comprennent l'examen des projets de loi, tant sur le fond que sur la forme et le degré d'urgence. Les neuf Commissions sont chargées d'examiner plus attentivement les projets de loi du gouvernement relevant de leurs compétences[11]. Chaque commission a le droit constitutionnel d'inviter des membres du gouvernement royal à clarifier des questions relevant du mandat de la commission. La Commission rencontre généralement le ministre qui parraine chaque projet de loi et les hauts fonctionnaires de ce ministère pour examiner la justification et les modalités de la loi proposée. Les commissions sont tenues d'organiser des consultations auprès des parties prenantes aussi bien qu'auprès des représentants de la société civile afin de solliciter leurs points de vue sur la législation proposée. Leur action est toutefois irrégulière et souvent insuffisante.

Le Sénat est la chambre haute de la législature cambodgienne et comprend 62 sénateurs. Leur mandat est de six ans et les premières élections ont eu lieu en 2006[12]. Tout comme l'Assemblée nationale, le Sénat se réunit à raison de deux sessions par an, chacune d'une durée de trois mois[13]. Le Sénat examine les lois adoptées à l'Assemblée nationale avant qu'elles ne soient promulguées par le roi. Le Sénat est constitué d'un comité permanent et de neuf commissions spécialisées. Actuellement, les neuf commissions sont composées de membres du parti au pouvoir. Lorsque la Constitution a été modifiée en 1999 pour instaurer

[8] Constitution du Royaume du Cambodge (1993), art. 90 et 119.

[9] Dans leurs circonscriptions respectives, ils participent activement à l'œuvre d'édification nationale dans les domaines de la santé, de l'action sociale, de l'agriculture, des communications, et des activités religieuses bouddhiques.

[10] Il est composé du président de l'Assemblée nationale, des deux vice-présidents et des présidents des différentes commissions techniques.

[11] Les ressources disponibles pour renforcer le Parlement sont nettement limitées, notamment à la lumière des nombreuses autres demandes concurrentes.

[12] Deux sénateurs sont nommés par le roi, deux sont élus par l'Assemblée nationale, et les cinquante-huit autres sont élus par des élections non universelles à l'échelle nationale par des conseillers municipaux.

[13] Constitution du Royaume du Cambodge (1993), modifiée en 2008, art. 107.

le Sénat, la raison invoquée à l'époque était la résolution d'une crise constitutionnelle qui empêchait la formation du gouvernement. Parmi les diverses raisons vraisemblables, certains ont évoqué une certaine considération politique, qui est de stabiliser la politique nationale par voie de réconciliation des partis politiques. Une autre raison faisait référence au renforcement du processus démocratique en prévoyant un examen plus approfondi sur le processus législatif. Enfin, pour des raisons historiques, l'amendement visait à rétablir le système bicaméral qu'avait autrefois connu le Cambodge.

Conformément à l'art. 91 de la Constitution, soit les membres de l'Assemblée nationale ou du Sénat, soit le Premier ministre ont l'initiative des lois. Malgré ses pouvoirs constitutionnels, la perception générale est que le Parlement est une institution faible, pas encore en mesure de produire ses propres projets de loi[14]. De nombreux députés et sénateurs ont peu de capacité ou d'inclination à rédiger les lois ou à surveiller les activités du gouvernement. Ainsi, à l'instar de nombreux pays, le gouvernement, par l'entremise de ses ministères parrains, prépare et chapeaute quasiment tous les projets de loi. Jusqu'à présent, l'Assemblée nationale et le Sénat ont joué un rôle limité dans la rédaction des textes législatifs. Leur rôle dans le processus législatif a été plutôt réduit à un simple examen et à l'adoption des projets de loi présentés par le gouvernement.

Lacunes dans le continuum du processus de rédaction et d'adoption de la législation

Dans cette section, nous ferons valoir que la genèse du mélange des concepts dérivés du droit civil et de la Common Law commence à l'étape de la rédaction des textes. Nous examinerons les facteurs clés qui déterminent ou plutôt réduisent la qualité dans la phase initiale du processus de rédaction. Le premier facteur est soit l'absence d'une orientation politique publique claire soit peut-être l'admission de l'hypothèse selon laquelle le système de droit civil est déjà en place. Diverses institutions situées à plusieurs niveaux de l'administration cambodgienne ainsi que des acteurs non gouvernementaux sont impliquées, directement ou indirectement, tout au long du continuum commençant par la rédaction des politiques publiques, la rédaction et de l'adoption de textes législatifs et leur mise en œuvre. Il s'agit là des deux chambres du Parlement, des ministères, des universités, du Barreau, du secteur privé, des partenaires au développement et des organisations de la société civile.

Au-delà de la période post-Accords de Paris, les institutions précédemment mentionnées partagent une fragilité notable dans leurs capacités humaines et institutionnelles. Au-delà d'une carence en ressources intellectuelles pour

[14] Tenant compte de ce manque de capacité, le Canada a lancé un grand programme de soutien au Parlement cambodgien. Voir Parliamentary Institute of Cambodia, *the Cambodia-Canada Legislative Support Project: Project Implementation Plan*, (2001).

l'analyse et la stratégie, la majorité des activités des représentants gouvernementaux, issus de l'unification des quatre factions antagonistes d'antan, se concentrent sur les tâches administratives quotidiennes. Il s'avère que très peu d'efforts ont été alloués aux travaux de rédaction de textes politiques et de législations, quoique des consultations intra gouvernementales ont eu lieu dans le cadre de formalités bureaucratiques. Pour ce qui est du dialogue entre le gouvernement et le secteur privé, les interactions se sont déroulées de façon ponctuelle et réactive.

Étant donné que les tâches de rédaction relèvent principalement de l'exécutif, la grande majorité des projets de loi émanent des ministères de tutelle. Presque tous les projets sont initiés par les ministères respectifs et approuvés par le Conseil des ministres avant présentation au Parlement. Par le passé, ni l'Assemblée nationale ni le Sénat n'ont proposé des projets de loi. Une explication plausible est due au fait que la majorité des députés sont membres des mêmes partis politiques qui forment le gouvernement. Ainsi, les politiques de leurs partis seraient déjà inscrites dans les diverses lois rédigées au niveau de l'Exécutif par l'intermédiaire de leurs propres membres qui sont dans le gouvernement[15].

En ce qui concerne le type de système juridique, il n'y a jamais réellement eu de débat politique portant sur le modèle juridique que le Cambodge devrait suivre. Deux arguments valables pourraient être avancés à l'appui de cette hypothèse. Tout d'abord, les décideurs politiques semblaient déjà être satisfaits par le fait que le pays soit passé du régime communiste socialiste vers celui d'économie de marché. Certains ont tendance à confondre modèle économique et système juridique. Apparemment, la reconnaissance des nouveaux concepts juridiques tels que le droit de propriété individuelle emprunté à l'esprit de l'économie de marché, aurait animé l'idée selon laquelle le pays aurait abandonné son ancien système juridique socialiste.

Par défaut, très peu de décideurs cambodgiens de l'époque avaient une expérience générale ou même une formation juridique avancée préalable nécessaire pour apprécier les subtilités de ces deux traditions juridiques. En outre, le fait d'avoir des conseillers étrangers dispersés dans divers ministères a suscité un faux sentiment de confiance de la part des décideurs cambodgiens pensant que ces experts produiraient des projets de loi qui répondraient aux besoins concrets du pays en plein processus de reconstruction. Au fil des années, de nombreuses « lois modèles » rédigées par ces experts financés par des

[15] Le cadre juridique actuel prévoit des garanties suffisantes pour que le législateur puisse fonctionner de façon indépendante et responsable. L'immunité des parlementaires est également garantie par la loi ; ils ne peuvent être supprimés que par décision d'un des organes parlementaires en lien avec le Conseil constitutionnel. Selon la loi, aucun parlementaire ne peut être démis de ses fonctions à la suite d'opinions exprimées dans l'exercice de ses fonctions. Les raisons pour lesquelles ils votent selon la ligne de parti peuvent être expliquées davantage du point de vue de leur loyauté envers leur parti.

organisations internationales ou des barreaux internationaux ont apporté une autre couche de confusion dans le système juridique hybride quasi de facto du pays.

Naturellement, en raison de la capacité limitée des homologues cambodgiens dans les ministères de tutelle et de leur participation marginale au processus de rédaction, la forme et la substance des nombreux projets de loi reflètent habituellement la tendance ou l'influence des rédacteurs étrangers. Ainsi, de nombreuses lois ont été adoptées individuellement et au fil du temps ont convergé pour faire du système cambodgien un système hybride où les lois d'inspiration anglo-saxonne ont pris les devants sur les codes fondamentaux comme le Code civil et le Code pénal. Jusqu'à présent, à l'exception des avocats spécialisés dans les pratiques commerciales internationales, très peu de juges ou de décideurs semblent apprécier les incohérences intrinsèques entre ces deux systèmes juridiques.

Le deuxième facteur est la reconnaissance du fait que le système juridique cambodgien est traditionnellement un système de droit civil d'inspiration romano-germanique, avec des lois écrites mises en place par les législateurs. Il n'en demeure pas moins qu'au fil des années, le système judiciaire demeure calqué sur le système judiciaire à la française. La création d'un modèle français inspiré du Conseil constitutionnel a réaffirmé cette conviction. Toutefois, l'évolution du système juridique a suivi un modèle spontané ad hoc consistant à fusionner différentes sources de droit et d'inspiration, certaines lois suivant des traditions de droit civil distinctes, d'autres imitant les traditions de la Common Law.

Malgré ces deux hypothèses, toutes deux défendables, cette thèse soutient plutôt l'hypothèse selon laquelle c'est l'inaction de l'Assemblée nationale et du gouvernement dans leur conduite d'une politique publique claire qui explique pourquoi les concepts de droit civil et de la Common Law se sont retrouvés mélangés, provoquant par conséquent des incertitudes juridiques et de la confusion autour des nuances juridiques et des subtilités spécifiques au système respectif. Nous soutiendrons que, par extension, cette incohérence de ce double système juridique commencerait à la source, c'est-à-dire au niveau de la rédaction des textes législatifs.

On peut argumenter pareillement du côté législatif. L'Assemblée nationale et le Sénat ne sont pas mieux équipés que l'Exécutif pour faire face à la complexité des législations modernes, qui tendent à être toujours plus sophistiquées et techniques. La plupart des parlementaires n'ont ni l'expertise ni les compétences nécessaires vis-à-vis leurs homologues du gouvernement, qui ont eux-mêmes une expertise juridique assez limitée. Nous soutenons ainsi l'argument selon lequel le manque de capacité dans leur appréciation des complexités des avant-projets de loi a constitué aussi un facteur important expliquant le mélange de concepts juridiques dans le processus d'adoption des textes législatifs.

Lacunes dans le processus de rédaction des lois par le ministère de tutelle

La procédure législative débute par un projet de loi sur l'initiative du Premier ministre ou une proposition de loi sur initiative du pouvoir législatif, plus précisément d'un dixième des députés ou des sénateurs. En général, il y a quatre étapes successives du processus législatif menant à la promulgation d'une loi : la rédaction du projet de loi par un ministère responsable ; la délibération et l'adoption du projet par l'Assemblée nationale ; (iii) l'examen du projet par le Sénat ; l'examen de la constitutionnalité par le Conseil constitutionnel ; et la promulgation de la loi par le Roi.

La procédure d'élaboration au niveau du ministère de tutelle – Faible capacité à la source : Le point de départ de la formulation initiale d'un projet de loi se situe au niveau soit (i) du ministère de tutelle qui a compétence sur le sujet soit (ii) du Conseil des juristes. Généralement, lorsque la rédaction est effectuée par un ministère compétent, d'autres ministères et groupes d'intérêt ayant une certaine pertinence sur l'objet du projet de loi sont officiellement consultés. Des discussions préliminaires sur l'ébauche ont lieu au sein du ministère concerné, suivies par des consultations occasionnelles avec quelques ministères ou institutions concernés lorsqu'il y a intrication de compétences ou de préoccupations communes. Les débats peuvent être intenses lorsqu'il s'agit de questions intra gouvernementales, car, en pareil cas, les fonctionnaires ont tendance à défendre avec passion leur mandat institutionnel. Autrement dit, ils s'efforceront de défendre leur vision et leur compétence dans l'établissement qui aurait, par exemple, le pouvoir d'approuver ou encore pour déterminer quelle juridiction est compétente pour la délivrance d'un permis d'importation pour les intrants agricoles. Le projet de loi est ensuite transmis au Conseil des juristes et au Conseil économique, social et culturel (ECOSOC)[16]. Ces deux organes sont des organes consultatifs relevant de la Présidence du Conseil des ministres, le premier étant composé de spécialistes juridiques et le second de hauts fonctionnaires retraités de divers milieux. L'ECOSOC conseille le gouvernement sur les questions économiques, sociales et culturelles, mais n'a aucun pouvoir réglementaire.

Le dispositif gouvernemental de rédaction des projets de loi a progressivement été mis en place, à commencer par un Conseil des juristes instauré par un Anukret du 10 mars 1994 et une Unité de coordination juridique (UCJ) adjointe au Conseil des juristes par un Anukret du 15 août 1997. Ces deux organes sont placés dans la dépendance d'un ministre à la Présidence du Conseil des ministres. Le président du Conseil des juristes se trouve être le ministre d'État en charge du cabinet de la Présidence du Conseil des ministres, tandis que son vice-président exerce en même temps les fonctions de directeur de l'UCJ. Sous

---

[16] En anglais « Economic, Social, and Cultural Council ». Ne pas confondre cet acronyme à une institution des Nations Unies (United Nations Economic and Social Council).

l'autorité du ministre en charge de la Présidence du Conseil, le Conseil des juristes et l'UCJ, qui s'y rattache, en liaison avec le Secrétariat général du gouvernement, occupent donc une position clé et exercent de ce fait une fonction majeure en matière d'élaboration, de coordination et de contrôle de la production des projets de loi à adresser à l'Assemblée nationale.

Selon MM. Gourdon et Ghelber, l'UCJ a pour tâche d'exercer une vigilance constante sur le respect de la hiérarchie des actes normatifs, aussi bien au titre de l'appui institutionnel et de l'assistance technique à fournir aux ministres qu'au regard de sa fonction de filtre, de coordonnateur et de centralisateur dans la préparation des projets de loi à présenter au Conseil des ministres. Dans son appréciation de la validité et de la cohérence juridique avec les actes normatifs antérieurs, l'UCJ doit donc veiller avec la plus grande attention au respect de la hiérarchie des textes par les ministres. Sous l'autorité du Conseil des juristes, l'UCJ opère un contrôle préalable et partiel de la légalité. Elle fonctionne comme un conseiller du gouvernement, un émetteur d'avis en matière de technique juridique et un interprète qualifié de la loi en amont[17].

Tout examen du projet de loi par le Conseil des juristes commence par un examen préliminaire visant à déterminer si le projet est vraiment nécessaire et, le cas échéant, comment il s'inscrira dans l'ordre juridique et la politique nationale existants. Au-delà de cette étape, le Conseil des juristes vérifie la constitutionnalité du projet, l'organisation des dispositions spécifiques et sa structure dans son entièreté. Une fois terminé, le projet est soumis à des discussions au niveau interministériel sous la présidence du Conseil des ministres où des questions de fond et des suggestions de modifications sont soulevées par des représentants de divers ministères et institutions gouvernementales concernés. Des modifications substantielles des dispositions légales ou des compromis sont alors apportées au projet de loi, laissant seulement les points controversés en suspens pour les discussions finales et les décisions du Conseil des ministres, qui sont généralement présidées par le Premier ministre. À ce niveau, le ministre responsable et le président du Conseil des juristes présentent et défendent le projet. Le Conseil des ministres peut amender un projet avant qu'il ne soit transmis à l'Assemblée nationale pour examen.

Dans des domaines où les compétences se recoupent, les ministres ont tendance à agir sans concertation suffisante et sont parfois réticents à la réalisation des coordinations nécessaires. Leur grand nombre et l'inégalité des rangs comme des prérogatives ne facilitent pas la tenue des commissions interministérielles ni l'adoption de décisions probantes. Au sein d'un gouvernement, où ministres, secrétaires d'État et sous-secrétaires d'État sont en grand nombre, où chacun a naturellement tendance à empiéter sur le domaine plus ou moins bien défini de son collègue dont les compétences sont souvent voisines, le travail préparatoire en matière législative n'a rien d'aisé. La

[17] GOURDON et GHELBER, *op. cit.*, p. 26.

circulation des textes entre ministres, les concertations nécessaires qui doivent précéder toute saisine de l'UCJ, le secret trop longtemps gardé sur certains projets ou même leur rétention prolongée, les modifications tardives ou intempestives en cours d'élaboration législative sont autant de problèmes sujets à critique.

Lacunes liées à la capacité de rédaction au niveau du ministère de tutelle : La présence de ressources humaines expérimentées et compétentes au sein de chaque institution impliquée dans la formulation des politiques et de la rédaction des textes législatifs est au cœur du succès du processus législatif. En dépit du rôle important qu'elles peuvent jouer dans ce processus législatif, peu d'institutions disposent de ressources qualifiées pour relever les défis liés à la reconstruction de l'ensemble du cadre juridique à partir de rien. La capacité des représentants du gouvernement à apprécier la planification des politiques et la mise en œuvre des lois était faible, inégale et inexistante dans certaines institutions. Pour ceux qui ont bénéficié d'une certaine formation juridique, leur connaissance préalable relative à la rédaction des textes juridiques aussi bien que leurs expériences en la matière sont aux mieux minimes et dans la plupart des cas presque nulles[18].

La pénurie de fonctionnaires ayant une formation juridique adéquate, sans parler des rédacteurs cambodgiens hautement qualifiés, signifie qu'une grande partie de la rédaction juridique est effectuée par des conseillers et des experts juridiques étrangers. Par conséquent, la forme et la substance des projets de loi initiaux reflètent habituellement l'état d'esprit ou le contexte juridique des rédacteurs étrangers. Par ailleurs, en raison de la capacité limitée des homologues cambodgiens, la plupart d'entre eux étant considérés davantage comme des assistants ayant une participation marginale au processus de rédaction, ces projets de loi ne sont pas suffisamment raisonnés ni compatibles avec le système juridique cambodgien tel qu'il existe en pratique. Plus d'une décennie après la conclusion des Accords de Paris, l'assistance technique à court terme et ponctuelle[19] accordée aux divers ministères afin de renforcer leurs capacités n'était ni suffisante ni intégrée dans la structure ministérielle pertinente, car elle reflétait une tendance à favoriser la substitution plutôt que le renforcement des capacités.

Le manque de capacité à différencier les nuances des deux systèmes juridiques se fait davantage sentir au niveau de la révision du projet auprès du Conseil des juristes. Cet organisme est composé de spécialistes du droit, dont la

---

[18] Sur les quelques 120 hauts fonctionnaires qui composent le groupe de travail de haut niveau chargé de négocier l'adhésion à l'OMC, l'auteur était le seul avocat formé en Occident, qui s'est avéré être également le vice-président du groupe de travail.

[19] MINISTRY OF COMMERCE, CAMBODIA LEGAL RESOURCES DEVELOPMENT CENTER, *Formulation of a Legal and Judicial Reform Strategy for Cambodia*, (2002); Voir aussi Cambodia Development Resource Institute, Capacity Building Practices of Cambodia's External Partners, *A Management Framework For Capacity Development : Mandating Effectiveness And Value For Money*, Phnom Penh, (2005).

plupart sont des juristes chevronnés ayant une formation en droit administratif. L'examen a tendance à porter sur des considérations générales et l'accent est principalement mis sur la forme plutôt que sur le fond, c'est-à-dire la vérification de la conformité à la Constitution, la cohérence ou l'absence de conflit avec la législation existante, la pertinence du format, la clarté du texte, etc. Toutefois, elle ne tient pas compte des théories juridiques qui sous-tendent chaque projet de loi. Par exemple, le Conseil des juristes a accepté sans contestation les arguments du ministère du Commerce dans leur défense d'un projet de loi sur les entreprises commerciales, dans lequel la partie société était totalement basée sur une loi de l'État du Delaware aux États-Unis, alors que la partie société en commandite était totalement basée sur le droit civil français. Le même raisonnement s'applique au niveau de l'examen par la commission spécialisée de l'Assemblée nationale.

Il y a une certaine réticence à rédiger des textes de loi exhaustifs. En général, les projets de loi soumis au Conseil des ministres pour examen ne contiennent que des énoncés généraux de l'objet, des principes et de la structure de la nouvelle institution à créer, si tel est le cas. Les détails essentiels sont dès lors soit insuffisants, soit inadéquats. Les dispositions relatives aux concepts juridiques clés, les détails sur le mandat des nouvelles institutions à créer, les nouvelles normes juridiques, les procédures de délégation d'autorité sont laissées à la rédaction au niveau de sous-décrets, qui seront approuvés par le Conseil des ministres et non par l'Assemblée nationale.

Les effets négatifs résultant de cette carence rédactionnelle sont devenus encore plus problématiques dès lors que des règlements d'application tels que des prakas ou arrêtés ont été émis par les ministères de tutelle, la plupart du temps sans examen préalable ni considération afin d'assurer la cohérence avec d'autres lois et autres instruments juridiques. Il n'est pas rare non plus que la rédaction et l'adoption de règlements d'application soient souvent retardées ou poursuivies de façon fragmentaire et ad hoc par diverses autorités gouvernementales. Il en résulte par conséquent que l'absence de règlements d'application ouvre généralement des possibilités aux bureaucrates à exercer un pouvoir discrétionnaire à effet indésirable au niveau de la mise en œuvre, minimisant ainsi ses effets bénéfiques escomptés. Le cas de la loi sur l'Insolvabilité est un bon exemple où l'absence de réglementation jusqu'à nos jours pour régir les rôles respectifs et la rémunération des administrateurs d'insolvabilité a conduit à une application inefficace de la loi[20].

Éducation et renforcement des capacités dans le domaine juridique : Au début des années 1990, les Casques bleus des Nations Unies ont établi les bases institutionnelles essentielles au fonctionnement d'un système juridique transitoire. Compte tenu de l'énorme demande de formation qui existait à

[20] SFI, *Rapport de la mission-cadre sur l'insolvabilité et le règlement de la dette*, Phnom Penh, Cambodge, 12 au 16 mars 2018.

l'époque, il n'y avait que des solutions ponctuelles dans la formation des représentants du gouvernement dans le domaine de droit. Après le départ de l'APRONUC, l'attention sur la qualité de l'enseignement juridique n'a pas été suffisamment prise en compte pour des raisons évidentes. Les ressources principales comme les bibliothèques de droit contenant des renseignements spécialisés sur les lois économiques, financières, commerciales, de propriété intellectuelle, environnementales et internationales, et de droit comparé n'étaient pas disponibles. Les initiatives d'assistance juridique introduites au Cambodge étaient largement dissociées des considérations culturelles et sociales. Il n'est pas rare d'observer que des remarques provenant de nombreux professeurs de droit occidentaux accordaient peu d'attention à la diversité des normes culturelles lorsqu'ils donnaient des cours ou dispensaient leurs séances de séminaires.

Dans le domaine aussi complexe des lois modernes ou de l'économie, des finances, du commerce et de l'environnement, les juristes saisis dans les tâches de rédaction ont été confrontés à de sérieuses difficultés liées à l'accès aux avis et conseils des experts étrangers sur ces sujets complexes. La plupart des prestataires d'assistance technique avaient tendance à n'envoyer que des juristes généralistes. Quant aux enseignements sur la rédaction législative, qui s'avèrent de très haute importance pour les juristes rédacteurs, il n'y avait pas une seule université offrant des cours spécialisés sur le mécanisme et les techniques de rédaction. Ce n'est que dix ans plus tard qu'un cours a été offert par l'East West Management Institute dans le cadre d'une assistance technique de l'USAID.

L'utilisation de conseillers juridiques étrangers : En principe, les projets de loi doivent être rédigés en langue khmère puisque c'est la langue officielle du Cambodge. Il est très courant pour les rédacteurs juridiques, en particulier ceux affectés dans les différents ministères du Gouvernement, de faire appel à des experts étrangers, pour la simple raison qu'il n'y a pas assez d'experts juridiques cambodgiens disponibles pour les aider à rédiger des textes de loi sur des sujets techniques et complexes. Comme la plupart des experts étrangers ne parlent ni n'écrivent le khmer, ils doivent par défaut rédiger leur projet de loi dans leur propre langue. Par la suite, ils sous-traitent la traduction en Khmer à une entreprise de traduction. Ils peuvent aussi s'adresser à leurs homologues cambodgiens pour faire la traduction.

Selon MM. Gourdon et Ghelber, la rédaction, qui peut confiner à l'octroi de textes juridiques par des juristes de passage au Cambodge, peut se révéler dangereuse. La prise en compte de réalités culturelles, historiques du pays est fondamentale pour le rédacteur de droit. Il peut s'avérer totalement irresponsable de gaver de textes juridiques aussi sophistiqués qu'inapplicables à un pays comme le Cambodge[21].

Le recours à des rédacteurs juridiques étrangers est peut-être la source de nombreuses complications. Ce problème persiste depuis longtemps en raison de

---

[21] GOURDON et GHELBER, *op. cit.*

cette dépendance continue à l'égard des experts étrangers pour aider à développer le cadre juridique dans divers secteurs technologiques, scientifiques, environnementaux, économiques et commerciaux. En premier lieu, il faut prendre en compte qu'il y a de nombreux termes techniques qui n'ont pas d'équivalents ou de mots comparables dans la langue khmère[22]. Or, même après avoir élaboré ou décidé de l'utilisation du terme approprié, il est très difficile de traduire directement des concepts d'une langue à une autre. Indéniablement, tel est le cas particulier de la langue khmère qui est une langue de base non latine parce que la structure de phrase, les façons discursives et syntaxes grammaticales sont très différentes des langues d'origines latines utilisées par la plupart des experts étrangers. En ce qui concerne les commentaires des projets de loi par des conseillers étrangers, il n'est pas surprenant que leurs contenus laissent transparaître leur formation juridique. Ceux qui étudiaient le droit anglais ont pris leurs décisions en fonction des doctrines et principes juridiques anglais, tandis que ceux qui étudiaient le droit continental suivaient naturellement les principes du droit civil.

En fait, la plupart des experts juridiques engagés par des donateurs ou des institutions financières internationales sont des généralistes en droit et peu d'entre eux ont eu des expériences dans la rédaction des textes de loi dans leur propre pays. La plupart n'a jamais eu l'occasion de traduire une loi compliquée d'une langue à l'autre. La plupart d'eux ne parlent pas le khmer, et n'ont donc pas la possibilité de faire office d'interprète pour les homologues cambodgiens. En outre, la traduction inexacte du projet de loi en khmer et les interactions inadéquates entre les experts étrangers et leurs homologues cambodgiens ont amplifié les effets de la mauvaise interprétation et de la divergence juridique[23]. Les difficultés se sont accumulées face à une autre langue et un système juridique d'origine asiatique ou le terme « droit » revêt des connotations différentes. Le droit permet d'accomplir un acte, mais une personne a également le droit de l'accomplir. Le mot droit n'a pas la même signification dans cette phrase. Le premier vise l'ensemble des règles de conduite édictées et sanctionnées qui s'imposent aux membres de la société. Le second concerne les prérogatives attachées aux individus. Pour distinguer ces deux notions, on parle du Droit et des droits ou du droit objectif et des droits subjectifs[24].

Malheureusement, de nombreux experts étrangers, en particulier des consultants à court terme, n'ont pas compris la complexité de ce problème. Il n'est pas étonnant que certains projets de textes législatifs aient été abandonnés par manque de suivi après le départ de ces experts. D'autres ébauches ont fait

---

[22] Par exemple, des mots techniques comme inscription, métadonnées, etc.

[23] BAARS (Patricia), *A Practical Guide to Legislative Drafting*, ONU COHCHR, TAF et CLRDC, 2001.

[24] BALIVET, *op. cit.*, pp. 38-39.

l'objet de modifications incessantes à la suite de la succession de conseillers techniques pour certains cas s'étalant sur plus d'une décennie[25].

Capacité des avocats et des professionnels du droit : Après la formation du gouvernement en 1993, la pénurie d'avocats et de juristes qualifiés exerce une contrainte énorme sur le gouvernement ainsi dépourvu d'accès à des conseils juridiques dans le déroulement fonctionnel de son administration. Bien que le nombre d'avocats ait considérablement augmenté depuis l'éradication de cette profession pendant la période des Khmers rouges, la proportion d'avocats par rapport à la population du pays est encore extrêmement faible. La plupart d'entre eux travaillent dans le gouvernement comme des bureaucrates et n'ont pas d'expérience en tant que rédacteurs juridiques. Même parmi les avocats en exercice, très peu d'entre eux possèdent des expériences de rédaction des textes juridiques. Cela n'était pas une grande surprise, étant donné le parcours institutionnel récent et limité du Barreau du Royaume[26].

Régi par la loi portant création du Barreau et de la profession d'avocat du 22 août 1995, la profession est organisée en Ordre professionnel selon le modèle français[27] et dotée de ses propres organes d'administration et de gestion : l'Assemblée générale, le Conseil de l'ordre et le Bâtonnier. Le Barreau est dirigé par le Bâtonnier qui est élu pour un mandat de deux ans renouvelables une fois[28]. La loi réglemente l'ordre des avocats, mais ne concerne pas les autres auxiliaires de justice. L'avocat est un auxiliaire de justice, sans être un fonctionnaire ni un officier ministériel. Il est le principal auxiliaire des parties qu'il représente et assiste devant toutes les juridictions et à tous les stades de la procédure en matière civile, commerciale, sociale et administrative[29]. En dépit de la diversité des formes d'exercice de la profession et des fonctions susceptibles d'être exercées, il existe une unité de la profession d'avocat, tant au niveau de son organisation que de son statut.

Le Barreau a été créé en 1995 avec moins de cinquante membres fondateurs et souffrait alors d'un grave manque de ressources, tant humaines et financières qu'intellectuelles. Lorsque la loi sur le Barreau a été promulguée, la permission de se présenter aux examens pour se qualifier en tant qu'avocat a été accordée à une vaste catégorie de personnes. Tous ceux ayant obtenu leur diplôme avec certaines qualifications juridiques et ayant eu une certaine expérience de travail

---

[25] La loi sur le commerce électronique et la loi sur la concurrence sont quelques projets spécifiques qui méritent d'être mentionnés. Voir aussi LY (Chantola), *Preparing for a Competition Law : Legal Inventory*, (2005).

[26] DONOVAN (Dorothy A.), *Cambodia: Building a Legal System from Scratch,* 27 The International Lawyer 445, 448. (1993).

[27] GOURDON et GHELBER, *op. cit.*, p. 47. Comme en France, pour exercer sa fonction en toute indépendance, l'avocat est soumis à certaines incompatibilités. Il ne peut pas exercer une fonction publique ou exercer une profession commerciale directement ou indirectement.

[28] BALIVET, *op. cit.*, pp. 98-99.

[29] Art. 2 de la loi du 22 août 1995 portant création du Barreau et de la profession d'avocat.

avec le tribunal ont obtenu la permission immédiate d'être admis aux examens[30]. Pourtant, seulement une cinquantaine d'avocats ont été admis au Barreau à l'époque. Les dispositions transitoires permettant l'admissibilité automatique à l'examen ont pris fin le 31 décembre 1997[31].

Le Barreau joue un rôle central dans la formation initiale et continue des avocats. Il le fait par l'entremise de son Centre de formation professionnelle. À l'exception du soutien généreux de la part des pays donateurs pendant la période inaugurale du Barreau, le programme d'éducation et de formation pour les avocats et les nouveaux candidats peut être considéré comme négligeable et très superficiel. Son programme de formation demeure, en grande partie, dépendant du financement de sources provenant des bailleurs de fonds comme la France, le Japon et les États Unis. En général, la qualité de ses cours était aux mieux irréguliers ayant des bénéfices douteux et contestables. Certes, des ateliers de formation ont aussi été offerts aux juristes du gouvernement, mais la plupart de ces initiatives n'a pas pu toucher aux besoins juridiques pressants comme ceux liés aux compétences analytiques et aux capacités en rédaction législative[32]. Plus inquiétant encore, pendant près d'une décennie après sa création, le Barreau ne s'était vu accorder ni le prestige ni le respect vis-à-vis des hauts fonctionnaires tant au niveau du manque de compétences préalables qu'à la qualité de leurs contributions sur les divers projets de loi.

Il convient de noter que depuis l'adhésion du Cambodge à l'OMC en 2004, le pays a libéralisé presque tous ses services professionnels. Le marché juridique s'était vu accru en termes d'expansion de nouveaux cabinets d'avocats et a connu un élargissement de certains cabinets déjà bien établis. Le secteur des services juridiques a donc connu une croissance continue en raison de l'ouverture de l'économie, de l'afflux soutenu des investissements directs de l'étranger et de la croissance exponentielle du commerce international. Après plus d'une décennie de renforcement des capacités juridiques en matière de droits de l'homme et de protection sociale, la période post adhésion à l'OMC témoigne de l'émergence progressive de nouveaux domaines de pratiques du droit, en particulier dans le domaine du droit des affaires et du droit des sociétés.

Des cabinets d'avocats étrangers ont conclu diverses formes de collaboration commerciale avec leurs collaborateurs cambodgiens dans le but de fournir des prestations de services juridiques plus sophistiquées, en particulier dans les

---

[30] Loi sur le statut de la profession d'avocat du Royaume du Cambodge, art. 80.

[31] *Ibid*, art. 89. Voir aussi JAMES (Francis J.), *Justice and Law Reform in Cambodia: Building a Legal Aid Consciousness from the Ground Up*, (Document de Conférence présenté à "The Role of the UN in Peacebuilding and the Development of Democratic Governance in Cambodia: Past, Present, and Future" Harrison, Glenn Cove, NY, 1-3 November 2005).

[32] En 2004, un projet de formation de l'Association du Barreau canadien, avec la participation de la Coopération française, du Barreau de Lyon-France et de la Fédération japonaise des associations du Barreau, a reçu beaucoup d'éloges pour son exhaustivité. Voir aussi THI (Thanh Trai Le), *the French Legal Profession : A Prisoner of Its Glorious Past?* non daté ; ISOMI (S.), *the Legal Practice of Foreign Lawyers and Law Firms under Current Japanese Regulation*, Berlin, (2016).

domaines des pratiques commerciales internationales. Par ailleurs, ils ont pu également échanger des connaissances et expériences sur de nombreuses lois provenant de diverses juridictions à leurs homologues cambodgiens. Au cours de ces dernières années, le Barreau s'est vu impliqué de plus en plus dans la réforme juridique et judiciaire grâce à un plus grand nombre de leurs membres formés au cours de ces deux dernières décennies, contribuant de manière croissante à la rédaction de plusieurs lois dans les domaines du droit foncier, des codes pénal et civil, de la Loi sur les CETC, pour nommer quelques exemples[33].

Lacunes dans le processus d'adoption des lois au niveau de l'Assemblée nationale

La prochaine étape du processus législatif est le processus de délibération à l'Assemblée nationale. Le projet de loi approuvé par le Conseil des ministres est soumis, accompagné d'une « déclaration d'intention »[34], par le gouvernement à l'Assemblée nationale par l'intermédiaire de son Comité permanent. Ce dernier transmet le projet à une commission spécialisée pour examen. La commission exige par pratique traditionnelle quelques séances d'information de la part d'un représentant du gouvernement qui est essentiellement le représentant du ministère responsable de la préparation initiale du projet de loi. La commission peut prendre en considération les conseils de ses propres experts juridiques, principalement sur les formes plutôt que sur le fond, et peut aussi organiser une ou deux séances de sensibilisation avec des groupes d'intérêt ou des organisations de la société civile. Toutefois, dans la pratique, en raison de contraintes de temps lors de l'examen des projets de loi, elle ne consulte habituellement que le ou les ministres concernés. Elle organise rarement des audiences ou des consultations ouvertes au public en vue de la collecte des avis et des commentaires. Les délibérations de la commission spécialisée ne sont pas ouvertes au public. À l'issue de ses délibérations, la commission transmet ses avis et recommandations au Comité permanent, qui à son tour les soumet conjointement avec le projet de loi à la session plénière de l'Assemblée nationale pour les débats finaux et leur adoption.

Les délibérations sur le projet de loi à la séance plénière sont ouvertes au public et sont diffusées à la télévision nationale, généralement dans l'après-midi du même jour. Par ailleurs, l'Assemblée nationale ne donne qu'une justification très limitée sur l'adoption des lois. Bien que les débats parlementaires soient enregistrés et diffusés à la télévision nationale, ces échanges ne sont

---

33 BAR ASSOCIATION OF KINGDOM OF CAMBODIA, *General Assembly: Bar Association's Activities Report*, (2000). Voir BAKC, *Legal Profession in Cambodia*, (2005).

34 Règlement intérieur de l'Assemblée nationale, art. 22.

généralement pas très longs ni approfondis[35]. Le débat commence habituellement par une déclaration du ministre responsable, qui couvre généralement la justification et l'aperçu de la portée du projet de loi. Le président de la commission spécialisée présente ensuite son point de vue et recommande à l'Assemblée nationale le choix d'examiner ou non le projet et, le cas échéant, s'il doit être considéré comme urgent. La première série de discussions couvre l'ensemble du projet, suivie d'un débat, article par article, sauf si le projet concerne le budget national annuel, auquel cas le débat article par article est obligatoire[36]. Pour les parlementaires, chacun dispose d'un temps d'intervention limité, bien que ce délai ne s'applique pas au ministre qui pourrait avoir à répondre à leurs questions.

Recours à des experts juridiques étrangers : Le processus actuel d'adoption des lois n'est pas propice au renforcement de la capacité des parlementaires. Au départ, le manque de capacité législative et les ressources humaines insuffisantes pourraient expliquer pourquoi le processus de rédaction des lois est délégué presque exclusivement au pouvoir exécutif. Le fait que l'Assemblée nationale soit elle-même limitée dans sa capacité de rédaction viendrait en partie du fait qu'elle a tendance à s'appuyer en grande partie sur quelques experts juridiques étrangers travaillant comme consultants.

En raison du volume considérable de projets de loi et de leur vaste champ d'application couvrant des questions politiques, sociales, économiques, culturelles et environnementales, les conseillers étrangers donnent habituellement des commentaires assez généraux sur la forme et la structure plutôt que sur des principes ou doctrines juridiques spécifiques. Malheureusement, certains ont tendance à croire que leur système juridique est le meilleur et le plus adapté au Cambodge et, par conséquent, ils ont rarement ressenti le besoin de le comparer à d'autres systèmes juridiques. Avec cette conviction que son propre système juridique est au centre de l'univers juridique, il est fort probable que leurs commentaires ne touchent pas aux analyses des concepts de droits comparatifs.

Adoption de la législation par les caucus des partis : Une autre explication viendrait de la façon dont les lois sont adoptées. La démocratie parlementaire du Cambodge se déroule au sein des caucus des partis politiques, où la décision d'adopter des lois est prise par accord entre les partis au sein du gouvernement et selon les consignes de la ligne politique du parti. Avant le dépôt d'un projet de loi au Parlement, les partis politiques respectifs auraient tenu leur réunion interne au cours de laquelle les chefs de parti prennent une décision sur la façon dont les

---

[35] A titre d'exemple, trois projets de loi relatifs au fonctionnement de la magistrature ont été approuvés par le Conseil des ministres le 18 avril 2014 et adoptés à l'unanimité le 22 avril 2014 par l'Assemblée nationale avec seulement quelques jours de débats.
[36] Constitution du Royaume du Cambodge (1993), art. 29.

membres de leur parti devraient voter[37]. Cela s'explique en grande partie par le fait que le gouvernement est dirigé par un système consensuel de politique partisane, et non par un système accusatoire qui produit des gouvernements de coalition[38].

Débats sur les projets de loi avec l'exécutif : Plusieurs dispositions sont en place pour assurer un système de contrôle et de contrepoids à l'exécutif, mais elles ne sont pas aussi exhaustives qu'elles devraient l'être. La Constitution garantit que les membres de l'exécutif doivent rendre des comptes à l'Assemblée nationale dans une certaine mesure. L'Assemblée nationale a donc le rôle crucial de scruter les politiques et le travail du gouvernement. Le Sénat n'a pas un tel rôle constitutionnel. Premièrement, les membres de l'Assemblée nationale, par l'intermédiaire de son président, ont le droit constitutionnel de poser des questions au gouvernement. Deuxièmement, les commissions spécialisées de l'Assemblée nationale ont également le droit constitutionnel de convoquer n'importe quel ministre pour clarifier les questions importantes qui relèvent de leurs responsabilités propres[39]. Troisièmement, la Constitution exige que l'Assemblée nationale consacre une journée par semaine à de telles audiences[40]. Quatrièmement, au moins 30 parlementaires ont le droit constitutionnel de présenter à l'Assemblée nationale une motion de censure contre le gouvernement ou un ministre en particulier[41].

Si la question soulevée s'applique à la reddition de comptes d'un ou de plusieurs ministres, on s'attend à ce qu'ils répondent eux aussi. Si la question porte sur la politique globale du gouvernement, le Premier ministre est tenu de répondre[42]. En pratique, le Premier ministre et les ministres assistent à l'occasion à des séances parlementaires pour répondre à des questions. Toutefois, à ce jour, l'Assemblée nationale n'a utilisé ces pouvoirs que de façon très limitée. L'absence de débats parlementaires critiques en elle-même témoigne d'une sorte de défaut à s'attaquer à des questions juridiques compliquées. À aucun moment

---

[37] La plupart des ministres et secrétaires d'État sont issus de l'Assemblée nationale élue, à l'exception du Premier ministre et d'une demi-douzaine de vices premier ministres et de ministres d'État qui ont été invités à démissionner après les élections et à concentrer leur attention sur leurs ministères respectifs.

[38] UN (Kheang), *Patronage Politics and Hybrid Democracy: Political Change in Cambodia, 1993-2003* (2005).

[39] Constitution du Royaume du Cambodge (1993). L'art. 97 dispose que « les commissions de l'Assemblée nationale peuvent inviter tout ministre à clarifier certaines questions relevant de sa compétence ».

[40] *Ibid.*, art. 96.

[41] *Ibid.* L'article 98 dispose que « l'Assemblée nationale révoque un ou plusieurs membres du Gouvernement royal ou de l'ensemble du Conseil des ministres par l'adoption d'une motion de censure adoptée à la majorité des 2/3 de l'Assemblée nationale. La motion de censure est proposée à l'Assemblée nationale par au moins 30 membres pour que l'Assemblée nationale puisse se prononcer. »

[42] Les membres de l'exécutif peuvent donner des explications verbalement ou par écrit, mais elles doivent être soumises dans les sept jours suivant la réception de la question.

dans l'histoire récente des débats parlementaires il n'y a eu de discussions sérieuses sur les choix ou les mérites des systèmes juridiques de droit civil ou de Common Law.

Séance de sensibilisation du public auprès des groupes d'intérêt ou des organisations de la société civile : Politiquement parlant, les parlementaires cambodgiens sont très engagés dans la consultation publique en ce qui concerne les questions socio-économiques pertinentes lors de leurs visites et de leurs entretiens réguliers dans leurs circonscriptions locales. Au cours de ces consultations, le public a l'occasion de faire part de ses préoccupations, aussi générales soient-elles. En ce qui concerne des textes législatifs spécifiques, l'Assemblée nationale consulte à l'occasion des organisations de la société civile pour solliciter leur avis, mais seulement sur un nombre limité de projets. Dans l'ensemble, les interactions entre le gouvernement et les organisations de la société civile, y compris du secteur privé, deviennent une réalité normale au fur et à mesure que les transitions politiques et économiques du Cambodge se consolident[43]. Il existe de nombreux exemples de changements positifs découlant de ces dialogues et consultations. Parfois, les organisations de la société civile actives dans la défense des droits de l'homme et de la démocratie ont tendance à être trop agressives et conflictuelles dans leurs interactions avec le Parlement[44]. Bien au contraire, des dialogues plus constructifs se sont manifestés de la part du secteur privé sur les lois et réglementations économiques, bien qu'il existe des limites quant à l'objectivité et à la qualité de leurs commentaires.

Lacunes dans le processus d'examen des projets de loi au niveau du Sénat

L'étape suivante consiste en l'examen des projets de loi par le Sénat, qui ne doit pas durer plus d'un mois. Le Sénat doit examiner pour avis au plus tard dans un délai d'un mois, les projets et propositions de lois votées par l'Assemblée nationale en première lecture. Si l'avis du Sénat est conforme ou s'il n'a pas donné l'avis dans les délais prévus, la loi est promulguée suivant le texte voté par l'Assemblée nationale. Toutefois, si le Sénat demande des amendements au projet dans le délai d'un mois, l'Assemblée nationale doit les examiner en

---

[43] Depuis une décennie, certaines ONG jouent un rôle très actif dans la défense des droits de l'homme et la promotion du développement démocratique comme LICADHO, ADHOC, l'Institut Khmer pour la démocratie, le Centre pour le développement social, et l'Institut cambodgien des droits de l'homme et des femmes pour la prospérité.

[44] La loi sur le Statut des juges et des procureurs est un bon exemple. La Constitution prévoit l'obligation d'avoir une loi pour réglementer le statut de la magistrature. Par la suite, la loi sur le Statut des juges et des procureurs a été rédigée et promulguée en mai 2014, bien que sous la forte protestation des organisations de la société civile, au motif qu'elle ne garantit pas une véritable indépendance du pouvoir judiciaire. Ils exhortent le Conseil constitutionnel à déclarer la loi inconstitutionnelle. Voir Cambodge Center for Human Rights (CCHR), *CCHR Briefing Note – February 2013 : Judicial Reform*, Phnom Penh : CCHR, (2013).

deuxième lecture. L'Assemblée nationale statue seulement sur les amendements proposés par le Sénat en les acceptant ou les refusant, partiellement ou totalement. Dans ce cas, le processus de renvoi du projet entre le Sénat et l'Assemblée nationale doit être conclu dans un délai d'un mois. Ce délai est réduit à dix jours pour les textes budgétaires et les lois de finances et à deux jours en cas de déclaration d'urgence. Sauf objection du Sénat dans le mois suivant la présentation du projet, la loi est automatiquement promulguée[45]. Le Sénat peut également renvoyer une ébauche pour examen complet ou seulement pour certaines dispositions particulières. L'Assemblée nationale détient le pouvoir ultime de promulguer la loi lors d'un second examen si elle est approuvée à la majorité simple lors d'un vote ouvert. Toutefois, cette procédure n'a jamais été utilisée, car le Sénat a pour l'instant toujours approuvé les lois adoptées par l'Assemblée nationale et demande rarement à l'Assemblée nationale de modifier le projet de loi adopté.

La loi est ensuite promulguée par le Roi ou le Chef de l'État et entre en vigueur 10 jours après sa promulgation à Phnom Penh et 20 jours après sa promulgation au niveau national. Les lois qui sont considérées comme urgentes prennent effet immédiatement au niveau national lors de leur promulgation. Toutes les lois promulguées doivent être publiées dans le « *Reach Kech* » (« *Official Gazette* ou Journal officiel ») et diffusées dans tout le territoire[46]. Dans le processus de promulgation, le Monarque constitutionnel n'a pas le pouvoir de rejeter une loi. Il y a parfois conflit de priorité entre l'exécutif et le parlement. À une occasion, le Sénat, en défendant son rôle dans le processus législatif, a rejeté le projet de loi sur les institutions financières sous prétexte que les cinq jours prévus pour l'examen des projets de loi considérée comme « urgentes » n'étaient pas suffisants pour examiner de façon significative des projets aussi complexes et importants. Le Sénat a plutôt recommandé de modifier la Constitution afin de prévoir suffisamment de temps pour son examen. Toutefois, cette recommandation n'a jamais été prise en compte[47].

Le processus de promulgation et de révision constitutionnelle

Le Conseil constitutionnel[48] est le principal organe de contrôle de la constitutionnalité des lois. Cet organe, constitué de neuf membres, a le devoir de

---

45 Constitution du Royaume du Cambodge (1993), art. 113.

46 Constitution du Royaume du Cambodge (1993), art. 93.

47 Par exemple, la loi budgétaire annuelle arrive habituellement à l'Assemblée pour examen vers fin novembre ou mi-décembre, quelques semaines avant le début de la nouvelle année fiscale. Cela laisse donc très peu de temps pour une étude approfondie, même pour les députés possédant une capacité d'appréciation suffisante sur le budget.

48 La loi sur l'Organisation et le fonctionnement du Conseil constitutionnel est promulguée par le Krâm nº CS/RKM/0498/06 du 8 avril 1998. L'organe n'est pas un tribunal qui saisit les dossiers judiciaires, mais plutôt une institution qui ne décide que de la constitutionnalité des lois.

veiller à ce que les lois adoptées par l'Assemblée nationale et examinées par le Sénat soient conformes à la Constitution[49]. Lorsqu'un projet est adopté par l'Assemblée nationale et examiné par le Sénat, il doit être soumis au Roi pour promulgation avant de devenir loi. Toutefois, si le projet est une loi organique, c'est-à-dire une loi relative à la création d'une institution, il doit être soumis au Conseil constitutionnel pour confirmation de sa constitutionnalité avant d'être soumis au Roi pour promulgation. La Constitution prévoit en outre que, en cas de doute sur la constitutionnalité d'un projet de loi, le Roi, le Premier ministre, le Président de l'Assemblée nationale, un dixième des membres de l'Assemblée nationale, le Président du Sénat ou un quart des membres du Sénat peuvent demander au Conseil constitutionnel l'examen de la constitutionnalité du projet avant sa promulgation. L'examen de la constitutionnalité d'une loi peut avoir lieu avant ou après la promulgation de la loi.

Les lois adoptées par le Parlement qui vont à l'encontre des principes de préservation de l'indépendance nationale, de la souveraineté, de l'intégrité territoriale et de l'unité politique ou de l'administration de la nation sont annulées. Le Conseil constitutionnel est le seul organe habilité à statuer sur cette annulation. Théoriquement, les décisions prises par le Conseil constitutionnel ont beaucoup d'autorité, mais cette institution a indiqué sa tendance à interpréter son propre mandat de façon très stricte et limitée pendant de nombreuses années depuis sa création[50].

*****

[49] Constitution du Royaume du Cambodge, 1993 (modifiée en 2008), art. 136-137.

[50] KUONG (Teilee), *Development of the Post-Conflict constitutionalism in Cambodia (1993-2003)*, Asia Law Review, vol.3, n° 2, décembre 2006, pp. 73-99.

CHAPITRE 9 –

Les facteurs à l'origine des lacunes juridiques

Hypothèses politiques erronées entre les liens juridiques et économiques

Dépendance excessive de l'effet du processus d'adhésion à l'OMC sur la réforme juridique : Une autre hypothèse qui donne raison à la cohabitation des deux systèmes juridiques au Cambodge pourrait être le cas d'un recours involontaire des décideurs politiques au processus d'adhésion à l'OMC pour encourager la réforme juridique. Les partisans en faveur de l'adhésion à l'OMC comme solution aux problèmes de développement juridique partagent une certaine naïveté. Ils estiment que les pressions externes exercées par le processus d'adhésion à l'OMC étaient déterminantes pour accélérer le processus de réforme.

Toutefois, il ne suffisait pas d'assurer seulement la qualité de la réforme et de l'examen législatif, car les commentaires des États membres de l'OMC n'ont pas permis d'identifier les failles du mélange des deux systèmes juridiques. Plusieurs raisons expliquent ces insuffisances : 1) le processus d'adhésion s'est déroulé trop rapidement et a été motivé uniquement par un agenda économique ; 2) il y aurait une hypothèse erronée selon laquelle le Plan d'action législatif national aurait traité en profondeur de toutes ces questions juridiques ; et 3) les négociateurs de l'OMC sont des spécialistes du commerce et non des spécialistes juridiques.

La pression politique pour une adhésion accélérée : Une fois la paix rétablie et l'économie stabilisée en 1999, le Premier ministre a pris un engagement politique ferme, tout au long du processus d'adhésion, pour atteindre l'objectif ultime de réintégrer le pays sur le marché mondial, c'est-à-dire devenir membre de l'OMC[1]. Dans le cas d'un pays pauvre comme le Cambodge, cette adhésion est considérée comme un moyen nécessaire pour assurer sa croissance économique. Pour le négociateur en chef du Cambodge, l'articulation de sa vision était bien claire : « En cette période de concurrence mondiale farouche, la survie de notre pays dépend de notre capacité à saisir les bonnes opportunités et au bon moment. Nous croyons que l'entrée dans l'OMC en est un tel cas »[2]. Avec un tel engagement de haut niveau, on ressentait une forte pression d'accélérer le processus de négociation.

Il convient de noter que les décideurs cambodgiens étaient tout à fait conscients du rôle central des réformes juridiques et judiciaires dans sa stratégie nationale globale de développement visant à répondre aux exigences de l'OMC. Comme l'adhésion à l'OMC[3] exigeait une mise en œuvre compréhensive des accords de l'OMC, recouvrant tant le commerce des biens et services, les droits de propriété intellectuelle liés au commerce, que les mesures d'investissement liées au commerce. Les membres de l'OMC ont dû faire pression sur le Cambodge pour mettre en œuvre un vaste programme de réformes législatives pour assurer sa conformité aux exigences de l'OMC. Sous l'effet de cette énorme impulsion, le gouvernement a dû soumettre au Secrétariat de l'OMC plus de 85 textes législatifs, projets de loi et instruments de réglementation.

Par ailleurs, les décideurs cambodgiens, soucieux des politiques fondées sur le marché et de la nouvelle stratégie d'adhésion à l'OMC, ont tenu compte du fait qu'ils devaient adopter de nouvelles lois positives pour un accès à l'économie du marché aussi bien que pour modifier les lois qui n'y étaient alors pas conformes. Ils étaient conscients qu'un cadre juridique solide constituait une condition *sine qua non* pour que le secteur privé puisse mobiliser des ressources humaines, physiques, financières et techniques pour stimuler l'économie. Les entreprises ont besoin de règles garantissant les droits de propriété qui réglementent les pratiques anticoncurrentielles et qui règlent les différends commerciaux, tout en limitant l'ingérence de l'État.

Fausse hypothèse sur les effets du Plan d'action législatif national : L'expérience de nombreux pays en développement montre que l'absence ou l'insuffisance des lois et de leur bonne application décourage et affaiblit les flux de commerce et d'investissement, augmente les coûts de transaction et les risques

---

[1] Actes de la conférence : *Conférence sur la mondialisation : droit des affaires, préparation à l'adhésion à l'OMC : expériences et leçons apprises*, 27-28 juin 2001, Phnom Penh.

[2] Les avantages de l'adhésion à l'OMC peuvent être classés en trois grandes catégories : (i) le renforcement des politiques et institutions nationales pour la conduite du commerce international des biens et des services, ce qui est nécessaire avant l'adhésion à l'OMC ; (ii) amélioration de la facilité et de la sécurité d'accès aux principaux marchés d'exportation ; et (iii) l'accès à un mécanisme de règlement des différends pour les questions commerciales.

[3] Le protocole d'adhésion est un instrument qui fixe les conditions dans lesquelles un pays devient membre de l'OMC ou, d'ailleurs, de certaines autres organisations internationales. Pour l'OMC, ces protocoles sont largement normalisés, mais ils reflètent parfois les circonstances particulières du pays adhérent.

commerciaux, favorise la corruption et nuit généralement au développement du secteur privé. À ce titre, le gouvernement a dû préparer à la hâte un plan d'action national de législation couvrant une vaste panoplie de lois spécifiquement exigées par l'OMC. Concrètement, la législation devait adopter un plan ambitieux de plus de 40 nouvelles lois, sans compter les règlements d'application y afférents. Par suite de la soumission par le gouvernement de son Plan d'action, les membres de l'OMC ont insisté sur une restructuration de séquence sur la priorité des diverses législations afin de répondre aux exigences d'une adhésion accélérée. Le gouvernement, ayant ainsi accepté ces commentaires du Groupe de travail de l'OMC, a entrepris des mesures en vue de supprimer ou de modifier les législations et les pratiques commerciales non conformes[4]. D'autres membres ont souligné que la plupart des législations prévues dans le plan devraient être adoptées avant l'adhésion, tandis que d'autres ont même insisté sur la révision préalable de certaines provisions de projets de loi avant même leur adoption.

Les négociateurs de l'OMC sont des spécialistes du commerce et non des spécialistes juridiques : en réalité, les exigences des États membres de l'OMC s'attachent davantage à la discipline budgétaire et monétaire dans le cadre d'une réforme économique globale. Sont particulièrement visées les réformes fiscales et douanières, la rationalisation des dépenses publiques, la libéralisation du secteur financier, du régime de change, et sur le commerce et l'investissement. En effet, vu l'importance primordiale sur les réformes économiques qui sont censées produire les avantages économiques nécessaires, les réformes juridiques et judiciaires ont perdu leur place prioritaire dans le programme de réforme national et, conséquemment, dans la cohérence des politiques. Étant donné que les négociateurs de l'OMC sont des spécialistes du commerce et non des spécialistes juridiques, leur examen des lois cambodgiennes a mis davantage l'accent sur le réajustement et l'amélioration du régime de politique commerciale et d'investissement (par exemple les règlements non conformes aux règles de l'OMC comme l'annulation des licences d'exportation de riz, la suppression de l'exigence obligatoire d'avoir un actionnaire cambodgien dans la création des entreprises, etc.).

Il n'y avait pas eu une seule discussion ni sur la forme et ni sur le fond des projets de loi tant que les dispositions nécessaires pertinentes aux exigences de l'OMC étaient présentes. Au cours du processus d'adhésion, le gouvernement a continué d'accueillir favorablement les commentaires et a pris des mesures juridiques nécessaires afin de rectifier certaines mesures contradictoires avec les règles et les accords de l'OMC, en particulier concernant les principes du traitement de la nation la plus favorisée et du traitement national.

Du côté du gouvernement, les fonctionnaires – dont l'auteur de cet ouvrage - présumaient également à tort que le Plan d'action législatif national couvrirait

---

[4] WORLD TRADE ORGANIZATION, *Accession of Cambodia: Questions and Replies*, Geneva (2001).

toutes les questions juridiques, y compris les différences systémiques dans le système juridique. Même si les accords de l'OMC prescrivent de nombreuses règles détaillées, par ailleurs complexes en raison de leur terminologie juridique confuse, les États membres de l'OMC ne se sont préoccupés que de quatre principes de base : (i) la transparence et la prévisibilité ; (ii) la non-discrimination ; (iii) la libéralisation du commerce ou l'ouverture du marché ; et (iv) un traitement spécial et différencié pour les pays en développement. En fait, en ce qui concerne les exigences juridiques de l'OMC, ils n'ont insisté que sur la transparence et la non-discrimination.

D'ailleurs, les membres de l'OMC ont souligné la nécessité pour le Cambodge, lors de son adhésion, de respecter les obligations de transparence de l'OMC, tel qu'elles figurent à l'article X du GATT et à l'article III du GATS, en ce qui concerne leur application uniforme au régime commercial et à un contrôle judiciaire indépendant. Ils ont considéré le principe de transparence comme l'un des éléments clés du système commercial multilatéral[5]. En fait, ils se sont davantage concentrés sur la transparence et la prévisibilité des normes juridiques que sur d'autres domaines normatifs.

Pour eux, le principe de transparence est en tête de liste. Rien n'est plus important pour les affaires que de pouvoir connaître et faire confiance à l'environnement réglementaire cambodgien dans lequel elles opèrent. Le Cambodge est tenu donc de publier sa réglementation commerciale et d'établir et de maintenir des institutions permettant la révision des décisions administratives affectant le commerce.

Plusieurs membres de l'OMC ont demandé si le Cambodge envisageait d'afficher son Journal officiel sur Internet afin d'assurer un meilleur accès aux nouvelles lois et réglementations, ainsi que de prendre d'autres mesures pratiques pour garantir que tous les nouveaux règlements seraient publiés au Journal officiel. Pour répondre à ces préoccupations, le gouvernement s'est engagé à accorder au moins 30 jours pour les commentaires touchant aux nouvelles mesures réglementaires proposées relatives au commerce des biens, des services ou la protection de la propriété intellectuelle. En outre, aucune mesure de ce type n'entrera en vigueur avant d'avoir été publiée au Journal officiel. L'ensemble des lois, règlements et décrets actuels, ainsi que les décisions administratives et judiciaires, relatifs au commerce seraient accessibles sur un site Web officiel.

Malgré ces engagements et une exigence constitutionnelle explicite à cet effet, tous les règlements ne sont pas publiés dans le Journal officiel. Par ailleurs, quoique le Journal officiel soit publié régulièrement, il l'est seulement en langue

[5] Le principe de prévisibilité est assuré par une hiérarchie juridique donnant la préférence aux tarifs sur des mesures non tarifaires considérées comme moins transparentes et moins sûres telles que les quotas et les licences, et en encourageant les membres à respecter leurs engagements en matière d'ouverture des marchés de biens et de services. Dans le domaine des marchandises, cette obligation équivaut à la fixation de plafonds pour les tarifs douaniers.

cambodgienne. Seul un faible pourcentage des lois cambodgiennes a été traduit en anglais, et il existe peu de traductions « officielles » de ces lois. La plupart des traductions ne sont pas effectuées par des juristes et sont souvent trop imprécises ou inexactes pour avoir une valeur officielle.

Succès dans les réformes économiques envers l'insuffisance des réformes juridiques

Dépendance excessive à la réforme juridique et judiciaire : Dès les premiers jours après la formation du premier gouvernement de coalition en 1993, les réformes juridiques et judiciaires ont bien été reconnues dans le programme de développement national. Depuis, les politiques du gouvernement sont claires en ce qui concerne l'intégration économique et la libéralisation économique. Un axe clé du « Programme national de réhabilitation et de développement du Cambodge (NPRD) » de 1994 et de la « Mise en œuvre du Programme national de réhabilitation et de développement du Cambodge (MNPRD) » de 1995 concerne la réintégration de l'économie cambodgienne dans l'économie régionale et mondiale, ce qui implique l'ouverture du pays au commerce international et aux investissements étrangers privés.

Le gouvernement a reconnu que l'adhésion à l'ASEAN et à l'OMC pourrait jouer un rôle important dans l'accélération de la croissance et du développement du pays grâce à un accès accru aux marchés des pays développés[6]. Cette stratégie de négociation en vue de l'adhésion à l'OMC a été soutenue, dans une large mesure, par un cadre de politique national plus vaste, comme en témoigne une série de documents de politique tels que la « Stratégie triangulaire (1998-2003) », le « PDSE II (2001-2005) », et la « Stratégie rectangulaire pour la croissance, l'emploi, l'équité et l'efficience ».

La Stratégie triangulaire érigeait comme premier pilier la nécessité de rétablir la paix et la stabilité et de maintenir la sécurité de la nation et du peuple. L'intégration du Cambodge dans la région et la normalisation des relations avec la communauté internationale constituent un deuxième pilier du programme national de réforme.

Le PDSE articulait en particulier l'engagement du gouvernement dans sa lutte contre la pauvreté avec la nécessité de favoriser une croissance économique durable, le secteur privé jouant un rôle moteur et le gouvernement privilégiant son rôle de bonne gouvernance à travers la mise en œuvre efficace de réformes institutionnelles et juridiques clés.

La Stratégie rectangulaire est une structure faisant spécifiquement référence à la bonne gouvernance axée sur quatre domaines de réforme : la lutte contre la

[6] L'accès aux marchés est l'un des concepts les plus fondamentaux du commerce international. Il s'exprime par des mesures frontalières, c'est-à-dire des mesures tarifaires et non tarifaires, dans le cas des biens, et des règlements à l'intérieur du marché dans le cas des services.

corruption ; la réforme juridique et judiciaire ; l'administration publique ; et la réforme des forces armées, notamment la démobilisation.

Elle a défini une plate-forme politique de développement du gouvernement en désignant la réforme juridique et judiciaire comme stratégie de développement « fondamentale ». Ceci inclut la mise en œuvre de réformes visant à garantir l'indépendance du Conseil suprême de la magistrature. Le gouvernement s'appuiera notamment sur la réforme judiciaire pour renforcer la confiance du public dans l'appareil judiciaire.

Pour mettre en œuvre le programme de réforme juridique et judiciaire, le gouvernement a créé en 1997 une Unité de réforme juridique (URJ) responsable de la coordination des activités administratives en général, de la formation juridique et de l'assistance à l'élaboration des législations. Bien que l'URJ ait accompli de nombreuses tâches dans le cadre de son mandat bureaucratique, sa capacité limitée et son prestige très relatif, l'ont empêché de jouer efficacement son rôle dans la programmation des réformes législatives, notamment au regard de son influence limitée dans les décisions sur la séquence d'adoption prioritaire des projets de loi. Plusieurs lois promulguées souffrent de l'absence ou du délai de règlements d'application nécessaires, donc certains pouvaient prendre des années de retard. De nombreuses lois économiques fondamentales, telles que celles sur le commerce et les sociétés, sont souvent introduites plutôt en réponse à l'urgence du programme de réforme économique.

Du côté de l'Assemblée nationale, souvent marginalisée et affaiblie par la domination de l'exécutif, force est de constater qu'elle n'a pas non plus été en mesure de contribuer significativement au programme de réforme. Aussi désolant que cela puisse paraître et comme souvent dans les pays sortants de conflit, les parlementaires cambodgiens possèdent peu d'expérience dans le domaine de la réforme législative.

Bien que de nombreux éléments touchant à la réforme juridique et judiciaire aient exercé une influence sur le système cambodgien, il manquait toujours une stratégie globale bien intégrée dans la stratégie nationale de développement du pays. Avec l'appui d'un programme de réforme juridique de la Banque mondiale, le gouvernement a adopté une approche sectorielle de partenariat en matière de réforme juridique et judiciaire, en mettant l'accent sur une coordination étroite entre les pays donateurs afin d'utiliser efficacement les ressources limitées disponibles dans le pays.

Certains observateurs estiment qu'en dépit de toute l'aide apportée par les donateurs pour ces réformes, il ressort que ces importantes ressources auraient pu être optimisées bien plus efficacement. L'un des principaux facteurs cités qui expliquent le manque d'efficacité est l'absence d'une stratégie clairement définie et, par conséquent, un manque de coordination entre les donateurs et les ministères concernés. On a l'impression que, dans certains cas, les donateurs ont soutenu des initiatives de réforme similaires sans coordination adéquate conjointe, alors que d'autres initiatives se confondaient ou étaient en conflit avec d'autres projets d'assistance technique. Dans les deux cas, l'absence d'une stratégie de réforme bien appropriée aurait entraîné un usage peu optimal des ressources déjà assez limitées allouées à la réforme juridique.

Le processus de préparation de la réforme juridique et judiciaire a débuté début 2000 avec le lancement d'une étude diagnostique dans le cadre d'un Projet d'assistance technique de la Banque mondiale[7]. Cette étude a pu contribuer à la formulation d'une stratégie globale de réforme et un plan d'action pluriannuel visant entre autres à établir un cadre juridique à la politique du Cambodge pour le développement du secteur privé et de l'économie de marché. Il s'agissait ainsi de restaurer la confiance à l'égard du secteur judiciaire et des professionnels du droit en vue de promouvoir les investissements et d'améliorer la crédibilité générale du système selon les principes de bonne gouvernance[8]. Ce premier projet de document stratégique a été signé par un consultant national et soumis au gouvernement en septembre 2000. Par la suite, le Conseil de la réforme juridique et judiciaire (CRJ) a été créé en 2002 et s'est chargé de finaliser et d'adopter le document stratégique en 2003.

Le gouvernement a également créé un conseil de haut niveau sur la réforme judiciaire, dont le mandat est de formuler et de superviser le programme de réforme judiciaire. Le Conseil est composé de sept membres, dont le Président de la Cour suprême et le ministre de la Justice, agissant respectivement en qualité de Président et de Vice-Président, du président de la Cour d'appel ainsi que des représentants du Conseil suprême de la magistrature et du Conseil des juristes.

En 2005, le gouvernement a approuvé un plan d'action pour la réforme juridique et judiciaire pour la mise en œuvre des activités prioritaires à court et à long terme. En termes de priorité, le gouvernement s'est fixé la mise en œuvre d'un mécanisme de coordination : (i) coordination au sein du gouvernement d'une part et entre le gouvernement et le pouvoir législatif, le secteur privé et la société civile d'autre part ; (ii) consultations avec les divers intervenants tout au long du processus législatif ; et (iii) renforcement des capacités dans le processus législatif. Il est intéressant de noter que tout au long du processus de réforme juridique et judiciaire, il n'y avait pas eu de discussions sur le conflit ou la controverse possible entre les systèmes juridiques de droit civil et de Common

---

[7] Au cours de la mission de supervision de la Banque en février 2001, il a été convenu que des mesures urgentes devaient être prises par le gouvernement pour que le projet de document stratégique soit finalisé et présenté pour adoption par le gouvernement. En particulier, il a été convenu que le projet serait préparé au nom du comité directeur par MM. SOK Siphana et HENG Vong Bunchhat, tous deux membres du comité. Aucune référence à la diversité du système juridique n'a été identifiée ou discutée.

[8] La Banque mondiale a aussi demandé à l'étude de proposer des recommandations visant à améliorer le cadre juridique et de régulation, le système judiciaire, la formation au droit, et notamment les instruments juridiques à abroger ou amender, les textes d'applications ou techniques à adopter, les textes juridiques et les mesures destinées à faciliter le développement d'une économie de marché et d'une intégration régionale et le renforcement et la restructuration des institutions existantes dans le secteur judiciaire et l'éducation.

Law et, par conséquent, aucun programme de réforme n'a été proposé pour s'attaquer à ces incohérences potentielles.

Au fil des années, de nombreuses activités prévues dans le Plan d'action ont été mises en œuvre, bien que le rythme des réformes ait été lent et que ses réalisations aient été difficiles à mesurer. Cette réforme a été largement politisée et les défis à relever innombrables quoique prévisibles, à savoir les intérêts acquis, tant dans le secteur public que privé et la crainte des conséquences du changement découlant de la complexité et de l'incertitude des réformes.

Forte résistance au changement : Il est tout à fait compréhensible que de nombreux décideurs politiques, certains revenant récemment d'outre-mer après la formation du gouvernement de coalition en 1993, d'autres alourdis par de décennies de guerre et de misère, aient perçu les réformes comme une menace directe au statu quo et résisté au changement. Pour eux, la réforme est un jeu à somme nulle, où ils risquaient de perdre plus que de gagner. Il y avait un blocage inhérent à leur mentalité selon lequel il fallait « s'appuyer sur ce qui existe localement et prendre l'appropriation nationale au sérieux ». La nécessité même d'une réforme signifiait que ce qui existait déjà était inadéquat et nécessitait donc des changements fondamentaux. Cette résistance au changement explique pourquoi le CRJ n'a pas pu résoudre les incohérences et les lacunes intrinsèques entre les différentes institutions concurrentes, comme c'est le cas pour le conflit entre le ministère du Commerce et le ministère de la Justice dans le cadre de la création du tribunal de commerce. Dans cette affaire, en gardant à l'esprit que l'état actuel du système judiciaire n'ait pu assurer aux entreprises une protection juridique adéquate, le gouvernement s'était engagé, dans le cadre de ses négociations à l'OMC, à établir un tribunal commercial doté de juges et de personnel qualifiés, indispensable pour créer un climat de transparence et de prévisibilité ainsi que pour fournir un mécanisme d'exécution complétant le système d'arbitrage commercial.

Indépendamment de cet engagement du gouvernement, les fonctionnaires du ministère de la Justice et les tribunaux se sont fermement opposés à la création d'un nouveau tribunal spécialisé et, après plusieurs années de positionnement, y ont réussi. L'incapacité du CRJ à se prononcer en la matière a entraîné la disparition de l'initiative du tribunal de commerce et donc la perception de son inefficacité. Par ailleurs, ce Conseil est resté en grande partie inactif, ce qui a décidé le Premier ministre à le dissoudre en octobre 2013. La responsabilité des réformes a ainsi été transférée aux ministères de tutelle respectifs[9]. Par la suite, le ministère de la Justice a assumé la responsabilité de la réforme judiciaire[10].

Faible dialogue sur les politiques et consultations avec le secteur privé : Le gouvernement a veillé, avant et pendant le processus d'adhésion, à ce qu'un consensus national anime toutes les parties concernées dans toute la mesure du

---

[9] Décret royal portant sur la dissolution des Conseils suprêmes de réforme de l'État du 1er octobre 2013.

[10] Décret royal portant création d'un comité de réforme juridique et judiciaire du 24 octobre 2013.

possible, en particulier avec le secteur privé. Au cours de la période d'adhésion à l'OMC qui a débuté en 2000, le gouvernement a élaboré l'une des approches les plus engageantes en ce qui concerne les consultations sur les politiques commerciales avec le secteur privé. Dans les faits, ce partenariat entre les secteurs public et privé a été perçu comme très efficace en termes de contributions et de recommandations tout au long du processus d'adhésion.

Le gouvernement a lancé une campagne de sensibilisation très active sur l'adhésion à l'OMC et ses implications. Par conséquent, de nombreux ateliers ont été organisés pour discuter sur des projets de lois et de règlements[11]. Lors du Troisième Forum Gouvernement-Secteur privé qui s'est tenu le 7 février 2001 sous le haut patronage du Premier ministre Samdech Hun Sen, le gouvernement a réitéré son engagement à assurer la transparence et la prévisibilité de la formulation des lois et des règlements touchant au secteur privé et a accueilli favorablement les suggestions des entreprises dans le processus législatif[12].

Avant l'OMC, la capacité du secteur privé était très limitée et les entreprises cambodgiennes étaient maintenues à l'écart du processus d'élaboration des politiques, tant par défaut institutionnel que par négligence historique. La raison est que le milieu des affaires était relativement négligeable et historiquement faible pour mériter le respect de ses homologues au sein du gouvernement. En termes de connaissances, la plupart des hommes d'affaires ne maîtrisaient pas les enjeux juridiques d'une économie de marché et n'étaient pas en mesure d'intégrer les implications complexes de ces nouvelles lois.

Sortie d'une économie planifiée et partant de zéro, la plupart d'entre eux ont débuté dans des entreprises familiales, sans réelle notion de gouvernance sophistiquée ni de présence d'un conseil d'administration pour les guider. Les titres sont très importants dans le système de patronage historiquement établi[13] et la plupart de ces hommes d'affaires portent des titres honorifiques, tels que le titre d'Okhna. Faisant partie de ce système de patronage, pour la plupart d'entre eux, ils étaient poliment priés de contribuer financièrement aux partis politiques et à des personnalités politiques importantes. À de très rares exceptions près, ils n'avaient que peu d'expertise sur les questions commerciales et financières, et encore moins aux questions liées aux systèmes juridiques[14].

---

[11] MINISTRY OF COMMERCE, *Cambodia Business and Investment Handbook*, 3 editions (1996), (1998), (2000).

[12] INTERNATIONAL BUSINESS CHAMBER CAMBODIA, *Government-Private Sector Forum: Agenda Matrices of the Working Group*, (2004); International Finance Corporation, *Government-Private Sector Forum : Agenda Matrices and Position Papers of the Working Groups 13th Forum - 15th Forum*, (2010); Royal Government of Cambodia, *the 17th Government-Private Sector Forum "AEC 2015-Opportunities and Challenges for Cambodia*, (2014).

[13] EAR (Sophal), *The Political Economy of pro-poor Livestock Policy in Cambodia, pro-poor Livestock Policy Initiative*, University of California Berkeley, document de travail n° 26, août 2005, p. 11.

[14] Les titres « *Okhna* » et « Conseiller » sont des honneurs accordés aux élites du secteur privé pour reconnaître leur contribution au développement national.

En termes d'expertise économique sectorielle, à l'exception de quelques secteurs comme le secteur financier et bancaire, le secteur du tourisme, les services juridiques et comptables professionnels, il n'existait aucune structure organisationnelle suffisamment solide du secteur privé capable d'interagir efficacement avec le gouvernement. Par défaut, de nombreux intérêts commerciaux sectoriels n'ont pas été pris en compte dans les positions politiques nationales, que le gouvernement pouvait utiliser dans ses diverses négociations commerciales régionales et internationales. Les conseillers juridiques expatriés qui ont été engagés par les chambres de commerce prodiguaient généralement des conseils sur des lois particulières et se concentraient habituellement sur leur compétence limitée. De plus, la nature à court terme de leurs missions ne les a pas encouragées à fournir des efforts pour mieux saisir les questions complexes du système judiciaire. Par défaut, leur examen de divers projets de loi n'a pas permis de discerner les questions conflictuelles dans les deux systèmes juridiques. En somme, la faiblesse du secteur privé a entraîné une contribution moins efficace au processus législatif, ce qui explique pourquoi de nombreuses lois étaient en fait des lois qui inhibaient plutôt qu'encourageaient le développement des entreprises.

L'absence de leadership ministériel clair mène à un statu quo législatif au niveau sectoriel

Manque de leadership stratégique clair pour coordonner l'élaboration d'un programme législatif cohérent : Mis à part les grandes stratégies nationales de développement, très peu de politiques sectorielles ont été élaborées et adoptées par le gouvernement au cours de la première décennie suivant la formation du gouvernement. Ce vide politique sectoriel a conduit à l'élaboration ad hoc de législations, ce qui pourrait en partie expliquer leur rédaction désordonnée. La qualité des législations et des réglementations ne pouvait être assurée qu'après la mise en place de politiques claires, bien comprises et acceptées par les institutions concernées. Les recommandations de changements étaient inefficaces dans les efforts de réforme en l'absence de politiques bien définies. Par conséquent, les objectifs de toute loi devaient être clairement énoncés dans les directives avant que l'exercice de rédaction proprement dite ait lieu.

L'expérience de la rédaction de la loi forestière est une bonne illustration de la façon dont l'absence de politique claire a contribué à un échec à la faire promulguer, et ce malgré cinq longues années d'assistance technique coûteuse. Le résultat final a mené à la récolte anarchique de produits forestiers et à l'incapacité du gouvernement de maximiser les recettes tirées du secteur forestier[15]. De même, dans la période qui a suivi l'adhésion à l'OMC, après que la pression de l'adhésion ait été diminuée, plusieurs projets sont restés à l'abandon pendant plus d'une décennie, comme le projet de loi sur le commerce électronique, le projet de loi sur la concurrence, pour ne nommer que ceux-ci.

Le cas des marchés de capitaux dans la période avant l'adhésion à l'OMC : Peu après la formation du gouvernement de coalition en 1993, la nouvelle administration a eu une vision de développement du secteur financier et du marché des capitaux en dépit de l'absence de cadre politique et de bonne compréhension du fonctionnement d'un marché boursier[16]. Le gouvernement a commandité l'élaboration d'une loi sur les marchés des capitaux en 1995, mais aucun progrès n'a été réalisé depuis en raison des retards dans le développement de l'infrastructure financière et juridique connexe.

À l'époque, très peu de représentants du gouvernement et de législateurs connaissaient les questions juridiques liées au marché des capitaux[17] ou à d'autres sujets connexes comme la restructuration et la privatisation de l'État ou encore des concepts de projet de concession comme le BOT « *Build-Own-Transfer* » et ses options connexes[18]. À quelques exceptions près, ils n'avaient pas été exposés à des sujets liés au marché des bourses comme la protection des droits de propriété intellectuelle ni sur les complexités des marchés financiers et du financement international dans une économie mondialisée[19].

---

[15] Les trois institutions financières internationales, à savoir le FMI, la Banque mondiale et la BAD, ont fourni une assistance technique juridique pour l'élaboration de la législation forestière. Voir Ministry of Agriculture Forestry and Fisheries, Forest Policy Reform Project: *Forest Policy Transition Paper for Cambodia*, (1998).

[16] Office of the Council of Ministers Securities and Exchange Regulation Working Group, Working to Promote Integrity and Investor Protections: *While the Coming Cambodia Stock Exchange Is Not Yet a Reality, One Day You Will be able to Log On & Trade on It*, 1995.

[17] Le projet d'assistance de la THE ASIA FOUNDATION démontre à quel point le bas niveau des compétences des fonctionnaires du ministère du Commerce en est en 1997. Dans leur projet « Cambodia Law and Democracy Project » on enseigne à ce moment que les aspects rudimentaires des contrats. Voir THE ASIA FOUNDATION, *Draft the Document on the Basic Aspects of Contract Law for the Training of Selected Personnel by Minister of Commerce of Cambodia*, (1997).

[18] L'aéroport international de Pochentong à Phnom Penh a été le premier accord de concession BOT (exploitation, gestion et développement) avec la SCA, un consortium franco-malaisien. En 2000, le gouvernement et la SCA ont conclu un accord de transfert qui prévoyait que la SCA exploitait l'aéroport de Siem Reap et partageait avec le gouvernement les recettes et les bénéfices provenant de son exploitation. Voir MINISTRY OF PLANNING, *Review of Progress in the 1990s and Action Programme for 2001-2010: Presentation of the Royal Government of Cambodia at the Third United Nations Conference on the Least Developed Countries*, (2001), p. 7.

[19] Les options pourraient être les suivantes : construction, exploitation et transfert ; Construire, louer et transférer ; Construire, transférer et exploiter ; Construire, posséder et exploiter ; Construire, posséder, exploiter et transférer ; Construire, coopérer et transférer ; Développer, exploiter et transférer ; Moderniser, exploiter et transférer ; Moderniser, posséder et exploiter ; Bail et exploitation ; ou un accord de gestion ou toute variante de ces formulaires. Voir aussi MERNA (A.) et al., *Guide to the Preparation and Evaluation of Build-Own-Operate-Transfer Project Tenders*, (1996). The Public Private Infrastructure Advisory Facility, and the World Bank, *Private Solutions*

Les marchés de capitaux ne pouvaient être établis ni fonctionnels sur le plan opérationnel sans cadre comptable et juridique en place et sans organisation opérationnelle des professions juridiques et comptables. Non seulement il était nécessaire de rédiger et d'adopter ces lois clés, mais les institutions responsables de leur mise en œuvre devaient également être créées et dotées de professionnels qualifiés.

De plus, la loi sur les Entreprises commerciales n'avait pas encore été rédigée que de nombreuses sociétés étrangères avaient établi leurs filiales au Cambodge, menant leurs activités dans un secteur non réglementé, sous l'unique réserve de l'exigence d'enregistrement des entreprises, prévue par la loi sur les Règles commerciales et l'enregistrement. En outre, il n'existait pas encore de loi réglementant la cotation des sociétés, les normes de gouvernance et les états financiers vérifiés. La loi sur les Banques et les institutions financières ne contenait que quelques dispositions relatives au gouvernement d'entreprise.

Il a fallu attendre encore cinq ans pour que le gouvernement, avec l'aide de la BAD, a pu formuler une vision et une stratégie à long terme pour le développement du secteur financier en 2001, comprenant le développement d'un marché des capitaux. Dans le cadre du plan de développement des marchés de capitaux contenu dans le Schéma directeur du secteur financier (2001-2010), la BAD a accepté de fournir une assistance technique[20] au ministère de l'Économie et des Finances afin de développer un cadre juridique approprié pour le développement, l'établissement et la supervision d'un marché des valeurs mobilières au Cambodge[21].

Avec cette feuille de route claire, divers ministères se sont efforcés de rédiger les lois habilitantes nécessaires, à savoir : le ministère du Commerce sur la loi des Entreprises commerciales ; la Banque Nationale du Cambodge sur la loi régissant les Instruments négociables et la loi sur le Paiement ; le ministère de la Justice sur le Code civil et le Code de procédure civile ; le ministère de l'Économie et des Finances sur la loi sur les Bons de trésor et la loi sur l'Émission et le commerce des sûretés non gouvernementaux. Avec toutes ces lois nécessaires en place, le gouvernement a annoncé sa tentative de créer une bourse

---

for Infrastructure in Cambodia, (2001); Economic Consulting Associates, Cambodia – *Framework for Improving Governance in PPI Transactions*, (2004).

[20] Le cadre de développement des marchés de capitaux devait se dérouler en trois phases : (i) Phase 1 (2001-2004) - créer et favoriser un environnement propice aux marchés de capitaux ; (ii) Phase 2 (2005-2007) - établissement de la fondation pour le marché des capitaux ; et (iii) Phase 3 (2008-2010) - développement du marché des capitaux.

[21] ASIAN DEVELOPMENT BANK, *Cambodia Financial Sector Blueprint for 2001-2010*, (2002); Voir aussi ROYAL GOVERNMENT OF CAMBODIA, *Financial Sector Development Strategy (2006-2015)*, (2006).

en 2009[22]. La bourse a finalement été lancée en 2011, mais reste sous-évaluée avec seulement 5 inscriptions à ce jour[23].

Recours à l'aide juridique à court terme : Une autre situation caractéristique de l'incohérence juridique est en partie due au recours à l'assistance juridique à court terme. Parfois, les besoins juridiques à court terme de certains ministères ont poussé les donateurs à fournir une assistance technique ad hoc et immédiate dans la rédaction de lois spécifiques répondant uniquement à ces besoins ponctuels, sacrifiant ainsi la cohérence globale du cadre juridique. Un bon exemple est le cas de la loi sur les Transactions sécurisées, où l'assistance technique a été fournie par la BAD dans le seul but d'améliorer l'infrastructure juridique dans le secteur financier[24]. Il est vrai que des lois plus spécialisées deviennent nécessaires à mesure que la société se développe, mais l'effet secondaire de ces lois pourrait être à l'origine de certaines dissonances avec le Code civil, favorisant une discordance certaine dans le système juridique du pays.

Beaucoup de besoins ponctuels se sont fait sentir pendant la période d'adhésion à l'OMC. La pression de la frénésie législative à un rythme record a amené le gouvernement à saisir des prestations ponctuelles à court terme. Il a ainsi eu recours à l'assistance technique et aux conseils des organisations internationales, en particulier dans le cadre d'un programme spécial de renforcement des capacités commerciales multilatérales intitulé le « Cadre intégré pour l'assistance technique liée au commerce pour les pays les moins avancés (PMA) », qui regroupait le FMI, le Centre du commerce international, le PNUD, la CNUCED, la Banque mondiale, l'OMC et plusieurs autres organismes spécialisés des Nations Unies[25]. Dans le cadre de ce programme, les pays développés se sont engagés à travers leur programme d'assistance technique accéléré à fournir leur soutien immédiat aux PMA visant, entre autres, à respecter les règles de l'OMC.

L'assistance technique mobilisée pour la préparation du programme législatif tendant vers la conformité aux exigences de l'OMC et autres activités de renforcement des capacités comprenait : le Canada pour la préparation des règles pour le Centre d'arbitrage commercial et la rédaction du projet de loi portant

---

[22] « Le Cambodge prévoit un marché boursier, mais les entreprises vont-elles ouvrir leurs poches ? The Associated Press (Phnom Penh), 18 novembre 2007.

[23] La Corée du Sud a accepté d'aider le Cambodge à mettre en place une bourse et dépenserait 1,8 million de dollars pour la formation et l'aide à la mise en place de la technologie du marché boursier moderne qui devrait ouvrir ses portes en 2011.

[24] MINISTRY OF COMMERCE and ASIAN DEVELOPMENT BANK, *Workshop on the Dissemination of Commercial Laws (Commercial Arbitration and Secured Transactions)*, 2010 ; Brook (J.), Secured Transactions, 2nd ed., Aspen Law & Business, 2002; CARRAD (David), *Official Comments on the Laws of Secured Transactions,* (1998).

[25] MINISTRY OF COMMERCE and ROYAL GOVERNMENT OF CAMBODIA, *Implementing the Integrated Framework "IF" in Cambodia*, (2002). Voir aussi Joint WTO/OECD, *Report on Trade-Related Technical Assistance and Capacity Building*, (2005).

création du Tribunal de commerce[26]; l'Australie pour la rédaction des lois sur les « antidumping », des lois régissant le régime sanitaire et phytosanitaire et ses règlements d'application ; l'Autriche et la Norvège, pour le financement à travers l'ONUDI dans la préparation d'une législation sur les barrières techniques sur le commerce et les normes industrielles et ses règlements d'application ; la France pour la rédaction de la loi sur les Indications géographiques, du Code pénal et du code de procédure pénale ; le Japon pour la rédaction du Code civil et du Code de procédure civile ; la Banque mondiale pour l'examen de la conformité de la loi sur les Télécommunications et le document de référence sur les télécommunications ; le FMI pour l'élaboration de la loi sur les Douanes et la loi sur l'Insolvabilité ; la BAD pour l'élaboration de la loi sur les Transactions sécurisées, l'établissement d'un registre public des transactions sécurisées et la rédaction de la loi sur le Commerce électronique ; et enfin l'UE pour l'assistance technique dans l'opérationnalisation de l'unité de conformité juridique de l'OMC au sein du ministère du Commerce et d'autres activités postérieures à l'adhésion.

Prolifération des lois spéciales dictée par les forces du marché et les engagements liés à l'adhésion à l'OMC

Conflits entre les lois spéciales et le Code civil : Pour accélérer le processus d'adhésion, le gouvernement a soumis au Secrétariat de l'OMC plus de 85 textes législatifs, des projets de lois et d'instruments réglementaires, ainsi qu'un Plan d'action législatif national, témoignant d'un programme ambitieux en vue de promulguer plus de 40 nouvelles lois. Le rythme rapide de la rédaction juridique pour répondre aux exigences de l'adhésion à l'OMC a entraîné une prolifération de lois spécialisées ou spéciales, dont certaines contenaient des dispositions incompatibles avec le nouveau Code civil.

Le Code civil constitue la pierre angulaire de tout pays de droit civil. Il a été promulgué le 8 décembre 2007. Jusque-là, il n'y avait pas de code civil en place, et il a fallu attendre quatre années supplémentaires avant qu'il n'entre finalement en vigueur en 2011[27]. L'importance du Code civil et du Code de procédure civile nous interroge sur l'histoire de la codification au Cambodge.

Grâce à l'aide précieuse du gouvernement japonais, une grande équipe de consultants japonais a pu aider les fonctionnaires du ministère de la Justice à

---

[26] TREMBLEY (José) and SARIN (Denora), *Intellectual Property Laws and Regulations Expressly attributed to the Jurisdiction of the Court and related explanatory note or commentaries*, (2003); TREMBLAY (José) and SARIN (Denora), *The Commercial Court Law of the Kingdom of Cambodia (Vol. 1) Commercial Court Practice*, (2003).

[27] La loi sur l'application du Code civil, promulguée en 2011, contient des dispositions sur la date d'application du Code civil, des dispositions transitoires, des dispositions abrogeant ou modifiant certaines lois et réglementations existantes, et d'autres dispositions nécessaires à l'application du Code civil.

rédiger ces deux codes. L'équipe s'est référée aux lois japonaises, allemandes et françaises, ainsi qu'au Code civil cambodgien de 1954, au décret n° 38 D se référant aux contrats et autres responsabilités, à la loi sur le Mariage et la famille ainsi qu'à la nouvelle loi Foncière.

Le nouveau Code civil : Dans l'ensemble, le Code civil marque une grande avancée pour le Cambodge. Il s'agit d'un code moderne qui fusionne l'influence de la législation cambodgienne préexistante avec celle des concepts de droit japonais et français. Il reflète aussi l'influence de la Common Law dans les dispositions traitant des règles et principes relatifs au contrat. Le système de Common Law intervient de manière ponctuelle au Cambodge. La notion d'« agency » y est traitée. Or il ne s'agit pas d'une notion propre au système romano-germanique, mais spécifique à celui de la Common Law. Cette institution est plus large que celle de la représentation prévue dans le système romano-germanique. Elle vise l'hypothèse dans laquelle une personne, le principal, donne pouvoir à une autre personne, l'agent, d'agir activement et notamment de passer des contrats au nom et pour le compte du principal[28].

L'équipe de rédaction japonaise a dû consacrer beaucoup de temps à identifier les incompatibilités potentielles entre le Code civil et d'autres lois, entre autres la loi Foncière[29], la loi sur les Transactions sécurisées, la loi sur le Crédit-bail financier, la loi sur l'Arbitrage commercial[30] et le projet de loi sur le Tribunal de commerce. Les sections suivantes consacreront un certain nombre d'exemples relatifs aux problèmes d'incohérence et de leur résolution aussi bien que sur l'approche de l'assistance juridique japonaise.

En termes de normes hiérarchiques, si des exceptions sont prévues dans d'autres lois spéciales ou si certaines dispositions du Code civil contredisent les dispositions d'une loi spéciale, les règles générales du Code civil dans ce cas ne s'appliquent pas. On applique, à l'instar du droit français l'adage selon lequel *specialia generalibus derogant*[31]. Par exemple, la fixation des taux d'intérêt dans les contrats de prêt à la consommation, conformément au règlement d'application du Code civil, est différente du taux d'intérêt autorisé par la Banque Nationale du Cambodge. De même, les accords de sécurité créés en vertu de la loi sur les Transactions sécurisées sont différents de ceux créés en vertu du Code civil. Il n'est pas rare non plus de trouver des contrats soumis à la fois aux règles générales du Code civil et à des lois spéciales comme les contrats de travail, les contrats d'assurance et les contrats de concession.

---

[28] BALIVET, *op. cit.*, pp. 22-31.

[29] Pour plus de détails sur l'expérience du Japon en matière de coordination entre la loi Foncière et le Code civil, voir YUKA (Kaneko), *Catalistic Role of Legal Assistance between Formal Law and Social Norms : Hits from Japanese Assistance, Journal of International Cooperation Studies*, vol. 15, n° 3, GSICS, Université de Kobe (2008).

[30] HIROTO (M.), Comments on the draft Commercial Arbitration Law of Cambodia from the Japanese Working Group for Supporting the Drafting of the Code of Civil Procedure, 2005.

[31] Adage latin célèbre en droit français qui signifie : « les règles spéciales dérogent aux règles générales ».

Études de cas d'incohérence des lois spécialisées avec le Code civil

Le droit des contrats commerciaux et le Code civil : Le projet de loi sur les Contrats commerciaux est une bonne illustration de la résolution d'un conflit de normes potentiel. Alors que le ministère de la Justice, avec l'aide du Japon, a préparé un Code civil compréhensif qui devait prendre plusieurs années de travail, le ministère du Commerce, avec le soutien de la BAD, a poursuivi concurremment la préparation d'une loi sur les contrats commerciaux sous la pression des besoins incessants du milieu des opérateurs économiques. Les deux institutions, ainsi que leurs bailleurs de fonds respectifs, ont convenu, quel que soit le calendrier de rédaction, de respecter les mêmes principes fondamentaux qui sous-tendent la formation et l'exécution du contrat. Lorsque le Code civil a finalement été promulgué, le ministère du Commerce n'a pas ressenti l'urgence de pousser plus loin son propre projet[32]. Jusqu'à présent ce projet de loi n'a vu la lumière du jour.

La loi sur les Transactions sécurisées et le Code civil : La loi sur les Transactions sécurisées promulguée le 2 mai 2007 a été rédigée par le ministère du Commerce avec l'assistance technique de la BAD[33]. Cette loi a eu comme finalité l'introduction d'un système unifié de garantie sur les biens mobiliers et les créances par la création de bureaux de dépôt pour les avis de garantie. La loi a ainsi prévu un réseau national de bureaux de classement où il est possible d'accéder à des informations sur les droits de sûreté. Le moyen de parfaire un droit de garantie est en déposant un avis de création de ce même droit au ministère du Commerce.

En vertu de cette loi, il n'existe qu'un seul type de droit de garantie sur les biens mobiliers et les créances. Toutefois, le Code civil reconnaît deux types de droits de sûreté sur les biens mobiliers, à savoir le gage et le transfert en garantie et le gage sur les créances en garantie. L'équipe de rédaction japonaise a affirmé que : « La création de droits de sûreté unifiés sur les biens mobiliers et les créances par la loi sur les Transactions sécurisées dénote d'un déni des droits de sûreté sur les biens mobiliers et les créances prévus dans le Code civil, qui est une loi générale fondamentale de droit privé. Il va de soi que des lois spéciales peuvent être rédigées pour apporter les modifications nécessaires aux dispositions des lois générales. Toutefois, il convient également de noter que le champ d'application des lois spécialisées doit être clairement défini et qu'aucune loi spéciale ne peut porter atteinte aux lois générales. En ce sens, la loi sur les Transactions sécurisées ne peut pas être considérée comme spéciale, car elle

---

32 Voir *Notes explicatives : Projet de loi sur les contrats commerciaux*, avril 2001. Préparé dans le cadre de l'Assistance technique pour le développement du droit commercial. Projet d'assistance technique de la Banque mondiale (IDA Credit 2664-KH).

33 BANQUE ASIATIQUE DE DÉVELOPPEMENT, TA3861 : *Améliorer l'infrastructure juridique dans le secteur financier.*

tente de déroger totalement aux dispositions du Code civil relatives aux droits de sûreté sur les biens mobiliers et les créances. »

La loi sur les Transactions sécurisées contient également des dispositions incompatibles avec le Code de procédure civile. Par exemple, il est prévu à l'article 48, al. 2 de cette loi, qu'en cas de défaut, la partie garantie a droit à une ordonnance spéciale et accélérée du tribunal lui accordant la possession ou le contrôle de la sûreté, bien qu'il n'y ait pas de procédure prévue dans le Code de procédure civile correspondant aux dispositions susmentionnées. L'article 49, al. 1, dispose qu'après défaut, une partie garantie peut vendre, louer, concéder ou autrement aliéner une partie ou la totalité de la sûreté, et l'al. 2 dispose que la cession de la sûreté peut être faite publiquement ou en privé, et peut être faite dans un ou plusieurs contrats. Bien au contraire, le Code de procédure civile précise que le mode d'exécution des sûretés et la disposition privée ne peuvent en aucun cas être autorisés. La façon dont il faut appliquer ces dispositions n'est pas encore claire lorsqu'il est nécessaire de faire respecter les garanties créées en vertu de la loi sur les Transactions sécurisées. Pour cette raison, le ministère de la Justice et l'équipe de rédaction japonaise ont affirmé fermement que cette loi a créé un chaos dans le cadre juridique du Cambodge si elle était adoptée comme telle[34].

Dans sa défense, l'équipe de la BAD a réfuté le fait que la création d'un système unifié de droits de sûreté sur les biens mobiliers et les créances était une condition à l'octroi d'un prêt et que, par conséquent, cela ne pouvait être modifié. Plusieurs tentatives de révision du projet, initiées par le ministère de la Justice et l'équipe de rédaction japonaise se sont avérées infructueuses, en partie parce que les fonctionnaires du ministère de la Justice n'ont pas bien compris l'objet de la question que l'équipe de rédaction japonaise a mis en exergue et n'a pas pu présenter une contre-proposition efficace au ministère du Commerce. Finalement, la loi a été promulguée sans que les révisions nécessaires ne soient apportées, ce pour éviter les incohérences avec le Code civil. Par la suite, le ministère de la Justice et l'équipe de rédaction japonaise ont introduit les dispositions nécessaires pour permettre la coexistence des dispositions sur les droits de sûreté sur les biens mobiliers et les créances issues du Code civil applicable et celles des droits de sûreté créés en vertu de la loi sur les Transactions sécurisées. Jusqu'à maintenant, le système de dépôt d'avis de création n'est utilisé que par les banques et les institutions financières.

La loi Foncière de 2001 et le Code civil de 2007 : Au cours des trois dernières décennies d'expériences juridiques, politiques et sociales, le système de propriété dans le pays a subi des changements systémiques majeurs. Le système juridique du Cambodge après 1979 a été influencé par le Vietnam, et le système socialiste de propriété en vigueur au cours des années 1980 reflétait plutôt les besoins réels

---

[34] YASUDA, *Legal Reform and Rule of Law in Cambodia*, Hogaku-shinpo Vol. 112, No. 1, 2, Chuo University (2005), pp. 887-878.

de l'époque. Cependant, avec la réorientation du parcours politique et économique au début des années 1990, le Cambodge a abandonné le système socialiste et a progressivement adopté une économie de marché sur le modèle des fondements des régimes de droit de propriété, considéré par le gouvernement comme la locomotive de sa transition.

L'article 12 de la Constitution de 1981 a été modifié à deux reprises pour réorganiser l'économie nationale, avec l'ajout de deux autres catégories d'économies, à savoir l'économie privée et l'économie État-privé mixte. Cette modification a déclenché une augmentation du rythme de développement des activités économiques. En fait, la propriété privée des terres ou des maisons n'existait pas entre le 17 avril 1975 et début 1979 en raison de l'abolition totale de la propriété privée par le régime Khmer rouge. Pour le gouvernement, le droit de « propriété d'avant 1975 » était une question sérieuse et, si elle n'était pas gérée comme elle se devait, les conséquences prévisibles seraient le chaos et par la suite la résistance interne aux pourparlers que le gouvernement était en train de poursuivre en vue d'un règlement politique de la guerre civile.

Il est également devenu évident qu'une loi foncière de nature plus précise serait nécessaire pour réglementer la gestion des terres de plus en plus complexe dans le sillage d'une croissance soudaine des transactions foncières et de construction. L'effort de diversification du droit de propriété pour permettre des utilisations maximales de ressources foncières a en fait commencé avec la loi Foncière de 1992.

La Constitution de 1993 et la nouvelle loi foncière promulguée en 2001 ont propulsé le développement de la propriété foncière au Cambodge à un nouveau stade. Les droits fonciers ont été élargis avec le Code civil de 2007 par une disposition sur la protection de la propriété relative aux droits et responsabilités des citoyens khmers. Toutefois, l'absence de cartographie cadastrale et de registres d'enregistrement fut la cause principale des conflits fonciers, en particulier dans les régions rurales. À part le droit de propriété qui n'est pas le seul régime légal de possession et d'utilisation privée des terres et autres propriétés, il existe d'autres formes de droits qui ont été définies par la loi Foncière de 2001 et le Code civil de 2007. Deux articles distincts incorporent la propriété de l'État, la propriété monastique bouddhiste, la propriété des peuples autochtones et autres communautés[35] ainsi que la concession foncière[36] dans les catégories de droit réel. Il existe également des dispositions prévoyant l'utilisation des terres sous différentes formes de cautionnement[37].

---

35 Code civil (206), article 306.

36 *Ibid.*, art. 307. Les dispositions relatives aux baux à long terme s'appliquent aux cas de concession foncière.

37 Ils sont aussi appelés garanties de droit réel et comprennent la détention, le privilège, l'engagement, l'hypothèque et la garantie de transfert.

Conflits sur les techniques de rédaction

Langue et définition : La rédaction de codes volumineux est une tâche gigantesque. La gratitude du gouvernement et du peuple cambodgiens a ainsi été accordée aux gouvernements français et japonais pour leur soutien respectif à la rédaction du Code pénal et du Code de procédure pénale, du Code civil et du Code de procédure civile.

Considérations linguistiques et problèmes de traduction : « Traduire, c'est trahir » ou « tradutore, traditore ». Cette célèbre formule italienne exprime fidèlement le problème de la langue ou plus précisément le dilemme des langues pour le comparatiste. Il peut arriver en effet qu'une notion existante dans un langage juridique donné ne se retrouve pas dans un autre langage juridique (« equity, equitable interest, revolving fond, estoppel », etc.). Face à cette difficulté, il faut prendre conscience des phénomènes découlant de l'ambiguïté des termes juridiques, qui appartiennent simultanément à un champ linguistique et à un système juridique comportant des sources écrites et d'autres formulations. Si l'on tient compte de cet élément, on comprend mieux pourquoi des pays qui parlent la même langue recourent à des vocabulaires juridiques différents. Ainsi, le français et l'italien, utilisés pour formuler le droit suisse, emploient le mot de « possession » ou possesso pour indiquer le pouvoir de fait sur la chose sans intention de se considérer comme propriétaire, alors que la France et l'Italie nomment respectivement ce pouvoir « détention » et detenzione[38]. Pire, le problème s'amplifie quand le vocabulaire ne ressort pas de la même source de langue latine. Pour le comparatiste cambodgien éduqué dans une langue d'origine Sangkrit et Bali, la difficulté commence déjà avec le champ linguistique, avant même d'envisager le vocabulaire juridique.

Selon la thèse de Rodolfo Sacco lorsqu'il aborde le « problème de la langue », la seule option du comparatiste est de passer par la construction de néologismes. Enfin, le comparatiste peut se trouver face à deux notions juridiques qui, formellement identiques, auraient des significations différentes, voire opposées. Dans cette hypothèse, il sera nécessaire de passer par une sorte d'officialisation via un procédé d'homologation « qui peut être alors défini comme la réduction des catégories d'un système aux catégories d'autres systèmes dépassant la compétence linguistique »[39].

Pour mieux comprendre ce procédé d'homologation, Thierry Rambaud présente un exemple d'un avant-projet français de réforme du droit des obligations, dit projet « Catala 1 ». « Pierre Catala a demandé à l'Association Henri Capitant des amis de la culture juridique française de le traduire en anglais.

---

[38] RAMBAUD, *op. cit.*, (2014), p. 47.
[39] *Idem.*

David Gruning et Alain Levasseur[40] de l'université de Louisiane ont alors produit une belle traduction. Peu de temps après, des professeurs de l'université d'Oxford en ont réalisé une autre. Cette double traduction est une véritable aubaine pour les comparatistes. La traduction louisianaise utilise une terminologie civiliste, faisant appel au lexique du Code civil louisianais, qui s'exprime en langue anglaise depuis maintenant deux siècles.

Les professeurs D. Gruning et A. Levasseur « écrivent » du droit civil en anglais. À titre d'exemple, la notion de « solidarité » est traduite par « *solidarity* », « acte juridique » par « *juridical act* » et « fait juridique » par « *juridical fact* ». Ainsi, le civiliste allemand, argentin, espagnol qui ne connaît pas le français, mais comprend l'anglais accède facilement au projet français. On reste alors au sein des frontières systémiques du droit civil. En revanche, le juriste de Common Law passe la frontière linguistique, mais doit aussi franchir celle des systèmes. La traduction de la Common Law, pour sa part, emprunte au lexique de la Common Law. « Solidaire » est traduit par « joint and several liability ». Le juriste de Common Law sera certes dépaysé, mais il ne fera pas l'effort de comprendre ce qu'est la « solidarité » en matière de créances, présumant qu'il s'agit de « *joint and several liability* ». Les deux notions sont à priori similaires, mais la solidarité subroge le débiteur (ou solvens) dans les droits du créancier, lui donnant le bénéfice des sûretés dont ce dernier disposait, ce qui n'est pas automatique en Common Law »[41].

À l'exception de l'assistance technique française et japonaise, peu de donateurs ont déployé des efforts à long terme pour résoudre la question complexe liée la rédaction et la traduction. Pour la coopération française qui œuvre dans la rédaction des codes pénaux, la question linguistique ne semble pas être un problème, car pour certains hauts fonctionnaires du ministère de la Justice et de la magistrature, la langue française est appréciée et utilisée dans leur vie professionnelle quotidienne. Ici nous prenons seulement le cas de la rédaction du Code civil et du Code de procédure civile, car le processus implique l'assistance juridique japonaise, donc la source linguistique de rédaction est le japonais. Lors de la rédaction de ces codes, les membres du groupe de travail japonais et leurs homologues cambodgiens ont longuement discuté de la question de savoir quels seraient les principes juridiques fondamentaux pertinents pour la société cambodgienne avant même de traduire les divers projets d'articles du Japonais au Khmer.

Grâce à ces efforts, ils ont créé une base de terminologie juridique retranscrivant d'importants concepts juridiques compatibles avec les valeurs et les mœurs cambodgiennes. L'approche japonaise est dérivée, ou inspirée, par les propres expériences qu'a vécues le Japon en 1868. Avant de rédiger des lois

---

[40] Pour une analyse détaillée de cette question de théorie comparative, voir LEVASSEUR (Alain), *Les maux des mots en droit comparé. L'avant-projet de réforme du droit des obligations en anglais*, Revue internationale de droit comparé, (2008), n° 4, p. 819-859.

[41] RAMBAUD, *op. cit.*, (2014), p. 48.

moderne avec l'aide d'experts occidentaux, plus spécifiquement français, ils ont parallèlement créé des terminologies juridiques appropriées en japonais, qu'ils considèrent indispensables pour décrire de nouveaux concepts juridiques.

Les discussions se sont déroulées par interprétation en japonais et en khmer. Pour les Japonais, leur point de vue est simple. En évitant l'intervention d'une autre langue comme l'anglais, ils comptent empêcher le mélange de différents concepts de la Common Law, comme les lois du Royaume-Uni et des États-Unis, dans leurs projets basés sur des concepts de droit romano-germanique. Ils se sont également rendu compte qu'il ne suffisait pas de traduire le japonais en khmer : il était essentiel d'avoir du personnel capable de comparer et de réviser la version japonaise originale, tant d'un point de vue théorique que pratique. Il semblerait qu'une autre raison plausible serait que les membres de l'équipe japonaise n'étaient pas tout à fait à l'aise dans leur mode de communication en anglais.

L'approche japonaise insistait donc sur le fait que l'assistance juridique ne devait pas se limiter à la simple rédaction de projets spécifiques de loi et que l'importance devait être accordée à sa pérennité, que ce soit pour la mise en œuvre à long terme de la loi ou le renforcement des capacités des juristes et des praticiens cambodgiens. Selon eux, l'aide juridique ne pouvait pas atteindre son objectif ultime simplement à travers la rédaction de projets de loi. L'importance et la valeur de leur soutien ne viendront que lorsque ces lois seront réellement mises en œuvre et ancrées dans la société cambodgienne[42].

Grâce à des activités continues de renforcement des capacités, les connaissances et les capacités de l'équipe de rédaction cambodgienne ont été considérablement améliorées. Une fois les lois adoptées, elles seront mieux appliquées dans les conditions réelles. Ce processus conduira à son tour au développement de capacités qui pourraient prendre en charge la rédaction de lois nouvelles à l'avenir[43]. Forts de leur expérience de rédaction du Code civil, les avocats cambodgiens engagés dans le projet ont acquis une meilleure compréhension du droit et de la pensée juridique[44]. Ce développement des ressources humaines a été l'un des principaux résultats obtenus grâce à une approche conjointe et progressive avec les Cambodgiens.

---

[42] Le Japon a défini son aide juridique comme suit : « Étendre le soutien aux pays en développement dans leurs efforts d'élaboration de leur loi, ce qui comprend le soutien à la rédaction de projets de loi précis, à la création de divers systèmes juridiques pour la mise en œuvre des lois et le renforcement des capacités des juristes et des praticiens. » Voir aussi International Cooperation Department Research and Training Institute, Ministry of Justice, *Brief Information of Japan Legal Assistance et ICD*, RTI ; Basic Policy for Legal Assistance of Japan, Law For Development, juillet 2003.

[43] Toshio UEHARA, "*Kanbojia Minji sosho Hoten no seiritsu*", juriste, n° 1358, P. 26 ; Kazuhiko Yamamoto, Working out the World : The Legal and Judicial Development Project in Cambodia, pp. 14-15.

[44] Le juge MONG Monicharia, le juge YOU Bun Leng et le juge HY Sophea ont travaillé en tant qu'homologues de rédaction avec l'équipe japonaise sur la procédure de garantie, de succession et de demande.

Par ailleurs, l'assistance juridique japonaise a souligné la nécessité pour le gouvernement cambodgien d'assurer son appropriation du processus. Des dialogues et des échanges préalables adéquats ont eu lieu avec les experts japonais pour discuter des diverses solutions et options, tout en considérant leurs avantages et inconvénients, avant de laisser au gouvernement le soin de prendre les décisions finales.

Comme il s'agit d'un processus de transplantation juridique, l'équipe japonaise a mis en garde les rédacteurs cambodgiens sur les particularités des concepts juridiques sous-jacents au système juridique du pays exportateur, qu'il s'agisse de droit civil ou de Common Law. Il fallait garder à l'esprit que ce n'est qu'en adoptant le système le plus adapté aux réalités de la société cambodgienne que les lois transplantées pourraient prendre racine et avoir un taux de réussite plus élevé. Comme l'a dit le chef d'équipe japonais : « *Alors que nous allions transplanter les lois japonaises dans un pays où la base sociétale et les postulats sociaux sont totalement différents, il est devenu nécessaire d'examiner méticuleusement des choses que nous n'avions jamais remises en question auparavant. Lorsqu'il s'agit de fournir une assistance juridique aux nations asiatiques, il est important de tenir compte de la diversité de leurs sociétés, de leurs systèmes politiques, économiques et juridiques, ainsi que de leurs diverses cultures et religions, et faire en sorte que l'aide juridique accordée à leur société ne soit pas intrusive* »[45].

Cette approche nous rappelle la théorie de Kahn-Freund qui considérait que le contexte sociopolitique des pays donateurs et des pays bénéficiaires devait être soigneusement examiné en vue d'assurer la viabilité des transplantations juridiques. L'assistance japonaise a donc adopté une « approche de travail conjoint » où les équipes de rédaction cambodgienne et japonaise engageaient régulièrement un grand nombre de parties intéressées au Cambodge dans divers ateliers de formation pour discuter des théories juridiques sous-jacentes et de leurs modes d'application pratique. Des sous-comités composés d'universitaires japonais, de juges et d'autres experts juridiques ont été organisés[46] pour rédiger les chapitres et les provisions pertinentes. Ces experts se rendent au Cambodge cinq à dix fois par an pour échanger leurs opinions avec leurs homologues cambodgiens, qui sont pour la plupart des juges et des membres du personnel du ministère de la Justice[47].

---

45 TAUCHI Masahiro, *Preface, Becoming the Focal Point for Information Distribution on the Japanese Legal Assistance*, Ministry of Justice, Japan *In* Law For Development, International Cooperation Department, Research and Training Institute, Ministry of Justice, July, 2003.

46 Voir MONG (Monichariya) et KAZUKO (Tanaka) (2002), *Rédaction d'un nouveau Code civil et Code de procédure civile au Cambodge avec l'assistance technique japonaise*, Uniform Law Review NS-Col. VIII, UNIDROIT, p. 1049.

47 Le gouvernement japonais invite régulièrement des juges, des procureurs, des membres du personnel du ministère de la Justice à se rendre au Japon pour suivre des formations dans des institutions telles que le Département de la coopération internationale du ministère de la Justice.

Tout au long du processus de rédaction, de nombreux ateliers et séminaires ont été organisés pour permettre aux rédacteurs cambodgiens de mieux comprendre les clauses particulières et de s'assurer qu'elles correspondaient à la situation réelle du pays. En outre, l'équipe de rédaction cambodgienne organise régulièrement des réunions pour sélectionner la terminologie juridique la plus appropriée pour les Codes. Il est intéressant de noter que les rédacteurs japonais ont rédigé leurs premiers projets en japonais, ensuite traduits en Khmer avant d'être envoyés à leurs collaborateurs cambodgiens. Après une revue interne par le ministère de la Justice, des ateliers de travail sont organisés par la suite pour les échanges. Il est à noter qu'aucun effort n'a été fait pour traduire ces textes ni en français ni en anglais. De nombreux donateurs occidentaux et institutions financières internationales ont exprimé leur frustration envers le gouvernement à cause de leur incapacité de fait à contribuer aux projets de codes en cours avec leurs commentaires substantiels, en raison du manque de textes traduits.

Amendements ou abrogations de dispositions contradictoires

Bien que les références précédentes issues des incohérences linguistiques et l'usage de la définition puissent rendre la rédaction législative difficile, elles ne sont pas d'une difficulté insurmontable comparées à l'incertitude émanant du manque de clarté vis-à-vis la validité des lois ou règlements. L'analyse du droit cambodgien est difficile pour plusieurs raisons dont l'une est au cœur de la question de savoir quelles sont les lois qui sont en vigueur et quelles sont celles qui ne le sont pas. L'art. 158 de la Constitution prévoit que les lois et règlements qui protègent la propriété de l'État, ainsi que les droits et la propriété des particuliers, compatibles avec l'intérêt national, continuent à être en vigueur jusqu'à ce qu'ils ne soient modifiés ou abrogés, sauf dans la mesure où ils seraient contraires à l'esprit de la Constitution.

Bien que cet article ait pu être interprété avec des points de vue divergents, il n'y a eu à ce jour aucune contestation judiciaire quant à la validité d'une loi antérieure à la Constitution de 1993[48]. Alors que son interprétation paraît en soi tout à fait claire, il existe des désaccords entre ceux souhaitant restreindre son effet aux lois et règlements qui sont effectivement en vigueur juste avant l'entrée en vigueur de la Constitution de 1993 et ceux qui cherchent à utiliser ses dispositions pour faire revivre des lois qui étaient en vigueur avant le régime des Khmers rouges, mais qui ont été abrogées par ce gouvernement.

L'abolition et la modification des lois existantes : Lorsqu'une nouvelle loi est introduite ou qu'une loi existante est modifiée ou abolie, cela engendre un réajustement de l'ordre juridique. Dans ce cas, si la modification de cet ordre est

[48] Voir Avis juridique sur le nouvel article 158 de la Constitution du 24 septembre 1993 par Alain GOURDON, Yves DAUDET et Xavier GHELBER. Voir aussi Rapport de retour au bureau de la Banque mondiale.

drastique, cela affecterait la stabilité juridique et causerait une confusion dans la vie sociale. Par conséquent, afin d'assurer une transition progressive, diverses dispositions doivent être prises, y compris l'application temporaire de l'ancienne loi et la préparation de règles provisoires spéciales pour l'application de la nouvelle loi. En règle générale, la hiérarchie juridique ou la priorité entre deux lois ou règlements est déterminée conformément aux principes de la *lex posterior derogat legi priori*, i.e. la loi postérieure déroge à la loi antérieure.

En ce qui concerne ce principe, le processus législatif du Cambodge n'est pas clair. L'abolition de lois spécifiques est souvent vague, car il n'y a pas de pratique concrète définissant les procédures d'abrogation d'une loi par une autre loi dans l'histoire législative cambodgienne. Il existe une tradition de rédaction législative au Cambodge où chaque loi et règlement contient des dispositions finales qui énoncent que « toute disposition contraire à la présente loi doit être annulée ou abrogée ». Ces dispositions finales « fourre-tout », qui pourraient refléter dans une certaine mesure la négligence ou bien même la paresse des rédacteurs impliqués dans le processus législatif, ont causé d'importantes confusions dans l'application de ces lois.

En réalité, dans le cas d'une nouvelle législation, les rédacteurs doivent dresser une liste de lois et de règlements qui sont ou semblent incompatibles avec les nouvelles dispositions et préciser les mesures nécessaires pour abolir ou modifier ces dispositions. Les rédacteurs japonais du Code civil et du Code de procédure civile ont ainsi été bafoués par cette lacune procédurale qui a exigé par la suite l'introduction de quelques bonnes pratiques pour équilibrer cette tradition législative confuse[49]. Pour le Code civil, les dispositions finales prévoient que le Code civil est applicable à partir de la date qui sera désignée par une autre loi et que les autres questions nécessaires à l'application du Code civil, y compris les mesures transitoires relatives à l'application du code, seront déterminées séparément par une autre loi.

À ce titre, la loi sur l'Application du Code civil prévoit que les dispositions du Code civil s'appliquent rétroactivement ou uniquement aux questions qui se sont produites après la date d'application du Code civil. Elle prévoit également des mesures transitoires nécessaires pour des questions précédant la date d'application et qui continuent à rester en vigueur par la suite. Un chapitre de la loi sur l'Application du Code civil prévoit également des procédures liées à l'abolition et la modification de lois existantes. Le Code de procédure civile prévoit des mesures transitoires, la date d'application et l'abrogation des anciennes lois dans les livres 8 et 9.

En ce qui concerne le Code de procédure civile, les dispositions transitoires précisent les procédures à suivre pour des questions en cours d'instance devant un tribunal au moment de leur application. Les dispositions finales prévoient

---

[49] Le Code de procédure pénale élaboré par le ministère de la Justice a suivi l'exemple du Code de procédure civile.

également que les dispositions d'autres lois qui sont en vigueur au moment de l'application du Code, mais qui sont incompatibles avec les dispositions du Code ne sont invalidées seulement en ce qui concerne les parties des dispositions qui sont incompatibles à compter de la date de l'application du Code.

Bien que l'équipe de rédaction du Code civil ait pris le temps de passer en revue le processus d'examen pour relever les diverses incohérences possibles, on ne peut pas en dire autant pour les autres équipes de rédaction. À ce jour, les conflits potentiels entre les décrets préexistants et souvent non abrogés ne sont toujours pas résolus. Les pratiques exemplaires en matière de rédaction n'ont pas été appliquées à d'autres projets de rédaction et les ministères continuent de rédiger des projets de loi avec l'inclusion automatique de la clause « fourre-tout » dans leurs dispositions finales, ce qui entraîne par conséquent une source de confusion dans la mise en œuvre ultérieure.

Quant à savoir si les donateurs qui fournissent une assistance technique pour la rédaction des lois et des règlements sont au courant du problème, cela demeure un grand mystère. Dans une certaine mesure, le problème semble être plus systémique sur le plan institutionnel vu l'absence d'une base de données complète des lois et réglementations cambodgiennes.

Absence d'une base de données juridique complète pour appuyer la rédaction législative

Principales sources de lois : Les sources législatives et réglementaires principales sont celles officiellement émises par les autorités compétentes de l'État. Pendant bien longtemps, à la suite de la formation du gouvernement, le Département général du Journal officiel n'a pas publié ni diffusé régulièrement le Journal officiel[50]. L'Assemblée nationale publie seulement les textes de loi, mais en quantité très limitée[51]. L'Assemblée nationale et le Sénat ont tous deux des sites Web où sont affichées des informations sur leurs structures, leurs lois, leurs communiqués de presse et leurs activités. En général, il existe de courts articles et des photos de réunions officielles et de cérémonies de signature, mais les rapports sur les débats parlementaires, les dépenses financières et les projets de loi à l'étude font généralement défaut.

Le Haut-Commissariat des Nations Unies aux droits de l'homme publie une compilation des lois et autres instruments juridiques qui ne concernent que l'administration de la justice et le développement institutionnel au Cambodge. Ce recueil contient principalement les traités sur les droits de

[50] Ce n'est qu'en 1999, avec la mise en place du Conseil pour la réforme administrative et du Conseil pour la réforme juridique et judiciaire, que le gouvernement a été en mesure de publier régulièrement le Journal officiel, mais seulement en khmer. Des copies électroniques sont également disponibles à la vente..

[51] NATIONAL ASSEMBLY, *Compilation of Laws for every legislature session* (Nitikar).

l'homme ainsi que d'autres instruments internationaux auxquels le Cambodge est signataire[52].

Publications secondaires : L'accès aux publications secondaires est également crucial pour les rédacteurs de droit. Il n'existe aucune publication secondaire officielle qui puisse fournir une mise à jour complète de lois et règlements. Les publications secondaires sont issues des organisations qui recueillent les informations à la source et les reproduisent ou les reconditionnent pour vente ou pour distribution. Cela se produit dans le monde entier, habituellement dans le cadre d'une entreprise commerciale ou de projets de développement. Ce genre de sources secondaires liées au cycle de vie d'un projet ou au succès commercial d'une maison d'édition n'est pas fiable pour un petit pays comme le Cambodge où le besoin local reste minime. Par ailleurs, ces entreprises privées tendent à ne recueillir qu'une fraction du nombre de lois pertinentes à certains secteurs et donc ne peuvent être saisies dans leur ensemble. En France, par exemple, les lois et règlements administratifs sont systématiquement compilés dans un code administratif, publié par un éditeur privé, Dalloz.

Depuis ces dernières années, les ressources juridiques, en format électronique ou papier, sont facilement accessibles, bien que la plupart soient en khmer. Un certain nombre de textes et de législations sont disponibles en ligne, et plusieurs sites Web fournissent des informations pertinentes sur les activités des ministères. De nombreuses lois sont également disponibles en ligne en anglais pour les principaux sites Web du gouvernement et le site Web officiel des CETC.

L'accès aux sources de lois et de règlements est de la plus haute importance pour les rédacteurs. Le manque d'accessibilité aux lois et, en particulier, aux réglementations gouvernementales pertinentes peut être considéré comme un autre défi auquel sont confrontés les rédacteurs de droit cambodgiens[53]. L'État de droit suppose non seulement l'existence d'un ensemble de règles, mais aussi qu'elles soient connues à l'avance afin de faciliter la bonne application de la loi par les organismes chargés de son application, les tribunaux et autres parties intéressées, en l'occurrence, les rédacteurs de droit. Or, il ne suffit pas d'avoir mis en place un ensemble adéquat de règles, il est tout aussi important de les publier et de les rendre accessibles à tout un chacun.

L'art. 93 de la Constitution prévoit en effet que les lois promulguées par le Roi doivent être publiées dans le Journal officiel et portées à la connaissance et à l'attention de la population. Malgré ces exigences constitutionnelles, il est clair que tous les règlements ne sont pas publiés suivant cette exigence. Les ministères ont tendance à ne les faire circuler que dans leur milieu

[52] UNITED NATIONS CAMBODIA OFFICE OF THE HIGH COMMISSIONER FOR HUMAN RIGHTS, *Compilation of Law Documents being implemented in Cambodia*, (2011).

[53] ADLER (D.), *Access to Legal Information in Cambodia: Initial Steps, Future Possibilities'*, 2005 (2) The Journal of Information, Law and Technology.

bureaucratique, ce qui rend leurs accès peu aisés pour le public qui n'est même pas au courant de leur existence[54]. La difficulté semble être particulièrement aiguë en ce qui concerne les nombreux règlements administratifs émis par divers ministères et organismes, sans oublier ceux émis au niveau sous-national. Les nouvelles ordonnances administratives sont généralement délivrées sans préavis. Le Journal officiel ne publie que des lois et des décrets gouvernementaux, mais rarement des déclarations ministérielles. Pour certains ministères leurs pages Web ne contiennent qu'une liste incomplète de documents à portée juridique.

Une bonne rédaction dépend donc de la facilité d'accès aux lois et règlements pertinents, ce qui est une condition *sine qua non* pour mieux apprécier les contradictions et les incohérences potentielles. Les lois doivent être facilement accessibles en khmer, sous forme papier et en ligne, et, dans la mesure du possible, sous forme de traduction en français ou en anglais, afin de faciliter les discussions entre les rédacteurs de droit cambodgiens et leurs homologues étrangers. Fort de ce constat, le PNUD, dans le cadre de son programme d'appui au Programme national de réforme administrative, a entrepris d'un commun accord avec son partenaire, le Comité exécutif de la Commission technique interministérielle pour la réforme de l'administration, la création d'une base de données juridiques ayant recours aux nouvelles technologies de l'information[55]. Selon Denis Sainte-Marie, l'expert juridique de la Coopération française auprès de la Faculté de droit et des sciences économiques (URDSE), ce projet de base de données juridiques a permis de recueillir un grand nombre d'informations relatives aux spécificités du droit khmer. Ces acquis créent de nombreuses opportunités pour une meilleure application du droit cambodgien et pour des modifications plus appropriées des règles en vigueur.

Manque d'information provenant des décisions des tribunaux : Apparemment, il ne semble pas y avoir de règlement qui oblige l'administration de la justice à fournir des renseignements sur les décisions judiciaires, les dossiers d'audience et les transcriptions au public. Selon les procédures internes, les greffiers doivent consigner par écrit les délibérations de l'audience et fournir un dossier à la Cour d'appel, mais il n'est pas fait mention d'une disponibilité pour le public.

La loi sur l'Organisation et le fonctionnement des tribunaux, la loi sur le Statut des juges et des procureurs, et la loi sur l'Organisation et le fonctionnement du Conseil suprême de magistrature, adoptées en mai 2014, ne contiennent aucune disposition obligeant les institutions judiciaires à

---

[54] RUBACKI (M.), SAGI (M.), *Access to Legal and Judicial Information, In Preparatory Assistance on Legal and Judicial Reform*, Phnom Penh, PNUD, (2004).

[55] La genèse de la publication de la version anglaise des lois cambodgiennes remonte à 1993, lorsque la compilation initiale et la traduction des lois cambodgiennes ont eu lieu à l'initiative de quelques conseillers juridiques expatriés, y compris M. Sok Siphana.

divulguer au public des renseignements sur les décisions des tribunaux. L'art. 7 de la loi sur l'Organisation et le fonctionnement des tribunaux dispose expressément que les délibérations des chambres restent confidentielles[56]. Mis à part de brefs jugements publics, aucune autre information concernant le raisonnement du tribunal n'est disponible.

En tant que telles, les pratiques judiciaires manquent d'uniformité et de cohérence en raison du manque de publication publique. Les décisions prises par les organes judiciaires ne sont pas reconnues comme des précédents, mais elles ont une fonction utilitaire, car elles servent davantage à préciser les pensées et raisonnements judiciaires sur certaines zones grises du droit. Toutefois, la sagesse et le raisonnement éclairé de la Cour suprême ne sont pas transmis aux tribunaux inférieurs, que ce soit sous la forme d'une orientation théorique ou d'un simple raisonnement juridique.

Pendant une courte période, à la fin des années 1990, il y a eu une compilation des jugements de la Cour suprême, qui sont distribués à quelques tribunaux et bureaux des procureurs. Ces recueils ne contiennent pas d'index ni de sommaires accompagnant les dossiers, ce qui les rend difficiles à les localiser.

Manque d'accès aux documents officiels de la Législature et à leur intention législative : La connaissance de l'intention législative est également limitée puisqu'il n'y a pas d'accès à l'information[57]. Les articles 88 et 111 de la Constitution prévoient que les sessions de l'Assemblée nationale et du Sénat sont ouvertes au public[58]. Par conséquent, les aspects relatifs à la transparence de la législature ne sont pas en cause. Alors que le public peut assister aux débats en direct à l'Assemblée nationale, pour la majorité des gens, cet accès n'est pas physiquement possible. En outre, bien que le Règlement intérieur du Sénat garantisse la présence du public aux séances en direct du Sénat, la permission du Président du Sénat doit également être obtenue et l'entrée dépend de la disponibilité des sièges[59]. Toutefois, pour les rédacteurs de droit, l'accès public aux enregistrements textuels, aux dossiers de vote et aux transcriptions des séances est plus utile.

L'accès à un ensemble de commentaires de lois qui clarifient les diverses doctrines juridiques est particulièrement utile pour eux. Malheureusement, à quelques exceptions près des principaux codes, il n'y a pas de commentaires de ce genre préparés pour d'autres lois et qui permettraient de mieux apprécier l'intention des législateurs. En ce qui concerne le Code pénal et le Code de

---

[56] Loi sur l'Organisation et le fonctionnement des tribunaux (2014), art. 7.

[57] Seul l'article 84 de la loi sur le Système de finances publiques (2008) dispose que toutes les recettes et dépenses des administrations nationales et les rapports financiers connexes doivent être transparents et accessibles au public.

[58] Constitution du Royaume du Cambodge, 1993, modifiée en 2008 – art. 88 et 111.

[59] L'Assemblée nationale et le Sénat sont légalement tenus de publier leurs rapports financiers, mais ils ne sont pas largement accessibles.

procédure pénale, un ensemble de commentaires a été préparé, en partie en raison de la nécessité de fournir une orientation aux juges et aux procureurs internationaux qui travaillent aux CETC. Les commentaires de quelque huit cents articles du Code pénal apportent ainsi une explication de notions et de principes juridiques parfois très complexes. Selon l'ambassadeur S.E.M. Roe D'Albert, c'est dans le souci de favoriser une meilleure appropriation du futur Code pénal par la communauté des citoyens que ce manuel a été rédigé apportant ainsi un éclairage sur la compétence et le fonctionnement des juridictions pénales, les règles concernant la constatation et la poursuite des infractions, la recherche de leurs auteurs, l'établissement des preuves, le jugement des délinquants ainsi que les recours et l'exécution des peines[60].

Le ministère de la Justice, avec le soutien technique et la coopération de la JICA, a rédigé des commentaires sur certains articles du Code civil et a publié un certain nombre de manuels destinés à la formation des juges et d'autres personnels de la justice pour les aider à maîtriser le Code[61]. En fait, ces commentaires et manuels sont essentiellement des références théoriques clés et du matériel éducatif qui vont servir de base pour la formation future des juges et des cadres cambodgiens. Toutefois, il reste encore beaucoup de questions non élucidées qui nécessiteraient une interprétation de la part des tribunaux cambodgiens, conformément au contexte social et juridique du pays. Comme le nouveau Code civil est très jeune, il n'y a pas encore suffisamment d'études académiques, de doctrines ou de décisions judiciaires pour guider les tribunaux et les juristes cambodgiens dans l'interprétation et l'application de certains principes du code.

Au fil du temps, d'autres outils de formation sont publiés en khmer, bien que la rigueur académique laisse à désirer. Comme peu de juges et d'avocats ont une connaissance professionnelle du français ou de l'anglais, leurs compétences linguistiques limitées constituent aussi un grand obstacle à leur participation à des séminaires et ateliers internationaux. La traduction de documents étrangers est généralement fournie, mais répond rarement à leurs besoins particuliers.

À l'heure actuelle, il n'existe que peu de revues spécialisées en droit[62]. Toutefois, il est bien connu que les universitaires cambodgiens n'ont toujours pas de possibilités ni d'incitation à publier leurs œuvres académiques. En raison de la reproduction illégale de livres, aucun bénéfice pécuniaire ne pourrait réellement être tiré de ces publications, et les universités n'ont pas

---

[60] Préface de M. Roe D'ALBERT, Ambassadeur de France au Royaume du Cambodge, *In ministère de la Justice, Projet de nouveau code pénal, Commenté et comparé : Contribution à l'étude du droit pénal khmer*, (2005).

[61] JICA, *Code of Civil Procedure Draft Ancillary Laws (with their commentary on each article) and Textbook on The Code of Civil Procedure of The Kingdom of Cambodia*, (2007).

[62] Il n'existe qu'un seul volume publié sur le droit comparé. Voir Yearbook of Comparative Legal Studies, Cambodian Society of Comparative Law, Phnom Penh, mars 2010.

l'habitude d'exiger des activités de recherche régulières de leur personnel. En outre, il pourrait y avoir encore une certaine réticence à publier des recherches juridiques, en particulier dans le domaine du droit public, qui pourrait être considéré comme politiquement sensible, notamment lorsqu'il s'agit de discuter sur la constitutionnalité des lois, la rectitude des décisions des tribunaux ou la légalité des mesures administratives.

*****

CHAPITRE 10 –

Développement du droit public et du droit privé

Une politique démesurée entre la gouvernance et le développement économique et ses effets sur les types de lois adoptées

Les diverses branches du droit public : Les États issus du système romano-germanique se caractérisent par une identité reconnaissant les divisions du droit, mais aussi par des concepts juridiques communs. La catégorie juridique est une dénomination doctrinale désignant des cadres abstraits, caractérisés par un certain nombre d'éléments, dans lesquels les faits de la vie sociale vont trouver place.

Selon Ghestin et Barbier, la distinction entre droit public et droit privé[1] n'est pas suffisamment nette pour effacer les difficultés de classement entre les disciplines. Si le droit civil appartient sans conteste au droit privé, et le droit constitutionnel ou le droit administratif au droit public, de nombreuses disciplines se rattachent en proportion variable à l'un ou à l'autre. Malgré son arbitraire incontestable, la répartition la plus significative est celle qui est faite traditionnellement entre les « enseignements » de droit public et ceux de droit privé. Encore faut-il tenir compte de ce que de nombreux enseignements spécialisés, tel le droit des transports ou de la construction et de l'urbanisme, par exemple, portent à la fois sur le droit public et le droit privé[2].

Le droit public consiste en un ensemble de principes juridiques qui régissent et contrôlent les relations des pouvoirs publics et leurs rapports avec les administrés. Il définit la structure et le fonctionnement du gouvernement ainsi que les relations entre l'État et l'individu, soit comme une entité naturelle ou juridique. Le droit public se caractérise d'abord par sa finalité. Il vise à satisfaire

---

[1] Pour une analyse détaillée sur le droit public et droit privé, voir GHESTIN (Jacques), BARBIER (Hugo), *Traité de droit civil : Introduction générale*, 5e éd., LGDG, (2018). pp. 139-146.
[2] *Ibid*, p. 142.

l'intérêt général de la nation en organisant les pouvoirs et les services publics. Le droit public est essentiellement impératif. Les particuliers ne peuvent déroger à ses prescriptions.

Le droit constitutionnel, le droit administratif, le droit pénal et le droit des droits de l'homme sont tous des sous-divisions du droit public. Le droit constitutionnel détermine les règles relatives à la forme de l'État, à la constitution du gouvernement et des pouvoirs publics. Le droit administratif, quant à lui, réglemente l'organisation des collectivités publiques : État, municipalités, provinces, services publics ainsi que leurs rapports avec les particuliers. Enfin le droit international public[3] contient les règles applicables dans les rapports des États entre eux.

Contrairement au droit public, qui a une portée plus vaste et qui touche au grand public, le droit privé cible les particuliers, c'est-à-dire les personnes privées, ce qui regroupe à la fois les personnes physiques et les personnes morales. Le droit privé vise à assurer « au maximum la satisfaction des intérêts individuels »[4]. Le droit privé laisse une plus large part aux volontés individuelles. Ses règles sont souvent supplétives et ne s'imposent qu'à défaut de volonté contraire. La simple différence entre le droit public et le droit privé réside dans leur champ d'application respectif. Le droit public touche la société dans son ensemble, tandis que le droit privé concerne les particuliers, les familles, les entreprises et les petits groupes. Il faut bien avoir à l'esprit cependant que l'État intervient de plus en plus souvent dans les relations contractuelles par des dispositions impératives. Le développement considérable de l'ordre public économique et social a sensiblement réduit la liberté individuelle dans les relations entre particuliers[5].

Dans le système français, le droit public est divisé en droit constitutionnel, en droit administratif, en droit financier et en droit international public. Le droit privé comprend le droit privé éponyme (droit civil), le droit commercial, la procédure civile et le droit pénal. Pour certains domaines particuliers, le droit privé et le droit public se confondent, tel est le cas pour le droit du travail, le droit agricole, le droit de la propriété industrielle et le droit d'auteur, le droit aérien, le droit forestier, le droit minier, le droit des assurances, le droit des transports et le droit international privé[6].

---

[3] CORTEN (Olivier), *Méthodologie du droit international public*, éditions de l'Université de Bruxelles, (2017).

[4] Cette division remonte à Justinian's Digest où la loi a été divisée en *ius publicum* et *ius privatum* ; les premiers se réfèrent finalement aux affaires de l'État et les seconds aux affaires de l'individu.

[5] GHESTIN (Jacques), BARBIER (Hugo), *op. cit.*, pp. 139-140.

[6] Même si elle est de droit public, elle est rattachée au droit privé parce que de nombreuses dispositions protègent les relations de droit privé.

Dans le système allemand[7], le droit public comprend le droit constitutionnel, le droit administratif, le droit fiscal, le droit pénal, la procédure pénale, la procédure civile, la faillite, le droit des litiges non litigieux, le droit de l'Église et le droit international public. Le droit privé est divisé en droit civil propre et cette partie spéciale du droit privé qui comprend le droit commercial, le droit des sociétés, le droit des instruments négociables, le droit de la concurrence, le droit de la propriété intellectuelle (y compris le droit d'auteur, les marques de commerce, les brevets et les dessins ou modèles) et le droit international privé. Le droit du travail est généralement considéré comme n'étant ni privé ni public.

En termes de comparaison, cela diffère des concepts traditionnels de la Common Law selon lesquels la principale distinction s'opère entre le « droit pénal » et le « droit civil »[8]. La famille de Common Law ignore la discipline fondamentale pour le système romano-germanique qu'est le droit des obligations. Certaines branches du droit privé anglais sont le résultat d'une combinaison de règles d'origines diverses : Common Law, « l'Equity » ou loi. En Common Law, le droit public ne comporte pas de droit constitutionnel. La notion même d'État telle que définie en droit romano-germanique est absente du droit anglais. Les fonctionnaires sont régis par des règles de droit commun[9]. Quant au droit privé américain, il peut être classé en six rubriques principales : les contrats, les délits et les quasi-délits, la propriété, le droit de la famille, le droit commercial, les entreprises individuelles et commerciales.

Domination du droit public après la période de paix

Nous argumenterons sur la façon dont le développement historique et politique peut déterminer les formes spécifiques d'interaction entre droit public et droit privé[10]. En appliquant le modèle structurel de la théorie des évènements transformatifs d'Ackermann[11], nous examinerons la relation concurrentielle entre le droit public dicté par les concepts de droit civil et le droit privé sous l'influence de la Common Law dans la refonte du système juridique cambodgien. L'émergence du premier évènement constitutionnel intervient à la suite du

---

[7] Bien que la division entre droit privé et droit public soit acceptée par tous les systèmes de droit civil, la portée de ces deux divisions varie considérablement d'un pays à l'autre, la plus grande différence étant entre les systèmes français et allemand.

[8] BALIVET, *op. cit.*, p. 29. La famille de Common Law ne connaît pas la distinction du droit privé et du droit public.

[9] BALIVET, *op. cit.*, p. 31.

[10] Voir BARNETT (Randy E.), *Four Senses of the Public Law-Private Law Distinction*, Georgetown University Law Center, 1986.

[11] ACKERMANN (Bruce), *The Rise of World Constitutionalism*, 83 Virginia Law Review 771 (1996). Voir aussi un article sur le montée du constitutionnalisme en Asie du sud-est dans MENZEL (Jörg), *Constitutionalism In Southeast Asia : Some Comparative Perspectives*, *In Constitutionalism in South East Asia*, ed. Clauspeter Hill and Jörg Menzel, Konrad-Adenauer-Stiftung (2009). pp. 9-31.

processus de paix avec la promulgation de la Constitution en 1993. Dès lors, et pour les deux décennies suivantes, le système juridique peut être caractérisé comme axé sur la consolidation de la paix et la reconstruction de la nation, avec une prédominance fonctionnelle du développement du droit public sur le droit privé.

L'histoire politique contemporaine peut donc expliquer le pourquoi le décideur cambodgien perçoit le processus de reconstruction de la nation, et comment il a pu accepter à la hâte des solutions politiques et techniques visant à la structuration de ses propres normes pour être accepté par la communauté internationale, malgré un manque de discernement quant aux conséquences qui en ont malheureusement dérivé.

Programme de reconstruction économique et d'édification du pays : Après les Accords de Paris, l'ambition du gouvernement dans son premier mandat s'est articulée autour de la reconstruction d'un État de droit et de la réduction de la pauvreté, attribuée à l'histoire récente du pays liée à la guerre, aux changements successifs de régime, à son économie socialiste ainsi qu'à la structure sociétale traumatisée au cours des deux dernières décennies.

Depuis 1993, le Cambodge s'est engagé dans des réformes fondamentales dans de nombreux domaines cruciaux aboutissant à des progrès importants dont les effets se reflètent dans la reprise économique et la reconstruction des piliers de la société détruite par des années de conflits. La réalité est que le Cambodge est une société basée sur une économie rurale, la plupart de son peuple étant dépendant directement ou indirectement de l'agriculture pour leur subsistance.

Au niveau macro politique, le gouvernement doit poursuivre des politiques axées sur le marché, ouvrir ses industries à la concurrence internationale, attirer les investissements étrangers directs et libéraliser les échanges de biens et de services. Compte tenu du manque de pouvoir d'achat de l'économie nationale, la création rapide de nouveaux emplois ne peut résulter que de la production destinée à l'exportation vers le marché extérieur, les plus importants d'entre eux étant les États-Unis[12] et l'UE. Sans aucun doute, le marché domestique restera, dans un avenir proche, toujours trop petit et encore affaibli pour soutenir un taux de croissance élevé tel qu'envisagé par le gouvernement. En d'autres termes, la croissance future doit être orientée vers l'extérieur, les exportations jouant un rôle clé dans la création d'emplois et la réduction de la pauvreté.

Le gouvernement reste également conscient de l'avantage comparatif du pays quant à la production grâce à une main d'œuvre importante et à la complémentarité régionale découlant de la différence entre les coûts de la main-d'œuvre et la disponibilité des ressources naturelles en Asie. Dans cette perspective, le gouvernement a pour ambition de faire progresser l'économie du pays dans un souci d'équité et de justice sociale par le biais de programmes

---

[12] Address of H.E. Var Huot Ambassador Extraordinaire and Plenipotentiaire of the Kingdom of Cambodia of the United States of America during the Session of the Subcommittee on Trade of the Committee on Ways and Means, 1994.

politiques successifs, englobant plusieurs cycles de réformes qui ont été mis en place.

Conçu dès 1994 dans son PNRD[13] et la MPNRD[14], un programme de réforme visant à favoriser une croissance économique durable et équitable a été lancé, axée sur la garantie d'un climat de sécurité physique, de stabilité politique et de cohésion sociale. Comme l'a exprimé éloquemment S.E.M Keat Chhon, ministre d'État chargé de la réhabilitation [15]: « Il ne peut y avoir de développement s'il n'y a pas de sécurité, de stabilité politique et de cohésion sociale, et il ne peut y avoir de sécurité, de stabilité politique et de cohésion sociale s'il n'y a pas de développement ou d'amélioration du niveau de vie de la population. »

Reconstruction de l'administration et la place prépondérante du droit public après la période de paix : Les Accords de Paris ont introduit les éléments de la démocratie au Cambodge avec la formation d'une jeune administration[16], souvent caricaturée comme éclectiquement hétérogène. La Constitution de 1993 a soudé les bases de la gouvernance de l'administration publique dans le contexte d'une économie de marché pluraliste. Plus dramatiquement que ça, le changement de régime politique d'une tradition juridique socialiste vers un système démocratique pluraliste, composé d'une coalition de factions antagonistes, a soulevé de sérieuses préoccupations quant à l'efficacité de l'administration et de sa gouvernance du pays. Un gouvernement de coalition composé des trois partis politiques principaux - FUNCINPEC, PPC et BLDP - nécessitait donc un compromis politique, ce qui explique pourquoi deux Premiers ministres ont été nommés pour représenter les deux partis qui ont remporté les élections, à savoir le parti royaliste FUNCINPEC et l'ex-parti socialiste, le PPC.

De nombreuses dispositions de la Constitution de 1993 fournissent des sources directes pour d'autres actes normatifs de l'administration. Comme le Cambodge a connu des changements fréquents et radicaux de ses systèmes juridiques et institutionnels depuis la période coloniale, cette nouvelle Constitution est imprégnée de la volonté de définir les caractéristiques d'une administration qui puisse refléter le changement, en termes d'esprit, de mentalité et de concept, de l'ancien État socialiste.

---

13 GOUVERNEMENT ROYAL DU CAMBODGE, *Programme national de réhabilitation et de développement du Cambodge, Plan d'Action*, 1994.

14 GOUVERNEMENT ROYAL DU CAMBODGE, *Mise en œuvre du Programme national de réhabilitation et de développement du Cambodge*, 1995.

15 Son Excellence KEAT Chhon a été par la suite promu comme vice-premier ministre et ministre de l'Économie et des finances. Il est maintenant à la retraite et vit à Phnom Penh. Voir CHHON (Keat), *45 Mois au ministère de l'économie et des finances*, (1998).

16 Pour une bonne perspective sur l'évolution de la démocratie au Cambodge, voir CHRISTINA (M.) et al., Alexander, *A Practical Guide to Increasing Democracy in Cambodia*, (2003) ; Khmer Institute of Democracy, Democracy and Law (Vol. 3), No.1&2, 2001; The Asia Foundation, Democracy in Cambodia – 2003: A Survey of the Cambodian Electorate, (2003); The Asia Foundation, *Democracy in Cambodia-2003: A Survey of the Cambodian Electorate*, (2003).

Ainsi on notera que la décennie qui suivit les Accords de Paris fut marquée par une attention spéciale apportée à la reconstruction institutionnelle en tant qu'élément important du programme de développement du pays. Partant presque du « point zéro », au milieu d'un vide institutionnel, le gouvernement se retrouvait sous l'énorme pression d'adopter le plus de lois possibles pour maintenir la paix et l'ordre public. Essentiellement, il devait concentrer ses efforts sur l'adoption d'un ensemble de lois et règlements administratifs visant à satisfaire l'intérêt général de la nation à travers les pouvoirs et les services publics. Compte tenu de l'urgence, il était tout à fait compréhensible qu'il n'y ait pas alors eu de véritable approche systématique quant à la classification de la nomenclature de ces lois. Tout est à faire en même temps, et l'essentiel est d'en faire passer autant que possible ces lois et en toute urgence.

Développement du droit public : Comme pays sortant de guerre, le Cambodge a vu le besoin de repositionner le droit comme un discours, c'est-à-dire comme un ensemble cohérent de propositions générales et abstraites obéissant à une logique propre, ayant pour but de permettre le fonctionnement de l'appareil de l'État, y compris l'ordre judiciaire. Ainsi, l'intervention du droit se ressent dans les secteurs de la vie sociale que la société considère comme nécessaires à sa cohésion et à sa survie. On peut raisonnablement penser qu'avec une société en pleine évolution historique, les différences entre les individus et entre les groupes s'avèrent incontournables. Ces différences génèrent inévitablement des conflits que la société, sous peine d'éclater et de disparaître, doit gérer.

Voilà également pourquoi l'État de droit est si important dans la société cambodgienne d'après-guerre, caractérisée par un rythme de changement effréné. C'est donc là la fonction régulatrice du droit public qui apparaîtra prioritaire pour le décideur politique cambodgien. Les sections suivantes souligneront les principaux développements du droit public qui ont eu lieu durant les deux premières décennies après la formation du gouvernement en 1993.

Développement massif du droit administratif : En tant que branche du droit public, le droit administratif est considéré comme l'un de ses fondements. Le droit administratif est avant tout un domaine de droit public qui régit les relations entre le citoyen et l'État. L'interprétation et l'application du droit administratif ne se limitent toutefois pas à faire en sorte qu'un organisme administratif agisse dans le respect de la loi. Il s'agit également de comprendre le fonctionnement des gouvernements, la nature des pouvoirs et des processus administratifs, les fonctions de ceux qui travaillent au sein d'un gouvernement, ainsi que les pratiques, procédures et lignes directrices ou règles internes susceptibles d'influencer leur comportement.

Selon cette définition, le droit administratif régit les travaux administratifs du gouvernement. Par exemple, le Roi du Cambodge promulgue la loi sur l'Organisation et le fonctionnement du Conseil des ministres après son adoption par l'Assemblée nationale, son examen par le Sénat, et l'examen de sa constitutionnalité par le Conseil constitutionnel. Les règlements sont parfois définis comme du droit administratif au sens strict parce qu'ils représentent une loi créée par l'administration. Des lois organiques autorisent un ministère responsable à développer et à appliquer un contrôle dans un secteur spécifique. Par exemple, la loi sur le Tourisme autorise le ministère du Tourisme à élaborer des politiques et des plans pour adopter des règlements et délivrer des licences. Chaque loi organique prévoit donc une multitude de règlements d'application, qui font également partie du droit administratif.

Bien qu'il existe généralement un consensus sur les lois qui sont considérées comme du droit public et celles qui sont du droit privé[17], cette division n'est pas toujours évidente au Cambodge en termes de motifs juridiques. Cela est dû au fait qu'il n'y a pas de division claire du système judiciaire comme il en existe dans certains pays comme la Thaïlande, l'Allemagne ou la France où les juges civils de droit commun et les juges administratifs siègent dans différentes chambres et appliquent différents ensembles de lois. Le système de double juridiction permet en outre une distinction claire entre le droit public et le droit privé puisque les tribunaux civils appliquent le droit privé et les tribunaux administratifs appliquent le droit public.

Selon Ghestin et Barbier, l'opposition entre droit public et droit privé dans le système juridique français tient surtout à l'incompétence des tribunaux de l'ordre judiciaire pour statuer sur les litiges intéressant l'administration. Bien qu'il arrive que la Cour de cassation applique du droit public et que le Conseil d'État, de son côté, utilise régulièrement des règles de droit privé, il n'en demeure pas moins que c'est la compétence de ces deux juridictions qui, de façon concrète et pratique, détermine le domaine du droit public ou du droit privé. En l'absence d'un critère suffisamment général et précis qui définisse la compétence des deux ordres de juridiction, les frontières du droit public et du droit privé restent nécessairement incertaines[18].

Selon la Constitution de 1993, le pouvoir judiciaire couvre toutes les poursuites, y compris les poursuites administratives. Le pouvoir d'exercer le pouvoir judiciaire est confié exclusivement à la Cour suprême et aux autres tribunaux de tous les secteurs et niveaux. Étant donné que le système judiciaire du Cambodge est fortement influencé par le droit civil français[19], le droit

---

[17] Généralement, dans tous les pays de droit civil, le droit privé est divisé en droit privé éponyme (ou droit civil) et organisé en un seul code. Le Code civil qui comprend le droit des personnes, le droit des obligations, le droit des biens (ou des choses), le droit de la famille et le droit de la succession - et les lois spéciales qui concernent des groupes particuliers de personnes - comme le droit commercial et le droit du travail. Cependant, les pays diffèrent considérablement dans la façon dont leurs codes civils sont organisés et structurés.

[18] GHESTIN et BARBIER, *op. cit.*, p. 141.

[19] Le droit administratif a une longue histoire dans la société cambodgienne, qui précède les codes juridiques introduits sous le protectorat français des XIXe et XXe siècles. Après l'indépendance de la France, le droit administratif introduit sous le protectorat s'est poursuivi au Cambodge sous le régime de *Sangkum Reastr Nyum* en raison de l'influence continue de la tradition juridique française. Pour

administratif dans le contexte cambodgien signifie « droit administratif » au sens de la dénomination française et non « loi administrative ». Toutefois, le droit administratif ne fait référence qu'aux lois ou règlements adoptés par le parlement et les organes du gouvernement. Il ne fait pas référence à la jurisprudence des juges dans le contrôle des activités administratives.

La Constitution de 1993 sert de base à d'autres lois organiques[20] et actes normatifs de l'administration. Sont traditionnellement opposées aux lois organiques les lois ordinaires comme quoi ces derniers sont des actes votés par le parlement selon la procédure législative établie par la constitution. Le terme de loi organique est évoqué à deux reprises dans la Constitution, ainsi qu'à l'article 16 de la loi du 8 avril 1998 sur l'Organisation et le fonctionnement du Conseil constitutionnel. Selon Maurice Gaillard, la différence entre loi organique et loi ordinaire n'a pas été définie ni hiérarchisée. La loi organique est différente de la loi ordinaire, car cette loi apporte une précision au fonctionnement et à l'organisation d'un organe prévu par la constitution. Donc, le champ d'application de la loi organique est beaucoup plus important que celui de la loi ordinaire. II est seulement prévu qu'elle doive obligatoirement faire l'objet d'un contrôle par le Conseil constitutionnel[21].

Ainsi, la plupart des lois qui ont été adoptées au début des années 1990 portent sur la création de ministères et d'institutions, étant donné le besoin criant du gouvernement de coalition quant au fonctionnement de son administration considérée comme encore embryonnaire. La deuxième vague de lois administratives s'est attachée à régir les interactions entre l'administration et les citoyens. Contrairement aux traditions juridiques occidentales, organisées autour de l'individu porteur de droits, la tradition socialiste du passé récent s'est également imposée sur l'ordre social plutôt que sur l'autonomie individuelle[22]. Cette tendance sociétale, ou plutôt collectiviste, semble persister pendant la période de transition jusqu'à ce que la réforme institutionnelle ait finalement été mise en branle presque plus de dix années plus tard.

Restructuration du secteur public : Dans le cadre du programme de la réforme administrative, le gouvernement a tenté d'articuler dès le départ un plan global de réorganisation de son administration afin qu'elle soit en mesure de répondre aux besoins d'une société démocratique et pluraliste fonctionnant dans

---

une introduction au droit civil français en général, GHESTIN et BARBIER (Hugo), *Traité de français : Introduction générale*, 5e éd., LGDG, (2018).

[20] Le droit organique est défini par le Dictionnaire de droit de Steven H. Gifis comme suit : la loi fondamentale d'un pays, d'un État ou d'une société ; la loi sur laquelle repose son système juridique, qu'elle soit écrite, comme avec une Constitution, ou non écrite.

[21] Dans cette ambiguïté juridique, on pourrait relever deux sens : dans un sens strict, les lois organiques sont les lois qui précisent l'organisation et le fonctionnement d'organes prévus par la constitution. Dans un sens large, la loi organique est tout complément apporté à la constitution.

[22] La raison d'être du droit administratif est double. D'une part, le droit administratif doit protéger les droits des citoyens et veiller à ce que l'administration puisse fonctionner efficacement d'autre part. Ainsi, le droit administratif doit équilibrer ces deux intérêts.

un environnement du marché libre[23]. Des lois et des règlements fondamentaux ont été adoptés, comme : la loi de 1994 sur l'Organisation et le fonctionnement du Conseil des ministres[24] définissant la mission et le mandat, les rôles et les responsabilités du gouvernement ; un certain nombre de sous-décrets organisant les ministères et les secrétariats d'État ; le rétablissement du Journal officiel et la première codification du Code des entreprises publiques ; ainsi que des décrets royaux instituant les divers conseils de réforme administratifs de l'État.

Subséquemment pour mener à bien la tenue de la deuxième élection de juillet 1998 dans le sillage d'un suffrage universel, libre, égal et juste, ces divers projets de loi ont été adoptés, à savoir la loi portant Création des partis politiques ; la loi sur les Élections ; la loi portant Ouverture d'un compte spécial du Trésor national pour l'élection des députés ; ainsi que la loi sur l'Organisation et le fonctionnement du Conseil constitutionnel.

Réforme de l'administration publique : Le gouvernement s'est accordé comme mission prioritaire la formulation d'un certain nombre de réformes visant à la bonne gouvernance du secteur public. Des réformes sur la déconcentration[25] et de décentralisation[26] ont été mises en œuvre pour renforcer la gouvernance locale conformément aux principes démocratiques[27]. La loi sur les Communes et la loi sur les Élections communales de 2001 ont plus tard formalisé le lancement du programme de déconcentration.

Administration de la fonction publique : Le Statut commun de la fonction publique, promulgué en 1994 comme première tentative de réglementation de l'administration civile et d'inspiration française, contient une attente générale quant au comportement des fonctionnaires vis-à-vis de leur prestation de services au public en général. La loi exige que les fonctionnaires soient neutres dans

---

[23] CHHIV (Yiseang), Thèse de doctorat, *Le Travail Gouvernemental du Cambodge de 1993 à 2015*, (2017).

[24] Krâm nº 02/NS/94 du 20 juillet 1994.

[25] Voir HANG (Chuon Naron), GILBERT-DESVALLONS (Patrick), *Les Finances publiques au Cambodge : Le défi de la réforme*, Phnom Penh, (2007). p. 19. Il y a déconcentration quand une autorité centrale délègue son pouvoir (ses compétences) à une autorité d'un niveau hiérarchique qui lui est inférieur. Les procédures de passation de marchés peuvent être déconcentrées au profit de directeurs, les ministres peuvent déconcentrer la gestion des budgets de leurs services implantés en province, vers les gouverneurs et/ou vers leurs directeurs provinciaux par exemple.

[26] *Ibid.* Il y a décentralisation quand une personne morale publique transfère à une autre personne morale publique (qu'elle crée si nécessaire) certaines de ses compétences et lui affecte des ressources propres (taxes, redevances ou subventions) permettant d'assumer les compétences transférées. La décentralisation peut être « territoriale » quand le transfert se fait au profit d'une personne morale de droit public qui est une collectivité humaine, dotée d'un organe délibérant élu et d'un exécutif élu également. C'est le cas des communes rurales et urbaines au Cambodge.

[27] CDRI, *Decentralised Governance in a Hybrid polity : Localisation of Decentralisation Reform in Cambodia*, HENG (S.), KIM (S.), SO (S.), Working Paper Series No. 63, novembre 2011, Phnom Penh : CDRI, 2011, p. 5 ; Voir aussi Banque mondiale, Décentralisation et déconcentration (D&D), *Intervention coordonnée au nom de la communauté des donateurs*, Réunion du Groupe consultatif 2004, Déclaration des donateurs sur la décentralisation et la déconcentration (D&D), présenté par le gouvernement allemand.

l'exercice de leurs fonctions en tenant compte de la nature du gouvernement de coalition, qui est composé d'anciennes factions antagonistes. Toutefois, l'effet de la loi reste plutôt limité. Jusqu'à nos jours, de nombreux fonctionnaires auraient porté atteinte à la dignité, à l'honneur et à l'intégrité de leur fonction[28], notamment en utilisant les droits et l'autorité conférés par leur poste à des fins personnelles.

Gestion des finances publiques – le cas du programme de privatisation : Sous la pression des institutions financières internationales et des agences des Nations Unies, le gouvernement se retrouve alors contraint d'entreprendre une privatisation massive de ses entreprises publiques[29]. En décembre 1994, une stratégie de privatisation fut donc adoptée pour réduire le nombre d'entreprises publiques et, au cours des années suivantes, des lois subséquentes et leurs règlements d'application ont été mis en place[30]. Par la suite, fut une loi sur les Statuts généraux des entreprises publiques[31] a été promulguée, suivie d'une série de réglementations pour compléter le Code sur les entreprises publiques. Ce code prévoit des règles pour le fonctionnement, la gouvernance et la surveillance de toutes les entreprises publiques et les loge à la même enseigne que les entreprises privées. Bien qu'elle soit dotée d'une personnalité juridique indépendante et d'une autonomie financière apparente, chaque entreprise publique est placée sous la tutelle d'un ministère ou d'une autre autorité publique et soumise à divers contrôles étatiques. En fin de compte et en dépit de l'existence de ce cadre juridique embryonnaire, ce processus de privatisation que l'on peut qualifier de « sauvage » a été bien trop rapide et a conduit à un épuisement rapide des avoirs de l'État. Les conséquences négatives de ces privatisations irréfléchies se sont fortement fait ressentir dans les années qui ont suivi et même jusqu'à aujourd'hui. De l'avis de l'auteur de cette thèse, il s'agit probablement d'un des cas les plus désastreux du résultat toutes les politiques issues du modèle économique néoclassique qui ont pu être imposées par l'ONU et les institutions financières internationales.

Faible émergence du droit privé pendant la période d'intégration

Le droit privé à l'appui du développement du secteur privé : Le droit privé comprend le droit civil, le droit commercial et le droit international privé. Les trois autres disciplines du droit privé, c'est-à-dire le droit pénal, le droit du travail, le droit processuel, sont parfois qualifiées de droit mixte puisqu'elles pourraient par certains aspects relever du droit public.

---

[28] Loi sur les statuts communs des fonctionnaires, 1994 : art. 33 et 35.
[29] Krâm nº 94/10/NS du 31 décembre 1994.
[30] Loi de Finance nº 94/10/NS du 31 décembre 1994, art. 81 à 86 concernant la privatisation des entreprises publiques ; Décret nº 38 du 19 avril 1995 portant sur les modalités de privatisation des entreprises publiques et sa circulaire d'application nº 280 du 3 août 1995.
[31] Krâm nº CS/RKM/0696/03 du 17 juillet 1996.

Le droit privé accorde une place essentielle au droit civil, encore appelé droit commun privé[32]. Le droit civil précise les rapports des particuliers entre eux. Il se subdivise en plusieurs branches : le droit des personnes, le droit de la famille, le droit des biens, le droit des successions, le droit des libéralités, le droit des garanties et des privilèges. L'état des personnes, les biens, les obligations et les sûretés qui les assortissent font partie intégrante du droit civil, de même que la reconnaissance des divers contrats spéciaux, tels que la vente, le mandat ou le louage. Le droit des contrats et le droit de la responsabilité sont les deux éléments principaux de cette branche du droit civil. La caractéristique de cette famille est le droit des obligations, inconnu du système de Common Law.

Le droit commercial est l'ensemble des règles particulières applicables aux commerçants, aux sociétés commerciales et aux actes de commerce. S'y rattachent le droit maritime et le droit aérien. Le droit commercial offre un cadre aux opérations juridiques faites, dans l'exercice de leur commerce, par les commerçants, soit entre eux, soit avec leurs clients, ainsi qu'aux actes de commerce accomplis occasionnellement par les personnes non commerçantes. Bien que le droit commercial soit constamment enrichi de ses apports à la théorie générale des obligations, il est encore loin d'être globalement intelligible. Il reste grandement dépendant du Code civil dont il applique les principes et se sert pour combler réciproquement ses propres lacunes, mais aussi celles du Code civil[33].

Le droit du travail constitue l'ensemble des règles applicables aux relations du travail subordonné. À l'instar du droit commercial, il doit se référer aux principes généraux du droit civil et spécialement aux contrats et obligations, et il enrichit à son tour de ses apports le Code civil. C'est un droit qui se caractérise par l'intervention de l'État et l'existence de relations collectives pour répondre à la croissance exponentielle de l'industrie de confection.

Le droit pénal est l'ensemble des règles encadrant les peines et incriminant les faits qui les justifient. Plus généralement, le Code pénal encadre le volet répressif en fixant les sanctions des contraventions, des délits et des crimes dont la répression intéresse particulièrement l'ordre social. Dans la mesure où ces sanctions permettent à l'État d'affirmer son autorité, il apparaît que ce droit pourrait être classé dans le droit public. Toutefois, il est appliqué par les juridictions de l'ordre judiciaire. Aussi, traditionnellement, est-il rattaché au droit privé, car il protège les individus dans leur vie, leur honneur, leur propriété.

La compréhension du droit civil exige une connaissance au moins sommaire de la procédure civile. Le droit processuel est l'ensemble des règles qui se rapportent au processus toutes ses espèces (civil, pénal, administratif). Il s'agit également d'un droit pouvant être qualifié de mixte dans la mesure cependant où

[32] Cette expression signifie que le droit civil est le droit privé applicable, en principe, en l'absence de dérogations particulières. Par conséquent, si une législation spécifique n'existe pas pour régir les rapports des commerçants ; en cas de litige, ce sont les règles du droit civil qui s'appliqueront.

[33] GHESTIN (Jacques), BARBIER (Hugo), *Traité de droit civil : Introduction générale*, 5e éd., LGDG, 2018. p. 143.

l'organisation judiciaire concerne le fonctionnement d'un service public. Au cours des deux derniers siècles, il est évident que différents aspects du mode de vie occidental émanent de la révolution industrielle. Selon les Scollons[34], les préceptes idéologiques issus de la période de « *Enlightment* » continuent à influencer le discours occidental jusqu'à nos jours. Ils soutiennent que c'est une enquête d'Adam Smith (1723-1790) sur la nature et les causes de la richesse des nations qui a jeté les bases du concept moderne d'échange économique capitaliste. À cela s'ajouterait l'esprit des lois de Montesquieu (1689-1755), qui a développé le concept de gouvernement par des lois qui ont largement inspiré la Déclaration d'indépendance américaine, les articles de la Confédération et la Constitution. Ils poursuivent en affirmant que Emmanuel Kant (1724-1804), dans son essai « La science du droit », a établi les principes sur lesquels l'idée de droits de propriété intellectuelle (spécifiquement, le droit d'auteur) a été inspirée[35].

Évolution du droit privé : À l'heure actuelle, le monde est confronté aux défis de la quatrième révolution industrielle, terme inventé par le Forum économique mondial. On notera que le début du XXe siècle est marqué par des transformations dont les effets se font ressentir dans le traitement des affaires dans les marchés en développement[36].

Sortant de la période de la guerre froide, le Cambodge a fait partie d'un nouveau groupe de pays ayant subi des changements profonds dans leurs systèmes politiques, qu'ils soient insufflés par le capitalisme, le socialisme, l'économie de marché ou l'aide étrangère. Ce groupe est composé principalement de tous les pays qui ont vu leurs systèmes juridiques rebâtis ou profondément réformés. Depuis, des changements de grande ampleur continuent à se produire, nés de transformations profondes d'ordre moral, économique, social et bien entendu politique. Tous les marchés en développement sont maintenant encadrés par des organismes régionaux ou multilatéraux qui imposent des normes juridiques de plus en plus onéreuses, comme l'OMC, l'ASEAN, l'UE et l'Organisation de coopération et de développement économiques (OCDE). Dans le cas du Cambodge, son adhésion à l'OMC et à l'ASEAN avait provoqué d'importants changements juridiques internes aussi bien que l'imposition du respect des règles et normes internationales.

---

[34] Ron Scollon et Suzanne Wong Scollon sont deux linguistes. Voir Ron Scollon & Suzanne Wong Scollon, *Intercultural Communication, Oxford : Blackwell (1995).*

[35] BEVERIDGE (Barbara Jane), How Culture, Law, and Language are all Barriers to Effective Cross-Cultural Legal Communication, Specifically International Commercial Contracts, Master of Laws Thesis, Faculty of Graduate Studies, Faculty of Law, The University of British Columbia, April 1998. p. 29.

[36] Le terme « marchés en développement » est relativement malléable et peut être synonyme de « marchés émergents », d'« économies en transition », de « nouvelles démocraties » et d'États à « revenu moyen » ou à « faible revenu ». De même, le terme « États fragiles » peut être synonyme d'« États défaillants », d'« États sortant d'un conflit » et même d'« États antérieurs à un conflit ».

En outre, la montée des échanges commerciaux mondiaux se reflète par une croissance exponentielle des accords commerciaux bilatéraux, des traités bilatéraux d'investissement et des accords commerciaux multilatéraux. Le Partenariat transpacifique compréhensive et progressiste[37] et le Partenariat économique compréhensive régional[38] dans la région de l'Asie-Pacifique ont changé la notion d'élaboration de normes régionales, certaines étant des lois supranationales, de règles minutieuses couvrant une grande partie des droits, règles, règlements et directives nationales affectant ainsi la vie juridique des divers pays membres. Un aspect très important de ces accords bilatéraux, régionaux et multilatéraux est leur impact sur l'environnement réglementaire national, à mesure que les pays contractants apportent des changements « de facilitation des échanges » à leurs contrôles frontaliers, leurs douanes, leurs normes, leurs droits de propriété intellectuelle et leurs systèmes de droit administratif. Là se situe le vrai défi beaucoup plus inquiétant, voire insurmontable pour un petit pays comme le Cambodge, au moins à moyen terme.

Les flux d'aide extérieure sont également responsables de la révision constante des lois nationales[39]. Au milieu des années 1990, on a également observé des changements dans les régimes de réglementation. La crise financière asiatique de 1997 constitue l'exemple clé de l'échec complet du système financier mondial et l'un des moteurs pour les vastes réformes des systèmes juridiques et réglementaires nationaux[40]. La refonte des lois sur la gestion des finances et des sociétés en Corée du Sud en vertu des conditions imposées par le FMI, la refonte sur des nouvelles lois sur l'insolvabilité dans la région Asie-Pacifique et les nouvelles règles sur la gouvernance des sociétés et la gestion des risques illustrent tous ces changements.

Un autre changement qui s'est produit au XXe siècle a été l'innovation technologique qui a nécessité un soutien juridique différent de celui des vingt dernières années, comme l'augmentation des composants intangibles qui a nécessité une protection de la propriété intellectuelle pour les vendeurs mondiaux et les investisseurs internationaux ; les chaînes d'approvisionnement complexes et multiples qui nécessitent une technologie habilitante et la capacité de créer et de surveiller les transmissions de fonds électroniques ; le commerce électronique, les commandes électroniques, les stockages et les systèmes de

---

[37] En anglais « Comprehensive and Progressive Transpacific Partnership (CP-TPP) ».

[38] En anglais « Regional Comprehensive Economic Partnership (RCEP) ».

[39] Si nous prenons seulement les pays dans lesquels le Japon a participé activement à la réforme législative par l'intermédiaire de la JICA la liste comprend la Mongolie, l'Ouzbékistan, la République démocratique populaire lao et le Cambodge.

[40] La crise financière asiatique des années 1996-97 a été associée à des périodes de renforcement du dollar tandis que la crise des « subprimes » en 2007 a été causée par le fait que les États-Unis n'ont pas surveillé la fragilité du marché hypothécaire, ce dernier étant surchargé par des dérivés toxiques et vendus par des banques d'investissement surendettées. Pour une meilleure appréciation des retombées de la crise financière asiatique, voir ASIAN DEVELOPMENT BANK, *Governance in Thailand : Challenges, Issues and Prospects*, 1999.

contrôle de la qualité. Tous ces progrès incessants de la science et de la technologie ne peuvent évidemment pas être sans incidence sur l'avenir du système juridique de beaucoup de pays. Et de nouveau, le Cambodge a dû composer avec ces nouveaux défis.

Un autre changement du XXe siècle s'est articulé autour de la mise en œuvre et du fonctionnement du droit national scrupuleusement surveillés par les utilisateurs et les tiers, comme à l'échelle internationale, les bailleurs de fonds et les ONG internationales. Sont introduits de nombreux outils pour naviguer dans les marchés en développement ainsi que divers indices de « l'État de droit » par des organismes multilatéraux et bilatéraux qui œuvrent à la fois à décrire et à mesurer les systèmes juridiques de ces marchés. Parmi ceux-ci, le plus connu est peut-être le rapport « *Doing Business* » de la Banque mondiale[41]. Malgré les vives critiques suscitées à l'égard de cette étude par la Fondation pour le droit continental[42], ce projet d'évaluation, sous l'énorme pression de la Banque mondiale dans son ensemble, a influencé la réforme juridique dans certains pays en développement.

Voici quelques-uns des critiques du rapport « *Doing Business* » : (i) il se concentre entièrement sur les processus formels, donc il ne saisit pas les processus informels et le comportement humain qui composent la gamme complète des transactions commerciales. Il ignore les facteurs politiques et sociaux qui influencent le choix réglementaire ; le marché du travail est un domaine politiquement sensible et difficile à réformer dans tout type d'économie ; (ii) il ne mesure pas non plus l'incertitude – à savoir si les acteurs concernés connaissent vraiment les processus et s'ils sont prévisibles. Si c'est le cas, il se peut que le temps nécessaire pour les remplir ne soit pas particulièrement problématique pour les entreprises locales ; (iii) elle ignore l'histoire, la politique et les normes sociales. Les juristes s'opposent également au fait que le message fondamental est que la réduction de la réglementation est

[41] « Doing Business » est l'instrument d'évaluation le plus connu pour examiner les systèmes juridiques élaborés au cours des dernières années. Il a été publié pour la première fois en 2004 dans le cadre d'une enquête menée auprès de 145 pays (155 en 2006 et 181 actuellement). La méthode utilisée consistait à demander à un cabinet d'avocats ou de consultants participant par pays de répondre à un questionnaire sur les domaines clés du droit des affaires et de la procédure. Celles-ci portaient sur : a) le démarrage d'une entreprise ; (b) l'embauche et le licenciement de travailleurs ; (c) l'exécution d'un contrat ; (d) l'obtention de crédit ; et (e) la fermeture d'une entreprise. Plus tard, l'étude a ajouté des questions sur le paiement de l'impôt, le commerce transfrontalier, les permis et l'enregistrement de la propriété. Chacune de ces opérations est stylisée.
http://www.doingbusiness.org.

[42] La Fondation pour le droit continental a été créée en France, avec pour objectif de défendre le modèle juridique de droit romano-germanique en général, et le modèle français en particulier. L'objectif des créateurs de la fondation était de réagir à la mise en cause de la qualité et du dynamisme de la tradition romano-germanique au travers de la publication en 2004 du premier rapport Doing Business.

une bonne chose et que ce qui fonctionne pour les pays développés riches devrait également fonctionner dans les marchés en développement[43].

Le « Rapport de diagnostic de la réforme juridique et institutionnelle commerciale » constitue un autre outil[44]. L'étude s'inscrit dans le cadre du projet de réforme juridique et institutionnelle commerciale de l'Agence des États-Unis pour le développement international, l'USAID. Bien qu'elle soit influencée par l'approche Doing Business de la Banque mondiale, elle diffère de la méthodologie de ce dernier en ce qu'elle est basée sur des entretiens avec les fonctionnaires, les entités commerciales et professionnelles dans les pays qu'elle couvre. Il convient de noter que les rapports Doing Business et Diagnostic ne couvrent pas les différences systémiques entre les pays de droit civil et de la Common Law.

Dans le domaine de la surveillance se positionne le « *Transparency International* », une organisation qui formule un indice de corruption basée sur les perceptions regroupant les économies par rapport à la facilité de faire des affaires mesurées soit par l'absence, ou une présence constante, de la corruption[45]. Dans certains cas, ces nouvelles formes de suivi ont entraîné une concurrence régionale dans la réforme du droit et une concurrence pour le financement des réformes juridiques.

En résumé, l'implication de ces changements est assez claire. La refonte rapide des systèmes juridiques signifie que pour les pays émergents, en particulier pour le Cambodge en tant que pays d'après-guerre, une confrontation à ce nouvel environnement juridique et réglementaire, en grande partie méconnu, est incontournable.

Certes, le gouvernement cambodgien a reconnu que les marchés ne pouvaient pas se développer sans un environnement politique et réglementaire adéquat et propice. Cependant, l'introduction du droit privé visant à soutenir le développement du secteur privé n'est venue que timidement avec le soutien technique de divers bailleurs de fonds. Cette assistance juridique peut être regroupée en quatre phases : d'abord la période précédant les Accords de Paris caractérisée par des mesures transitoires puis par un rythme accéléré de la greffe juridique après la formation du gouvernement en 1993. Ensuite une grande partie du droit privé n'a été adoptée qu'une décennie plus tard sous l'impulsion de l'adhésion à l'OMC. Enfin la dernière phase est marquée par l'intégration dans la CEA et par la pression pour répondre aux exigences de l'évolution envers la quatrième révolution industrielle.

---

[43] Voir ASSOCIATION HENRI CAPITANT, Les droits de tradition civiliste en question : À propos des rapport Doing Business de la Banque mondiale (Vol. 1), Société de législation comparée, 2006. pp. 7-11. Voir aussi ASSOCIATION HENRI CAPITANT, Les droits de tradition civiliste en question : À propos des rapport Doing Business de la Banque mondiale, Contributions des Groupes autres que le Groupe français de l'Association Henri Capitant (Vol. 2), Société de législation comparée, 2006.

[44] http://www.bizlawreform.com/

[45] http://www.transparency.org/policy_research/surveys_indices/cpi.

Vagues de développement du secteur privé et les effets sur la renaissance du droit privé

L'évolution du droit privé cambodgien : Le droit civil a longtemps régi de façon globale la vie privée des citoyens. Après le retrait des troupes vietnamiennes, les droits des individus sont progressivement reconnus et les personnes qui en sont titulaires n'en sont que plus réjouies. Timidement, le système juridique accorde une place de choix à la notion de patrimoine, un retour à un droit civil qui prévaut avant le naufrage khmer rouge. Tout au long du parcours, commençant par la réhabilitation et aboutissant au développement actuel du pays, de nouvelles branches du droit se sont progressivement développées résultant en l'émergence de droits subjectifs caractérisés tant comme droits extrapatrimoniaux[46] que droits patrimoniaux[47].

Avec la disparition du régime des Khmers rouges le 7 janvier 1979, une nouvelle Constitution avait été promulguée le 9 juillet 1981 instituant la République populaire du Kampuchéa (RPK). Quant à son économie, elle suivait un régime socialiste de modèle soviétique, marqué par un collectivisme d'inspiration marxiste-léniniste. Avec la réforme de 1987, la réglementation des importations fut modifiée, ouvrant le commerce au monde extérieur et principalement aux pays voisins de l'ASEAN. Le secteur privé a commencé à jouer un rôle accru dans l'économie. La loi la plus importante à l'époque était le décret-loi n° 38 relatif aux Contrats et autres responsabilités civiles de 1988. Ce décret, adopté le 28 octobre 1988 par le Conseil d'État, a probablement marqué le premier véritable moment de transformation que l'on peut citer lorsque le Cambodge a entrepris sa réforme vers une économie de marché. Inspiré en partie par l'ancien Code civil, il est assez complet et suit une orientation de marché surprenante.

En 1989, le RPK s'est transformé en l'État du Cambodge et sa Constitution reconnaissait une forme partielle de propriété privée. En fait, seul le droit de possession est reconnu comme étape fondatrice vers la reconnaissance de la propriété privée. Le gouvernement a pris les mesures jugées nécessaires pour assurer une plus grande stabilité politique afin de permettre une meilleure mobilisation du commerce extérieur et des capitaux. En 1992, la première loi

---

[46] ROBAYE (René), *Comprendre le droit*, 4e éd., Couleur Livres, 2010. p. 8. Cette catégorie des droits extrapatrimoniaux ne sont pas évaluables en argent et ne peuvent donc pas faire partie du patrimoine d'une personne, d'où leur nom. Relèvent de cette catégorie, par exemple, le droit à l'honneur, au respect de l'intégrité physique, au mariage, ou encore la liberté de culte, d'expression ou d'association.

[47] *Ibid.* Cette seconde catégorie peut être ramenée à un dénominateur commun, qui est leur valeur pécuniaire. Par exemple, le droit de propriété ou le droit d'un organisme de prêt contre son débiteur sont des droits patrimoniaux. Étant évaluables en argent, ces droits ont une valeur d'échange. Contrairement aux droits extrapatrimoniaux qui sont inaliénables - on ne peut vendre ni son droit de vote, ni sa liberté, ni son intégrité physique, les droits patrimoniaux peuvent être vendus, cédés, transmis aux héritiers, saisis par les créanciers, etc.

Foncière de l'histoire du Cambodge fut promulguée, poussant ainsi la frontière de la reconnaissance légale de la propriété privée sur les biens immobiliers, quoique son effet ait été relatif et encore minime dans une société avec une économie centralisée. Cette législation clé a eu un effet précurseur qui s'est terminé par la libéralisation du dynamisme du secteur de l'immobilier et l'ouverture à la création d'un marché foncier au cours des décennies suivantes.

Avec la levée de l'embargo commercial par les États-Unis en janvier 1992, la situation a radicalement changé. Le Cambodge a pu rejoindre le Groupe de la Banque mondiale et des efforts ont été déployés pour promulguer des lois et règlements afin de soutenir le développement du secteur privé. Avec la promulgation d'une nouvelle loi du Travail en 1992, le gouvernement a jugé opportun de créer un nouveau ministère des affaires sociales et du travail pour assumer des responsabilités supplémentaires dans le secteur du travail.

Émergence timide à la suite de l'Accord de paix : La Constitution de 1993 a marqué le point de départ de la transformation de l'économie cambodgienne, étant donné qu'elle consacre les principes d'une économie de marché libre, garantit la propriété privée et protège les droits civils et politiques de l'individu. Au cours de la première décennie de transition vers la démocratie et une économie de marché complète, les prix et les taux de change ont été libéralisés, la stabilisation macro-économique a été largement réalisée, le commerce libéralisé, les prix libérés, et le nombre d'entreprises d'État considérablement réduit par la privatisation et les baux. La loi sur les Entreprises publiques a été promulguée pour réglementer les entreprises publiques, bien que bon nombre d'entre eux aient progressivement cédé la place à l'investissement privé.

Un système bancaire à deux niveaux a été introduit, puis réformé. En 1994, la Banque Nationale du Cambodge s'est départie de ses responsabilités commerciales et s'est pleinement transformée en tant que banque centrale et autorité monétaire, ayant comme mandat la supervision et la réglementation du secteur bancaire en pleine croissance. En outre, la libéralisation du secteur bancaire, quoique survenue de manière ad hoc et spontanée, s'est faite avec l'arrivée des banques étrangères, à commencer par l'établissement de leurs succursales dans le pays[48].

Dans le domaine des investissements, la création d'un climat propice aux investissements a été signalée par la promulgation de la loi sur l'Investissement en 1994, dont l'augmentation substantielle des flux d'investissement direct étranger vers le pays est clairement attribuée à ces incitations fiscales généreuses. Tenant compte de la concurrence et du dynamisme de la compétitivité avec les pays de la région, le gouvernement a jugé nécessaire au fil des années d'apporter des modifications successives à cette loi et à celle liée à la fiscalité.

---

[48] BANQUE MONDIALE, *Cambodge : Programme de réhabilitation : mise en œuvre et perspectives,* Washington, D.C. 1995.

Une autre législation d'importance fondamentale pour le Cambodge pendant cette période fut la modification en 1997 de la loi du Travail de 1992. Cette nouvelle loi rédigée avec le soutien technique de l'OIT et des syndicats américains prend la forme d'une loi hybride s'appuyant sur un certain nombre de sources juridiques, y compris, l'ancien Code du travail du Cambodge de 1972 fortement influencé par le modèle français après la période coloniale, les normes internationales du travail de l'OIT, ainsi que le Code du travail socialiste de 1992. Cette loi, considérée comme la pierre angulaire des relations entre le patronat et les travailleurs, a permis le pays de mettre en place les fondations d'un système syndical très progressiste sans précédent vis-à-vis les autres pays de la région.

Le gouvernement a également adopté une législation sur la protection des consommateurs en 2000 intitulée la loi sur la Qualité des produits et services[49], établissant des principes généraux de la responsabilité contractuelle et délictuelle, suivi par une série de règlements d'application. La loi sur les Assurances promulguée en 2000 réglemente toutes les activités d'assurance dans le pays. Outre la protection des droits légitimes des parties contractantes, elle vise également à renforcer la surveillance et le contrôle des activités d'assurance et à contribuer au développement de ce secteur considéré comme encore embryonnaire.

Développement accéléré à la suite de l'adhésion à l'OMC : Un développement remarquable du droit privé a eu lieu après l'adhésion du Cambodge à l'OMC en 2004. Le processus d'adhésion aurait servi de stimulant pour le décideur dans sa réflexion stratégique de mettre en place un cadre juridique afin de promouvoir l'émergence d'un secteur privé performant. Bien que le Cambodge ait adhéré à l'OMC en tant que pays moins développé et ait bénéficié de conditions favorables et de périodes de grâce, le gouvernement a néanmoins dû prendre plusieurs mesures législatives pour mettre en place un écosystème de lois nationales bien en accord avec les traités et conventions internationaux pertinents, notamment dans le domaine du droit de la propriété intellectuelle[50] et des règlements alternatifs des différends.

Sont découlés de l'engagement du gouvernement envers l'OMC l'adoption de plusieurs lois commerciales, dont bon nombre portent l'influence d'un système juridique mixte. La plus importante est la loi sur les Entreprises commerciales de 2005, qui prévoit la création de quatre types de personnes morales, à savoir les sociétés en nom collectif, les sociétés en commandite, les sociétés anonymes et les sociétés à responsabilité limitée. Les dispositions régissant les sociétés en nom collectif et en commandite sont d'origine romano-germanique.

Ainsi, dans ce domaine, le droit est en harmonie avec la tradition de droit civil du pays. Les dispositions régissant les sociétés privées et les sociétés anonymes

---

[49] Krâm nº NS/RKM/0600/001 du 21 juin 2000.

[50] "Cambodian trademarks owners begin to appreciate intellectual property", Development Weekly (Phnom Penh), 10 – 16 décembre 2007.

sont d'origine anglo-saxonne. Le choix du concept anglo-saxon d'entreprise au lieu de la société par actions française se justifie facilement lorsqu'on compare les mécanismes juridiques impliqués dans la création de ce type de personne morale. La version anglo-saxonne est plus facile à appliquer et à administrer. La loi sur l'Insolvabilité de 2007 est un autre élément du cadre juridique commercial qui complète le droit des entreprises commerciales[51]. Les expériences issues de la crise financière asiatique ont montré aux décideurs cambodgiens à quel point l'absence de procédures d'insolvabilité ordonnées et efficaces peut exacerber le chaos économique et financier. La loi sur les Transactions sécurisées a été rédigée avec l'assistance technique de la BAD et promulguée le 2 mai 2007. L'objectif sous-jacent de cette loi est de faciliter la croissance du secteur économique en rendant le crédit disponible, par le biais des opérations sécurisées pour tous types d'entreprises[52].

Réglementation du secteur des services - Un facteur clé qui a eu un impact important sur l'évolution rapide du droit privé lié au secteur des services est aussi survenu à la suite de négociations en vue de l'entrée à l'OMC. Le gouvernement se sentait particulièrement à l'aise quant à ses engagements dans des secteurs où il avait depuis longtemps maintenu une politique ouverte en matière de participation étrangère. En toute confiance, le gouvernement s'est engagé à ouvrir au moins un sous-secteur sous chacune des 11 rubriques de services classifiés par l'OMC[53]. Le respect des règles de l'OMC et des dispositions juridiquement contraignantes, par exemple en précisant clairement les conditions d'investissement direct étranger dans l'accord sur les services, aurait pour effet positif l'amélioration de l'efficacité de la productivité du Cambodge. La libéralisation du secteur des services au cours des 15 dernières années a donc été largement motivée par les engagements pris par le gouvernement en matière d'accès aux marchés dans le cadre de son adhésion à l'OMC.

*****

[51] Cette loi a été préparée avec une assistance technique du FMI mené par un ancien fonctionnaire retraité allemand. Une grande partie de ces dispositions aurait été inspirée par cette publication : International Monetary Fund, *Orderly & Effective Insolvency Procedures*, (1994).

[52] Projet d'assistance technique TA3861 : *Amélioration de l'infrastructure juridique dans le secteur financier.*

[53] En ce qui concerne les engagements de services, il en existe au total 19 catégories et sous-catégories. Le Cambodge s'engage à ouvrir 74 sous-catégories dans sa liste, certains secteurs avec un engagement total de sous-secteurs, tandis que d'autres avec des engagements partiels et des périodes de transition. Ces engagements ont été soigneusement négociés et illustrent les politiques de développement futures du Cambodge visant, en particulier, à attirer les investissements étrangers.

CHAPITRE 11 –

L'influence des pays donateurs sur le droit international public et privé

Les « moments historiques » de l'acceptation des normes juridiques internationales

L'intégration du droit public international dans le système juridique cambodgien, bien que souhaitable à de nombreux égards, a été la source de nombreuses tensions. Lorsque la Constitution a été adoptée en 1993, ses dispositions concernant le respect des traités internationaux ont été incluses pour deux raisons évidentes : la rhétorique politique et les buts idéalistes. Nous examinerons d'abord l'apport des pays donateurs et des organisations internationales en matière de coopération pour démontrer ensuite les modes de pression qu'ont pu exercer ces institutions sur le Cambodge.

Le contexte politique est important pour bien comprendre comment les normes constitutionnelles ont été élaborées vis-à-vis de certaines questions juridiques. À cet égard, les pratiques législatives ont donné une prédominance hiérarchique au droit international en cas d'éventuel conflit entre les normes nationales et internationales. En appliquant la théorie des « évènements transformatifs », la section suivante expliquera comment ces engagements constitutionnels envers les lois internationales, particulièrement en ce qui concerne la façon dont les droits de l'homme sont mis en pratique.

Selon Ghestin et Gherber, le droit international public régit les relations des États ainsi qu'avec certains organismes internationaux. On y retrouve sous une forme encore imparfaite : une forme de droit constitutionnel international, la Charte des Nations unies, la protection de la propriété industrielle par exemple, ou encore l'Organisation internationale du travail sans compter des organismes économiques ou financiers comme le FMI. On y retrouve également une organisation judiciaire représentée par la Cour de justice internationale de La Haye[1].

Quant au droit international économique, on se réfère au droit du commerce international, ou encore au droit international des affaires. En termes d'organisation, elle se matérialise au travers d'institutions internationales dédiées au commerce et à quelques particularités de l'État en tant qu'actrice de l'économie internationale. Toutefois, les principaux développements prennent leur source dans le droit privé ; ils sont consacrés aux différentes « opérations » du commerce international, telles que les contrats de vente, les fusions et acquisitions, les instruments de paiement et le contentieux y afférent[2]. Le droit de l'arbitrage commercial international concerne quant à lui très majoritairement les personnes privées tandis que l'arbitrage d'investissement est relatif au règlement des litiges entre États, recoupant aussi partiellement le champ du droit international économique.

Conclusion des Accords de Paris : Ce premier évènement qui cristallise l'acceptation par le Cambodge du droit international est marqué par la décision des factions belligérantes de conclure les Accords de Paris qui donnent naissance à la Constitution de 1993. Malgré la continuité constitutionnelle, l'un des aspects transformatifs se démarquant de son passé est l'importance accordée aux dispositions internationales en matière de droits de l'homme. Pour l'Assemblée constituante, ces dispositions pourraient en effet être le reflet d'un idéalisme politique sentimental pour marquer la fin des conflits tragiques et la prévention des récidives futures. En raison, entre autres, de la nature dualiste du système juridique cambodgien par rapport au droit international, le droit international lié aux droits de l'homme revêt une valeur constitutionnelle et occupe ainsi une position particulière au sein de la Constitution[3].

Avec l'arrivée de l'APRONUC, la transplantation des lois étrangères et l'assimilation des lois cambodgiennes avec les pratiques internationales ont immédiatement commencé, à partir de son niveau suprême, la Constitution. Au cours de la période transitoire, le CNS, institué et en vertu des Accords de Paris, se retrouve mandaté comme l'unique organisme légitime et source d'autorité transitoire englobant la souveraineté, l'indépendance et l'unité du Cambodge. Le CNS représente le Cambodge aux Nations Unies et délègue ses pouvoirs à l'APRONUC pendant la période de transition jusqu'à l'élection d'un nouveau gouvernement. Au cours de cette période, la loi électorale des Nations Unies de

---

[1] GHESTIN et BARBIER, *op. cit.*, pp. 142-143.

[2] ASCENSIO, *op. cit.*, pp. 5-8.

[3] Décision du Conseil constitutionnel n° 092/003/2007 du 10 juillet 2007. Le Conseil constitutionnel a rendu une décision déclarant que la loi applicable devant les tribunaux nationaux devait inclure la Constitution en tant que loi suprême et les traités internationaux sur les droits de l'homme reconnus par le Cambodge.

1992 a été rédigée par l'APRONUC et adoptée par la CNS[4]. La loi électorale[5] et le Code de conduite annexé ont été adoptés avec d'autres règlements tels que les dispositions Transitoires en matière de procédure pénale, de droit pénal et de fonctionnement judiciaire du 10 septembre 1992 (Loi de l'APRONUC) et la loi sur les Procédures pénales de 1993. La loi du 8 février 1992 relative aux Peines d'emprisonnement complétait, avant leur adoption, ces dispositions transitoires inspirées par l'APRONUC. Le CNS a également approuvé son adhésion aux divers autres instruments internationaux, dont le Pacte relatif aux droits civils et politiques et le Pacte international relatif aux droits économiques, sociaux et culturels le 20 avril 1992. Ces lois sont restées en vigueur jusqu'à leur remplacement par d'autres lois ultérieurement promulguées par le parlement cambodgien.

Il convient de noter que toutes ces mesures sont typiques des cas de greffes juridiques, ces dernières étant utilisées comme outils pour la réforme du droit pénal d'un pays post-conflit. Se révèle souvent l'urgence de la réforme du cadre de droit pénal pour des pays qui ont bénéficié d'opérations onusiennes de maintien de la paix. Cependant, ces greffes ou transplantations utilisées comme outil législatif pour apporter des changements juridiques après un conflit ont suscité beaucoup de controverse et de préoccupation quant à la justification de leurs adoptions[6].

Selon MM. Gourdon et Ghelber « ces textes fondés sur les concepts anglo-saxons de la Common Law rompaient avec la tradition cambodgienne qui se rapporte au droit romano-germanique, paraissant vouloir jaillir d'un « no man's land » juridique. Ils présentaient l'avantage d'importer à Phnom Penh des valeurs et des standards internationaux qui, au travers de la philosophie des Droits de l'Homme, privilégiaient des libertés individuelles trop longtemps bafouées et réduites à néant par le Kampuchéa des Khmers rouges. Ils sous-estimaient cependant au nom des Droits de l'Homme, l'importance de la préservation sécuritaire d'un pays qui peinait à faire respecter les garanties et contraintes de l'État de droit »[7].

---

[4] Ainsi que la loi sur la Presse en 1992.

[5] United Nations Transitional Authority in Cambodia Electoral Law for Cambodia, (1992); United Nations Transitional Authority in Cambodia Electoral (Political Activity) Regulations, (1993).

[6] JUPP (John), *Legal transplants as tools for post-conflict criminal law reform: Justification and evaluation,* Cambridge Journal of International and Comparative Law, 3 (2). (2014), pp. 381-407. Voir un cas concret de l'article 46 de loi APRONUC relative aux Dispositions concernant l'abus de confiance (en anglais « *breach of trust* »). Selon une étude de la Société Financière Internationale (IFC), son utilisation abusive aurait entraîné des pertes énormes dans le secteur des investissements. INTERNATIONAL FINANCE CORPORATION (IFC), *Breach of Trust: Its Improper Use and Impact on the Cambodian Economy,* Private Sector Discussion No. 23 (2008), p. 7.

[7] GOURDON et GHELBER, *op. cit.*, p. 14.

Greffes des instruments des Nations Unies en matière de droits de l'homme dans la Constitution

À l'époque, les législateurs cambodgiens, confrontés à la tâche pressante de rédiger une nouvelle constitution presque à partir de rien, ont accepté de bon gré les suggestions de leurs homologues étrangers[8]. Les donateurs et leurs experts en droits de l'homme, intégrés dans les opérations de maintien de la paix, ont insisté à ce que soient insérées dans la Constitution des références aux dispositions internationales en matière de droits de l'homme qui exigent le respect par l'État de tous les principaux instruments des Nations Unies en matière de droits de l'homme en vigueur au moment de l'adoption de la Constitution. Le chapitre 3 de la Constitution sur la question des « droits et obligations » commençant par l'article 31 prévoit l'engagement du Cambodge envers les normes des droits de l'homme prévues par la Charte des Nations Unies et les conventions et conventions sur les droits de l'homme comme suit : « Le Royaume du Cambodge reconnaît et respecte les droits de l'homme tels qu'ils sont stipulés dans la Charte des Nations Unies, la Déclaration universelle des droits de l'homme, les pactes et conventions relatifs aux droits de l'homme, aux droits des femmes et des enfants[9]. Tout citoyen khmer est égal devant la loi, jouissant des mêmes droits, libertés et remplissant les mêmes obligations indépendamment de la race, de la couleur, du sexe, de la langue, des croyances religieuses, de la tendance politique, de l'origine de naissance, du statut social, richesse ou autre statut. L'exercice des droits et libertés individuelles par un individu ne porte pas atteinte aux droits et libertés d'autrui. L'exercice de ces droits et libertés est conforme à la loi. »

---

[8] Toutefois, la transplantation légale de tout un système juridique dans un pays aux antécédents culturels, économiques et socio-politiques très différents n'a pas été sans coût. Le recours utilitaire au droit étranger a également causé des distorsions et des difficultés. Les lois transplantées n'ont pas été facilement internalisées par la société cambodgienne, ce qui explique pourquoi de nombreuses lois ont été adoptées mais sont restées à l'état végétatif pendant de nombreuses années. Dans une note confidentielle adressée à son supérieur, un expert juridique de l'APRONUC a déclaré ce qui suit : « (...) Bien que je ne fasse pas abstraction de l'importance évidente de veiller à ce que des lois et des règlements soient mis en place pendant la période de transition, afin d'assurer l'établissement d'un environnement propice à la tenue d'élections libres et équitables, je suis d'avis que nos bonnes intentions peuvent être rejetées par l'insuffisance même des mesures que nous prenons et par les lois et règlements inacceptables ou inappropriés que nous pouvons, par conséquent, proposer ou imposer, le peuple cambodgien, au mépris total ou partiel des lois et règlements déjà en vigueur dans le pays et dans les structures administratives existantes, quelles lois et règlements il est de notre devoir d'étudier, analyser et faire des propositions de réforme ou d'amélioration, le cas échéant, afin de les adapter aux buts et objectifs de l'Accord de Paris (...) (...) De plus, cela a donné l'impression de plus en plus que l'APRONUC assume des fonctions coloniales dans ce pays en agissant au mépris du fait que les lois et les règlements existaient ici avant son arrivée. »

[9] La pertinence des traités sur les droits de l'homme pour la prise de décision de toutes les institutions publiques a également été soulignée par le Conseil constitutionnel dans sa décision du 10 juillet 2007 (déc. n° 092/003/2007).

Selon Maurice Gaillard, le pays s'est engagé de nouveau de manière résolue sur la voie démocratique en reconnaissant et en respectant les droits de l'homme. Cette volonté est conforme à l'esprit des constituants cambodgiens[10] lors de l'élaboration de l'article 31 al. 1er de la Constitution du 24 septembre 1993, qui exprime un engagement très ferme du Cambodge à la doctrine des droits de l'homme[11]. D'autres droits substantiels se rapportant au travail sont également inclus dans la Constitution.

Historiquement parlant, bien que le Cambodge soit devenu membre des Nations Unies en 1955, la constitution de l'époque ne contenait aucune disposition relative au statut juridique de la Charte des Nations Unies pas plus qu'à un éventuel instrument juridique international adopté par les Nations Unies lié aux lois internes cambodgiennes. Les modifications constitutionnelles ultérieures et les changements dans la politique constitutionnelle n'ont pas pris en compte ces considérations juridiques. Ce n'est qu'en 1993, lorsque la nouvelle constitution a été rédigée par l'Assemblée constituante élue sous les auspices des Nations Unies, que ces dispositions ont été incluses pour tenir compte du droit international relatif aux droits de l'homme[12]. Ces dispositions avaient été initialement prescrites dans l'Accord sur un règlement politique global du conflit au Cambodge[13] de 1991. L'article 23 de l'Accord prévoyait que les principes fondamentaux relatifs aux droits de l'homme et aux libertés fondamentales seraient incorporés dans la nouvelle Constitution. Le contenu de ces principes est précisé à l'annexe 5 de l'accord précité[14]. Il est intéressant de noter que les

---

[10] Il convient de souligner que la plupart des experts qui ont participé a la rédaction de la Constitution de 1993 sont diplômés des universités françaises comme SAY Bory, HENG Vong Bunchat, KEAT Chhon, CHEM Sgnoun, etc.

[11] GAILLARD, *op. cit.*, p. 55.

[12] Cette reconnaissance a été largement inspirée par la tradition juridique occidentale, surtout celle de la France par l'effet du Protectorat.

[13] Après les Accords de Paris, une brève analyse sur le processus de rédaction de la Constitution de 1993 et des répercussions de l'Accord sur les dispositions relatives aux droits de l'homme a été publiée, voir BROWN (MacAlister) et ZASLOFF (Joseph J.), *Cambodia confounds the peace makers 1979-1998,* Cornell University Press, pp. 190-210 ; MARKS (Stephen), *New Cambodian Constitution : From Civil War to Fragile Democracy*, 26 Columbia Human Rights Law Review, 1994-1995,pp. 45-110. Voir aussi une analyse des Accords de paix de Paris dans ROBERT (Eric), *Les Accords de Paris sur le Cambodge, Quelles perspectives en matière de droits de l'homme ?* Centre de droit international de l'Université Libre de Bruxelles.

[14] Accord sur un règlement politique global du conflit au Cambodge, Annexe 5 : Principes pour une nouvelle Constitution pour le Cambodge, paragr. 2. Voir GAILLARD, *op. cit.*, encadré numéro 30, p. 54. L'annexe 5 des Accords de Paris énonce que « la tragédie que le Cambodge a vécue exige récemment que des mesures spéciales soient prises pour assurer la protection des droits de l'homme. Par conséquent, la Constitution comporte une déclaration des droits fondamentaux, y compris le droit à la vie, la liberté personnelle, la sécurité, les libertés de mouvement, de religion, d'assemblée et d'association, y compris pour les partis politiques et les syndicats, le droit a un procès équitable et l'égalité devant la loi, la protection contre la dépossession arbitraire ou non assortie d'une juste indemnisation, la non-discrimination raciale, ethnique, religieuse ou sexuelle. Elle interdira également l'application rétroactive des lois pénales. Cette déclaration sera en accord avec les dispositions de la Déclaration universelle des droits de l'homme et des autres instruments

dispositions contenues dans l'annexe 5 sont reprises comme des promesses politiques et rhétoriques utilisées par les différents partis politiques au cours de leurs campagnes électorales de 1993[15].

En résumé, on pourrait soutenir que, d'une part, émergeant d'une période d'après-guerre en tant que pays fortement dépendant des pays donateurs et cherchant à se réinsérer dans la communauté internationale, l'ouverture du Cambodge à l'adoption formelle des instruments internationaux relatifs aux droits de l'homme pourrait être considérée comme une caractéristique de sa transition post-conflit.

On pourrait même soutenir que l'exigence de cette reconnaissance, dans un pays sortant d'une guerre civile particulièrement traumatisante, a été imposée par le communauté internationale depuis les négociations des Accords de Paris[16]. De leur point de vue, principalement des pays donateurs occidentaux, il s'agissait d'une tentative, au début de la fin de la guerre froide, d'introduire dans le processus de consolidation de la paix du Cambodge la notion du marché et de la démocratie libérale comme moyen de mettre fin au conflit et de relancer le pays sur la voie de la réhabilitation et du développement. Le pays s'est ainsi vu encouragé à ratifier ces instruments internationaux s'il aspirait à devenir, après les élections de 1993, un État de droit où la protection les droits fondamentaux des travailleurs contre toutes formes de discriminations ou de travail forcé pourrait être conciliée avec l'impératif économique du gouvernement d'attirer les investissements étrangers.

Selon le raisonnement de Maurice Gaillard, qui partage des similitudes avec celui de Montesquieu, cette acculturation juridique n'est pas sans coût. Malgré les désirs et les efforts pour gagner la confiance de la communauté internationale à travers l'acceptation des normes universelles, le droit, comme la démocratie, ne peuvent facilement s'implanter dans un pays si la population de ce même pays ne partage pas une même tradition juridique ou un même système de gouvernement. Or, la réception d'un droit qui n'a pas eu ses racines s'implanter dans son histoire sociale propre n'est pas évidente pour la population ni pour la mise en application par les institutions de l'État. Ce phénomène pose la question de l'acculturation du droit au Cambodge. Ainsi, l'habitude de la pratique coutumière comme mode de règlement des conflits est remise en question par le droit imposé de type occidental à cause ou grâce au protectorat de presque un siècle que la France exerçait sur le pays. Cette acculturation n'a cependant pas fait considérablement évoluer les mentalités et le comportement des

---

internationaux pertinents. Les personnes lésées auront le droit de recourir aux tribunaux pour qu'ils statuent et fassent appliquer ces droits. Pour une introduction détaillée de l'Accord et quelques informations sur le contexte politique, voir RATNER (Steven R.), *The Cambodian Settlement Agreements*, American Journal of International Law, vol. 89, numéro 1, janvier 1993, pp. 1-41.

[15] CURTIS (Grant), *Cambodia Reborn ? The Transition to Democracy and Development*, Brookings Institution Press (1998), p. 19.

[16] GAILLARD, *op. cit.*, encadré n° 30, p. 54.

Cambodgiens à l'égard des lois que l'État a introduit. Pire encore, l'imposition de la notion de démocratie pour une société qui ne l'a jamais connut[17].

De même que l'OMC aurait joué un rôle important dans l'introduction de lois privées internationales, comme nous l'avons vu dans les chapitres précédents, les institutions des Nations Unies ont joué un double rôle vis-à-vis du Cambodge en ce qui concerne l'introduction du droit public international.

Effets du Système généralisé de préférences (SGP)

Pour les pays donateurs, l'objectif est d'assurer que le Cambodge puisse mettre en place des normes nationales et internationales capables de garantir le respect des droits de l'homme. Ces pays s'attachent aussi à convaincre sans trop de difficulté le gouvernement non seulement de ratifier les normes internationales du travail, mais également d'adopter une législation nationale conforme et de tout faire pour qu'elles soient respectées. De ce fait, l'incitation pour le Cambodge est de continuer à faire preuve de son engagement dans ce domaine pour bénéficier des avantages du SGP[18] notamment de l'UE et des États-Unis. Ils exercent ainsi une pression sur le pays sous forme de menace douce de diminution de l'aide internationale pour le développement ou de limitation des quotas d'exportation avec exonération des droits de douane, comme le font par exemple les États-Unis par un accord bilatéral. Les acteurs sociaux, en particulier les syndicats, exercent aussi une pression indirecte sur le gouvernement en demandant aux pays donateurs de veiller au respect de ces normes et en conditionnant leur aide financière.

Dès février 1994, les États-Unis ont entamé des négociations avec le Cambodge afin de conclure un accord commercial bilatéral qui comprendrait le traitement de la Nation la plus favorisée[19] et d'autres mesures visant à faciliter le commerce entre les deux pays, comme la protection des droits de propriété intellectuelle. Ce mécanisme constitue un moyen indirect de pression internationale sur les entreprises pour que les lois du travail soient respectées. Cela concerne surtout les grandes marques qui ont des filiales dans des pays en développement.

En fin de compte, il est clair que le Cambodge représente un cas intéressant des orthodoxies du développement au début du XIXe siècle où les droits de

---

[17] Voir GAILLARD, *op. cit.*

[18] En anglais « *Generalized System of Preferences* ». Le SGP est un accord bilatéral qu'accordent les pays développés à certains pays en voie de développement pour encourager l'entreprise et favoriser le développement économique. Chaque pays industrialisé décide d'accorder ou non ces conditions favorables, qui permettent d'exonérer de droits de douane sur certains produits. Concernant le domaine du travail, ce SGP est attribué lorsque le pays en cause respecte certaines conditions reliées aux normes fondamentales en droit du travail. Il s'agit principalement du respect de la liberté syndicale, de l'interdiction des discriminations, du travail forcé, et du travail des enfants, *In* Cambodia Times, *EU delegation reviews GSP status*, 24 mars 1996.

[19] En anglais « Most Favored Nations » (MFN) clause.

l'homme et les droits du travail sont des outils permettant aux pays occidentaux de les politiser et récemment de les militariser contre le pays, comme nous l'expliquerons plus en détail dans la section suivante sur le régime « TSA » (Tout sauf les armes)[20].

Coopération et pressions internationales

Le cas des droits de l'homme et des conditions de travail dans le contexte du TSA : Dans cette section, nous tenterons de démontrer comment certains pays occidentaux, sous couvert des droits de l'homme, utilisent ces valeurs universelles pour s'immiscer dans les affaires intérieures du Cambodge. Les fondements de relations de travail plus équitables sont établis avec la loi du Travail de 1997 qui a pour ambition trois objectifs principaux : (i) un ensemble de normes convenues concernant les conditions de travail qui, même si elles ne sont pas appliquées formellement, peuvent légitimer un argument sur les conditions de travail ; (ii) un cadre d'action collective comprenant une structure permettant d'exercer le droit constitutionnel de grève et de former des syndicats ; et (iii) un système de procédures tripartites de règlement des différends[21].

En 1999, le Cambodge a ratifié et promulgué de nombreuses conventions de l'OIT. Les sept premières conventions ont été identifiées par le Conseil d'administration de l'OIT comme étant fondamentales pour les droits de l'homme au travail, quel que soit le niveau de développement de l'État membre. Le Cambodge est l'un des rares pays en voie de développement à avoir ratifié l'ensemble des conventions de base de l'OIT relatives au travail forcé, à la liberté d'association, au droit à la négociation collective, à l'égalité des rémunérations, au travail des enfants et au salaire minimum.

Étant membre de l'OIT, le Cambodge doit respecter certains principes fondamentaux prévus par la Constitution de cette Organisation. En revanche, l'application des normes de l'OIT se confronte à de nombreux problèmes d'ordre politique, juridique, économique et social. Ainsi, la mise en œuvre des normes juridiques tant nationales qu'internationales se heurte aux problèmes économiques du pays, nécessitant la recherche d'un équilibre entre les exigences politiques et juridiques d'une part, et économiques d'autre part.

En termes économiques, le Cambodge s'est retrouvé dans une situation d'après-guerre où la question du développement économique était prioritaire sur la question sociale. Le pays était devenu un exportateur important de vêtements vers le milieu des années 1990, principalement en raison de sa main-d'œuvre bon marché, de la stabilité politique et des restrictions imposées aux principaux exportateurs, en particulier la Chine, dans le cadre de l'Arrangement multifibres (AMF) qui réglementait le commerce international des textiles jusqu'à son

---

[20] En anglais « Everything But Arms ».

[21] JOHN (A. H), *Human Rights and the Garment Industry in Contemporary Cambodia*, (1999).

expiration en décembre 2004[22]. Après une expansion rapide de l'industrie du vêtement entre 1995 et 1998, le gouvernement américain a jugé nécessaire d'imposer des quotas sur les exportations de textile provenant du Cambodge.

Entre-temps, les conditions de travail dans les usines se sont développées, constituant un vecteur important de l'industrie textile : les syndicats locaux sont devenus plus actifs, le nombre de grèves s'est accru et les travailleurs activistes ont commencé à attirer l'attention sur les conditions de travail. La combinaison de ces facteurs aurait précipité les États-Unis et le Cambodge à conclure un accord commercial bilatéral en janvier 1999, ouvrant la possibilité aux États-Unis d'imposer des quotas sur certaines catégories de vêtements fabriqués au Cambodge. Toutefois, s'appuyant sur des clauses semblables contenues dans d'autres accords commerciaux bilatéraux conclus par les États-Unis, l'accord prévoyait également que le Cambodge gèrerait la mise en œuvre d'un programme visant à améliorer les conditions de travail dans le secteur du textile et du vêtement, y compris les normes fondamentales du travail reconnues à l'échelle internationale, par l'application de sa loi du Travail[23]. Afin d'encourager ces améliorations, l'accord a également établi un système selon lequel les quotas seraient augmentés de 14 pour cent par an si les États-Unis déterminent que les conditions et les normes de travail dans le secteur du textile se sont améliorées.

Étant donné l'absence de systèmes nationaux crédibles de surveillance et d'application de la loi, un projet de l'OIT a été mis en place visant à déployer un système indépendant de surveillance des conditions de travail dans les usines de confection. En vertu de ce système, tous les exportateurs de vêtements seraient assujettis à une inspection de l'OIT et le gouvernement américain prendrait ses décisions sur une augmentation annuelle du quota en fonction des conclusions de l'OIT. Il s'agissait là d'une nouveauté pour deux raisons : elle impliquait

---

[22] L'Accord multi fibres (AMF) est un accord officiel sur le commerce international des textiles. Il s'agit d'un accord entre les pays producteurs et consommateurs de textiles conclus pour la première fois en 1973 et renégocié périodiquement par la suite pour gérer le commerce des produits textiles. Il cherche à contenir ce qui a été considéré comme un « préjudice grave » pour les producteurs des pays développés par les industries textiles des pays en développement, qui sont de plus en plus concurrentielles, selon leur doctrine de perturbation du marché. L'AMF s'adressait à des pays cibles définis et violait ainsi les dispositions de non-discrimination du GATT. L'AMF a été remplacée par l'Accord sur les textiles et les vêtements de l'OMC, en vertu duquel les restrictions devaient être éliminées progressivement sur une période de dix ans à compter du 1er janvier 1995 et se terminer en 2005. Voir GOODE (Walter), *Dictionnary of trade Policy Terms* (1998).

[23] Accord textile bilatéral du Cambodge, conclu en 1999 et disponible suivant le lien ci-dessous : http://cambodia.usembassy.gov/uploads/images/M9rzdrzMKGi6Ajf0SIuJRA/uskh_texttile.pdf. Pour une analyse plus approfondie de l'accord commercial, voir : POLASKI (Sandra), *Cambodge ouvre une nouvelle voie vers la croissance économique et la création d'emplois*, Carnegie Papers 51 (2004); KOLBEN (Kevin), *Trade, Monitoring, and the ILO : Working To Improve Conditions in Cambodia's Garment Factories*, Yale Human Rights and Development Law Journal 7 (2004) : 79; ABRAMI (Regina), *Worker Rights and Global Trade : The US-Cambodia Bilateral Textile Trade Agreement*, Harvard Business School Case Study, Cambridge, MA, Harvard Business Publishing, (2004).

l'OIT dans la surveillance du respect d'une loi nationale sur le travail et établissait des liens clairs entre la surveillance et l'attribution de quotas.

Le régime Tout Sauf les Armes (TSA) : motivée par le succès de ce programme, l'UE a accordé au Cambodge en mars 2001 les préférences du régime TSA, ce qui a permis au pays d'enregistrer de réalisations économiques solides au cours des deux décennies suivantes. Le régime TSA est régi par le SGP de l'UE qui constitue en une préférence tarifaire unilatérale pour favoriser la croissance économique et l'emploi des pays les moins avancés (PMA) ainsi que leur intégration dans le système commercial mondial. Sous ce prisme, le régime TSA est avant tout un programme commercial, quoiqu'assujetti à certaines conditions, vis-à-vis du respect des obligations émanant du SGP de l'UE. En effet, ces obligations sont basées sur le respect des principes ancrés par les 15 Conventions fondamentales sur les droits de l'homme des Nations Unies et de l'OIT que le Cambodge a ratifiées, dont l'une d'entre elles, le PIDCP, est déjà inscrite dans sa Constitution. En ce qui concerne le suivi de la mise en œuvre de ces conventions, l'UE s'est appuyée sur le système des Nations unies, principalement sur les rapports du Rapporteur spécial des Nations unies sur les droits de l'homme et l'OIT, comme principales sources de référence.

Quinze ans plus tard, par suite du développement politique au sein du pays qui a conduit à la dissolution en novembre 2017 du principal parti d'opposition, le « Cambodia National Rescue Party (CNRP) », l'UE a considéré cet évènement comme une entrave à la liberté d'association et d'expression, une limite aux droits politiques et une restriction de l'espace de la société civile. Ces préoccupations ont également été prises en compte dans la conclusion du Conseil des affaires étrangères de l'UE du 26 février 2018 et dans les récentes résolutions du Parlement européen. Par conséquent, un processus plus contraignant a été lancé avec la lettre du 30 avril 2018 de l'UE au Cambodge[24], déclarant que l'UE reste préoccupée dans plusieurs domaines où elle considère le Cambodge en violation de ses obligations en matière du régime TSA et des engagements internationaux. Par la suite, l'UE a jugé nécessaire de lancer le processus de préparation d'une procédure temporaire de retrait du régime TSA le 11 février 2019[25], malgré les efforts considérables déployés par le gouvernement pour répondre à leurs préoccupations. Officiellement, l'UE soutiendrait que leur seule cause motivant cette menace de retrait des préférences relève du non-respect des

[24] Le Cambodge est le premier cas où l'UE a lancé une procédure de retrait du régime TSA. L'UE utilise la même méthodologie bien établie avec d'autres bénéficiaires des préférences commerciales de l'EU, c'est-à-dire pour le SPG et le SPG Plus avec le Pakistan, le Sri Lanka et le Myanmar. Dans ces deux derniers cas, les préférences ont été suspendues. Sur le plan procédural, la charge de la preuve sur la mise en œuvre des conventions incombe au pays qui bénéficie du traitement préférentiel, à savoir le Cambodge.

[25] EUROPEAN COMMISSION, *Commission Implementing Decision of 11 February 2019 on the initiation of the procedure for temporary withdrawal of the tariff preferences provided to the Kingdom of Cambodia under Art. 19 of Regulation* (EU) No 978/201, C/2019/896. OJ C55 of 12 February 2019.

15 conventions internationales[26]. Officieusement, l'UE insistait sur la mise en liberté inconditionnelle du chef de l'opposition, accusé de complot avec une grande puissance étrangère.

Menaces de sanctions économiques – réactions au régime TSA ? Dans sa réponse initiale à l'annonce de l'UE, le gouvernement a reconnu son adhésion et son engagement dans la mise en œuvre des 15 conventions fondamentales de l'ONU et de l'OIT, qui sont les conditions préalables au maintien des préférences commerciales unilatérales du régime TSA[27]. Toutefois, cette décision est perçue comme une injustice lorsque l'UE n'a pas pris en compte de manière flagrante des progrès considérables réalisés par le pays, malgré son passé tragique récent, dans la mise en œuvre de nombreuses conventions internationales auxquelles l'octroi des préférences du régime TSA est lié, en particulier aux domaines du travail et des droits fonciers[28]. Le gouvernement a souligné l'hypocrisie flagrante de l'UE qui exige une « mise en œuvre parfaite » de ces conventions internationales, que la plupart des pays bénéficiaires du régime TSA ne peuvent à peine respecter.

Pour sa défense, le gouvernement a longuement plaidé pour rappeler les efforts accomplis par le pays, dans des conditions souvent difficiles, pour restaurer la paix et la réconciliation nationale ainsi que d'assurer le respect des droits de l'homme et des droits politiques fondamentaux, tâche qui pour l'Europe, rappelons-le, a nécessité plusieurs siècles d'efforts avant de pouvoir y réussir partiellement. Les droits fondamentaux à l'alimentation, à la santé, à l'éducation, au logement et au travail sont avant tout une condition préalable à une démocratie apaisée.

En termes de la liberté d'activités par la société civile, le gouvernement a souligné qu'un grand nombre[29] est déjà exercé librement au Cambodge, un nombre plus élevé comparé à ses pays voisins. Il estime par ailleurs qu'un si grand nombre d'ONG actives est une preuve déjà claire et convaincante de l'ouverture de la société civile au Cambodge.

En ce qui concerne le respect des conventions fondamentales de l'OIT, le gouvernement se réfère au programme « *Better Factories Cambodia* (BFC) » de l'OIT, qui a eu un impact direct sur le développement durable du secteur de vêtement, de la chaussure et d'articles de voyage grâce à son mécanisme

---

[26] EUROPEAN COMMISSION *Report of findings and conclusions pursuant to Art. 19(7) of Regulation (EU) 978/2012 relating to a procedure for temporary withdrawal of preferential arrangements applicable to the Kingdom of Cambodia under Art. 19 of Regulation* (EU) No 978/201, 11 November 2019.

[27] ROYAL GOVERNMENT OF CAMBODIA, *Consolidated Responses to the European Commission Regarding the EBA Enhanced Engagement*—Cambodia, 12 August 2019.

[28] OU (Sivhuoch), *La construction de l'État au Cambodge : contradiction entre l'État de droit et la capacité de l'État à maintenir la paix et la stabilité*, University of Waterloo Graduate Journal of Political Science, volume 8, numéro 1, (2016).

[29] En 2019, le gouvernement a enregistré 2 286 associations locales, 3 221 organisations non gouvernementales (ONG) et 397 ONG étrangères.

rigoureux et transparent de surveillance des droits et conditions de travail dans les usines. Selon les rapports annuels de la BFC sur la conformité de l'industrie, les usines de confection cambodgiennes se sont constamment améliorées sur les 21 questions critiques identifiées par l'OIT pour assurer le respect des normes nationales et internationales.

Sur la question des concessions de terres économiques liées à l'agriculture sucrière, le gouvernement a pris bonne note de la suggestion de l'UE exigeant l'emploi d'une formule standard pour résoudre les différends fonciers. Bien que l'idée proposée fasse sens, la réalité sur le terrain est totalement différente et une telle suggestion ne fonctionnerait pas pour plusieurs raisons : (i) La complexité des questions foncières est déconcertante pour un pays où les titres fonciers ont été complètement abolis par le régime Khmer rouge ; (ii) l'emplacement des sites fonciers dans différentes provinces peut jouer sur les caractéristiques foncières ; (iii) les différents revendicateurs sont tous motivés par des besoins et des objectifs distincts, etc. Pour ceux dont les terres ne sont pas cultivables, le gouvernement s'engage à leur trouver des lots de rechange plus appropriés[30].

Le gouvernement a prévenu qu'en mettant en œuvre ces mesures de retrait, la Commission européenne prendrait le risque de nier vingt ans d'efforts de développement que le gouvernement avait poursuivi pour tirer des millions de femmes et d'hommes hors de la pauvreté. Par conséquent, une telle décision annulerait l'énorme impact positif de la politique européenne dont le Cambodge avait bénéficié jusqu'à présent[31]. Favoriser des sanctions draconiennes au détriment d'un dialogue constructif pourrait s'avérer totalement contre-productif. Non seulement la suspension du régime TSA serait perçue comme un acte d'hostilité, mais le gouvernement doute que rien de constructif n'en découlerait. Si les institutions européennes refusent de reconnaître les faits incontestables qui ont conduit aux mesures juridiques prises par le gouvernement et qui relèvent des prérogatives d'un État indépendant et souverain, alors toute sanction à cet effet ne fera que renforcer la détermination du gouvernement cambodgien à se défendre et à entreprendre ses actions légitimes. Le gouvernement était fermement convaincu, par principe, que les principes fondamentaux de la souveraineté nationale et de la non-ingérence ne devraient pas faire l'objet de négociations ni de compromis pour l'obtention de préférences tarifaires, aussi importantes soient-elles[32].

---

[30] Le gouvernement a fourni un rapport détaillé sur le règlement des différends fonciers reliés aux concessions de terres économiques de canne à sucre dans les provinces de Koh Kong, Kampong Speu, Preah Vihear et Oddar Meanchey.

[31] Moody's Investors Services a averti que la perte potentielle par le Cambodge de son accès préférentiel au commerce sous le régime TSA avec l'UE affaiblirait sa croissance économique et entraînerait un crédit négatif.

[32] ROYAL GOVERNMENT OF CAMBODIA, *Final Response to the European Commission Regarding the EBA Enhanced Engagement*—Cambodia, 12 December 2019. Au moment de la soumission de cette thèse, il n'y a pas encore de résultat final sur ce processus de retrait du régime TSA.

Incertitude dans la distinction entre le droit civil et la Common Law en droit international

Outre les difficultés liées à la mise en œuvre des lois nationales, une autre source de défis pour le rédacteur et le juriste cambodgien est liée à la compréhension du droit international, à savoir les traités et les conventions. Très peu de juristes cambodgiens sont qualifiés dans ce domaine quoique l'enjeu national l'impose, notamment dans les différends frontaliers et maritimes[33]. En général, le lien constitutionnel entre le droit national et le droit international définit l'interaction normative d'un pays avec les autres nations et la communauté internationale. Nous tenterons de démontrer deux aspects : l'incompatibilité de certaines lois nationales avec les normes internationales auxquelles le pays a adhéré et la pression des normes internationales sur le système juridique embryonnaire et encore bien fragile du pays. Ces normes sont visibles dans les traités multilatéraux, les lois internationales coutumières, les principes généraux du droit, les travaux universitaires ainsi que les décisions des organes judiciaires internationaux et les travaux universitaires.

Tout le long de la période qui suit le processus de paix, alors que le Cambodge s'intègre plus inexorablement dans la communauté internationale, les conditions liées à la mise en œuvre des divers traités et conventions internationales s'avèrent de plus en plus difficiles. Depuis 1993, le Cambodge a conclu de nombreux accords et protocoles d'entente concernant la coopération économique, le commerce extérieur, la promotion et la protection des investissements[34] ainsi que la protection des droits de propriété intellectuelle. La plupart de ces accords prévoyant le traitement de la nation la plus favorisée et le traitement national sont conclus avec des pays membres de l'OMC. Le processus d'adhésion à l'OMC a contribué à des efforts législatifs remarquables pour faire en sorte que les lois internationales aient une priorité juridique claire sur les lois internes cambodgiennes, en particulier la propriété intellectuelle et les droits commerciaux.

Le Cambodge a également fait de son adhésion aux diverses organisations économiques multilatérales une priorité. Les traités internationaux et les accords bilatéraux ont été ratifiés ou signés afin d'assurer un environnement plus crédible pour les investisseurs étrangers. Afin de réduire les risques politiques comme la confiscation, l'expropriation, la domestication ou toute autre ingérence gouvernementale, la convention sur l'Accord multilatéral de garantie des

---

[33] HANG (Chuon Naron), *Regards sur le différend Maritime Khméro-Thaïlandais à la lumière de la jurisprudence internationale*, Ed. Preah Vihear (2012).

[34] Le Cambodge a signé des accords bilatéraux de promotion et de protection des investissements avec 24 pays.

investissements (AMGI) a aussi été ratifiée[35]. Dans le domaine des relations de travail, le Cambodge a ratifié toutes les conventions fondamentales de l'OIT.

Cette question de l'effet du droit international dans l'ordre juridique interne mérite d'être soulevée parce qu'elle est très importante pour le pays qui a ratifié ces conventions internationales. La question est de savoir si le juge cambodgien peut invoquer par exemple les dispositions d'une convention internationale déjà entrée en vigueur afin de l'appliquer dès lors qu'un litige lui est soumis. Dans l'exécution des sentences arbitrales étrangères, un juge cambodgien a refusé de les reconnaître malgré le fait que le Cambodge soit signataire de la Convention de New York[36]. Cette situation semble avoir été résolue récemment quoique son automaticité demeure loin d'être assurée.

Conflits entre les lois nationales et les traités internationaux : Lorsque la Constitution de 1993 a été proclamée, après deux années de gouvernance transitoire de l'APRONUC, l'empreinte du droit international est claire et omniprésente. Malgré l'engagement constitutionnel de respecter les droits et libertés inscrits dans ces traités de l'ONU, il n'y a rien dans la Constitution qui précise les procédures à suivre en cas de conflit entre les lois nationales et les traités internationaux[37]. Pendant de nombreuses années, il n'y avait aucune indication claire du statut du droit international dans la hiérarchie des normes, ni dans la Constitution, ni dans les décisions des tribunaux cambodgiens et pas davantage dans les décisions du Conseil constitutionnel. Toutefois, on présume que les traités internationaux sont inférieurs à la Constitution et que, puisque les traités et les conventions doivent être ratifiés par l'Assemblée nationale, ils doivent être supérieurs ou, à tout le moins, avoir la même autorité que les lois nationales[38]. Pendant presque une décennie, les juges cambodgiens ont du mal à appréhender les dispositions des conventions internationales pour être en mesure de l'appliquer à une situation donnée. Par exemple, il peut s'agir de conflits entre sources internationales et sources nationales comme dans le cas du droit de travail et des conventions de l'OIT. Cette question est particulièrement délicate. Les juges ont alors du mal à apprécier si les dispositions de ces lois sont contraires ou non à la convention. Est-ce qu'il s'agit d'une complémentarité ou d'une concurrence entre ces deux dispositions ?

---

[35] Krâm n° NS/RKM/0699/04 du 17 juin 1999 sur l'adoption de l'adhésion du Royaume du Cambodge à l'Agence multilatérale de garantie des investissements.

[36] L'affaire concernait une décision arbitrale internationale contre le transporteur national cambodgien Royal Air Cambodge et une société française de financement en 2000.

[37] Le Cambodge est partie à de nombreux traités et conventions internationaux, y compris les traités relatifs à la protection des droits de l'homme.

[38] Il est intéressant de noter que le respect de la hiérarchie des normes est prévu par l'article 55 de la Constitution de 1958 qui énonce que « les traités ou accords régulièrement ratifiés et approuvés ont, de leur publication, une autorité supérieure à celle des lois... ». C'est une application par le juge du principe de la primauté du droit international sur le droit interne quel que soit l'ordre chronologique des entrées en vigueur de l'instrument international, d'une part, de l'acte normatif national, d'autre part.

Questions théoriques : le monisme contre le dualisme : Le droit des traités précise clairement que les États ne doivent rien faire qui puisse toucher aux objets des traités[39]. Enfin, si les normes codifiées dans le traité constituent le droit international coutumier, alors le traité est déclaratoire. Il lie donc les États avant même de signer[40]. En droit international s'opposent deux écoles de pensée, le monisme et le dualisme. La théorie du monisme nie l'existence d'une distinction ou d'une dualité entre les lois nationales et les lois internationales. Cette théorie accepte la mise en œuvre directe des instruments internationaux dans le système juridique national. Cette théorie repose sur deux constats : (i) monisme avec la suprématie du droit national, et (ii) le monisme avec la suprématie du droit international[41]. La théorie du dualisme est une théorie qui adopte la division des lois nationales et internationales. Cette théorie sépare le droit national du droit international. Les deux lois ont des logiques et des autonomies différentes[42].

Dans la tradition du droit civil, moniste par nature, le droit international fait automatiquement partie du droit interne. Le contraire est vrai dans la plupart des pays de Common Law, qui sont plutôt dualistes. Dans la tradition de la Common Law, le droit international est considéré comme un ensemble distinct de lois qui ne trouve à s'appliquer au pays que lorsqu'il est converti en lois nationales par la législature. Compte tenu du recours à la jurisprudence dans la tradition de la Common Law, les avocats peuvent invoquer les traités internationaux et la jurisprudence devant les tribunaux comme précédent, mais les dispositions des traités ne lient pas les tribunaux tant qu'elles n'ont pas été « domestiquées » dans la législation nationale[43]. Par conséquent, comme le Cambodge suit le système de droit civil, cela signifie-t-il théoriquement que le traité est directement appliqué[44] ? Autrement dit, le système juridique khmer est-il moniste ou est-il dualiste ?

Say Bory, un avocat formé en droit civil et ancien bâtonnier du Barreau cambodgien, connu notamment pour avoir été l'avocat du prince Norodom Sirivuddh lors de son procès en 1996, a soulevé deux articles de la Constitution cambodgienne pour discussion. L'article 55 prévoit que tout traité et accord incompatible avec l'indépendance, la souveraineté, l'intégrité territoriale, la

---

[39] Convention de Vienne sur le droit des traités (VCLT), 23 mai 1969, 1155 U.N.T.S.331, art. 31.

[40] DISTEIN (Y.), *L'interaction entre le droit international coutumier et les traités*, Recueil des Cours, pp. 357-359 (2006).

[41] SAY (Bory), *Droit administratif général* (3e édition), p. 35.

[42] Pour une analyse approfondie sur les problèmes méthodologiques relatifs au droit des traités, voir CORTEN (Olivier), *Méthodologie du droit international public*, éditions de l'Université de Bruxelles, (2017), pp. 138-149.

[43] Il n'est pas aisé de déterminer si un traité qui a été signé mais qui n'a pas été ratifié est exécutoire. En effet, ni les tribunaux, ni l'Assemblée nationale, ni les représentants du gouvernement n'ont commenté cette question. On pourrait soutenir qu'un traité signé est exécutoire puisque le processus de ratification n'est qu'une formalité du système juridique national et fait partie du régime juridique national.

[44] FERDINANDUSSE (Ward N.), *Direct Application of International Criminal Law in National Courts*, 61-62 (2006).

neutralité et l'unité nationale du Royaume du Cambodge sera abrogé. L'article 92 dispose que toute adoption par l'Assemblée nationale contraire aux principes de sauvegarde de l'indépendance, de la souveraineté, de l'intégrité territoriale du Royaume du Cambodge, et affectant l'unité politique ou la gestion administrative de la nation, est réputée nulle. Le Conseil Constitutionnel est le seul organe compétent pour prononcer cette nullité.

Les dispositions de ces deux articles suggèrent que le système juridique khmer n'est pas dualiste parce qu'elles ne clarifient pas la séparation du droit national du droit international. On peut plutôt les qualifier de monistes. Say Bory a tiré une conclusion incertaine de sorte que le système juridique khmer est moniste, mais reste à savoir s'il est moniste en reconnaissant la suprématie du droit national ou s'il est moniste en privilégiant la suprématie du droit international. La réponse devrait être donnée par le Conseil constitutionnel[45].

Influence du droit international privé et des lois internationales types

Le processus d'adhésion à l'OMC a provoqué un autre évènement transformatif lié au droit international privé en enrichissant les normes juridico-économiques du pays, comme dans les cas du droit sur l'arbitrage commercial, du droit de la propriété intellectuelle et du droit sur le système de paiement. Dans cette section, nous mettrons en perspective l'interaction entre l'influence des lois types internationales et leur parcours au cœur de nombreuses lois privées cambodgiennes.

Arbitrage commercial : Dans le cadre de ses négociations pour l'adhésion à l'OMC, le Cambodge a jugé nécessaire de mettre en place un cadre juridique conforme à son désir de créer un environnement réglementaire propice pour le commerce et l'investissement, particulièrement face à la concurrence féroce de ses grands voisins de l'ASEAN. L'une des mesures clés visant à améliorer le climat de l'investissement a été l'élaboration d'un mécanisme de règlement alternatif des différends pouvant se substituer au système judiciaire. Le gouvernement est conscient que les hommes d'affaires étrangères doivent être persuadés qu'en cas de règlement des litiges commerciaux le Cambodge soit doté d'un mécanisme approprié par lequel ces différends pourraient être résolus non seulement rapidement, mais aussi équitablement et de manière impartiale. Par ailleurs, en ce qui concerne l'arbitrage commercial international, il s'avère important d'avoir une législation appropriée en place qui puisse reconnaître et appliquer les sentences arbitrales étrangères. Malgré cet engagement, il a fallu

[45] Voir le débat dans un livre, Droit administratif général (3e édition) de Say Bory, qui a tenté de discuter de la suprématie de l'actuelle Constitution cambodgienne parmi les instruments internationaux déjà ratifiés par le roi.

plus d'une décennie avant qu'un tel mécanisme ne soit mis en place, faute de capacité et de résistance dans certains milieux judiciaires.

La Loi sur l'Arbitrage commercial a été promulguée le 5 mai 2006 et son sous-décret d'application trois ans plus tard, le 12 août 2009. Cette loi prévoit la création du Centre national d'arbitrage commercial, sous l'égide temporaire du ministère du Commerce. Cette loi illustre le respect des lignes directrices de la Convention de New York sur la reconnaissance et l'exécution des sentences arbitrales étrangères de 1958, que le Cambodge a signé le 5 janvier 1960[46]. Il est important de noter que c'est seulement en 2001 que le Cambodge a ratifié la Convention de New York avec la promulgation de la loi sur l'Approbation et la mise en œuvre des Conventions des Nations Unies de 1958 sur la reconnaissance et l'exécution des sentences arbitrales étrangères. Consciemment rédigée pour se conformer aux normes et aux traités internationaux, cette loi suit en grande partie la loi type sur l'Arbitrage commercial international de la Commission des Nations Unies pour le droit commercial international (la Loi type de la CNUDCI).

Droits de propriété intellectuelle : Dans son intention d'approfondir son intégration dans la communauté internationale, le Cambodge considère que le respect des droits de propriété intellectuelle et ses mesures de protection représentent des atouts fondamentaux de l'économie, de la stratégie de développement social, scientifique et technologique du pays, tant à court qu'à long terme. Le gouvernement a donc tenu à promouvoir la protection de ces droits en tant qu'outil essentiel pour le développement de son économie, à travers les investissements étrangers[47] et, par son intermédiaire, le transfert de la technologie et du savoir-faire, et le développement des talents et de l'expertise nationaux.

Cependant, le cadre juridique des droits de propriété intellectuelle du pays d'après-guerre est à vrai dire presque inexistant. En 1999, lorsque l'OMC a commencé à examiner la demande d'adhésion du Cambodge, le gouvernement a entrepris la rédaction de plusieurs lois fondamentales sur les droits de propriété intellectuelle, notamment sur les brevets et les dessins industriels, la protection des marques et le droit d'auteur[48]. Après de longues discussions à l'OMC, le gouvernement a soigneusement rédigé des lois nationales relatives aux droits de propriété intellectuelle afin d'éviter les conflits avec l'ADPIC et d'autres traités

---

[46] Le Cambodge a signé la Convention de New York depuis 1960 mais elle n'a jamais été ratifiée par le parlement sous le gouvernement du prince Sihanouk. Ce n'est qu'en 2001 que le Cambodge l'a ratifié, mettant ainsi fin à l'incertitude juridique.

[47] Pour autant qu'il existe des liens évidents entre le commerce international et une protection suffisante des droits de propriété intellectuelle, cela n'a pas empêché ni dissuadé les opérateurs économiques titulaires de droit de propriété intellectuelle d'investir en Chine. Un des points de contentieux de la guerre du commerce sino-américain s'avère être sur la protection efficace de ces droits.

[48] Document de l'OMC, *Groupe de travail sur l'adhésion du Cambodge*, WT/ACC/KHM/2, 22 juin 1999 (99-2515), al. 47.

internationaux liés à cette question[49]. Malgré l'absence de dispositions constitutionnelles explicites sur le statut des traités économiques internationaux[50], la loi sur les Marques de commerce et la loi sur les Brevets disposent qu'en cas de conflit avec les traités économiques internationaux relatifs à la propriété intellectuelle, les dispositions des traités internationaux prévalent. Les membres du groupe de travail de l'OMC sont convaincus que ces projets de loi sont conformes aux exigences de l'ADPIC[51].

Le Cambodge a ensuite promulgué consécutivement les trois lois fondamentales sur les droits de propriété intellectuelle, à commencer par la loi sur les Marques, les noms commerciaux et les actes de concurrence déloyale en 2002 ; la loi sur les Brevets, les modèles d'utilité et les dessins industriels en 2003 ; et la loi sur le Droit d'auteur et les droits connexes en 2003. D'autres lois ont été adoptées au cours des années suivantes, notamment la loi sur les Indications géographiques en 2014 et la loi sur la Gestion des semences et des droits d'obtention en 2008, suivie de l'adoption d'un certain nombre de décrets et de règlements d'application.

Le Cambodge a ratifié l'Accord sur les ADPIC en octobre 2004 et a adhéré au Traité de coopération en matière de brevets (PCT) le 8 décembre 2016. En outre, le Cambodge a adopté l'Accord de Nice (9e édition) à compter du 1er janvier 2007 et adhéré au Système international d'enregistrement des dessins et modèles industriels de La Haye à compter du 25 février 2017. Par ailleurs, le pays a conclu le 23 janvier 2017 un accord avec l'Office européen des brevets, faisant du Cambodge le premier pays asiatique à reconnaître des brevets européens sur son territoire.

Opérations de paiement : Il y a plus de 30 ans, à la stupeur du monde entier, le régime Khmer rouge abolissait la monnaie. Dans un tel contexte, la réintroduction du système monétaire et donc des paiements en espèces a marqué un rebondissement majeur dans la reprise et la modernisation de son mécanisme de paiement. Avec l'appui technique et les conseils du FMI, la loi sur les Instruments négociables et les transactions de paiement a été promulguée en 2005 contribuant à l'établissement d'un cadre juridique solide destiné à soutenir les activités commerciales et les transactions financières[52]. La décision prise par le gouvernement d'introduire une loi fondée principalement sur ces lois uniformes de Genève est compatible avec le contexte de droit civil du pays aussi bien qu'avec le cadre de réflexion juridique de l'équipe japonaise de rédaction du Code civil.

---

[49] Documents de l'OMC, Groupe de travail sur l'adhésion du Cambodge, WT/ACC/KHM/3, 4 janvier 2001 (01-0023), en particulier les questions 157-160 et 164-167 ; WT/ACC/KHM/6, 11 décembre 2001 (01-6271), questions 94 et 97-103 ; WT/ACC/KHM/12, 29 juillet 2002 (02-4181), questions 84-89 ; WT/ACC/KHM/20, 3 mars 2003 (03-1214), questions 63-85.

[50] Le Conseil constitutionnel n'a rendu sa décision qu'en 2007 en la matière.

[51] Checklist of TRIPS Requirements and Implementation by the Kingdom of Cambodia (Revision), WT/ACC/KHM/7/Rev.1, 31 juillet 2002 (02-4236).

[52] La rédaction de la loi faisait partie du Programme d'assistance technique du FMI.

Influence du droit international public dans le système judiciaire cambodgien

L'établissement des CETC : Un autre évènement transformateur qui s'est produit presque en même temps que l'adhésion du Cambodge à l'OMC a été la création des CETC faisant entrer le Cambodge dans les annales de la justice pénale internationale. Ce facteur doit être pris en compte lors de l'analyse de la coexistence des deux systèmes juridiques et de la relation hiérarchique entre le droit cambodgien et le droit international.

Suite au rétablissement de la paix, l'une des décisions les plus difficiles auxquelles les dirigeants cambodgiens ont été malgré eux confrontés a été l'épineuse mise en œuvre des différents engagements découlant de l'Accord de paix, à savoir la tenue des élections en premier lieu ainsi que la préparation du terrain pour déclencher le mécanisme de justice transitoire, autrement dit la poursuite des personnes responsables de crimes de guerre et de crimes contre l'humanité. Il n'existait pas de solution préconçue pour traiter le problème. Les dirigeants cambodgiens se sont rendu compte que l'un des grands paradoxes de l'État de droit dans un pays d'après-guerre est le manque de temps préalablement nécessaire à l'élaboration de solutions, car le temps peut souvent être l'ennemi de la justice. Pour autant que l'insécurité et l'anarchie persistent, l'injustice envers les victimes peut miner tous les efforts de maintien de la paix difficilement conquis dans le passé. Du point de vue de la justice pénale internationale, les CETC en elles-mêmes pourraient être considérées comme une grande réalisation du gouvernement, en particulier pour leur capacité à gérer les questions d'utilisation des systèmes et procédures juridiques mixtes.

La date du 16 novembre 2018 aurait marqué un moment historique, non seulement pour le Cambodge, mais aussi pour toute l'humanité lorsque KHIEU Samphan, ancien chef d'État du régime de Pol Pot et NUON Chea, l'ex-numéro deux de ce régime, a été condamné à l'emprisonnement à perpétuité pour crimes contre l'humanité et autres actes de génocide[53]. L'essentiel de ce jugement repose sur le traitement du régime de Pol Pot comme une « entreprise criminelle conjointe »[54] en nommant directement leurs hauts dirigeants comme auteurs des crimes commis[55] : la cour a procédé à une sorte de condamnation posthume des

[53] Il faut comprendre qu'un tribunal répondant aux normes de l'ONU exclut la peine de mort.

[54] Dans l'arrêt du 16 novembre, un concept juridique est mis en avant et est parfois contesté par des spécialistes du droit pénal international. Il s'agit de la mention d'« entreprise criminelle conjointe ». À Nuremberg, le terme « complot » a été utilisé ; plus tard, et particulièrement devant le tribunal d'Arusha en Tanzanie où les crimes commis au Rwanda ont été jugés, le terme « plan concerté » a été proposé parce qu'il était caractéristique de tous les actes génocidaires. Voir NICOLAS-GRÉCIANO (Marie), *Justice et vérité sur le génocide cambodgien*, La Revue des Droits de l'Homme, mars (2019).

[55] Il s'agisse de Pol Pot, Nuon Chea, Khieu Samphan, leng Sary, leng Thirith, Son Sen, Vorn Vet, Ta Mok, Ke Pauk, Koy Thuon, Chou Chet, Ruos Nhim et Sao Phim.

dirigeants qui ont échappé à sa juridiction en raison de leur décès avant ou pendant la procédure engagée en 2007[56].

Vers le milieu des années 1990, le gouvernement a entamé des discussions avec les Nations Unies sur la possibilité de former un tribunal pour poursuivre les responsables de crimes commis pendant la période du Démocratique Kampuchéa, du 17 avril 1975 au 6 janvier 1979. Le 21 juin 1997, le gouvernement a officiellement demandé à l'ONU de l'aider à créer ce tribunal. Il a fallu encore quatre ans d'échanges procéduraux avant que l'Assemblée nationale promulgue la loi portant sur la Création des CETC en 2001[57]. Instituée par la résolution 57/228 de l'Assemblée générale des Nations Unies (février 2003) et conformément à un accord entre le gouvernement cambodgien et l'ONU signé en juin 2003, l'Assemblée nationale a dû modifier cette loi le 27 octobre 2004[58] afin de régler les questions relatives notamment à la compétence du tribunal, à sa composition et à la prise de décisions et les pénalités applicables[59].

Le caractère hybride des CETC – les Chambres judiciaires : Ce tribunal présente un certain nombre de traits distinctifs qui le distinguent des autres tribunaux pénaux internationaux comme pour l'ex-Yougoslavie, le Rwanda et le Sierra Leone. Bien qu'il fasse officiellement partie du système judiciaire cambodgien, ce tribunal détient de sa propre compétence, totalement indépendante de la Cour d'appel et de la Cour suprême. Il applique le droit international et est constitué par des Chambres composées de juges nationaux et internationaux. Si les pratiques de ce tribunal reflètent un caractère très international tant en termes de mandats statutaires que de structure du personnel multinational, il est aussi exemple clair de l'empreinte du Cambodge sur le droit international pour deux raisons principales : les juges cambodgiens sont majoritaires[60] et le tribunal a été créé par une loi cambodgienne[61].

En ce qui concerne la procédure de première instance du tribunal, l'article 33 (nouveau) de la loi portant sur la Création des CETC dispose ce qui suit : « Les Chambres extraordinaires du tribunal de première instance veillent à ce que les procès soient justes et expéditifs et se déroulent conformément aux procédures

---

[56] Raoul M JENNAR est un politologue basé au Cambodge. Il est l'auteur de Khieu Samphan et les Khmers Rouges. *Réponse à Maître Vergès.* Préface de Robert Badinter, Paris, Editions Demopolis, 2011.

[57] Voir le site des CETC : http://www.eccc.gov.kh

[58] Loi sur l'établissement des CETC pour la poursuite des crimes commis pendant la période du Kampuchéa démocratique, disponible à http://www.eccc.gov.kh

[59] Accord signé le 6 juin 2003 entre les Nations Unies et le gouvernement royal du Cambodge concernant la poursuite en vertu du droit cambodgien des crimes commis pendant la période du Kampuchéa démocratique.

[60] Bien que les CETC soient un tribunal national, ce dernier est composé de juges cambodgiens et internationaux, les premiers étant majoritaires.

[61] Cette juridiction « hybride » présente les caractéristiques suivantes : De ces 19 juges (y compris les juges de co-investigation), 11 sont de nationalité cambodgienne et 8 sont des juges internationaux nommés par le Secrétaire Général des Nations Unies. Il existe une condition de vote supra-majoritaire (majorité plus une voix) pour toute décision prise par les juges.

en vigueur, dans le plein respect des droits de l'accusé et de la protection des victimes et des témoins. Si cette procédure existante ne traite pas d'une question particulière, s'il existe une incertitude quant à son interprétation ou à son application ou s'il y a une question concernant sa cohérence avec les normes internationales, des directives peuvent être demandées dans les règles de procédure établies au niveau international. »

À titre d'illustration, dans le cas d'une décision anticipée concernant la demande de disqualification d'un juge en exercice, le tribunal n'a pas hésité à consulter les décisions rendues par d'autres tribunaux internationaux. Il a cité le jugement rendu par la Chambre d'appel du Tribunal pénal international pour l'ex-Yougoslavie et le Tribunal pénal international pour le Rwanda en appliquant le critère approprié de partialité. Il y a de nombreux autres exemples de référence du tribunal empruntés aux traités internationaux, aux jugements d'autres tribunaux internationaux et aux recommandations formulées par les organes internationaux des traités comme motifs de ses décisions.

*****

CHAPITRE 12 –

Causes et effets des transplantations juridiques sur le système juridique cambodgien

Facteurs façonnant le plein retour du Droit civil au Cambodge

L'examen constitutionnel comme facteur déterminant : Probablement pour des raisons historiques liées de la présence du protectorat français au Cambodge, nombreux sont ceux à avoir supposé qu'en terme de continuité juridique, le système cambodgien reviendrait automatiquement à sa source de droit civil et à sa structure juridique française déjà bien ancrée dans le passé. Nous commencerons par la présomption de continuité comme moyen d'appliquer la théorie des moments de transformation constitutionnelle, comme nous l'expliquerons dans la section suivante.

La continuité politique est assumée afin d'appuyer l'argument essentiel de cette thèse qui mise sur le retour de la tradition de droit civil dans le système constitutionnel cambodgien. En fait, le retour au système de droit civil n'est pas aussi évident et direct qu'il n'y paraît. Plusieurs hypothèses sont explorées pour expliquer la confusion et les incertitudes entourant cette question pendant la période transitoire suivant la conclusion des Accords de Paris. En fin de compte, à l'occasion de ces péripéties qui ont duré plus de deux décennies, on pourrait argumenter que le retour complet du droit civil au pays a enfin été réalisé.

Nous commencerons par les aspects constitutionnels. La raison pour laquelle chaque pays a une constitution est d'abord pour assurer l'ordre et la stabilité. Les constitutions établissent un ensemble de règles de base et de principes qui établissent et réglementent le gouvernement de l'État. Sans ces dispositions fondamentales, il n'y aurait ni structure ni organisation, et le chaos institutionnel prévaudrait.

Le Cambodge a subi des antécédents politiques, constitutionnels et juridiques très différents de ceux des autres pays. À l'heure actuelle, son système juridique a beaucoup emprunté au mélange éclectique de divers systèmes juridiques. Les conséquences de ces influences et antécédents complexes de greffes juridiques se sont révélées très imprévisibles. De fait, la meilleure façon d'expliquer l'évolution du droit cambodgien consiste principalement à décrire chronologiquement les divers moments de transformation qui façonnent ses diverses modifications constitutionnelles.

Réformes avant l'arrivée du Code civil : Le Cambodge possède une riche histoire constitutionnelle[1]. Partant de la présomption de continuité constitutionnelle, une brève revue des annales constitutionnelles nous amènera au premier moment transformateur datant de la Seconde Guerre mondiale. La notion de démocratie encore inconnue, la première Constitution de 1947 a établi le Royaume du Cambodge sous l'égide de la colonie française. Le concept occidental du constitutionnalisme moderne a ainsi été introduit au Cambodge quoique son succès reste très limité[2]. Par la suite, la Constitution a été modifiée après les changements successifs de régime politique.

Les décennies suivantes furent marquées par plusieurs changements constitutionnels, et qui n'ont pas franchement été positifs. La Constitution de 1972 de la République khmère née d'un coup d'État de 1970 plongera le Cambodge dans une guerre civile et servira de prélude au régime des khmers rouges qui prendra le pouvoir en 1975. La Constitution du Kampuchéa démocratique de 1976 issue d'un régime barbare aurait brûlé le pays en cendre. La Constitution de 1981 de la RPK s'inspirait du régime socialiste après la libération du pays du régime de génocide en 1979. Cette constitution fut de nouveau modifiée en 1989 lorsque la RPK s'est transformée en « l'État du Cambodge ». Après la signature des Accords de Paris le 23 octobre 1991, l'APRONUC a introduit un système juridique provisoire sous l'égide du CNS, préparant ainsi le terrain pour l'Assemblée constituante de formuler et d'adopter la présente Constitution le 21 septembre 1993. Considérée comme un grand moment de transformation constitutionnelle la réintroduction au sein du système cambodgien des éléments d'inspiration occidentale liés à la démocratie, aux droits de l'homme, à l'État de droit et bien d'autres concepts étrangers est indéniablement liée à l'influence ou à l'imposition des pays occidentaux à travers le prisme de l'APRONUC.

Continuité de la monarchie : La Constitution de 1993[3] a été une occasion unique pour les dirigeants politiques d'envisager le concept de continuité

---

[1] Depuis son indépendance en 1953, le Cambodge a connu cinq constitutions différentes. La première a été adoptée en 1953 et la dernière le 24 septembre 1993. Sur ce point, voir : *Les Constitutions du Cambodge de 1953 a 1993*, textes rassemblés et présentés par Raoul M. JENNAR, BIT Genève, et Maurice GAILLARD, *La démocratie cambodgienne*, l'Harmattan (1994).

[2] Voir HOR (Peng), *The Reform of Parliament in Cambodia: Towards an Effective Parliament in terms of Strong Representation*, LL.D. Dissertation, Nagoya University Graduate School of Law (2005).

[3] De nombreux livres et articles ont été écrits, sous différentes perspectives, sur cette période de transformation politique et constitutionnelle au Cambodge. Outre les notes de bas de page suivantes, on peut également consulter HUGHES (Caroline), *UNTAC in Cambodia : The Impact on Human*

constitutionnelle. Lors de l'inauguration de l'Assemblée constituante en juin 1993, une motion du prince Norodom Ranariddh, alors Premier ministre, a été adoptée à l'unanimité par l'Assemblée pour dénoncer le « coup d'État inconstitutionnel de 1970 ». Grâce à cette motion, le statut de l'ancien prince Norodom Sihanouk comme chef d'État sous les constitutions d'avant 1970 a été restauré. La dénonciation du coup d'État de 1970 par l'Assemblée constituante de 1993 est significative à deux égards. Tout d'abord, elle retrace non seulement le début, mais aussi la continuité des constitutions écrites modernes du pays depuis la première Constitution de 1947, retraçant ainsi la source du droit caractéristique du système romano-germanique.

La motion adoptée à l'unanimité par l'Assemblée constituante avait ouvert la voie à une nouvelle Constitution réécrite avec des concepts modernes, tels qu'une monarchie constitutionnelle et une économie de marché démocratique pluraliste[4]. Ainsi, la Constitution, qui prévoit le rétablissement d'une monarchie constitutionnelle, a-t-elle pu conférer au monarque le mandat de régner, mais non de gouverner, à l'instar du modèle monarchique britannique et du système impérial japonais contemporain.

Say Bory raconte en ces termes la manière dont le choix de la monarchie a été fait : « Ironie de l'histoire : c'est le Parti Démocratique Liberal Bouddhiste, et plus précisément moi-même, qui avons fait l'analyse suivante : une erreur dans le choix du système constitutionnel peut être mortelle pour notre peuple et pour notre pays, qui ont besoin de stabilité politique, après plus de 20 ans de divisions et de guerre. Un système hybride (ni république ni monarchie) laissant la porte ouverte aux luttes partisanes pour le pouvoir présidentiel, c'est-à-dire au retour à la guerre, ne doit plus être retenu. Seule une monarchie constitutionnelle moderne peut garantir la stabilité politique. Dans cet esprit, j'ai rédigé un article de deux pages intitulé « Pour une monarchie constitutionnelle moderne ». Tous les pouvoirs appartiennent au peuple. « Le roi règne, mais ne gouverne pas », cette formule figurait dans mon projet.... Tous les partis se sont ralliés à cette forme de régime tout simplement parce que le sentiment populaire les y poussait. Lorsqu'une délégation de l'Assemblée se rend ensuite à Pyongyang, où se trouve le Prince Sihanouk, pour lui faire part de l'état d'avancement des travaux constitutionnels, celui-ci semble d'abord refuser, puis, le 31 août 1993, accepte enfin : « Je ne peux pas refuser cette proposition qui rend justice au roi et à la royauté cambodgienne. » ... Chem Sgnuon, qui avait prévu cette hypothèse, avait déjà, tout prêts, des aménagements. Mais Sihanouk lui-même était allé plus loin que nous n'avions prévu dans le sens du roi sans pouvoir »[5].

Rights, Institute of Southeast Asian Studies, Singapore (1996) ; *Nations Unies et Cambodge, 1991-1995*, Nations Unies, New York, (1995).

[4] BROWN (MacAlister) et ZASLOFF (Joseph J.), *Cambodia confounds the Peacemakers 1970-1998*, Cornell University Press (1998), p. 174.

[5] GAILLARD, *op. cit.*, p. 16, encadre n° 5. *Repris de La voix du Cambodge*, n° 4, novembre 1993, pp. 4 et 5.

Continuité des lois - article 39 de la Constitution : On pourrait relever que cette continuité constitutionnelle aurait clairement indiqué le retour du système de droit civil. La Constitution consacre une certaine « continuité juridique »[6] au sens large du mot, ce qui veut dire continuité des lois.

L'art. 139 de la Constitution, devenu art. 158 dans la nouvelle numérotation issue de la modification constitutionnelle de 1999, dispose que : « Les lois ou dispositions écrites garantissant les biens de l'État, et les droits, les libertés et les biens légitimes des personnes privées et qui sont conformes aux intérêts de la Nation, restent en vigueur jusqu'à ce que de nouveaux textes viennent les modifier ou les abroger, à l'exception des dispositions contraires à l'esprit de la présente Constitution ». Bien que des lois couvrant certains aspects primordiaux du développement de la démocratie pluraliste et de l'économie de marché fassent toujours défaut, l'interprétation et la portée de ces dispositions constitutionnelles avaient pour but de permettre au Cambodge d'assurer sa relève dans les meilleures conditions possible et même plaider en faveur d'un recours aux acquis du passé. Face aux besoins juridiques, il s'agit de combler les lacunes dans le réseau des normes juridiques en utilisant le droit disponible, c'est-à-dire tous les textes existant au sens le plus large, et de les évaluer en fonction de leurs compatibilités doctrinales avec le nouveau régime ainsi que leur potentiel d'application réelle et de leur adéquation aux besoins.

Selon MM. Gourdon et Ghelbert, pour combler les lacunes de la législation khmère actuelle, il convenait de donner son plein effet à l'article 139 modifié 158 de la Constitution relatif aux dispositions transitoires. Il est à noter que cet article 139 du Chapitre XIV de la Constitution ne fixe pas de limite temporelle ni ne comporte de date butoir, que ce soit par référence au régime de 1979, ou aux régimes, qui ont régi le pays entre 1970 et 1975 et même antérieurement. Est seulement exclu du champ de cet article tout ce qui serait contraire aux standards internationaux, aux valeurs politiques et éthiques que l'ONU véhicule ainsi qu'aux exigences constitutionnelles de 1993[7].

La reprise du Conseil constitutionnel en tant que système de contrôle de la constitutionnalité : Le deuxième moment de transformation constitutionnelle indiquant le retour à un système de droit civil est lié au concept de contrôle de constitutionnalité. D'un point de vue historique, chaque système de révision constitutionnelle est élaboré conformément à une tradition constitutionnelle différente. Selon Geraldina González De La Vega[8], deux paradigmes différents ont été développés ; l'un dans le système de la Common Law, ce qu'on appelle

[6] GOURDON, Y. DAUDET et X. GHELBER, *avis juridique sur l'article 158 nouveau de la Constitution de 24 septembre 1993*, Annuaire législatif 2000-2001, Répertoire des décrets-lois et des lois, 1979-2001, publié avec le concours du Service de Coopération et d'Action Culturelle de l'Ambassade de France au Cambodge.

[7] GOURDON et GHELBER, *op. cit.*, p. 7.

[8] Voir Geraldina GONZALEZ DE LA VEGA, *Two Different Approaches in Constitutional Interpretation with Special Focus in Religious Freedom, A comparative Study between Germany and the United States*, (2008) (disponible à www. juridica.unam.mx).

le contrôle judiciaire, et l'autre dans le système de droit civil, qu'on appelle le contrôle constitutionnel.

Dans le système de la Common Law, la « doctrine du contrôle judiciaire » donne aux tribunaux le pouvoir d'invalider les actions du gouvernement qui sont contraires à la constitution, avec des variations dans le processus d'un pays à un autre. Selon De La Vega, le système américain est un exemple classique de système de contrôle judiciaire. Établi à la fin du XVIIIe siècle, le système américain est structuré de manière à donner la suprématie à la magistrature. Quant à la Constitution japonaise, elle adopte l'approche américaine et en conséquence, la Cour japonaise s'est saisie du pouvoir d'interprétation de la Constitution de contrôler les actions législatives du parlement ainsi que les actions administratives du gouvernement. Dans les deux systèmes, le tribunal appréhende les questions de constitutionnalité seulement sur des cas concrets.

Dans le système de droit civil, le contrôle constitutionnel intervient à l'occasion d'un litige lorsque le tribunal doit s'assurer de la constitutionnalité d'une loi ainsi que des mesures prises par l'administration. Dans le système français, le « Conseil constitutionnel » a été créé pendant la Ve République et a la responsabilité de contrôle de la constitutionnalité de la loi[9]. L'approche française permet au Conseil constitutionnel de procéder à des contrôles constitutionnels par des cas concrets. Quant à l'Allemagne, elle se dote d'un système de contrôle de la constitutionnalité avec une Cour constitutionnelle établie au XXe siècle pour renforcer l'État de droit. Dans ce système, la Cour constitutionnelle est saisie des questions constitutionnelles à travers des cas aussi abstraits que concrets.

Historiquement, le système de contrôle de la constitutionnalité n'existe pas au Cambodge. La Constitution du 6 mai 1947, modifiée successivement jusqu'au 31 mars 1964, prévoit la compétence d'interpréter les textes constitutionnels dans son article 119, mais ne précise pas l'étendue du contrôle de la constitutionnalité. La compétence d'émettre l'interprétation finale des textes a été laissée à l'Assemblée nationale. Le système de contrôle de la constitutionnalité ne fut établi pour la première fois que dans la Constitution de la République khmère du 30 avril 1972 sous le nom de « Cour constitutionnelle ». Malgré sa dénomination qui pourrait prêter à confusion, la Cour constitutionnelle est un organe distinct du pouvoir judiciaire.

L'avènement du régime communiste en 1975 a balayé l'influence de l'Occident et le Cambodge s'est retrouvé dépourvu de toute tradition de contrôle de la constitutionnalité entre le mois d'avril 1975 et avril 1998. Subséquemment a été promulguée le 8 avril 1998 la loi sur l'Organisation et le fonctionnement du Conseil Constitutionnel. À l'approche des élections générales de l'Assemblée nationale, le système cambodgien de contrôle de la constitutionnalité relève donc

[9] JACKSON (Vicki C.) et TUSHNET (Mark), *Comparative Constitution* (1999, New York Foundation Press).

exclusivement du Conseil constitutionnel qui imite à bien des égards le Conseil constitutionnel français. Toutefois, le système de contrôle administratif relève de la compétence des tribunaux ordinaires, qui règlent non seulement les affaires civiles et pénales, mais aussi les affaires administratives.

Le système cambodgien suit parallèlement l'approche institutionnelle française et l'approche procédurale allemande. Le Conseil Constitutionnel interprète la Constitution et peut vérifier la conformité d'une loi ordinaire à la constitution. Par rapport au modèle français, le contrôle de la constitutionnalité d'une loi au Cambodge est très flexible, car il peut avoir lieu *à priori* et *à posteriori* de la promulgation d'une loi. Une fois cette dernière promulguée, un tribunal ou l'une des parties mentionnées ci-dessous peut demander au Conseil constitutionnel d'en examiner la constitutionnalité. On peut même relever que le Conseil constitutionnel cambodgien a adopté l'approche allemande pour le processus de révision constitutionnelle en raison de sa souplesse et de son caractère pratique.

Influence du droit constitutionnel sur le droit administratif - une rupture avec le passé : Bien qu'il y ait une certaine continuité dans le cadre constitutionnel d'inspiration de droit civil, le parcours historique du pays aurait influencé et déformé de façon inattendue certains éléments du système juridique cambodgien. Dans le domaine du droit administratif, ce parcours s'est détourné du droit civil traditionnel.

L'une des caractéristiques les plus remarquables du système cambodgien sous l'influence des greffes issues de diverses cultures juridiques pourrait être caractérisée par la manière dont la nouvelle Constitution de 1993 traite de la question du droit administratif. En rupture avec sa tradition juridique française, l'article 39 de la Constitution prévoit que les tribunaux communs, plutôt qu'un tribunal administratif spécialisé distinct, ont compétence pour se saisir des affaires de droit administratif. Plusieurs raisons motivent cette dérogation juridictionnelle, mais peut-être la plus importante se justifierait alors au regard du manque de mécanismes de règlement des différends lié aux questions administratives au pays.

La Constitution définit un système de gouvernance fondé sur la séparation des pouvoirs législatif, exécutif et judiciaire. L'article 128 dispose que « le pouvoir judiciaire est un pouvoir indépendant ». La Constitution réitère cette idée en réaffirmant que le pouvoir judiciaire, défini au sens large pour couvrir toutes les actions en justice, y compris administratives, ne doit pas être accordé aux organes législatifs ou exécutifs. Le pouvoir judiciaire relève exclusivement de la Cour suprême et des tribunaux inférieurs. Pour être plus précis, seuls les juges ont le droit de statuer.

Réintroduction des codes et achèvement du processus du plein retour au droit civil

Les principaux facteurs contribuant à la consolidation de la tradition de droit civil : Outre les divers arguments historiques, politiques et constitutionnels œuvrant pour le retour du droit civil, l'argument juridique reste le facteur le plus convaincant et déterminant. Trois facteurs juridiques majeurs consolident la tradition de droit civil : la contribution française dans la modernisation du Code pénal et du Code de procédure pénale ; la contribution de l'assistance japonaise dans la transplantation du Code civil et du Code de procédure civile ; et les travaux des CETC qui affirment au niveau du droit pénal international la suprématie du système de droit civil au Cambodge.

Toute tentative d'amener le retour du Code civil au Cambodge nécessite trois conditions préalables : un calendrier favorable, un engagement ferme en termes d'une assistance technique efficace et une volonté politique provenant de pays partenaires de confiance comme la France et le Japon. Grâce à une assistance bien calibrée, les travaux de soutien de longue haleine de ces deux pays ont permis de réussir l'unification et la codification des règles juridiques dignes d'un pays de tradition romano-germanique.

L'évolution de la codification des lois, ses origines juridiques, politiques et doctrinales : L'histoire du Code civil cambodgien est tout aussi ancienne que d'autres codes civils dans d'autres pays asiatiques : Il convient de préciser que le terme de « Codes Cambodgiens » ne correspond pas nécessairement au sens juridique actuel que l'on pourrait prêter au mot code parce qu'il ne s'agit pas d'un exposé méthodique de règles juridiques précises. Il s'agit en réalité de l'ensemble des décisions royales compilées et révisées de temps à autre par des rois entourés de princes, brahmanes, chapelains, chef des bonzes, conseillers, hauts dignitaires, juges et astrologues[10].

Dans le monde occidental, le mot latin pour code, « *codex* » est utilisé pour décrire un livre composé de feuilles de parchemin ou de tablettes écrites reliées entre elles. Selon la définition officielle du Code en France, un code est « un ensemble classifié de lois regroupant différents sujets appartenant à la même branche juridique ». Cette définition reflète celle donnée par le premier consul au début du XIXe siècle, c'est-à-dire « un seul recueil de toutes les lois civiles votées en 1803 et 1804 ». Une autre définition a été donnée par Jean-Etienne-Marie Portalis[11], l'un des quatre auteurs du Code civil, en 1804 : « un ensemble de lois visant à fournir un cadre juridique pour les relations sociales, familiales

[10] AYMONIER (Etienne), *Le Cambodge*, ed., Leroux, Tome I, 1900, p. 79.

[11] Portalis est considéré, à juste titre, comme le principal rédacteur du Code civil. Il compte parmi les hommes qui essayèrent de résoudre les problèmes posés tant par l'effondrement de la société d'Ancien Régime que par l'affrontement des idées préludant à la naissance de la société moderne. Pour une présentation détaillée de ce personnage haut en couleurs, suivre https://www.universalis.fr/encyclopedie/jean-etienne-marie-portalis/

et commerciales entre les personnes qui vivent dans la même région géographique ».

Le Code civil napoléonien de 1804[12], qui édicte le droit civil applicable à l'ensemble du pays, est non seulement le cœur du droit privé en France, mais aussi un grand modèle pour les codes de droit privé de toute la famille juridique romaniste. Le Code civil français est sans aucun doute intellectuellement le plus significatif et historiquement le plus fertile, ayant largement influencé les lois de nombreux autres pays.

En Asie, un nouveau code civil japonais, connu sous le nom de « code civil Meiji », a été achevé en 1898. En réalité ce code civil s'inspirait du premier projet de code civil allemand, prenant pour modèle le système Pandectiste[13], bien qu'il ait été fortement influencé sur le fond par le code français[14]. Le droit des obligations et le droit de la propriété ont presque entièrement adopté les principes des systèmes juridiques occidentaux – principalement issus des lois allemandes et françaises. Le Code civil japonais actuel est un produit du droit comparé. On peut relever que ce Code civil faisait référence à tous les codes civils existants à l'époque. Tous les principes et les règles estimés valables ont été reçus et inclus dans le Code civil[15]. Il s'agit d'un mélange de lois étrangères issues d'Allemagne, de France et d'autres pays, même si l'inspiration allemande a été prédominante en raison de l'acceptation des théories juridiques allemandes. En termes d'interprétation juridique, le Code civil japonais est devenu une variation du Code civil allemand[16].

Au Cambodge, le droit français a à son tour beaucoup influencé le droit cambodgien. C'est la raison pour laquelle, le 25 février 1920, le premier Code civil cambodgien a été promulgué par l'ordonnance royale n° 17, par Sa Majesté Sisowath, alors Roi du Cambodge. On sait que le Code civil de 1920 et les autres codes subséquents se sont beaucoup inspirés du modèle du Code civil

---

[12] Formellement établi en 1799, le code civil n'est pas le premier code légal à paraître, d'autres grands codes étaient déjà entrés en vigueur en Europe centrale et occidentale à la fin du XVIIIe et au début du XIXe siècle.

[13] Les pandectistes sont des juristes allemands du XIXe siècle qui ont étudié et enseigné le droit romain comme modèle de « jurisprudence conceptuelle » telle que codifiée dans les Pandectes de Justinien. En conséquence, le système pandectiste désigne un système juridique sous codification.

[14] En 1871, le gouvernement invite comme conseiller juridique le professeur français G. BOISSONADE (1825-1910), professeur-agrégé à la Faculté de Droit de Paris. Boissonade arriva au Japon en 1873. Il prépare, conjointement avec le Comité de rédaction des membres japonais, le premier Code pénal et le premier Code civil. Celui-ci n'est matériellement qu'une modification du Code civil français, notamment dans la section relative au droit des obligations et aux droits réels. Il a également adopté le système du Code civil français. De nombreux concepts et dispositions sont très semblables à ceux du Code civil français. Le premier Code pénal a été adopté et appliqué en 1881, tandis que le premier Code civil a été adopté en 1890 pour une mise en œuvre effective en 1893.

[15] HOZUMI (N.), *Conférences sur le nouveau Code civil japonais*, (1912).

[16] ZENDAROU (Kitagawa), *Theories and systems on civil code*, cité dans Sen-Yan Sun, Comments on the Reception of the Civil Code, The Law Monthly 3, 3 (2002).

napoléonien de 1804. Lorsque ce dernier a été intégré[17] à la société cambodgienne via le protectorat, le bilan tiré de ce transfert est que le droit cambodgien a plutôt subi une influence positive de la part du Code civil napoléonien.

Le Code de procédure civile cambodgien, adopté en 1963, semble avoir assimilé toutes les réformes du droit procédural en France jusqu'en 1958[18]. Diverses tentatives ont été menées au cours des années suivantes pour expliquer le Code, et des manuels ont été publiés en 1965 pour aider à mettre en œuvre les procédures. Les manuels disponibles en khmer indiquent également que le Code a subi un certain nombre de modifications mineures jusqu'au milieu des années 70.

Le code n'a pas survécu aux changements constitutionnels successifs qui ont balayé le Cambodge[19]. Pendant le régime khmer rouge, le Code de procédure civile de 1963 a également été supprimé, ainsi que toutes les lois et le système juridique dans son ensemble. Même après 1979, ce code a été délaissé au profit de divers arrangements ad hoc dont il existe peu de références fiables. Avec la promulgation de la nouvelle Constitution en 1993, de nombreux textes d'orientation socialiste et autoritaire ont été définitivement supprimés. À la suite de cela, des bouleversements de grande ampleur se sont fait ressentir, nés de transformations profondes d'ordre moral, économique, social et bien entendu politique après la formation du gouvernement en 1993. Les progrès incessants de la science et de la technologie, les conquêtes réalisées dans le monde de l'information et de la communication ne peuvent évidemment être sans incidence sur l'influence de la rédaction du nouveau Code civil.

L'influence de l'intervention japonaise sur le Code civil : le Premier ministre cambodgien Hun Sen avait souligné l'importance du développement d'un système juridique pour établir un État de droit, une démocratie pluraliste et la protection des droits de l'homme. Il souhaitait que la rédaction du Code civil et de procédure civile se fasse rapidement et avait remercié le Japon pour son aide. Il avait mentionné le fait que de nombreux problèmes demeuraient irrésolus, notamment à l'égard de la mise en œuvre de ces codes, avec les enjeux

---

[17] SIMONET (Marion), *Droit et famille au Cambodge*, p. 35 et s.

[18] De nombreux problèmes liés aux procédures civiles en vertu du Code de 1935 n'ont été abordés en France qu'en 1965, lorsque de nombreuses réformes de grande envergure ont été effectuées. Ainsi, le code cambodgien de 1963 a reçu également l'impact, autant bons que mauvais du code de 1935.

[19] La société française est régie plus ou moins par les mêmes règles de droit civil depuis deux cents ans. Depuis 1804, la France a été balayée par deux empires, deux monarchies, quatre systèmes républicains et dix constitutions différentes en deux cents ans mais elle a maintenu un code civil unique. Il semble que les changements politiques n'aient pas affecté la stabilité de la société française. Sur les 2281 articles du Code civil, près de 1200 ont été conservés dans leur version originale. Voir DELPLANQUE (Catherine), *Origins and impact of the French Civil Code,* Ministry of Justice, Vietnam, 06 mars 2012. Translated into English by Edith Horak.
https://moj.gov.vn/en/Pages/Talking-Laws.aspx?ItemID=10

de rédaction de lois connexes et de développement des ressources humaines[20]. Le Code civil fait également partie de la politique de l'État visant à assurer la protection des droits et intérêts des personnes en vue d'un développement social. Selon lui, « Dans toute société, le Code civil est l'une des lois fondamentales nécessaires pour soutenir le développement national et la cohésion sociale. Il fournit un cadre juridique directeur aux citoyens tout au long de leur vie quotidienne en établissant les règles centrales qui régissent les relations juridiques entre les parties privées ».

L'Ambassadeur du Japon au Cambodge, Ogawa Gotaro, a souligné à son tour dans son discours que ces deux codes constituaient un élément clé dans une société moderne fondée sur l'État de droit. En même temps, ils forment également une partie importante de la réforme juridique et judiciaire que le gouvernement est en train d'entreprendre actuellement[21].

Du point de vue cambodgien, les fonctionnaires du ministère de la Justice et ceux des tribunaux semblent être plus ouverts à l'idée que le Japon transpose ses propres expériences de transplantation au Cambodge. Le contexte historique du Japon et son expérience dans la dernière moitié du XIXe en termes d'acceptation des lois et principes juridiques de l'Europe lors du développement de ses propres systèmes juridiques et judiciaires représentaient un avantage unique que le Japon pouvait partager. Ce n'est pas par hasard que l'ambassadeur du Japon avait mentionné « ... qu'au cours de la deuxième moitié du XIXe siècle, le Japon avait appris les pratiques juridiques de l'Occident. Le Japon a vécu une expérience similaire lorsque nous avons importé des lois occidentales sans avoir notre propre code civil et sans avoir une organisation judiciaire adéquate, afin de rattraper et de suivre les autres pays. Le Japon est maintenant en mesure d'aider le Cambodge »[22]. Ce contexte a fourni un environnement propice à la préparation du projet de ces deux codes.

L'influence française du Code pénal : L'ambition du projet de code pénal vise à remédier un grave défaut que l'on constate fréquemment : l'éclatement des infractions dans différents codes ou différentes lois. Or cet éclatement complique singulièrement l'accès au droit pénal. Ce phénomène aurait commencé dès la période de l'APRONUC durant laquelle le CNS avait adopté le 10 septembre 1992 les dispositions relatives au système judiciaire, au droit pénal et à la procédure pénale applicables au Cambodge pendant la période transitoire. Cette

[20] Discours prononcé le 15 octobre 2002 par Samdech HUN Sen, Premier ministre du gouvernement royal du Cambodge, lors de la cérémonie d'ouverture du séminaire national sur le projet de code civil et de code de procédure civile.

[21] International Cooperation Department, Research and Training Institute, Ministry of Justice, *Law For Development*, July 2003, p. 33.

[22] Le projet d'assistance est sous la direction du Prof. MORISHIMA Akio, président et professeur émérite de l'Université de Nagoya et président du conseil d'administration de l'Institute for Global Environmental Strategies. Ce projet de coopération vise à la formulation de politiques gouvernementales clés sur le système juridique et judiciaire du Cambodge ainsi qu'à la rédaction du projet de Code civil.

délibération, fatalement incomplète, jetait les bases d'un nouveau système judiciaire cambodgien ; elle comportait notamment la définition de trente-cinq crimes et délits. Aux trente-cinq infractions initiales se sont ajoutées progressivement de nouvelles incriminations créées par des règlements particuliers. C'est pourquoi l'assistance technique française a proposé qu'à l'avenir, toutes les infractions nouvelles, quels que soient leur domaine et leur gravité, soient rassemblées dans le Code pénal. Dans cet esprit, un projet d'assistance fut mis en place plus tard par la Coopération française.

Facteurs linguistiques et facteurs liés à l'éducation

L'héritage francophone et le retour du droit civil au Cambodge

> « *La Francophonie sait tout ce qu'elle doit à la France et la Francophonie aime la langue française parce qu'elle est tout à la fois notre outil privilégié de communication et de coopération, notre signe de reconnaissance, le substrat des valeurs que nous promouvons, le label de notre manière d'être au monde et d'envisager le monde. Alors vous comprendrez mieux, sans doute, que nous soyons si attachés à ce que la langue française continue d'être enseignée et parlée sur les cinq continents, à ce qu'elle demeure une grande langue de communication internationale, à ce qu'elle demeure la langue de la culture, des médias, du droit, des affaires, de la recherche scientifique, à ce qu'elle demeure la langue officielle ou de travail à l'ONU, à l'Union européenne, et dans tant d'autres organisations internationales* ». [23]
>
> *Abdou DIOUF, ancien Secrétaire général de la francophonie*

Montesquieu, en tant que premier juriste reconnu de droit comparé, écrivait qu'« une loi rédigée pour le peuple d'un pays devrait être très adaptée à la population de ce pays et par conséquent, si cette loi correspondait au besoin au peuple d'un autre pays, ça ne devrait être qu'un grand hasard »[24]. Cela signifierait donc que si une certaine loi d'un pays n'est appropriée que pour ce pays, il serait difficile de la transplanter dans un autre pays. Cette déclaration soulève une autre question sur les obstacles engendrés lors de cette transplantation.

En revanche, de nombreux chercheurs dans différents domaines de la recherche juridique tels que le droit comparé, l'histoire juridique, la sociologie juridique et la jurisprudence, ont également eu leur mot à dire sur les avantages et les inconvénients, la possibilité et l'opportunité de transplantations juridiques[25]. Les sceptiques comme Pierre Legrand, dans une perspective culturaliste, ont proclamé de manière péremptoire « l'impossibilité de greffes

---

[23] Discours à la clôture des Entretiens de Royaumont : *Aimer la France,* Royaumont le 3 décembre 2011 *In* DIOUF (Abdou), *Passion Francophone : Discours et interventions 2013-2014*, Bruyant, 2014. pp. 18-21.

[24] MONTESQUIEU, *de l'Esprit des Lois*, (1878).

[25] STEIN, *op. cit.*, pp. 198-216.

légales », rejetant la possibilité de déplacement d'une juridiction vers une autre chose que « la forme dénuée de sens de mots ». De ce point de vue, tout plaidoyer en faveur des transplantations légales consiste à « réduire le droit aux règles et aux règles en de simples déclarations de proposition »[26].

Pour un pays ayant connu tant de « ruptures », de « tables rases », « d'années zéro », on aurait pu dire que le droit cambodgien s'est reconstruit sur l'expérience sociale avec des facteurs liés à l'éducation et une dimension linguistique. Il nous est permis de dire comment l'influence de l'héritage linguistique et éducationnel français a permis le retour du droit civil au Cambodge. On notera bien que l'aide au développement a joué un rôle important dans l'influence sur le développement de l'éducation et des compétences linguistiques et, par extension, sur son système juridique. Les spécificités du cas du Cambodge confirment pleinement que le retour de la tradition de droit civil, bien que beaucoup plus lent, est lié au choix de l'éducation et en particulier au choix de l'apprentissage d'une langue étrangère, dans un contexte de la propagation galopante de la langue anglaise. Par ailleurs, le choix de la langue dans le Cambodge contemporain doit être considéré dans le contexte d'une part de l'influence écrasante de la langue anglaise dans la région et dans le pays, et d'autre part du déclin historique ainsi que du récent renouveau de la culture linguistique française dans le pays.

Les facteurs liés à l'éducation et leurs impacts sur le système juridique : La perspective historique du système éducatif a évolué à travers les différents régimes, de la période coloniale à nos jours, offrant de multiples contextes éducatifs, économiques et politiques quant aux choix que les décideurs politiques cambodgiens ont eu à faire pour s'adapter aux changements institutionnels. Dans son parcours historique contemporain, le système d'éducation reflète tant l'idéologie que la politique du pays du moment que les tendances économiques mondiales et régionales qui constituent la ligne directrice des établissements d'enseignement.

Les premières institutions d'enseignement supérieur du Cambodge remontent à l'Empire d'Angkor. Tout au long de ces périodes difficiles jusqu'à la période précoloniale, seules les pagodes ont été considérées comme des centres éducatifs pour le peuple cambodgien et certains d'entre eux sont devenus des institutions éducatives et professionnelles à part entière pour les chercheurs et les intellectuels khmers. En tant qu'institutions communautaires, les bonzes bouddhistes revêtent d'importants devoirs éducatifs dans le transfert de leurs connaissances par l'instruction religieuse et culturelle[27].

---

[26] En anglais "*reducing law to rules and rules to bare propositional statements*". LEGRAND (Pierre), *The Impossibility of Legal Transplants*, 4 Maastricht J. Eur. & Comp. L., (1997), pp. 111-124.

[27] Ayres a soutenu que la plupart des Cambodgiens ont appris leur riche patrimoine culturel à travers les proverbes et les dictons populaires du pays, le droit traditionnel, des épopées comme le *Reamker (Ramayana*) et des contes populaires par la bouche à oreille (AYRES, 2000).

L'influence linguistique de la France s'est étendue par défaut sur le système éducatif juridique. Le Cambodge a donc calqué son système sur celui de la France tant pour l'organisation administrative qu'académique. Dès cette époque, les textes de loi et les documents judiciaires étaient rédigés uniquement en français. Pendant près d'un siècle, toute l'administration cambodgienne utilisa le français dans les textes officiels ainsi que pour l'enseignement de la langue, les enseignes des magasins, la circulation routière, etc. Plusieurs écoles supérieures spécialisées comme celles de Médecine, d'Agriculture ouvrirent aussi leurs portes, toutes en français. Le français reste la langue d'enseignement dans la plupart des universités et des établissements d'enseignement supérieur.

Faible influence de la langue française dans la région : Cependant, la langue française a connu sa première dilution après l'indépendance du Cambodge en 1953. Cette politique linguistique se transforma en une certaine « khmérisation » qui se manifesta à la fois à la législature, la justice, l'administration publique et aux programmes scolaires. La khmérisation se concrétisa dans une forme de bilinguisme franco-khmer qui s'étendit partout, sauf dans les universités qui sont restées à l'usage du français. L'administration cambodgienne n'utilise quant à elle que le khmer avec ses citoyens.

De même, les transformations politiques au cours des décennies suivantes n'ont pas été favorables à la langue française, tenant compte de l'affaiblissement de l'influence de ce dernier sous la concurrence d'autres langues étrangères. Après le coup d'État du 18 mars 1970, l'enseignement supérieur à cette époque fut bouleversé par des questions sociales et politiques ainsi qu'à une guerre civile qui a déstabilisé le programme d'éducation entre 1970 et 1975[28]. Durant la période qui suivit, le régime khmer rouge a catégoriquement supprimé tout droit en matière de langue étrangère. Le khmer fut imposé à tous les Cambodgiens et toute trace du français est éliminée, non seulement dans son emploi dans l'administration, mais aussi dans la vie quotidienne et dans les médias. Depuis 1979, du fait de ces ravages, l'éducation nationale cambodgienne a dû totalement se reconstruire et se développer.

Par la suite, les grands établissements d'enseignement supérieur et technique furent dominés par l'idéologie politique du socialisme et souffrirent de la qualité inférieure de l'enseignement provenant des systèmes hybrides de l'Union soviétique, du Vietnam et d'autres pays du bloc de l'Est[29]. Pour ne rien arranger, les Vietnamiens imposèrent le vietnamien en plus du khmer dans l'appareil de l'État. Cette offensive vietnamienne entraîna encore un affaiblissement de l'usage du français.

Après une interruption de presque 20 ans, l'enseignement du français a repris peu à peu sa place dans le système éducatif cambodgien. C'est surtout à partir de 1993 que l'enseignement des langues étrangères, y compris le français et

---

[28] CHANDLER, *A History of Cambodia*, (2008).

[29] AYRES (2003).

l'anglais, s'est amplifié. Pendant une période transitoire qui dura de 1991 à 1993, les organisations onusiennes durent administrer le Cambodge, d'où le retour du français et de l'anglais comme langue administrative du pays en plus du Khmer.

Après les élections générales de 1993, le pays a connu un début de réforme, de restructuration et de développement des établissements d'enseignement supérieur. En effet, l'intégration du Cambodge dans l'ASEAN aurait poussé le gouvernement à accélérer ses réformes pour pouvoir répondre aux exigences fixées par les normes régionales et internationales en matière d'enseignement supérieur. L'utilisation et la maîtrise de la langue anglaise, en tant que *lingua franca* de l'ASEAN, sont donc devenues une nécessité absolue pour les fonctionnaires et les entreprises cambodgiennes. Déjà, depuis ces dernières années dans les universités nationales, certaines facultés ont des programmes d'enseignement bilingue en français et en anglais.

Alors que le pays continuait désormais à s'ouvrir au monde extérieur, de nombreux Cambodgiens ont choisi d'apprendre l'anglais, motivés par de multiples demandes et possibilités d'emploi. Au sein du pays, de nombreuses agences de développement bilatérales, multilatérales et non gouvernementales, qui exigent certaines compétences linguistiques des employés cambodgiens et de leurs homologues gouvernementaux, ont ouvertement soutenu l'apprentissage de ces langues dans le cadre d'une éducation formelle et informelle. Certains Cambodgiens, dans leurs décisions en faveur de l'apprentissage du français, ont choisi de l'apprendre par anticipation des bourses offertes en français dans les universités nationales et en France.

Selon la Coopération française auprès de l'Ambassade de France à Phnom Penh, en choisissant une filière francophone, ou tout simplement en se perfectionnant en français, les étudiants acquièrent des atouts supplémentaires, afin d'augmenter leurs chances de trouver un emploi et de poursuivre une carrière plus riche et diversifiée. De même, durant les cinq ou six dernières années, un plus grand nombre de Cambodgiens ont décidé aussi d'apprendre le japonais, le coréen et le chinois en raison de l'accroissement spectaculaire du marché du travail auprès de nouvelles entreprises détenues ou gérées par ces ressortissants étrangers.

De 2002 à 2010, les enseignements ont été pris en charge en partie par les jeunes diplômés cambodgiens ayant étudié en France et, dans le même temps, les premiers diplômes de droit de niveau BAC+5 (Master) ont été réintroduits. C'est justement à cette date que l'Université Paris 2 Panthéon-Assas reprit attache avec l'URDSE avec pour résultat la création d'un diplôme délocalisé de Master de droit des affaires internationales dès 2011. Progressivement, ce diplôme acquit une renommée non seulement au Cambodge, mais également sur la scène internationale, incitant dès 2013 les jeunes diplômés français à y étudier pour une ou deux années universitaires, garantissant ainsi le maintien d'un diplôme juridique francophone d'excellence qui accueille désormais chaque année plus de 50 étudiants, dont une moitié d'étudiants français.

Facteurs linguistiques dans la renaissance du barreau cambodgien : La création et le développement du Barreau sont dus aux services dévoués de son premier bâtonnier, le Dr. Say Bory, un intellectuel francophone et francophile, ancien ministre, ancien membre de l'équipe de rédaction de la Constitution et ancien membre du Conseil constitutionnel. Grâce à ses efforts, le Barreau a pu être créé, comptant moins de cinquante membres fondateurs. Le Barreau souffrait d'un grave manque de ressources physiques et intellectuelles et ce bâtonnier a pu mobiliser un appui considérable du Barreau de Paris et bien d'autres barreaux de diverses juridictions pour renforcer les capacités de cette jeune institution.

*****

CHAPITRE 13 –

Évènements transformatifs du système judiciaire

Dépendance du parcours historique

Dysfonctionnement institutionnel après le processus de paix : Lors du naufrage khmer rouge, toutes les formes de système judiciaire ont été détruites. Le régime a également aboli toutes les lois et institutions judiciaires existantes et avec elles toutes formes d'État de droit. Bon nombre de palais de justice ont été transformés en entrepôts de produits agricoles ou convertis à d'autres usages. Dès lors, les droits de la population dépendaient des décisions totalement arbitraires de l'Angkar. La plupart des avocats et des juges ont été tués et au moment de la libération du pays le 10 janvier 1979 par le régime du RPK, seule une poignée de juristes et de juges avaient survécus[1].

Le vide juridique et judiciaire était énorme et le système juridique qui émergeait à l'instauration du gouvernement du RPK était modelé sur la base d'un système socialiste. Les auxiliaires de justice ont été particulièrement touchés et il a fallu ensuite faire appel à des non-juristes pour assurer des fonctions judiciaires. Cette pénurie de juristes signifiait que la plupart des juges nommés immédiatement après le régime khmer rouge étaient d'anciens enseignants. Seuls quelques-uns d'entre eux possédaient des compétences juridiques adéquates.

Jusqu'en 1988, le ministère de la Justice a exercé son autorité sur tous les aspects de l'administration de la justice ainsi que sur le contrôle de tous les jugements rendus par les tribunaux de première instance quant à la réalité factuelle et la détermination des peines. Subséquemment, cette fonction de contrôle a été transférée à la Cour suprême nouvellement créée, bien que ce transfert de compétence n'ait été qu'une question purement technique, plaçant de facto la cour sous le contrôle du ministère de la Justice. Ni les tribunaux de

[1] Page d'accueil des CETC (ECCC) : https://www.eccc.gov.kh/fr

première instance ni la Cour suprême n'ont le pouvoir d'interprétation de lois et des décrets exécutifs, ni le pouvoir de contrôle sur leur constitutionnalité.

Ce n'est qu'après la signature des Accords de Paris qu'un nouveau cadre d'inspiration plus libéral a été introduit, notamment en vertu du décret-loi n° 06/D du 8 février 1993 sur l'Organisation et les activités des tribunaux de l'État du Cambodge. Cette nouvelle étape est ainsi marquée par des interférences internationales incarnées par l'arrivée du l'APRONUC en 1992 qui a apporté des changements importants au système judiciaire avec la contribution à la rédaction et l'adoption des lois transitoires.

Le pays a ainsi réalisé des progrès substantiels dans la reconstruction d'un pouvoir judiciaire fonctionnel jusqu'à nos jours. Toutefois, les opérations de paix de l'APRONUC se concentrent surtout dans le secteur de la justice pénale du système judiciaire. En vertu de la Constitution fondée sur des normes internationales et conformément à la loi de 1993 sur l'Organisation des tribunaux, le système judiciaire a été réorganisé avec la Cour suprême siégeant comme instance suprême du pays dont sa juridiction couvre l'ensemble du territoire national. La Cour d'appel est, quant à elle, située dans la capitale et on recense à l'échelle plus locale des tribunaux municipaux et provinciaux de première instance. Juridiction un peu à part, un tribunal militaire est situé dans la capitale et a compétence seulement le règlement des différends du personnel militaire et les infractions militaires. Le double degré de juridiction ne s'est effectivement réalisé que par l'instauration de l'unique Cour d'Appel siégeant à Phnom-Penh vers le milieu de l'année 1994. Elle siège en formation collégiale de 3 juges et examine des affaires sur appel formé contre les décisions de première instance.

La magistrature cambodgienne porteuse d'un lourd héritage du passé

Insuffisance des ressources humaines : Il est évident que l'histoire contemporaine du Cambodge a eu énormément de répercussions sur les conditions des tribunaux. La magistrature de la période d'après-guerre n'a pas été épargnée par ces aberrations historiques ni n'était suffisamment équipée pour assumer son rôle légitime dans un environnement fondé sur des règles de l'État de droit. Il s'agissait du point de départ du système judiciaire du pays. En l'absence de juges, d'avocats, de procureurs, de défenseurs, de greffiers et d'auxiliaires de justice qualifiés, ce régime judiciaire a été paralysé pour un bon moment jusqu'à ce que des réformes n'aient lieu bien plus tard[2].

Parmi les problèmes liés spécifiquement à la magistrature cambodgienne, on peut citer la faiblesse des ressources humaines, la capacité intellectuelle des

---

2 ADHIKARI (Bipin), *Problems of Court and Adjudication System in Cambodia: A Review*, Cambodia Office of the High Commissioner for Human Rights (2002).

juges, les bas salaires, la discipline, les nominations et les promotions, les lacunes dans l'organisation des tribunaux et des procédures judiciaires. En fait, ce manque de procédures judiciaires et de moyens adéquats paralyse le bon fonctionnement de la magistrature. Bien qu'une certaine amélioration ait pu être constatée récemment, les prestations fournies par les tribunaux restent encore très inégales et des carences graves peuvent être relevées.

En termes de ressources humaines, la magistrature souffre d'un manque criant de personnel qualifié[3]. On constate que les acteurs, spécialement les juges et les avocats, jouent un rôle décisif dans la garantie de l'effectivité des dispositions juridiques. Pour avoir cette satisfaction, il faut également que les acteurs qui en assurent l'exécution soient des personnes compétentes et responsables de leurs actes. Déjà fragilisés par l'absence de formation après une longue période de guerre civile, les juges connaissent de grandes difficultés dans l'application correcte de la loi parce qu'ils doivent affronter à la fois la faiblesse du fond juridique détruit par le régime khmer rouge et la compréhension de la nouvelle base juridique presque totalement refondée sur des principes du droit positif d'orientation démocratique et de l'économie du marché. La faiblesse des ressources humaines de la magistrature est particulièrement frappante dans les affaires commerciales. Le niveau d'expérience des juges ayant une formation en droit commercial et financier est plus faible que dans les affaires pénales et civiles. Les juges se réfèrent régulièrement au ministère de la Justice quant aux avis, suggestions ou interprétations juridiques concernant les cas de nature commerciale et internationale.

Manque d'infrastructures : Les fonctions et la dignité de la magistrature exigent également que les juges soient logés dans des palais de justice adéquats et qu'ils disposent des outils nécessaires du métier, y compris le matériel et l'équipement appropriés, des véhicules, des bibliothèques et des installations de recherche juridiques adéquates et de salles d'audience dignes de ce nom. Or, suite à la formation du gouvernement de coalition, les insuffisances dramatiques de moyens de fonctionnement du Judiciaire se faisaient ressentir. Le Tribunal municipal de Phnom Penh, comme d'autres tribunaux provinciaux, est vétuste et non fonctionnel : des bâtiments et des salles d'audience sont délabrés, l'exiguïté et l'inconfort des espaces de travail alloués aux cabinets des magistrats et aux bureaux des greffiers ne permettent pas des conditions de travail correctes[4]. Outre le manque d'installations physiques, les tribunaux souffrent d'un dénuement extrême : souvent pas d'électricité, pas de téléphone, pas de papier et

---

[3] Sur les quatre cents magistrats en exercice avant 1975, sept ont survécu au régime khmer rouge. Au début des années 80, ces derniers, ainsi que d'anciens professeurs de lycée et des auxiliaires de justice sont recrutés pour former un corps de magistrats. En 2002, les magistrats sont au nombre de cent soixante-neuf, ce qui reste un effectif insuffisant par rapport à la charge de travail et à l'augmentation du contentieux.

[4] GOURDON et GHELBER, *op. cit.*, p. 38.

souvent, pas de machine à écrire, pas de photocopieuse, aucune documentation[5]. Ces lacunes peuvent nuire gravement au bon fonctionnement des juridictions.

Contraintes budgétaires : La magistrature souffre également d'une insuffisance en termes de ressources financières qui l'empêchent de fonctionner efficacement. On peut noter la faiblesse de l'institution judiciaire à l'égard du budget très modeste alloué au ministère de la Justice. Ayant comme mission l'administration du secteur judiciaire du Royaume, la relative faiblesse de l'engagement de l'État se fait ressentir par le montant inadéquat du budget consacré au ministère de la Justice. On constate que « face à une constitution légitimement ambitieuse, la réalité politique est quelque peu décalée. En effet, le premier budget adopté pour 1994 par l'Assemblée nationale augure mal des moyens mis au service de la justice puisque, malgré l'ampleur des besoins, son montant ne représente que 1 % de la masse budgétaire totale[6]. En 2018, le budget n'a atteint que 6,2 % du budget national[7]. Le niveau particulièrement bas de la rémunération des magistrats constitue à la fois un défaut majeur de l'organisation judiciaire, une entrave à son fonctionnement et une incitation trop forte à céder aux attraits d'une corruption omniprésente.

Faiblesse du personnel administratif : La magistrature ne peut fonctionner qu'avec l'appui du personnel administratif, car c'est ce personnel qui suit les dossiers, fixe le calendrier des audiences et assure l'ordre et la sécurité dans la salle d'audience. Cependant, dans un contexte post-conflit comme l'était le Cambodge, l'administration des tribunaux était aussi désordonnée que le reste de la société ; les dossiers des cas sont perdus ou détruits, les équipements et matériels de bureau font défaut et les agents qui font fonctionner le système de justice sont souvent marginalisés.

Problèmes de gestion des dossiers : Les tribunaux cambodgiens sont également confrontés aux redoutables problèmes d'arriérés et de retards. Il n'existait aucun système de classement centralisé dans un tribunal, y compris au sein de la Cour suprême. Le concept de gestion des dossiers pourrait être décrit comme aléatoire, incohérent, irrégulier et erratique. Aucun tribunal n'a établi un système de classement officiel, y compris pour les dossiers ayant fait l'objet d'une décision qui sont généralement gardés par les juges responsables. Si les affaires sont encore au stade des procureurs ou des juges d'enquête, les dossiers seront également entre les mains des procureurs ou juges d'enquête concernés. Il s'avère donc difficile de trouver des informations sur l'état d'avancement des affaires, c'est-à-dire les procès en cours dans le cadre d'une enquête judiciaire,

---

[5] Mémorandum interne de Gilberte Deboisvieux, Inspecteur, Service de la Sécurité publique APRONUC à M. Bernard Constantin, Chef Service de la Sécurité publique daté 1 juin 1993 ayant souligné quelques propositions d'amélioration du système judiciaire.

[6] GAILLARD, *op. cit.*, p. 129, encadré n° 68. Voir aussi HANG (Chuon Naron), *L'économie du Cambodge : La lutte pour le développement, op. cit.*, p. 350.

[7] Loi des Finances, 2018.

les affaires portées devant les tribunaux, le calendrier d'audience, l'état des preuves judiciaires, et d'autres cas semblables.

Publication des décisions – interprétation : Un autre problème est lié à la lisibilité de la pratique judiciaire. Or l'instrument essentiel de réalisation de la mission judiciaire est sans nul doute, la connaissance des arrêts, de ce qu'il est convenu d'appeler la jurisprudence. On sait qu'actuellement la plupart des décisions de justice ne sont pas publiées dans les bulletins de la Cour ni ne font l'objet de commentaires par des juristes. En théorie, un arrêt ne concerne que les parties à l'instance, le précédent n'ayant pas de valeur juridique contraignante. De fait, un tribunal n'est jamais obligé de reprendre la solution retenue dans une affaire identique précédemment jugée, alors qu'il ne lui est pas permis de refuser d'appliquer la loi. Toutefois, les juges s'inspirent tout naturellement des solutions données dans les litiges similaires antérieurs, qu'il s'agisse de combler les lacunes des lois ou d'interpréter les textes. C'est une question de cohérence intellectuelle. Il n'existe pas de jurisprudence qui constitue pourtant un instrument juridique de choix pour assurer une résolution cohérente des conflits. Pour les juges cambodgiens, la jurisprudence n'est pas forcément connue comme un instrument juridique d'uniformité dans la résolution des conflits d'interprétation des textes de loi. Certes, le juge n'est pas obligé de suivre le même raisonnement que celui d'une décision de justice rendue précédemment. Mais il ne le fait pas sciemment, mais plutôt par ignorance des décisions antérieures.

Effets psychologiques - Problèmes d'indépendance des tribunaux de première instance : Le Cambodge reste encore embourbé dans l'héritage de son passé. L'impact de l'ère communiste ainsi que son patrimoine juridique colonial ont été très importants. Malgré la perspective libérale issue de la Constitution de 1993, le fardeau psychologique du régime précédent continuait à hanter la psyché juridique du pays. En outre, le manque de clarté conceptuelle dans l'application des lois constitutionnelles avait donné lieu à des distorsions sur la forme du système juridique aussi bien qu'aux conséquences profondes sur la pensée des juges et des procureurs.

La durée du mandat des juges cambodgiens, leur indépendance, leur sécurité, leur rémunération, leurs conditions de service et leurs pensions n'étaient pas bien garanties par la loi. Bien que la Constitution de 1993 dispose que les règles régissant les juges et les procureurs et le fonctionnement de la magistrature doivent être définis dans des lois spécifiques, aucune loi de ce type n'a été promulguée avant 2004, plus d'une décennie après l'établissement de la Constitution[8]. Entre-temps, en l'absence d'une loi régissant les nominations et les promotions de la magistrature, il n'existe aucun critère connu pour les nominations et les promotions, qui sont souvent faites sur la base de considérations personnelles, ayant très peu de corrélation avec les qualifications

[8] Ces textes, insuffisamment protecteurs, seront complétés par une loi sur le statut des magistrats.

ou le mérite des individus. En l'absence de critères professionnels clairs, les recommandations ne peuvent être faites qu'en fonction de l'affiliation politique ou des contacts personnels[9]. Les juges et les procureurs sont affiliés à des partis politiques et ils ne sont pas encore tenus par la loi de renoncer à leur allégeance officielle[10]. Par ailleurs, il existait un rôle clair du ministère de la Justice dans la nomination des juges et des procureurs qui atteste de ses fonctions et de ses prétendus pouvoirs.

Faible cadre de responsabilisation : De plus, le système de responsabilisation faisait défaut. Même si la loi sur l'Organisation et le fonctionnement des tribunaux adoptée récemment n'établit aucun mécanisme de responsabilité supplémentaire pour la magistrature, la loi sur le Statut des juges et des procureurs définit seulement un cadre limité de responsabilité. Les répercussions d'un comportement contraire à l'éthique commis dans l'exercice des fonctions sont moins claires. Compte tenu de la perception actuelle du manque d'indépendance judiciaire, cela donne effectivement aux juges et aux procureurs une impunité pour les décisions biaisées et pour leur interprétation des lois.

Le système judiciaire cambodgien à un tournant dans sa recherche de son identité : Divergence du parcours historique

Grande rupture avec le passé - L'existence en droit positif d'une unicité d'ordre juridictionnel : Le Cambodge a opté en 1993 pour le monolithisme du pouvoir judiciaire après avoir connu l'expérience du dualisme des ordres de juridiction. Ce fut là un autre évènement transformatif qui aurait façonné l'identité du système judiciaire cambodgienne jusqu'à nos jours, représentant une grande rupture avec son passé juridictionnel dualiste. La décision de l'Assemblée constituante de permettre au pouvoir judiciaire de statuer sur toutes les poursuites, y compris les poursuites administratives, ramène le pays à un système judiciaire unifié. En fait sa motivation s'explique par des circonstances uniques, dont le compromis découlant des négociations de paix de 1991. C'était en quelque sorte un ajustement à la réalité locale d'un pays d'après-guerre. La Constitution de 1993 a maintenu ces structures de droit civil en prévoyant que les affaires de droit commun et les questions administratives soient entendues par un ordre juridictionnel unique, composé de juridictions organisées de

---

[9] Une majorité de juges et de procureurs au Cambodge sont membres du Parti populaire cambodgien et, en raison de leur allégeance politique, n'ont pas le droit de déroger aux instructions du parti. Par conséquent, la profession de procureur est politisée par l'affiliation étroite de ses membres au parti au pouvoir.

[10] La raison pour laquelle les juges doivent avoir une allégeance politique pour être nommés trouve son origine dans la philosophie socialiste, qui a envahi le mode de vie et de pensée au Cambodge pendant plus d'une décennie avant la formation du nouveau gouvernement en 1993.

manière pyramidale tandis qu'un Conseil constitutionnel distinct est investi de pouvoirs substantiels semblables au Conseil constitutionnel français.

En dépit de certaines spécificités, les juridictions sont organisées selon les mêmes schémas, car les pays de droit romano-germanique connaissent, du fait de l'influence du droit romain, un fonds commun de concepts. En effet, dans tous les États, l'organisation judiciaire est hiérarchisée de manière pyramidale, avec en général deux degrés de juridiction et une Cour suprême au sommet de l'édifice.

Le principe de l'organisation pyramidale des juridictions est posé à l'article 128 de la Constitution, le pouvoir judiciaire est confié à la Cour suprême et aux juridictions des diverses catégories et à tous les degrés. À la base de la pyramide se trouvent les juridictions du fond du premier et du second degré et au sommet la juridiction du droit : la Cour suprême. Il résulte de cet article 128 que le pouvoir judiciaire est compétent pour tous les litiges, y compris le contentieux administratif.

Par ailleurs, dans le passé, le droit français a beaucoup influencé le droit cambodgien en termes de dualité d'ordres juridictionnels. En 1924, le Code pénal prévoyait une stricte séparation des pouvoirs entre l'ordre judiciaire et l'ordre administratif. La juridiction des conflits, créée par la loi du 5 octobre 1957, est chargée de trancher les litiges de compétences entre l'ordre judiciaire et celui de l'administratif. Cette juridiction est composée d'un nombre égal de conseillers d'État membres de la section du contentieux et de conseillers à la Cour suprême. Ce principe d'une dualité d'ordres a pris fin avec l'arrivée du régime khmer rouge.

Le tribunal administratif - une victime des circonstances historiques : Traditionnellement, dans la tradition du droit civil, les questions de droit public comme le droit administratif et le droit constitutionnel ont leurs propres compétences. Sous le régime du protectorat, quoique la France ait introduit le droit civil au Cambodge, elle n'a pas incorporé tous les aspects du droit administratif. Les plaintes, contre les mesures coloniales administratives par exemple, n'ont pas été autorisées. Par conséquent, les institutions françaises telles que le Tribunal administratif et le Conseil d'État n'ont jamais été introduites au Cambodge.

Dans la période d'après-guerre, bon nombre de décideurs ne sont pas surpris de constater que le système judiciaire n'est pas en mesure de répondre pleinement aux besoins de la société cambodgienne en pleine évolution. Il n'y a pas de tribunal administratif suprême qui peut se prononcer sur le droit administratif[11]. La tenue de litiges administratifs devant la cour provinciale ou municipale aurait sérieusement nui à l'efficacité de la justice administrative pour

---

[11] Comme en France aujourd'hui, le Conseil d'État agit comme tribunal administratif de dernier recours. Certains pays, comme la Suède, ont aujourd'hui des cours administratives suprêmes. Voir aussi HAUERSTEIN (K.), MENZEL (Jörg) (Eds.), *The Development of Cambodian Administrative Law*, Konrad-Adenauer-Stiftung, 2014.

deux raisons principales. En premier lieu, le gouvernement reconnaît le manque d'expertise des juges sur les contentieux administratifs. Ce besoin en juristes qualifiés se fait donc cruellement ressentir surtout dans l'administration provinciale. Dans un second temps, tout en tenant compte de la séparation des pouvoirs, il convient de répondre aux préoccupations liées au développement progressif de la compétence des juges dans le souci des besoins de la société.

Malgré de nombreux changements au fil des années, le système judiciaire reste calqué sur celui de la France quoiqu'il faille s'attendre à ce que certaines confusions surviennent lorsque des cultures juridiques aussi différentes se confrontent dans des circonstances improbables. Le cas suivant démontre le défi de la magistrature à s'imposer de nouveau après son effondrement à l'époque du Pol Pot et quelle réponse politique doit être apportée pour réaffirmer l'autorité des tribunaux supérieurs depuis même la période de transition sous l'égide des Nations Unies. L'article 5 de la loi de l'APRONUC[12] prévoit que la Cour suprême exerce un contrôle judiciaire sur des questions de droit. Il prévoit en outre que si la Cour suprême renvoie une affaire à la Cour d'appel et que celle-ci refuse de se conformer au jugement de la Cour suprême, le procureur général ou une autre partie puisse présenter à nouveau la cause à la Cour suprême. Dans ce cas, la nouvelle décision de la Cour suprême sera une décision définitive de fait et de droit.

La Constitution est bien claire sur l'existence d'un ordre juridictionnel unique. Toutefois, la Constitution ne précise pas que la Cour suprême, même en vertu de sa suprématie, puisse s'acquitter de son devoir constitutionnel de surveillance et de contrôle des cours inférieures. À ce titre, elle ne peut avoir de contrôle sur les activités et la gestion des tribunaux inférieurs que par sa compétence d'appel. La Constitution ne dit nulle part que la Cour suprême puisse inspecter, superviser et donner des directives à ses tribunaux subordonnés et à d'autres institutions judiciaires.

La Cour suprême est la plus haute instance du pays, mais elle n'est pas une cour constitutionnelle. La Constitution ne fait pas de la Cour suprême un point central de la magistrature. Elle ne précise pas si la Cour suprême a le pouvoir d'examiner les décisions d'un autre organe, comme l'Assemblée nationale ou le gouvernement royal. Il s'agit donc d'un tribunal qui n'a pas le pouvoir de contrôle sur des décisions administratives ou législatives. Il n'y a pas de présomption générale que les ordonnances et les décisions de la Cour suprême soient toutes contraignantes, ni que toute interprétation donnée à une loi ou à un principe de droit établi par la Cour suprême au cours de l'audition d'une poursuite lie le gouvernement et tous les bureaux et tribunaux.

L'absence de doctrine et de jurisprudence - Qu'est une doctrine ? La doctrine est-elle une entité ? Selon MM Ghestin et Barbier « La doctrine est devenue un sujet à la mode et de nombreuses études sont publiées, tout à la fois

[12] Décision du Conseil national suprême, 10 septembre 1992.

pour en dénoncer les faiblesses et pour en revaloriser le rôle dans la formation du droit. En revanche, quant à la doctrine, il n'existe pour l'instant ni juge ni loi pour la définir ; ni coutume au vu de l'absence d'opinion commune ! Sa nature ou encore l'ébauche d'un éventuel régime juridique, la doctrine ne peut les puiser qu'en elle-même, contrainte de se tendre un miroir. Cette tentative d'auto-détermination, en l'absence d'autres points de repère normatif, demeure par conséquent nécessairement plurale, contradictoire et fuyante »[13].

La doctrine est, dans un sens large, l'ensemble des opinions des juristes, notamment des professeurs d'université, mais aussi des magistrats, des avocats. Dans un sens strict, la doctrine est l'ensemble des opinions sur une question de droit déterminée. Sans la doctrine, le droit constituerait un agrégat confus et inabordable de règles et de décisions judiciaires les plus diverses. La doctrine réalise la mise en ordre de cet ensemble. Le classement et l'analyse des sources législatives et jurisprudentielles permettent d'obtenir une documentation cohérente et exhaustive, indispensable pour les praticiens du droit comme pour ceux qui doivent l'enseigner. Dans les systèmes romano-germaniques, la jurisprudence et la doctrine, sans être créatrices de droit, sont des éléments de l'ordre juridique en raison de leur contribution à l'évolution du droit[14]. La doctrine doit finalement, par les concepts théoriques qu'elle forge ou qu'elle affine, par les synthèses auxquelles elle procède, maintenir la cohérence et la clarté du droit[15].

La doctrine désigne tout à la fois les travaux écrits sur le droit rendus publics et sur leurs auteurs. Au sens où l'entendent les juristes, la doctrine est l'ensemble des opinions émises sur le droit par les personnes dont l'activité principale est de le pratiquer ou de l'enseigner : il s'agit principalement de juristes - universitaires, magistrats ou encore praticiens et tous ceux qui, d'une manière générale, par leur profession, approchent le droit, le commentent où le critiquent. Un avocat fait le commentaire d'un jugement et le critique dans une revue juridique. Un professeur rédige un traité ou un manuel. Le service juridique d'un syndicat fait le point sur une question de droit social. La nature des publications qui constituent la doctrine au sens large, leur qualité scientifique et leurs objectifs, varient considérablement. Selon René Robaye, n'importe qui peut se faire une opinion sur une question juridique[16]. Il n'est pas nécessaire d'être titulaire d'une maîtrise en droit pour exercer son jugement en ce domaine. Cette opinion, si elle est exprimée, fait théoriquement partie de la doctrine. Mais son influence sur autrui dépendra, bien entendu, de la personnalité et de l'autorité de son auteur.

État des lieux de l'existence d'une doctrine juridique au Cambodge : Le droit cambodgien étant en pleine reconstruction, la doctrine qui s'avère très pauvre ne joue donc qu'un rôle minime, voire nul. Il n'existe pas de réelles

---

13 GHESTIN et BARBIER, *op. cit.,* pp. 361-367 ; voir aussi ROBAYE, *op. cit.,* pp. 143-146.

14 Pour un bon aperçu sur la doctrine voir GHESTIN et BARBIER *op. cit.,* pp. 367-368.

15 GHESTIN et BARBIER, *op. cit.,* pp. 369-370.

16 ROBAYE, *op. cit.,* p. 143.

traditions écrites. Les fonds documentaires accessibles sont pauvres et comportent peu d'ouvrages de doctrine. Deux catégories de documents peuvent être distinguées, écrits en langue française ou en langue anglaise. La première catégorie peut être appelée le fonds ancien et correspond aux documents antérieurs à 1970. Ces documents juridiques constitués de manuels, de rapports, de textes officiels sont rédigés pour l'essentiel en langue française et sont conservés aux Archives nationales du Cambodge. Dans les années 60, le droit cambodgien faisait l'objet de manuels et de thèses. La seconde partie concernant la période moderne est essentiellement constituée de textes officiels, lois, décrets en langue khmère.

Entre 1992-1993, l'APRONUC et l'arrivée massive d'organisations humanitaires ont permis quelques enquêtes de terrain. Après 1993, on peut recenser quelques ouvrages dont celui de droit administratif de Say Bory, un ouvrage de droit judiciaire réalisé par Koy Neam ainsi qu'un ouvrage de droit public écrit par le Prince Norodom Ranariddh. Depuis 1995, les annales de la Faculté de droit et des sciences économiques de Phnom Penh, avec la coopération française, comportent des articles de doctrine écrits par des juristes : professeurs, avocats, magistrats, doctorants de nationalité khmère ou française. De plus, il existe un certain nombre de bulletins comprenant des points de droit, tels que des articles publiés par les ONG. Cette dernière dizaine d'années a vu l'émergence d'une vague de thèses consacrées au droit cambodgien, que ce soit à l'étranger ou au Cambodge. Des colloques sont organisés par divers bailleurs de fonds en collaboration avec les universités nationales.

Le besoin de la production doctrinale : Dans le système juridique cambodgien, la législation au sens large est la source formelle la plus importante. À cette source, il faut en ajouter deux, moins significatives, la jurisprudence et la doctrine. Ces deux sources jouent néanmoins un rôle très important dans la création du droit.

Dans un sens large, la jurisprudence est l'ensemble des décisions des tribunaux, tandis que la doctrine est constituée des analyses et des commentaires effectués par les spécialistes du droit. La jurisprudence est dite non obligatoire parce qu'au Cambodge, comme dans la plupart des pays de tradition latine ou germanique, le juge n'est en principe pas lié par les décisions antérieures des tribunaux, par opposition au système anglo-saxon. Le juge n'a pas pour rôle de créer le droit, mais de l'appliquer et de l'interpréter. Par exception, le juge se voit reconnaître un pouvoir créateur, quoique secondaire. Ce rôle apparaît lorsqu'il est appelé non plus à appliquer les règles de droit, mais à compléter les lacunes de la loi. En effet, même en cas de vide juridique, le juge est obligé de statuer sous réserve de commettre un déni de justice[17]. Dans un sens plus restreint, la jurisprudence concerne plusieurs décisions de justice suffisamment concordantes rendues sur un même problème de droit.

---

[17] BALIVET, *op. cit.*, pp. 57-59.

Nous mentionnerons un exemple qui mérite une analyse d'une certaine cohérence dans l'interprétation du tribunal cambodgien. Le Code de procédure civile prévoit des règles concernant la compétence en matière civile tant pour les décisions que pour les jugements. Les juges qui ont participé aux plaidoiries orales sont dans l'obligation de rendre un jugement exposant les décisions prises sur la base des arguments oraux qui leur sont présentés. Ces décisions doivent également être rendues par écrit en comportant un exposé des faits convenu par chaque partie à la procédure, y compris les questions particulières au litige, les motifs de la décision du juge présidant la procédure, et le texte principal et concluant de l'arrêt. Le jugement doit être signé par le ou les juges qui président et lu à haute voix lors d'une audience publique. En outre, le juge a également l'obligation de veiller à ce que le jugement soit rendu dans un délai d'un mois à compter de la date à laquelle les plaidoiries ont été conclues. Toutefois, cette obligation de rendre un jugement dans un délai d'un mois ne s'applique pas aux affaires complexes ou lorsqu'il existe des circonstances particulières. La loi ne précise pas davantage ce qui pourrait être considéré comme une « question complexe » ni ce qu'on pourrait appeler des « circonstances spéciales ». Dans ce contexte, le tribunal devrait avoir des lignes directrices détaillées précisant ce qui serait considéré comme une « question complexe » et des « circonstances spéciales ». Les décisions et jugements antérieurs sur ces questions devraient être publiés et servir de précédent.

Enfin, les décisions de justice, pour être considérées comme des règles de droit devraient être uniformes. Les contradictions entre les décisions de justice rendues sur un même problème empêchent la naissance d'une règle de droit jurisprudentielle. Le tribunal cambodgien ne remplit encore qu'imparfaitement son rôle, d'autant que des solutions différentes à un problème juridique peuvent être apportées par les juges. Des opinions doctrinales bien construites et argumentées, surtout si elles sont concordantes et récentes, peuvent constituer un élément important de décision pour le juge. De plus, par ses réflexions critiques sur les jugements pris par les tribunaux, la doctrine contribue à faire évoluer la jurisprudence. La plupart des juges ne peuvent rester insensibles à des critiques concordantes formulées contre certains de leurs jugements.

Toute décision comporte un dispositif, c'est-à-dire la solution apportée au litige et des motifs, autrement dit les arguments fondant cette solution. Cette obligation de motivation incite en théorie le juge à formuler sa réponse dans des termes généraux. Dans la pratique, le juge cambodgien motive peu ses décisions et le plus souvent elles sont encore très largement dépendantes des faits de l'espèce plutôt que de principes juridiques. Mis à part le manque d'autorité morale, ces décisions ne font pas l'objet d'une publication suffisante pour leur conférer une autorité.

Efforts de réforme de la magistrature

Les premières tentatives de réforme : Pour une société ayant eu une histoire aussi traumatisante, le fondement du système judiciaire, tel que prévu dans la Constitution, est capital. La Constitution prévoit la séparation des pouvoirs en mettant l'accent sur l'indépendance du pouvoir judiciaire[18], le respect des droits de l'homme et la démocratie libérale et pluraliste en tant que caractéristiques fondamentales. Toutefois, il est particulièrement difficile pour un gouvernement de réaliser ces objectifs ambitieux dans une situation précaire d'après-guerre[19].

Il est bien évident que la réforme juridique est une solution nécessaire quand les lois, les institutions juridiques ou les méthodes juridiques d'un pays sont considérées ou perçues comme désuètes ou inadéquates. En revanche, une réforme plus structurelle de l'État de droit exige d'un soutien politique ferme. En ce qui concerne les réformes judiciaires, le gouvernement est bien conscient que le développement d'une magistrature indépendante est un travail de longue haleine.

Dans cet engagement, le ministère de la Justice s'est distingué avec son rôle dans l'administration de la justice pour tous. Des réformes au sein du ministère ont également été entreprises pour renforcer sa capacité de soutien dans l'administration judiciaire. Dans le cadre de sa nouvelle structure organisationnelle, le ministère est notamment responsable de l'organisation et du suivi du fonctionnement administratif des tribunaux et du parquet. Il est également responsable de la préparation des lois organiques et autres lois positives ainsi que de leur vulgarisation auprès de la population. Il veille à l'application appropriée des jugements émis par les tribunaux et à assurer le suivi de leur exécution. La délivrance des extraits de jugements ainsi que l'administration des amnisties ou des pardons tels que déterminés par la loi retombent aussi de la compétence du ministère.

Sur proposition du gouvernement, Sa Majesté le Roi a donné son accord pour établir le CRJ, mais malheureusement, cet organe de coordination interministériel est composé principalement de fonctionnaires de l'exécutif qui par défaut n'ont pas de contrôle direct sur les activités des tribunaux. Bien que l'élaboration des politiques et la surveillance ne soient pas incompatibles avec les dispositions de la Constitution sur la séparation des pouvoirs, le processus de mise en œuvre n'a pas pris en compte l'appropriation par les institutions pertinentes existantes comme les tribunaux, le parquet et le ministère de la Justice. Par conséquent, le CRJ n'a pas accompli de progrès importants dans

---

[18] Constitution du Royaume du Cambodge (1993), modifiée en 2008, arts. 51 et 128-132.

[19] LEOPOLDO, (J.) et al., *The Development of Democracy in the ASEAN Region*, (1997) ; CHRISTINA (M.) et al., Alexander, *A Practical Guide to Increasing Democracy in Cambodia*, (2003) ; JOAKIM (O.) et al., *Real Democratization in Cambodia? An Empirical Review of the Potential of a Decentralization Reform*, (2011) ; Khmer Institute of Democracy, *Democracy and Law*, Vol. III, No.1&2, (2001).

l'exécution de son mandat et il reste jusqu'à maintenant assez passif, voire insignifiant.

L'adoption des lois relatives au bon fonctionnement du judiciaire - Une grande réussite : La Constitution de 1993 prévoit la promulgation de trois lois fondamentales constituant le fondement de l'État de droit et de la garantie des droits fondamentaux tels qu'ils sont inscrits dans la Constitution. Il s'agit de la loi sur l'Organisation et le fonctionnement des Tribunaux, la loi sur le Statut des juges et des procureurs et la loi sur l'Organisation et du fonctionnement du Conseil suprême de la magistrature. Ces lois permettront de combler un vide juridique important en énonçant dans des textes contraignants les prescriptions relatives à l'organisation des tribunaux, au statut des juges et procureurs ainsi qu'à la composition et au fonctionnement du Conseil suprême de la magistrature.

La loi sur l'Organisation et du fonctionnement du Conseil suprême de la magistrature a été promulguée à la hâte en 1994 pour définir le rôle et les critères de nomination et de promotion des juges. Cependant, cette loi souffrait de graves lacunes et le manque d'efficacité du Conseil s'est fait ressentir pendant de nombreuses années. De nombreuses parties prenantes ont demandé au gouvernement d'apporter les modifications nécessaires pour réaffirmer l'indépendance du Conseil et lui conférer les pouvoirs nécessaires pour imposer la discipline dans la magistrature pour qu'il s'acquitte enfin de son mandat constitutionnel. La question des conflits d'intérêts aurait été mentionnée comme l'un des principaux éléments justifiant les modifications.

Lors du processus de rédaction de l'amendement de cette loi, qui n'a commencé qu'en 2005, le gouvernement a mis en œuvre deux autres lois de premier plan renforçant l'indépendance et l'impartialité du système judiciaire cambodgien. C'est donc avec une décennie de retard après l'adoption de la Constitution que ces trois lois furent adoptées en 2014, reflétant finalement le résultat de l'engagement du gouvernement à améliorer son système judiciaire visant à accroître la confiance du public[20]. Comme le gouvernement est souvent vu comme exerçant une influence sur les décisions judiciaires dans des affaires politiquement sensibles, ces lois auraient eu pour effet la réaffirmation de l'indépendance de la magistrature, conformément à l'article 130 de la Constitution qui garantit la séparation du pouvoir exécutif, législatif et judiciaire[21].

La loi sur l'Organisation et le fonctionnement des Tribunaux de 2014 prévoit un processus de nomination, un système de carrière et un mandat bien structuré pour le personnel judiciaire. L'objectif est clairement d'améliorer la capacité des tribunaux à prendre des décisions libres de toute influence politique, de pression financière et autres interférences externes. Le processus de nomination des juges

---

[20] *Avant-propos du ministre de la Justice ANG Vong Vattana In* Ministry of Justice, Law on the Organization of the Courts, the Status of Judges and Prosecutors, and the Organization and Functioning of the Supreme Council of Magistracy, 2014.

[21] Constitution du Royaume du Cambodge (1993), modifiée en 2008.

est énoncé dans les parties 6 et 7 de la loi sur le Statut des juges et des procureurs. En vertu de l'amendement sur la loi sur l'Organisation et le fonctionnement du Conseil suprême de la magistrature, ce Conseil est doté de lignes directrices bien définies quant aux propositions du Roi sur la nomination, la promotion, ou le transfert et le renvoi du juge et du procureur[22]. Sa Majesté le Roi est tenu par la Constitution d'assurer l'indépendance de la magistrature et ce Conseil est mandaté pour remplir cette fonction. En ce qui concerne les mesures disciplinaires, l'article 129 de la Constitution prévoit que les juges doivent exercer leurs fonctions « dans le strict respect des lois, de tout cœur et consciencieusement ». Les membres du personnel judiciaire sont passibles de mesures disciplinaires, de suspension et/ou de renvoi uniquement pour incapacité ou inconduite les rendant inaptes à s'acquitter dans leurs fonctions conformément au code de conduite judiciaire bien établi.

Les mesures disciplinaires peuvent comprendre entre autres un transfert latéral à une autre juridiction, une suspension, une interruption du service, une suppression totale de la fonction judiciaire ou une destitution des titres. Une mesure disciplinaire prise contre un juge ne fait l'objet d'aucun processus d'appel. La responsabilité de ces tâches incombe uniquement au Conseil, qui est chargé de nommer et de prendre des mesures disciplinaires contre l'inconduite judiciaire.

Progrès dans la réforme de la magistrature : Le système judiciaire a accompli des progrès visibles au cours des dernières années. Il y a toutefois une certaine prise de conscience de la nécessité d'un système judiciaire plus impartial, efficace et bien organisé. Le gouvernement a largement œuvré dans la mise en place de nouvelles lois, de règlements et procédures, et du renforcement de la capacité de ces institutions judiciaires. Ont ainsi été prises en compte des mesures telles que des activités de réforme judiciaire, une réglementation plus stricte des forces armées et policières, une meilleure protection des droits de l'homme et l'introduction de procédures d'arbitrage commercial. Ces initiatives à long terme, par leur nature et leur ambition, prendront des années avant que les capacités du système judiciaire ne soient réellement améliorées[23].

Dans la tradition juridique française, le droit public repose sur deux conditions fondamentales, à savoir l'indépendance et l'expertise de l'organisme exerçant la juridiction de droit public : suffisamment d'indépendance et de prestige pour faire en sorte que ses décisions soient acceptées ou suffisamment de pouvoir pour veiller à ce que ses décisions soient appliquées, et suffisamment d'expertise pour saisir les enjeux d'une manière responsive aux exigences de

[22] KONG (Phallack), *Overview of the Cambodian Legal and Judicial System*, Konrad Adenauer Stiftung, *In Introduction to Cambodian Law*, HOR Peng, KONG Phallack, Jorg MENZEL (eds.) (2012).

[23] ADHIKARI (Bipin), Pro*blèmes des tribunaux et du système d'arbitrage au Cambodge : un examen,* Bureau du Haut-Commissaire aux droits de l'homme au Cambodge, 30 août 2002, Phnom Penh, Cambodge.

l'administration. Au Cambodge, on peut dire sans trop de doute que les juges n'ont ni le prestige ni l'expertise pour leur permettre d'assurer efficacement le plein respect du puissant exécutif.

Dans le passé, le Conseil suprême de la magistrature (CSM) était perçu comme trop dépendant de l'Exécutif et largement inefficace dans l'application de la discipline parmi les juges et les procureurs. Afin de préserver son intégrité, le CSM a publié un Code de déontologie pour les juges et les procureurs en 2007[24]. Ce Code a l'ambition de mettre en place des principes susceptibles d'assurer l'impartialité des juges ainsi que l'interdiction aux procureurs de travailler sur des affaires dans lesquelles ils ont des relations personnelles étroites avec les avocats de la partie adverse[25]. Toutefois, sa portée reste limitée en ce qui concerne l'intégrité des procureurs, étant donné que ces derniers peuvent accepter des cadeaux s'ils sont jugés de peu de valeur et « non pertinents pour leur poste judiciaire ». Les cadeaux peuvent être acceptés s'ils sont offerts par des amis proches ou des parents, s'ils sont donnés officiellement. L'entrée en vigueur du Code de procédure civile de 2006 et du Code de procédure pénale de 2007 aurait aussi renforcé les limites imposées aux juges en cas de conflits d'intérêts. Pour aider le CSM dans ses enquêtes sur l'inconduite judiciaire, le gouvernement a créé une unité d'inspection du Conseil de discipline auprès du CSM chargée de prêter assistance au cours de ces enquêtes[26].

Progrès dans la réforme des procédures judiciaires

Un autre moment de transformation dans le droit pénal cambodgien - Le Code pénal et le Code de procédure pénale : Avant l'arrivée de l'APRONUC, l'évolution du droit pénal a tendance à être sporadique et aléatoire. Le pays ne dispose même pas encore de lois fondamentales traitant des violations de la paix, de l'ivresse dans les lieux publics, pour ne prendre que quelques exemples. La plupart des règles et procédures relatives au droit pénal furent introduites durant l'État du Cambodge[27], hâtivement et ponctuellement.

Malgré les nouvelles dispositions, la psyché cambodgienne, noyée dans un passé socialiste, s'associe à la « présomption de culpabilité ». Tous les accusés sont considérés comme « probablement coupables ». En fait ce n'est que plus tard avec le nouveau code de procédure pénale, inspiré les principes édictés par la Constitution de 1993 et par les Conventions internationales en vigueur que le « principe de la présomption d'innocence » fut introduit : toute personne est

---

[24] PHUN (Vidjia) et HOLLIGAN (Jennifer), *Cambodge* In *State of Law for Human Rights in the ASEAN Region: A Base-line Study, Human Rights Resource Centre* (HRRC), Depok: HRRC, 2011, p. 71.

[25] Code de déontologie des juges et des procureurs (2007), art. 10.

[26] CENTRE CAMBODGIEN DES DROITS DE L'HOMME (CCHR), *Note d'information du CCHR – Février 2013 : Réforme judiciaire, Phnom Penh* : CCHR, (2013), pp. 3-4.

[27] Loi sur la Procédure pénale (1993).

présumée innocente tant que sa culpabilité n'a pas été établie par une décision de justice définitive[28]. Avec l'arrivée de l'APRONUC, le système juridique commence à recevoir l'influence normative anglo-saxonne, ainsi que d'autres valeurs universelles des droits de l'homme. À titre d'illustration, dans les affaires pénales, la charge de la preuve est au-delà de tout doute raisonnable, comparativement aux affaires civiles, qui exigent seulement une prépondérance de la preuve[29]. Démontrer qu'un accusé est coupable hors de tout doute raisonnable nécessite de gros moyens.

Finalement, le nouveau code de procédure pénale élaboré avec l'assistance technique de la France et basé sur le modèle du Code de procédure pénal français a été promulgué en juin 2007[30]. En octobre 2009, l'Assemblée nationale a adopté un nouveau code pénal sans apporter le moindre amendement au projet du Gouvernement. Largement inspiré du Code pénal français, ce nouveau Code pénal a également été élaboré avec l'assistance technique de la France.

La présence de ces deux codes représente donc une avancée très significative en termes de contribution dans la réforme du système judiciaire qui fonctionnait auparavant sans règles ni procédures bien définies ou bien conçues. La promulgation de ces codes a constitué en elle-même une manifestation politique monumentale qui a certainement clarifié toutes les ambiguïtés et incohérences que l'on pouvait trouver dans les deux anciennes lois pénales, à savoir la loi de 1993 sur les Procédures pénales de l'État du Cambodge et la loi de l'APRONUC de 1993.

La nouvelle procédure pénale de 2007 peut être qualifiée de procédure inquisitoire puisque le juge a un rôle actif dans la recherche des faits. Ce Code définit la structure et les missions des procureurs, qui sont chargés au nom de la société, de porter des accusations d'infractions pénales contre des personnes devant les tribunaux, de rendre des conclusions pour que ces derniers appliquent les lois et de mettre en œuvre les décisions relatives à ces infractions[31]. Les procureurs sont affectés respectivement à la Cour suprême, la Cour d'appel et aux tribunaux de première instance. La Cour suprême et la Cour d'appel comptent un procureur général, plusieurs procureurs et procureurs adjoints. Aux tribunaux de première instance on ne compte que présents des procureurs et des

---

[28] Cette notion de présomption d'innocence a été introduite dans le projet de Code de procédure pénale. Le texte complet a été réécrit par Philippe CASTEL, conseiller à la Cour d'appel de Paris, à la suite des réunions de travail de novembre 1997 à Paris et décembre 1997 à Phnom Penh. Préambule p. 10.

[29] En anglais « *preponderance of the evidence* ». Tout ce qu'il faut démontrer dans une affaire civile, ce n'est que la preuve présentée par le demandeur soit considérée comme plus convaincante que la preuve contraire présentée par le défendeur.

[30] Il n'entrera en vigueur dans son intégralité qu'en octobre 2010 afin de laisser aux praticiens du droit le temps de se familiariser avec les nouvelles dispositions.

[31] Code pénal du Royaume du Cambodge (2007), art. 27. Voir aussi Nations Unies, *Outils de l'État de droit pour les États en situation de post-conflit,* Cartographie du secteur de la justice, New York et Genève, (2006).

procureurs adjoints. Tous les procureurs sont des fonctionnaires de la magistrature et sont donc sous l'administration du ministère de la Justice, qui a le devoir d'assurer le fonctionnement des tribunaux et de toutes les actions en justice.

Le fonctionnement de la magistrature selon le nouveau Code de procédure civile : Le statut actuel du système judiciaire cambodgien doit être examiné dans le contexte de son passé politique dramatique. On doit reconnaître que la codification a été introduite progressivement depuis le protectorat en 1863 jusqu'aux années 1930, période à laquelle le système juridique français avait déjà bien affermi son influence. De nos jours, la magistrature est l'un des principaux piliers d'un système juridique fondé sur l'État de droit[32]. Le gouvernement tient à ce que la magistrature soit indépendante, compétente et non corrompue, surtout dans la mesure où le pays persévère dans ses efforts d'intégration dans l'économie mondiale. Grâce à l'élaboration progressive de lois positives, un cadre institutionnel qualifié de la magistrature favorise non seulement un développement économique sain, mais aussi l'approfondissement du processus démocratique et de la sécurité juridique. C'est donc ce raisonnement qui a certainement motivé la décision du gouvernement de se pencher sur la rédaction et l'adoption de deux bons codes de procédure civile et pénale.

Les procédures relatives aux poursuites civiles sont actuellement régies par le nouveau Code de procédure civile promulgué le 6 juillet 2006 et entré en vigueur en juillet 2007. Le code vise à réglementer les procédures devant les tribunaux de première instance et devant la cour d'appel.

Lors de la rédaction du Code de procédure civile, les fonctionnaires du ministère de la Justice et leurs homologues japonais se sont mis d'accord sur trois principes fondamentaux. En premier lieu, ce Code devait être d'une qualité digne d'un pays œuvrant pour la construction d'un État de droit d'une part et ces dispositions devaient être à la hauteur des normes internationales d'autre part. Ainsi ce Code serait-il capable de pouvoir faire face aux critiques des milieux académiques. Par ailleurs, il fallait aussi garder à l'esprit le maintien d'un bon équilibre entre la dimension sociale et économique, le respect du système juridique traditionnel en place ainsi que le niveau de connaissance juridique de la société cambodgienne. Ce raisonnement nous rappelle l'argument des théoriciens sur la question de l'autonomie juridique, particulièrement celui de Legrand selon lequel les lois auraient une autonomie limitée par rapport aux influences économiques, politiques et morales. Il est peu probable donc qu'une transplantation soit couronnée de succès s'il existe des divergences entre la narration et l'épistémologie juridique entre pays donateurs et pays bénéficiaires.

Le Code de procédure civile a donc été rédigé sur la base de ces mêmes principes. L'établissement et la protection des droits publics sont prévus et le

---

[32] Pour une compréhension approfondie du système judiciaire, voir KOY (Neam), *Cambodian Judicial Process,* The Asia Foundation, (1998).

droit des citoyens à l'accès à la justice est aussi clairement prévu. Il reconnaît le principe du « contradictoire » et de la publicité des débats, ainsi que l'accès à un procès équitable devant un juge dont l'identité est garantie par la loi. Le code est composé d'un total de 550 articles répartis en sept titres ou livres comme suit : Livre 1 sur les dispositions générales ; Livre 2 sur les procédures devant le Tribunal de première instance ; Livre 3 sur le recours à l'appel ; Livre 4 sur la réouverture du procès ; Livre 5 sur la procédure à la demande ; Livre 6 sur l'exécution obligatoire ; et Livre 7 sur le recours provisoire.

*****

CHAPITRE 14 –

Effets de deux systèmes juridiques au niveau de la mise en œuvre des transactions commerciales

« Les lois sont inutiles quand les hommes sont honnêtes, et inapplicables quand les hommes sont corrompus »[1]

Proverbe japonais

Différences structurelles commerciales entre le droit civil et la Common Law

La culture nationale joue un rôle important dans la compréhension de l'attitude des hommes d'affaires cambodgiens en ce qui concerne les lois, les contrats, la gouvernance d'entreprise et le règlement des différends. Ce chapitre mettra en évidence les relations entre les deux traditions juridiques les plus importantes, la Common Law et le droit civil, vues à travers le prisme des transactions commerciales. Pour les praticiens du droit, cette analyse est particulièrement importante dans une ère de mondialisation où l'interconnexion des marchés nécessite des conseils juridiques pertinents sur des transactions particulières avec des parties provenant de systèmes juridiques différents. Le juriste cambodgien doit être conscient qu'il existe quand même des divergences dans divers pays européens dans la notion de contrat[2], qui parfois n'obéissent pas nécessairement aux mêmes conditions de formation. Bien que la ressemblance des concepts permette de ·s'adapter facilement aux droits étrangers de la même

[1] "*Laws are useless when men are honest, and unenforceable when men are corrupt*", Japanese proverb in Asian Proverbs: Ancient Wisdom for 21st Century, FormAsia. p. 178.

[2] Pour une étude comparée sur les différentes interprétations de contrat dans divers juridictions du système romano-germanique, voir JAUFFRET-SPINOSI (Camille), *Rapport de synthèse, In* Travaux de l'Association Henry Capitant des amis de la culture juridique française, *Le Contrat, Journées Brésiliennes,* Tome LV, Société de législation comparée, (2005). pp. 1-22.

famille, des différences persistent. Quant à l'Asie, dans le contexte récent de la montée vertigineuse des investissements en provenance de la Chine à travers leur « Initiative de la Route du Soie »[3], un grand nombre et un large éventail d'accords et de contrats sont conclus entre la Chine et divers pays membres de l'ASEAN[4], y compris le Cambodge, entraînant ainsi de nombreuses implications juridiques[5].

Comme le Cambodge fait partie intégrante de la CEA et est largement ouvert à l'économie mondiale, les entreprises cambodgiennes sont confrontées à une multitude de différences culturelles qui façonnent la communication juridique de plusieurs façons. On tentera de démontrer que les effets multiculturels et interculturels dans les modes de communication ont une influence sur les perspectives commerciales internationales et sur la façon dont les entreprises cambodgiennes gèrent ces différences culturelles avec leurs homologues occidentaux dans le cadre de leurs contrats internationaux. Il est clair que ces différences ou nuances ont un impact direct à la fois à l'étape de la négociation et de la rédaction des contrats commerciaux internationaux[6] et à la formation et à la gouvernance de diverses structures d'entreprise.

En général, les contrats commerciaux internationaux sont négociés par les dirigeants de l'entreprise qui relèvent de leur conseil d'administration. Pour mieux comprendre le lien entre ces contrats et les pratiques de gouvernance d'entreprise, nous devrions mettre en exergue et de façon intégrale les forces qui façonnent la gouvernance d'entreprise, l'évolution progressive des marchés de capitaux ainsi que les aspects dualistes du droit des sociétés au Cambodge. À cet égard, on mettra en évidence les divers types de structures d'actionnaires, en particulier celles qui prévalent au Cambodge et leurs divergences sur la gouvernance de ces coentreprises ou sociétés mixtes.

L'analyse comparative de la gouvernance d'entreprise entre les différents systèmes juridiques nous aidera à mieux apprécier les configurations variées des caractéristiques de l'entreprise et des pratiques de gouvernance. Cette analyse se déploiera à partir des quatre perspectives interdépendantes : on présentera d'abord le concept de l'entreprise et la structure d'actionnaires des entreprises, puis on s'attachera au système du conseil d'administration[7], au développement du marché des capitaux, et enfin sur le rôle de la réglementation des sociétés. L'interdépendance économique croissante du monde, conjuguée à l'innovation technologique rapide, représente une force majeure de changement rassemblant

---

[3] En anglais « Belt and Road Initiative ».

[4] CHEUNBORAN (Chanborey), *Small State's Hard Strategic Choice: Cambodia between ASEAN and China*, *In* ROYAL UNIVERSITY OF PHNOM PENH, *The Belt and Road Initiative and its Implications for Cambodia's Development*, (2019). pp. 19-41.

[5] HAMZAH (Hanim), *Legal Issues and Implications of the BRI*, in CIMB ASEAN Research Institute, China's Belt and Road Initiative (BRI) and Southeast Asia, 2018. pp. 19-25..

[6] MYRIAM (D.) et al., *Guide de l'anglais des contrats d'affaires*, (2015).

[7] SOK (Siphana), *Role of Corporate Law for the Governance of Firms and the Process of Capital Formation*, Participatory Workshop on "Draft Law of Commercial Enterprises", Ministry of Commerce, (2000).

les cultures et les sociétés nationales dans le cadre de diverses transactions économiques, commerciales et d'investissement[8].

Depuis que le Cambodge a rouvert son économie au flux des investissements étrangers, de nombreuses transactions ont été conclues sous diverses formes de coentreprises et de collaborations commerciales avec des entreprises cambodgiennes. On remarquera que bon nombre d'hommes d'affaires cambodgiens sont confrontés à des défis culturels tout au long du processus de négociation des contrats et pour la gestion de l'entreprise, par exemple les conflits en termes de gestion et de marketing. On peut facilement imaginer l'ampleur des implications juridiques découlant de ces différences. Des clauses contractuelles mal conçues peuvent conduire à des positions juridiques divergentes entre les partenaires ou les actionnaires de la coentreprise, ouvrant ainsi à la possibilité de contentieux à l'avenir[9].

La société cambodgienne n'est pas une société de l'écrit. Si des individus forment un accord sous forme verbale selon les règles coutumières, cet accord est plus contraignant qu'un contrat écrit décrivant les obligations des parties. Cette tradition orale et coutumière donne à la notion de contrat une valeur différente. À l'idée d'obligations écrites s'appliquant à chacune des parties contractantes se substitue la valeur de la parole donnée. Toutefois, l'oralité ne favorise pas une mise en forme systématique des règles de droit. À titre d'illustration, la structure de coentreprises implique souvent le transfert de technologie de partenaires étrangers à leur société cambodgienne. Ce transfert de technologie est toutefois devenu un sujet sensible entre plusieurs pays, notamment entre les États-Unis, les pays européens et le Cambodge.

Afin de donner plus de confiance aux titulaires de ces marques et de ces technologies, le gouvernement a dû mettre en place un cadre juridique nécessaire pour protéger le droit de la propriété intellectuelle, comme dans de nombreux autres pays de la région. Malgré la disponibilité d'un ensemble assez complet de lois régissant la propriété intellectuelle, les violations des droits de propriété intellectuelle restent quand même comme un grand défi pour le pays. Ce n'est que durant ces dernières années que les entreprises cambodgiennes viennent à apprécier l'importance de contrats correctement rédigés, qui à l'avenir pourraient certainement limiter les conséquences préjudiciables de nombreux litiges en matière de violation de la propriété intellectuelle.

---

[8] ROYAL UNIVERSITY OF PHNOM PENH, *the 5th Socio-Cultural Research Congress on Cambodia*, (2002).

[9] Pour tous ceux qui sont amenés à lire ou à rédiger des contrats en anglais voir DEMAN (Myriam), JULIAN (Magali), *Guide de l'anglais des contrats d'affaires : Lecture, traduction, rédaction*, LexisNexis, (2015). Ce guide comprend des conseils pratiques et méthodologiques pour comprendre et rédiger des contrats en anglais et contient 12 modèles de contrats d'affaires intégralement traduits.

La nature des contrats internationaux

Au niveau des transactions commerciales, alors que l'entreprise cambodgienne s'engage dans le monde des affaires internationales, elle a à traiter diverses transactions commerciales impliquant des contrats plus sophistiqués tels que le crédit-bail, le contrat de franchise, le contrat d'affacturage et des contrats traitant le commerce électronique, etc. Ces contrats ne sont pas nécessairement régis par le Code civil et la plupart d'entre eux ont d'ailleurs probablement été élaborés sous l'influence anglo-saxonne.

Nombre de partenariats qui ont lieu au Cambodge prennent généralement la forme d'une coentreprise créée comme une nouvelle société ayant pour seul but la gestion des travaux de la coentreprise. D'une manière générale, la plupart des contrats commerciaux internationaux utilisés au Cambodge aujourd'hui sont préparés par des cabinets d'avocats internationaux pour leurs clients provenant de pays de Common Law comme les États-Unis, Singapour, la Malaisie, l'Angleterre et l'Australie. Très peu d'investisseurs viennent de France.

Par ailleurs, les cabinets d'avocats anglo-saxons australiens, singapouriens et malaisiens dominent d'autres cabinets d'avocats étrangers en raison de leur collaboration commerciale avec des cabinets d'avocats cambodgiens. Ils ont établi leurs bureaux au Cambodge avec des avocats qui connaissent bien les traditions de la Common Law. Ces cabinets élaborent des contrats, souvent fondés sur des précédents juridiques ou des modèles rédigés en anglais. Ces dernières années, avec le retour de la France et de nombreux diplômés cambodgiens en droit, on peut remarquer l'établissement de quelques petits cabinets d'avocats qui s'occupent de clients francophones.

Dans l'ensemble, les hommes d'affaires cambodgiens sont souvent incapables d'apprécier pleinement les aspects techniques, financiers et juridiques sophistiqués de ces contrats et, invariablement, la pertinence des clauses contractuelles spécifiques. Pour de nombreux contrats de franchise ou de distribution, la plupart des contrats internationaux disponibles sont rédigés du point de vue des pays industrialisés et exportateurs sous forme d'un standard normalisé en faveur des exportateurs. Bien que les parties aux transactions tentent de trouver un juste équilibre entre elles, ces contrats sont généralement fondés sur certaines suppositions, qui sont en pratique désavantageuses pour la partie cambodgienne.

Pour assurer la réussite de toutes relations commerciales internationales, il s'avère inévitable que les deux parties soient conscientes des obstacles importants à la compréhension créés par les différences culturelles, juridiques et linguistiques qui peuvent ne pas être évidentes. Ces contrats sont généralement liés aux systèmes juridiques d'où proviennent leurs rédacteurs et, par conséquent, les problèmes de langue, de format et de concepts peuvent créer des quiproquos. Pour les entreprises cambodgiennes, les points les plus évidents, mais extrêmement importants pourraient être les suivants :

En premier lieu, la structure du contrat est non seulement complexe, mais parfois inutilement compliquée, surtout lorsqu'elle est rédigée et lue en conjonction avec d'autres documents contractuels[10]. Deuxièmement, on a tendance à supposer que les deux parties possèdent les mêmes capacités et compétences en matière de négociation technique, juridique et financière, ce qui n'est généralement pas le cas. Dans de nombreux cas, les hommes d'affaires cambodgiens, travaillant souvent avec des avocats locaux, n'ont pas de conseiller juridique au sein de leurs sociétés ni ne possèdent une expérience personnelle pour bien négocier une affaire, par manque de compréhension des dispositions contractuelles complexes.

Troisièmement, il est clair que les différences culturelles importantes qui existent entre le continent européen et asiatique ne peuvent qu'avoir un impact sur toute forme d'interactions interculturelles. L'impact de ces différences sur la formation et le contenu des contrats commerciaux et des coentreprises internationales reste toujours un sujet de préoccupation. Plus généralement, l'une des différences culturelles les plus importantes entre les Asiatiques et les Occidentaux est axée sur la dimension contradictoire de « l'individualisme contre le collectivisme ». Quatrièmement, un autre problème est lié à la langue anglaise et aux concepts juridiques contenus dans des contrats qui sont directement liés au système de la Common Law. C'est pourquoi il est important que les avocats cambodgiens, généralement formés en droit civil, soient plus conscients des similitudes et des différences entre ces deux systèmes juridiques. De même, des différences de nuances plus subtiles existent également entre les différents pays de droit civil.

Les dimensions juridiques régionales

Héritage du colonialisme, la prédominance du droit civil et de la Common Law est évidente en Asie. Comme quelques pays de l'ASEAN, pour des raisons historiques, l'Indonésie, la Thaïlande, le Laos et le Cambodge ont adopté un système juridique de type occidental suivant un système de droit civil. Cependant, d'autres pays de l'ASEAN, comme la Malaisie, Singapour, Brunei et les Philippines, maintiennent l'influence du système de la Common Law. Au cours des deux dernières décennies, la plupart des investisseurs au Cambodge provenaient de pays occidentaux ainsi que de la région adhérant au système de la Common Law. Seulement durant les cinq dernières années que l'on peut remarquer la foulée d'investisseurs provenant de deux grands pays de droit civil, à savoir la Chine et le Japon.

Compte tenu des difficultés à naviguer entre différents systèmes réglementaires et juridiques, les comparatistes estiment qu'il existe, dans chaque

[10] C'est-à-dire contrat de vente-achat, contrat de séquestre, convention d'actionnaires, lettre d'engagement, etc.

système national, certaines constantes et variables telles que l'évolution historique du système juridique, les théories et la hiérarchie des sources de droit, les caractéristiques des concepts et des institutions juridiques. Toutefois, lorsque plusieurs systèmes juridiques cohabitent dans un même système national, on peut se demander quelles seraient les difficultés soulevées par les avocats et les juristes en raison des différences structurelles de ces systèmes, notamment pour les concepts et catégories dont émanent les règles juridiques. Par conséquent, il se peut qu'une règle de droit dans un système soit complètement inédite dans un autre. Toutefois, en raison de la mondialisation des marchés et de la convergence progressive des normes de rédaction juridique, les contrats commerciaux tendent à se rapprocher de plus en plus. Ce qui est crucial pour les avocats cambodgiens, et peut-être moins pour les hommes d'affaires cambodgiens, c'est la maîtrise ou du moins la compréhension de ces différences systémiques, qui est malheureusement un processus long et difficile pour tous ceux qui souhaitent se spécialiser dans le domaine du droit commercial international.

Différences structurelles entre les deux systèmes juridiques

Dans la rédaction des contrats commerciaux, l'avocat doit tenir compte des différences conceptuelles entre les deux systèmes juridiques. On peut mentionner des exemples de concepts de la Common Law inconnus en droit civil comme le « trust »[11], « bailment », « estoppel », et « trespass ». Certains exemples de concepts que l'on retrouve dans le droit civil, mais qui sont inconnus en Common Law sont « l'usufruit » et « les personnes morales ». Une obligation qui peut être considérée comme la base de contrats commerciaux de droit civil, mais qui ne figure pas dans les contrats des pays du Commonwealth britannique est l'obligation de « bonne foi »[12].

Les investisseurs en provenance des États-Unis sont assujettis aux diverses lois régissant le contrat international. Même si les États-Unis sont considérés comme un pays de la Common Law, il y a des différences évidentes entre eux et d'autres pays comme le Royaume-Uni et l'Australie. Étant donné que les États-Unis sont composés de 50 États individuels, chacun ayant sa propre loi et sa propre jurisprudence, il y a eu des préoccupations quant à l'uniformité du droit américain. Les raisons principales du développement de la législation fédérale reflètent la nécessité d'élaborer un droit économique uniforme sur l'ensemble du territoire, d'imposer un système de législation sociale et de protéger les libertés individuelles de manière similaire. Par conséquent, les Américains ont jugé

---

[11] Cette similitude des concepts n'empêche pas une certaine originalité. Différentes catégories ou notions peuvent exister dans un droit et ne pas être connues dans un autre, compliquant ainsi la connaissance pour le juriste étranger de la même famille de droit.

[12] Les États-Unis, en tant que pays de la Common Law, constitue l'exception notable en la matière. Bien que cette situation semble changer, il n'existe actuellement aucune obligation générale pour les commerçants des pays du Commonwealth britannique de traiter de bonne foi.

opportun de rédiger des lois uniformes ou types que chaque État adopterait, avec les ajustements nécessaires. Le « Code de commerce uniforme » (en anglais « *Uniform Commercial Code (UCC)* »)[13] est l'une de ces lois uniformes qui ont été adoptées entièrement ou en grande partie par tous les États. Elle régit divers aspects du droit commercial et, à ce titre, joue un rôle incontestable dans les transactions commerciales internationales.

Rapprochement de la Common Law et du droit civil

Il est important de reconnaître qu'il existe des différences sur de nombreuses questions entre les systèmes de la Common Law et le droit civil. Elles résident davantage dans les styles d'argumentation et de méthodologie que dans le contenu des normes juridiques. À travers l'emploi de différents moyens, le droit civil et la Common Law poursuivent le même objectif et des résultats similaires sont souvent obtenus par des raisonnements différents. Il faut admettre que les différences existent, mais il ne faut pas les exagérer[14].

L'examen de la Common Law et du droit civil révèle qu'il y a plus de similitudes que de différences entre ces deux systèmes juridiques. Sous la pression contemporaine de la mondialisation, les deux systèmes démontrent plusieurs signes de convergence et les divergences sont maintenant beaucoup moins visibles en raison des changements intervenus tant dans les pays de la Common Law que dans ceux de droit civil. L'argument selon lequel la Common Law a été créée par la jurisprudence n'est que partiellement vrai, puisque la Common Law est fondée en grande partie sur des lois que les juges sont censés appliquer et interpréter à peu près de la même façon que les juges en droit civil. Le « Statute law » est un droit qui résulte des lois votées par le Parlement. Initialement ces lois visent à corriger et modifier certaines lacunes de la Common Law. De nos jours, elles réglementent des domaines importants de la vie. Certaines lois ont eu pour objet de codifier des branches du droit en rassemblant les textes sous forme de compilations. Toutefois, ces textes ne peuvent être comparés à la codification continentale".

L'organisation « *American Law Institute* » a également créé une série de « *Restatements* » du droit dans des domaines comme les contrats et la responsabilité civile. Ces Restatements énoncent ce qu'est la loi dans la catégorie générale, comment elle change, et quelle direction les auteurs (éminents juristes dans le domaine) pensent qu'elle devrait prendre. Ces Restatements n'ont pas force de loi, mais ils ont eu un impact certain sur le droit américain et sont fréquemment cités par les tribunaux. Le « UCC » et le « *Second Restatement of the Law of Contracts* » placent les États-Unis dans une situation différente vis-à-

---

[13] JAMES (J.-W.), *Uniform Commercial Code*, 4 th ed., (1995).

[14] Voir en détail CASLAV (Pejovic), *Civil Law and Common Law: Two Different Paths Leading to the Same Goal*, 32 VUWLR, (2001). pp. 817-842.

vis des autres pays de la Common Law. En effet, dans les autres pays, la jurisprudence continue encore à prévaloir étant donné que le droit des contrats et le droit commercial, dans une certaine mesure, n'ont pas encore été codifiés. Pour illustrer ce rapprochement, l'Angleterre avait introduit le concept de contrat au profit de tiers en adoptant la loi de 1999 sur les contrats (droits des tiers).

Certains pays de Common Law se dirigent également vers la codification, une tradition historique du droit civil. Ainsi, le droit réglementaire acquiert une plus grande importance en laissant moins de place aux tribunaux. Nous constatons également dans le monde du droit civil que le rôle des tribunaux dans la création du droit a parallèlement considérablement augmenté et la jurisprudence est utilisée de plus en plus pour compléter les codes. Comme ces processus vont dans des directions opposées, bon nombre des différences entre la Common Law et le droit civil ressemblent maintenant davantage à des nuances qu'à des différences majeures.

Malgré de grandes différences dans les cultures, les processus et les institutions juridiques, la Common Law et le droit civil ont fait preuve d'une convergence remarquable dans leur traitement de la plupart des questions juridiques. Comme les langues, les cultures juridiques peuvent aussi absorber d'énormes quantités d'influences étrangères tout en préservant leur structure distinctive. Le Cambodge pourrait être considéré comme un bon exemple de pays sortant de conflit qui semble, sciemment ou non, pouvoir accommoder le meilleur de chaque tradition juridique en fusionnant certains éléments pour créer son propre système. L'affaire de la loi hybride sur les entreprises commerciales ainsi que la loi sur les Transactions sécurisées en sont révélatrices. Ainsi, un certain métissage juridique n'a rien d'irréaliste ni de dangereux, dès lors qu'on s'en tient à la préservation d'une dominante qui, pour l'avenir prévisible du droit khmer, ne peut être que de tradition romano-germanique.

La culture et ses effets sur les négociations contractuelles

> "*Oubliant ses ancêtres, on devient un ruisseau sans source, un arbre sans racine*"[15] *Proverbe chinois*

Différences culturelles et leurs effets sur la négociation de contrats : Il y a de nombreux cas d'incompréhension aboutissant parfois à des conflits commerciaux amers entre le cambodgien et son partenaire de coentreprise, par défaut de compréhension des normes culturelles. Pour autant que son homologue occidental se fie à la communication verbale et aux mots pour transmettre ce qu'il souhaite signifier par les mots, le cambodgien préfère faire passer une

[15] "*Forgetting one's ancestors, one becomes a stream without source, a tree without roof*" Chinese proverb in Asian Proverbs: Ancient Wisdom for 21st Century, FormAsia. p. 131.

grande partie de son message par ce qui n'est pas dit, par la communication non verbale ou en le faisant de manière très subtile, en s'appuyant souvent sur le contexte pour donner un sens.

Dans ses travaux de recherche, Geert Hofstede[16] a développé quatre dimensions indépendantes largement différentes pour décrire les cultures nationales, dont l'une est « l'individualisme » contre le « collectivisme »[17]. La dimension dichotomique « individualisme/collectivisme » décrit les relations entre un individu et ses semblables. Elle contient de nombreuses répercussions et est intimement liée aux normes sociales par des facteurs historiques et traditionnels. Hofstede aurait constaté que certaines des normes sociétales associées aux pays plus collectivistes peuvent être énumérées comme suit : les personnes se retrouvent dans des familles élargies ou des clans qui les protègent en échange de leur loyauté ; il y a une conscience du « nous » ; l'identité est basée sur le système social plutôt que sur l'individu ; la vie privée d'une personne est subjuguée par les organisations ou les clans auxquels il appartient. Ces sociétés collectivistes dominent dans de nombreux pays asiatiques, dont le Cambodge. La culture cambodgienne est façonnée par trois traditions philosophiques : la tradition coutumière, le bouddhisme et, dans une certaine mesure, le confucianisme pour les Cambodgiens d'origine chinoise.

Les traditions coutumières : Le droit est un ensemble de règles générales et abstraites dont le rôle est d'organiser la société et les rapports internationaux. Dans ce domaine des règles et des usages qui gouvernent les rapports de l'homme avec ses semblables, le Cambodge a ses traditions ancestrales dont nombre relèvent de la morale ou des habitudes religieuses et dont beaucoup persistent jusqu'à nos jours à travers leur intégration dans le droit positif[18].

Le Bouddhisme : Le Cambodge appartient à la tradition des États bouddhistes theravadas de l'Asie du Sud-Est[19]. Ce système de pensée est étranger aux valeurs juridiques occidentales nées du droit romain, mais aussi aux habitudes administratives chinoises de la tradition mandarine. L'influence religieuse reste un point crucial dans le droit khmer, calqué sur la culture et la civilisation d'Angkor. La religion joue également un rôle énorme à l'acculturation juridique et est inscrite dans la devise du pays et les Cambodgiens pratiquent majoritairement la religion bouddhique, reconnue religion d'État par l'article 43, al. 3 de la Constitution.

Cette religion qui a de très nombreux fidèles influence la vie politique, économique et sociale des Cambodgiens. Cette doctrine religieuse est

---

[16] HOFSTEDE (Geert), *Hofstede's Cultural Dimensions*, *In* TOMPENAARS (Fons) and COEBERGH, 100+ Management Models, (2017), pp. 186-187. Voir aussi dans la même publication d'autres théories sur la diversité des cultures, pp. 177-207.

[17] Les trois autres dimensions sont « en anglais *Large or Small Power Distance* » ; « prévention de l'incertitude forte ou faible » ; et la « masculinité contre la féminité ».

[18] KONG (Phirun), *Fondement du droit constitutionnel cambodgien*, *In* Faculté de droit et des sciences économiques, Annales, (1996). pp. 43-52.

[19] BALIVET, *op. cit.*, p. 8.

profondément enracinée dans le subconscient du peuple cambodgien depuis déjà plus de mille ans. Le bouddhisme prône le détachement, le renoncement et ne favorise pas une attitude compétitive ni combative.

Le Confucianisme : Tandis que le bouddhisme traite du monde immortel des gens et d'un certain sentiment de fatalisme, le confucianisme traite des relations humaines. Le confucianisme, né en Chine, aurait exercé une grande influence sur la façon de penser d'un chinois dans son ensemble et dans ses négociations. Leur influence s'est propagé quelques générations auparavant au Cambodge, principalement chez les Cambodgiens d'origine chinoise, dont la plupart vivent et mènent le commerce dans les zones urbaines. Le confucianisme est bien connu pour ses valeurs traditionnelles que sont la culture morale, l'importance des relations interpersonnelles, l'orientation familiale, le respect de l'âge et de la hiérarchie, le besoin d'éviter les conflits et le désir de l'harmonie. Enfin, et il s'agit d'une notion fondamentale, celle de sauver les apparences[20].

En Occident, le but d'un contrat est d'énoncer clairement les droits et obligations de chaque partie par rapport à l'autre partie. Le but étant ainsi de s'assurer que les droits individuels des parties contractantes, par rapport à l'autre individu et à la transaction, soient respectés. Le cambodgien adopte généralement une approche non légaliste des négociations. Il recherche davantage un engagement à travailler ensemble pour résoudre les problèmes au lieu de se protéger derrière des clauses juridiques bien strictes et tentera, par conséquent, d'éviter le règlement des différends quant à la non-exécution des contrats. Il n'est donc pas surprenant qu'il se sente embarrassé et insulté lorsqu'il est confronté à des dispositions prévoyant des sanctions ou des recours lorsqu'il ne peut pas respecter ses engagements.

Cela dit, cette conscience contractuelle a évolué lentement, mais il n'est pas rare que de nombreuses entreprises cambodgiennes qui ont effectué des transactions avec leurs partenaires étrangers ne lisent pas ou ignorent les clauses écrites dans les contrats. Ce type de comportements culturels a été la source de malentendus, de litiges et de conséquences dommageables à leur réputation commerciale.

Les différences culturelles et leurs effets sur le règlement des différends

Différences structurelles dans la rédaction des contrats : Le bon fonctionnement des marchés exige et inspire une certaine culture de respect à l'égard des contrats. Le droit comparé des contrats pourrait donc être apprécié dans diverses perspectives - comparaison des institutions juridiques, systèmes et traditions. En outre, on doit présumer que les traditions culturelles entre les

[20] Sur les perspectives du droit contre l'harmonie sociale, voir GAILLARD, *op. cit.*, p. 144.

différents systèmes juridiques peuvent avoir une influence sur la négociation, la rédaction et l'interprétation des contrats internationaux[21].

Les systèmes de Common Law et de droit civil ont des points de vue complètement différents. Le système de Common Law est fondé sur la jurisprudence judiciaire, alors que le système de droit civil est fondé sur des principes codifiés. La base de chacun de ces systèmes influe directement sur la façon dont les contrats sont rédigés au sein de leur système respectif. En analysant les contrats commerciaux internationaux, nous voyons à quel point la langue, la structure et les concepts utilisés dans ces contrats sont liés au système juridique d'où provient le rédacteur. Parfois, ce système juridique est différent de celui qui régit le contrat et, par conséquent, les conditions contractuelles que les parties ont décidées peuvent aller à l'encontre des intérêts des parties.

L'importance de la langue dans le traitement des clauses contractuelles internationales

> *"Les mots n'ont pas d'ailes, mais peuvent voler à des milliers de kilomètres"*[22]
>
> *Proverbe Coréen*

La formation d'un juriste commence par l'acquisition du vocabulaire juridique. Il y a un grand nombre de différences entre le droit civil et la Common Law, et il serait difficile de faire un choix de ces différences en fonction de leur importance. En raison de ces différents concepts et catégories, il est pratiquement impossible de comparer directement les systèmes juridiques. Par conséquent, on examinera quelques exemples typiques pour illustrer cette diversité de concepts juridiques caractérisant ces deux systèmes juridiques, mais plus particulièrement dans le contexte des relations contractuelles de droit civil cambodgien avec d'autres juridictions de la Common Law. Il ne suffit donc pas d'analyser seulement un passage textuel, qu'il s'agisse de dispositions législatives, de décisions judiciaires ou d'écrits juridiques ou du français à l'anglais pour faire une étude comparative appropriée.

Ce n'est qu'en examinant la façon dont un problème particulier est résolu dans chaque système que l'homme d'affaires ou ses conseillers juridiques peuvent alors apprécier comment le système fonctionne pour ce problème particulier et, au bout du compte, en repérer les similitudes et différences. En gardant ces concepts bien à l'esprit, ils peuvent négocier, rédiger et appliquer les

[21] BEVERIDGE (Barbara Jane), *How Culture, Law, And Language Are All Barriers To Effective Cross-Cultural Legal Communication, Specific International Commercial Contracts*, Master of Laws Thesis, Faculty of Graduate Studies Faculty of Law, Université de la Colombie-Britannique, avril 1998.

[22] "*Words have no wings and yet can fly a thousand miles*", Korean proverb in Asian Proverbs: Ancient Wisdom for 21st Century, FormAsia. p. 178.

contrats plus efficacement. Prenons l'exemple un contrat commercial : Le Code civil reste muet sur le contrat de format standard, bien que la liberté de contracter soit le principe le plus fondamental du droit des obligations.

Nous partirons alors de ce principe que cette liberté de contracter est un principe fondamental qui existe dans les deux systèmes juridiques. L'article 3 du Code civil dispose clairement que les parties à un contrat peuvent exercer leur liberté contractuelle dans la mesure où elle n'est pas interdite par la loi. Toutefois, le droit civil et la Common Law ont des façons bien différentes d'analyser et de formuler un concept juridique. Les contrats, dans un système de droit civil, sont généralement courts et contiennent des énoncés beaucoup plus généraux en ce qui concerne le langage utilisé. La raison en est que les règles régissant les relations entre les parties sont contenues dans les dispositions pertinentes du code et que, par conséquent, le document n'a pas à préciser ce qui est déjà écrit dans la loi.

Le droit civil est largement classifié et structuré et contient un grand nombre de règles et de principes généraux, malheureusement souvent incomplets compte tenu de l'évolution incessante de l'économie mondiale. Les avocats en droit civil préfèrent que les dispositions contractuelles soient rédigées dans un style vague et indéfini qui puisse offrir une certaine souplesse afin que les détails soient réglés plus tard lorsque des questions ou des problèmes surviennent. L'une des caractéristiques fondamentales du droit civil est que la tâche principale du tribunal est d'appliquer et d'interpréter la loi contenue dans un code ou une loi en fonction des faits. L'hypothèse est que le code régit tous les cas qui pourraient se produire dans la pratique, et lorsque certains cas ne sont pas réglementés par le code, les tribunaux devraient appliquer certains des principes généraux utilisés pour combler les lacunes.

Toutefois, les formulaires de Common Law sont généralement ceux qui sont utilisés aujourd'hui dans les transactions internationales plus complexes. Il y a plusieurs raisons à cela : en premier lieu, parce qu'il n'existe pas d'ensemble général de lois régissant les contrats internationaux, il est nécessaire de préciser en détail quels sont les droits et obligations des parties ; deuxièmement, avec le grand nombre de cabinets d'avocats américains, anglais et australiens qui ont des bureaux permanents partout dans le monde, ce sont ces avocats qui rédigent beaucoup de ces contrats internationaux[23] ; et troisièmement, parce que les contrats de la Common Law sont en anglais, la langue du commerce international et de l'ASEAN. Souvent, les contrats sont rédigés en anglais, même si toutes les parties contractantes ne sont pas originaires de pays où l'anglais est la langue maternelle et où la loi régissant le contrat n'est pas celle d'un pays de Common Law.

---

[23] Les avocats singapouriens, afin de mieux se protéger de la responsabilité professionnelle potentielle, ont développé un style de rédaction que l'on pourrait qualifier de paranoïaque, qui tente de couvrir tous les arguments possibles.

Le système de la Common Law exige que le rédacteur inclue tous les droits et obligations respectifs des parties contractantes, ainsi que prévoie toutes les éventualités possibles et les évènements futurs. Le rédacteur doit veiller à ce que la langue utilisée ne permette aucune interprétation des provisions autres que celles prévues par les parties contractantes. Le cas de « force majeure » est un bon exemple de la différence que peut avoir la rédaction d'articles entre le droit civil et celui de la Common Law.

Pour beaucoup d'avocats et de juges cambodgiens, le style de rédaction détaillé propre à la Common Law se prête plus facilement aux transactions internationales, car les droits et obligations des parties sont énoncés de façon beaucoup plus détaillée, ce qui permet une meilleure compréhension de l'intention des parties. Ainsi, cela facilite la tâche du juge qui tente de régler un différend, surtout quand il ne maîtrise pas bien la complexité des transactions commerciales.

Aspects linguistiques de la rédaction du contrat : Un autre aspect de la culture qui joue un rôle majeur dans la communication interculturelle repose sur la question de savoir comment une certaine culture conçoit la fonction du langage. Il est à noter que la culture et le langage sont les deux inséparables, car c'est notre culture qui nous aide à déterminer comment nous voyons le monde et c'est notre langage qui nous aide à exprimer cette vision. Le langage est fondamentalement ambigu. Nous ne pouvons comprendre ce que quelqu'un d'autre nous dit qu'en tirant des conclusions fondées sur notre connaissance générale du monde. L'homme n'exprime pas simplement sa pensée individuelle par des mots ; il entre dans le flux du langage et des pratiques discursives particulières qui contiennent des modes de pensée préconçus[24].

Bien que les lois écrites puissent ressembler à celles du pays exportateur, la façon dont elles sont interprétées et utilisées par le pays bénéficiaire est directement affectée par les conditions juridiques et culturelles de ce pays. Chaque culture possède son propre discours. D'ailleurs, il peut y avoir davantage de malentendus au niveau de sous-cultures en ce qui concerne les différences de leurs modes de discours. Ces sous-cultures communiquent avec leurs propres particularités, que ce soit leur culture d'entreprise ou de spécialisations professionnelles, rendant plus difficile l'interprétation pour ceux qui ne sont pas membres de ces groupes. Nous ne pouvons vraiment communiquer les uns avec les autres que si nous comprenons la culture qui se cache derrière les mots. Ce principe vaut aussi pour la sous-culture juridique.

La signification linguistique des mots est une explication parce que la façon dont les avocats et les juges interprètent les mots provient de leur parcours académique et de leurs croyances. Le choix des mots varie selon la culture d'où ils proviennent et sont donc perçus différemment, car ils renferment une

---

[24] SHAPIRO (M. J.), *Language and Political Understanding: The Politics of discursive Practices*, New Haven, Yale University Press, (1981).

signification qui se rattache à un certain contexte ou situation. Les Occidentaux utilisent plus souvent un modèle de déduction thématique. Les Asiatiques préfèrent un modèle inductif pour l'introduction de sujets. Au sein des sociétés traditionnelles cambodgiennes ou asiatiques, la langue est « [...] utilisée dans le but de consolider ou d'affirmer des relations déjà établies. D'autre part, dans la conception occidentale contemporaine des relations, le langage est considéré comme un aspect majeur dans la poursuite des relations en cours. Dans le cas des négociations d'accords commerciaux, cette différence en termes de mentalité continue à prévaloir.

Difficultés liées aux traductions juridiques : Une autre grande difficulté liée à la culture et le langage repose sur sa traduction. Après les accords de paix, certaines sources documentaires, notamment les textes législatifs et réglementaires, ont été rédigées en langue française et anglaise. Il est important là aussi de les lire avec précaution, car la traduction a souvent été faite à titre non officiel par des organismes privés, des ONG ou par des traducteurs sans formation juridique dont le but est purement de permettre aux experts de connaître le contenu de tous ces textes. Cette traduction littérale emporte la traduction juridique jusqu'aux années récentes. Une traduction littérale se caractérise par l'utilisation d'équivalents linguistiques tels que des équivalents littéraux, des emprunts et des naturalisations. Ainsi, le maniement de certains mots ou de certaines expressions dans différents articles ne correspond pas exactement au sens qu'on entend lui donner dans la langue cambodgienne. La majorité des équivalents linguistiques ne sont que des termes créés pour désigner des concepts étrangers.

Par ailleurs, comme beaucoup d'autres documents ont été à l'origine rédigés en anglais ou en français, il s'avère qu'ils étaient difficiles à traduire en langue cambodgienne, faute d'équivalence de mots ou d'expressions. Dans le domaine du commerce, pratiquement tous les contrats internationaux sont rédigés par des juristes formés à la Common Law, qui sans nul doute utilisent des types de précédents contenants des termes auxquels ils sont habitués, par exemple en introduisant une référence aux « equitable remedies (recours équitables) », un concept juridique non reconnu dans le système civiliste cambodgien.

Il peut être choquant de constater que de nos jours cette question de traduction littérale démunie de concepts juridiques a provoqué tant de confusion dans la communauté des hommes d'affaires. Tel est le cas récent d'une loi sur la fondation ou fiducie qui fut traduite par erreur comme une loi portant sur le « Trust ».

*****

CHAPITRE 15 –

L'interprétation du contrat en droit civil et en Common Law

Comment le tribunal tente-t-il d'interpréter l'intention « subjective » des parties ?

Méthodes d'interprétation du contrat dans la Common Law et en droit civil : Dans le règlement des différends, l'interprétation de contrats pose de sérieux problèmes lorsque deux systèmes juridiques sont confrontés. Le sens du mot « interprétation » comporte une certaine conception de la situation ou de l'expérience, qui peut varier d'une personne à l'autre, selon divers facteurs pouvant provenir de la culture, de la société ou des circonstances sociales. L'interprétation de contrats fait référence à la tâche de déterminer le contenu normatif du contrat. Il s'agit donc de la première question à éclaircir avant d'aller plus loin, car il y a des différences importantes entre la méthode d'interprétation de contrat dans la Common Law et en droit civil. En matière contractuelle, les différences entre le système romano-germanique et la Common Law sont considérables. Les parties contractantes, dans le système romano-germanique, font confiance à la loi, aux Codes pour résoudre les problèmes que peut soulever l'exécution du contrat, alors que dans la Common Law, le contrat doit prévoir toutes les difficultés qui pourraient surgir.

Étant une juridiction de droit civil, le Cambodge ne dispose pas d'un système de précédent contraignant et les tribunaux de première instance ne sont pas tenus de suivre ni de se référer aux décisions de la Cour d'appel et de la Cour suprême, autres que les lois et les codes. En revanche, la tradition anglaise est d'interpréter les lois de façon littérale ; un texte clair s'applique directement aux faits de l'espèce. L'interprétation intervient uniquement en cas de points obscurs ou ambigus de la loi. Le juge peut choisir selon trois méthodes d'interprétation : La « *Literal Rule* », au terme de laquelle un mot ou une phrase doivent être utilisés dans leur sens ordinaire dans l'anglais normal ; La « *Golden Rule* », au terme de laquelle une loi doit être interprétée compte tenu du sens normal des mots qui sont utilisés ; celui-ci pouvant être modifié afin d'éviter toute absurdité, illogisme ou incompatibilité manifeste ; La « *Mischief Rule* », en vertu de laquelle le juge doit rechercher quel est l'objectif de la loi afin de l'interpréter et l'appliquer dans le sens de cet objectif.

Les deux systèmes partent du principe qu'un accord est nécessaire à l'existence d'un contrat. Il y a une différence importante entre la Common Law et le droit civil pour la pratique commerciale. En Common Law, si un choix doit être fait entre la certitude et la justice dans un cas particulier, il est probable que c'est la certitude qui prévale. Cette préférence pour la certitude se reflète dans une conception différente de ce qui est entendu par le terme « accord ».

Contrairement au droit civil, la Common Law ne comporte pas de doctrine ni de théorie globale, de sorte que les divers sujets juridiques et leurs subdivisions ont évolué dans des compartiments bien définis. À titre d'exemple, les avocats de Common Law connaissent certains termes, mais qui ne se réfèrent pas aux mêmes distinctions que dans les pays de droit civil qui consacrent une séparation entre le droit public et le droit privé. Comme la Common Law ne s'encombre pas d'abstractions telles que l'honneur ou le prestige, le tribunal vise généralement à réparer les préjudices matériels et financiers. Ainsi, un tribunal n'accueillera une affaire opposant des parties privées que si la partie plaignante peut démontrer qu'elle a effectivement subi une perte.

Il existe une autre différence considérable entre les systèmes en termes d'interprétation de contrat. Une fois les conditions normatives du contrat établies, mais que l'application de ces conditions demeure incertaine, l'intention contractuelle initiale des parties joue un rôle important dans les systèmes de droit civil. Contrairement aux juridictions de la Common Law, où en principe le tribunal est lié par la « *four corners rule* »[1], le juge de droit civil enquêtera sur l'intention contractuelle initiale des parties.

Le Code civil ne prévoit pas de règles sur l'interprétation du contrat. En règle générale, un contrat est interprété essentiellement sur la base de l'intention exprimée par les parties dans le contrat. Le langage du contrat en question serait la preuve la plus fiable et la plus solide pour prouver les intentions réelles des parties. Seulement, si le langage écrit dans le contrat est ambigu, équivoque et assujetti à des interprétations différentes, le juge peut alors déterminer l'intention exprimée en utilisant un faisceau d'indices orienté par les éléments de preuve et les circonstances qui sont soulevés par les parties lors du procès. Le juge n'est toutefois tenu d'intervenir pour déterminer l'intention réelle des parties que si le contrat est ambigu.

Plusieurs articles du Code civil semblent indiquer comment l'intention des parties au contrat devrait être déterminée. Par exemple, les articles 345, 347, 348, 352 et 353 du Code civil semblent indiquer que les contrats doivent être

---

[1] Cette doctrine soutient qu'un tribunal ne doit pas regarder à l'extérieur des quatre coins du document contractuel lui-même pour déterminer quelles sont les obligations des parties en vertu du contrat.

interprétés sur la base des intentions exprimées par les parties afin de déterminer la déclaration défectueuse de l'intention de la partie en cas d'erreur, de fraude, de fausse déclaration, de réserve mentale et de déclaration d'intention fictive.

L'existence des codes constitue une caractéristique évidente des pays de droit civil. Les codes sont des textes législatifs regroupés par thème. Par exemple, le Code civil est l'ensemble des textes législatifs régissant les relations juridiques des personnes en matière civile sur la base de l'égalité[2]. Ces codes constituent la base de référence des décisions des tribunaux, car ils sont applicables aux affaires civiles. Un code n'est pas censé fournir des règles spécifiques qui peuvent être appliquées immédiatement à des situations particulières, mais il fournit un système organisé de règles générales à partir desquelles une solution peut être déduite. Par conséquent, il y a un degré nécessaire d'abstraction dans les codes de droit civil. On s'attend à ce qu'il établisse le cadre de la loi et qu'il fournisse au juge des normes dans sa prise de décision, mais en même temps, qu'il laisse au juge un certain pouvoir discrétionnaire pour prendre une décision. En l'absence de lois écrites, le tribunal peut invoquer le principe de l'équité, de la bonne conscience et des traditions coutumières pour rendre sa décision.

En outre, il existe de nombreuses conventions internationales et lois non contraignantes qui offrent au juge des possibilités de comparaison et d'interprétation au-delà de ses propres codes. Les lois et décisions judiciaires étrangères pourraient servir d'exemples d'interprétation judiciaire ou d'aspiration juridique pour le juge cambodgien. Quoique les lois étrangères ne soient pas contraignantes, le juge cambodgien pourrait les contextualiser avant d'adopter ou d'appliquer leurs principes dans le cas cambodgien.

Dans les pays de la Common Law, l'existence de codes est rare et le tribunal rend ses décisions en se reportant aux précédents. D'une manière générale, nous pouvons établir que la liberté de contrat est plus large dans les pays de la Common Law, car peu de dispositions sont implicitement dictées par la loi dans le contrat tandis que dans le système de droit civil, les parties ne peuvent déroger à un certain nombre de dispositions d'ordre public. Deuxièmement, en droit civil, les décisions du tribunal ne contraignent pas les tiers, ce qui n'est pas le cas dans le système de Common Law. Par conséquent, lorsque le contenu normatif d'un contrat est établi, l'orientation sera différente selon la loi régissant le contrat. Si la loi applicable appartient au système de droit civil, les termes implicites de celui-ci seront issus des codes et d'autres textes de loi applicables, tandis que dans un système de Common Law les précédents aideront à clarifier le contenu normatif du contrat.

Les litiges dans les juridictions de la Common Law constituent un élément auquel l'avocat en droit civil n'est pas pleinement préparé, que ce soit sur le plan juridique ou sur la dimension mentale et psychologique. Un avocat de la Common Law considère le système de droit civil comme inquisitoire parce que

---

[2] Code civil, arts. 1 et 2.

le juge du système de droit civil peut, de sa propre initiative, ordonner d'interroger des témoins, de faire intervenir des experts ainsi que toute autre mesure d'enquête légalement admissible. Le système de droit civil peut être analysé comme étant déductif, c'est-à-dire s'attachant à rendre une décision après examen d'un certain nombre de cas et d'éléments réels, plutôt que de tenter de trouver une solution au litige en examinant un nombre limité de prescriptions immuables. Le corollaire naturel est que le tribunal de la Common Law n'est pas tellement régi par la notion de trouver la vérité, mais plutôt animé par la recherche de solutions aux différends[3].

S'il n'y a pas de jurisprudence ni de loi qui s'applique à la question soulevée, la Common Law part du principe que tout est légal. À ce titre, le tribunal tente de donner à chaque transaction son effet prévu, à moins qu'elle ne viole une considération primordiale, comme le fait d'être contraire à la morale publique ou à l'ordre public. Les règles obligatoires, l'ordre public et les dispositions relatives aux bonnes coutumes visent à protéger l'intérêt public et les politiques de l'État qui sont considérées comme dépassant les droits ou les intérêts de l'individu. Le tribunal peut également prendre des mesures pour limiter la liberté du contrat, mais seulement s'ils ont de bonnes raisons. Toutefois, les points de vue sur ce qui constitue une bonne raison de limiter la liberté de contrat peuvent, bien entendu, différer, de même que les arguments invoqués pour les justifier.

En somme, une interprétation est une explication de ce qui a voulu être signifié. On comprend donc aisément qu'il n'est nul besoin d'interpréter les clauses qui sont claires et sans équivoque. En pratique, le juge ne remettra pas en question le sens caché des termes utilisés dans les contrats, à condition qu'un tel libellé soit clair pour permettre une meilleure compréhension de la part du juge. Toutefois, un terme ambigu sera interprété uniquement à la discrétion du juge, à moins que chaque partie ne puisse fournir des éléments de preuve qui pourraient appuyer une interprétation contraire.

De même, dans la Common Law, la règle « *four corners rule* » prévoit que lorsque les parties concluent un accord écrit, les éléments de preuve externes ne peuvent être utilisés pour modifier ou ajouter les conditions de la rédaction. Ainsi, le juge de droit civil ne néglige pas le contenu du contrat et serait certainement influencé par les termes du contrat lorsqu'il s'engage dans l'enquête sur l'intention commune des parties. L'intention des parties est leur intention subjective - réelle, psychologique, privée ou interne. C'est-à-dire que tout élément de preuve quant à ce que les parties ont effectivement et peut-être individuellement souhaité que leur contrat

---

[3] En raison de cette fonction, le tribunal de la Common Law se retrouve embourbé dans des questions de procédure, y compris les règles de preuve. Jusqu'à nos jours, l'accent a été toujours mis sur la procédure et la preuve, en dépit d'efforts continus de simplification.

contienne, explicitement ou implicitement, serait en principe considéré comme pertinent, même si ces preuves n'ont pas été formellement communiquées à l'autre partie au moment de la formation du contrat. Le juge de droit civil tenterait d'interpréter l'intention subjective des parties. Toutefois, il ne va peut-être pas examiner l'intention d'une partie en particulier. Il chercherait plutôt l'intention mutuelle des parties et l'alignerait sur l'objectif du contrat.

Rôle des Principes d'UNIDROIT et les Principes du droit européen des contrats : En effet, les Principes d'UNIDROIT et les Principes du droit européen des contrats[4] prévoient expressément qu'un contrat doit être interprété selon l'intention commune des parties. Si une telle intention ne peut être établie, il est précisé qu'un contrat doit être interprété selon le sens que des personnes raisonnables de la même nature que les parties lui donneraient dans les mêmes circonstances. En outre, le commentaire de l'article 4.1 des Principes d'UNIDROIT (Edition 2016) explique qu'en conséquence de cette règle, « un terme contractuel peut avoir une signification qui diffère à la fois du sens littéral de la langue utilisée et du sens qu'une personne raisonnable lui donnerait, pourvu qu'une telle compréhension différente soit commune aux parties au moment de la conclusion du contrat ». La seule façon pour le juge d'ignorer le sens littéral de la clause et de s'en écarter serait de constater que les deux parties avaient une compréhension commune au moment de la conclusion du contrat.

Lorsqu'il est difficile d'établir l'intention commune des parties, le juge doit avoir recours à la compréhension de personnes raisonnables. L'article 4.5 des Principes d'UNIDROIT peut être intéressant, car il énonce que « les conditions du contrat doivent être interprétées de manière à donner effet à toutes les conditions plutôt qu'à en priver certaines ». Il est évident et il faut le reconnaître, lors de la rédaction de leurs contrats, les parties n'utilisent pas des mots sans but.

Droit Cambodgien sur les obligations

Le Livre sur les obligations traite essentiellement de la façon dont les obligations se créent, changent et s'éteignent. Les sources d'obligations comprennent le contrat, l'acte juridique unilatéral, la gestion des affaires sans mandat, l'enrichissement sans cause, les délits et les dispositions législatives. Parmi tous ces éléments précités, les contrats sont la source la plus fondamentale des obligations. Le Livre sur les obligations ne commence donc pas par une explication de la notion abstraite

[4] Voir PECL, art. 5:101. Règles générales d'interprétation : (1) Le contrat doit être interprété selon l'intention commune des parties, même si celle-ci diffère du sens littéral des mots.

d'obligations, mais est rédigé dans le but d'établir des dispositions détaillées sur les obligations qui découlent de contrats spécifiques, et s'étendent ensuite à la nature de ces dispositions aux obligations découlant d'autres causes.

Classification des contrats : Un examen initial montre que le contrat est classé dans l'un des nombreux types de contrats pour lesquels le Code civil prévoit des conditions préétablies, dont certaines sont supplétives de la volonté des parties. Même les contrats initialement considérés comme innommés qui ne se qualifient pas en vertu de l'un des contrats nommés disponibles - sont généralement régis par les règles applicables aux contrats nommés auxquels ils ressemblent le plus.

Treize types de contrats sont décrits. Elles comprennent la vente et l'achat, l'échange et le don pour les contrats translatifs de droits, le prêt à la consommation, le crédit-bail et le prêt à l'usage impliquant le prêt et l'emprunt d'un objet au profit de l'utilisation ou de la consommation, le mandat, le contrat de travail concernant la fourniture de main-d'œuvre ou de services. On compte aussi l'affranchissement concernant le stockage d'objets, le partenariat pour l'établissement d'un groupe non doté de la personnalité juridique, la rente viagère qui fournit périodiquement de l'argent à une personne jusqu'à sa mort, et le compromis pour le règlement des différends par concession mutuelle.

L'achat et la vente, qui impliquent un paiement en échange du transfert d'un droit de propriété, constituent le cœur des opérations de marché. Par conséquent, les dispositions relatives aux règles et règlements concernant la vente et l'achat ont été prises afin d'être appliquées autant que possible à d'autres contrats conclus dans le cadre d'opérations de marché. La règle selon laquelle le vendeur doit fournir le droit de propriété ou l'objet qui correspond à l'objet d'un contrat est particulièrement importante.

Cependant, il y a d'autres types de contrats qui ne sont pas régis directement par le Code civil, mais par des lois et des règlements spécialisés. Ces contrats, qui concernent principalement le gouvernement en tant que partie au contrat, sont uniques parce que, contrairement aux contrats civils, ils ne sont pas fondés sur le principe de l'égalité. L'administration jouit de certains privilèges spéciaux, généralement spécifiés explicitement dans ce type de contrat. Le deuxième type de concession relève de la loi sur la Gestion des forêts. La concession forestière[5] est un contrat qui permet à un concessionnaire privé d'exploiter les produits forestiers d'une zone forestière particulière en échange du respect de certaines obligations imposées par l'Administration forestière. Le troisième type de concession relève de la loi sur les Concessions[6]. Ce

---

[5] Loi sur la Gestion des forêts (2002), art. 13.
[6] Loi sur les Concessions (2007).

type de concession fait référence à un contrat entre l'administration et une entreprise commerciale qui est autorisée à développer, pour le compte de l'administration, un projet d'infrastructure sur un terrain domanial à l'usage du grand public. La loi prévoit dix formes différentes de concession, bien que la concession « *Build-Operate-Transfer (B.O.T.)* » semble être le contrat le plus couramment utilisé[7].

Règles d'interprétation de contrat au Cambodge

Avant la promulgation du Code civil : Avant la promulgation du Code civil, les règles d'interprétation des contrats étaient énoncées à l'article 23 du décret-loi n° 38 relatif aux Contrats et autres responsabilités civiles de 1988. Si un contrat n'est pas clair quant à sa signification, il doit être interprété et exécuté conformément aux bonnes coutumes ou pratiques en vigueur au lieu où le contrat a été conclu. Toutefois, le Code civil ne prévoit pas de règles d'interprétation de contrats en cas d'incertitude.

Le décret-loi n° 38, adopté en 1988 par le Conseil d'État de la RPK au moment où le Cambodge commence à ouvrir son économie timidement selon le modèle capitaliste contient des dispositions minimales sur le contrat, ses règles de formation, d'interprétation, de validité, d'exécution et de résiliation. Certains types de contrats tels que la vente, le bail, le contrat d'entrepreneur indépendant, le prêt, le cautionnement et le transport sont aussi prescrits. Il n'en demeure pas moins que ce décret représente le texte juridique principal sur le droit des contrats au Cambodge jusqu'à ce que le nouveau Code civil entre ne rentre en vigueur en 2011[8].

Le Code civil a été rédigé à l'origine par un groupe d'experts japonais dont le modèle suivait, sans grande surprise, celui du Code civil japonais, ce dernier étant lui-même enraciné dans le droit civil allemand. Malgré le passage du modèle français au modèle japonais, les concepts fondamentaux énoncés dans le Code civil appartiennent encore à la tradition du droit civil continental[9]. Certains des concepts et principes juridiques inscrits dans le nouveau Code civil sont similaires ou identiques à ceux du Code civil japonais. À l'instar de ce dernier, le Code civil cambodgien est structuré selon le système allemand de Pandectes au XIXe

---

[7] *Ibid.*, art. 6.

[8] Le nouveau Code civil a été promulgué par Krâm n° 12007/030 du 8 décembre 2007. La loi sur l'application de ce code promulguée le 31 mai 2011 fixait la date d'entrée en vigueur du Code civil au 21 décembre 2011.

[9] HOR (Peng), KONG (Phallack), Jörg (MENZEL), *Introduction au droit cambodgien*, Konrad Adenauer Stiftung (2012).

siècle, différent du système institutionnel français[10]. En rédigeant le nouveau Code civil, ses auteurs semblent avoir tenu compte des traditions et coutumes juridiques cambodgiennes, des enseignements tirés de l'application du Code civil au Japon, et de la modernisation et de l'harmonisation du droit civil en Europe et en Asie[11].

En conséquence, le Code civil et ses quelque 1305 articles comprennent nombre de concepts et principes juridiques modernes et uniques au Cambodge. De nombreuses dispositions révèlent un mélange de concepts de droit civil et de Common Law, certains inspirés du Code civil allemand et d'autres relevant de quelques droits souples ou « *soft law* » non contraignants[12]. Le Livre IV et le Livre V du Code civil couvrent les principaux textes du droit des obligations et du droit des contrats.

L'approche japonaise de s'approprier de quelques dispositions de « soft law » non contraignantes semble refléter l'argument d'un certain George MOUSOURAKIS qui, dans un article, examine de façon critique la question de la transférabilité des lois avec une attention particulière à la théorie des greffes juridiques proposée par le professeur Alan Watson. Il admet que la méthode comparative est en train d'être adaptée aux nouveaux besoins créés par le processus de mondialisation en cours, devenant plus large et plus complète en ce qui concerne sa portée et ses objectifs. Cette évolution s'accompagne d'un intérêt croissant pour la question de la transférabilité ou de la transplantabilité des normes juridiques et institutions dans différentes cultures, en particulier dans la mesure où les processus actuels d'intégration et d'harmonisation juridiques exigent des modèles raisonnablement transférables[13].

D'un point de vue international, le Livre sur les obligations affiche une avancée remarquable dans l'adaptation de nouveaux concepts juridiques. Outre la référence aux lois de différents pays, des efforts ont été faits pour tenir compte autant que possible des efforts de l'harmonisation internationale que l'on trouve dans les lois relatives aux contrats, tels que la « Convention de 1980 sur les contrats de vente internationale de marchandises » (la Convention de Vienne sur les ventes), les « Principes d'UNIDROIT relatifs aux contrats du commerce international » et les « Principes du droit européen des contrats (PDEC) ». Par exemple, le Code civil semble suivre les approches adoptées par l'article 2 : 207 du PDEC,

---

[10] Le Code civil cambodgien est élaboré en neuf livres. Le système Pandekten allemand est différent du système institutionnel français qui a pris naissance dans les *Institutions Gai Romaines* ou *Justiniani Institutiones*, de sorte que le Code civil français est divisé en trois Livres.

[11] Il est intéressant de noter que l'équipe japonaise s'est inspirée de ces expériences sur le cas de la transplantation juridique au Cambodge dans sa réponse à l'appel lancé par le gouvernement japonais dans la mise à jour de son propre Code civil.

[12] Pour un aperçu général sur le droit souple voir ASCENSIO, *op. cit.*, pp. 57-64.

[13] MOUSOURAKIS (George), *Legal Transplants and Legal Development: A Jurisprudential and Comparative Law Approach*, Acta Juridica Hungarica, 54, No 3, (2013), pp. 219–236.

l'article 21 de la Convention de Vienne sur les ventes et l'article 2.1.9 de la Principes d'UNIDROIT.

Trois livres sur les neuf que compte le Code civil sont pertinents pour tout ce qui a trait à l'analyse de contrat. Le premier livre sur les règles générales énonce certains principes liés aux relations juridiques civiles ou commerciales. Le quatrième livre sur les obligations détermine les dispositions générales applicables aux contrats civils et commerciaux, aux violations des contrats et prévoit les voies de recours, y compris le paiement des dommages et intérêts. Le cinquième livre sur les types particuliers de contrats/délits contient des dispositions particulières pour les types de contrats les plus fréquents, y compris le chapitre huit sur le contrat de travail, qui s'applique également aux contrats de sous-traitance.

*****

Propositions de réforme

Sur la réforme du système juridique

Il n'y a même pas trente ans que le parcours politico-économique du Cambodge s'est transformé d'un système économique contrôlé par l'État vers une économie de marché avec ses politiques de portes ouvertes. Alors que le pays se lance dans un ambitieux programme de développement visant à reconstruire la nation de « l'année zéro » comme le Père François Ponchaud le décrivait dans son livre « *Cambodia Year Zéro* », ses dirigeants avec les mains presque vides n'ont pas eu de choix que d'adopter un système juridique provenant des pays plus développés afin de rattraper le temps perdu. Tout du moins, un semblant de système juridique s'avère indispensable et salutaire dans la relance des activités économiques et dans le fonctionnement de l'État.

De nombreuses mesures furent introduites afin de répondre aux exigences constitutionnelles, des lois organiques furent adoptées pour administrer le pays, de nouvelles politiques économiques furent introduites, accompagnées d'une panoplie de droits positifs et subjectifs pour assurer leur bon fonctionnement. De même, les droits de propriété furent constitutionnellement redéfinis, des structures réglementaires d'influence socialiste reformulées afin de ne pas entraver la timide progression de l'économie de marché.

En fait, la transplantation de lois et de systèmes juridiques étrangers, en dépit des divers arguments en sa faveur ou sa défaveur, a eu un effet plutôt salutaire pour beaucoup de décideurs cambodgiens qui y voyaient l'espoir que ces greffes apportent des solutions aux défis constamment émergents, un scénario typique pour un pays sortant de guerre. En fin de compte, ces lois transplantées provenant de divers pays et systèmes ont eu un effet positif quoiqu'occasionnellement en sont résultées certaines confusions au niveau de concepts et pratiques.

Par ailleurs, au fur et à mesure que les investisseurs étrangers s'impliquent dans le pays, bon nombre de contrats internationaux ont été conclus, entraînant mécaniquement un accroissement de différends, tant aux règlements à l'amiable qu'au niveau des litiges au sein des tribunaux, ajoutant ainsi une autre pression sur un système juridique et judiciaire qui peinait déjà au quotidien sur des dossiers pénaux et autres infractions et délits mineurs.

Dans les sections suivantes, des propositions seront formulées dans le but de fournir quelques pistes sur les principaux domaines de réforme qui pourraient être d'une grande importance pour les chercheurs, les universitaires, les praticiens du droit, et en particulier les décideurs cambodgiens, dans la maîtrise des sujets liés aux transplantations juridiques ainsi qu'aux problèmes spécifiques émanant du droit comparé et de ses effets sur le développement de la société cambodgienne. Une panoplie de mesures tel que recommandé dans cette thèse, si elles étaient adoptées et mises en œuvre, s'avéreraient utiles pour le Cambodge dans le renforcement de son État de droit. L'importance et l'ampleur de la tâche supposent que bon nombre de mesures soient prises rapidement en tenant compte, bien sûr, des réalités politico-économiques, des capacités institutionnelles et des ressources humaines du pays.

Sur la réforme juridique et judiciaire

Travaux de suivi : Après plus de 20 ans d'implantation massive de lois d'influence étrangère dans le pays, les législateurs et décideurs politiques devraient dorénavant mettre l'accent sur le suivi pour s'assurer que les lois ont généré les effets escomptés. Une grande partie de ce contrôle législatif devrait consister à déterminer quelles lois, quelles institutions ou quelles méthodes juridiques existantes sont désuètes et obsolètes et comment les modifier, les abroger ou les restructurer, partiellement ou dans leur entièreté.

Le résultat de cette enquête approfondie et transversale donnera des pistes au législateur et à l'Exécutif pour mettre en œuvre des mesures appropriées, tout en gardant à l'esprit les options relatives aux problèmes de réforme juridique. Évidemment ces options pourraient être utilisées indépendamment les unes des autres ou en combinaison selon les circonstances. Le réformateur peut essayer d'inventer une solution, pour ainsi dire, en le comparant avec d'autres solutions potentielles pour résoudre certaines situations actuelles quoique le travail de modernisation du droit khmer doive s'adapter au contexte historique, sociologique et culturel du pays. Il ne faut pas non plus oublier que le Cambodge n'opère pas totalement dans un vide juridique complet et que la philosophie du droit cambodgien n'a pas eu pour point de départ seulement les Dispositions transitoires de l'APRONUC. Vingt ans de transplantation juridique ont quand même contribué à une évolution salutaire du système.

Deuxièmement, des comparaisons historiques des situations semblables au sein du pays pourraient aboutir à des solutions capables d'émuler les changements requis. Cependant rien n'empêche de se référer aux expériences similaires conduites avec succès dans d'autres pays compte tenu des nombreux problèmes de réforme juridique peuvent être les mêmes dans le monde entier en raison de la normalisation croissante des normes et des transactions internationales. Si le réformateur considère qu'une solution étrangère est appropriée, il peut toujours l'emprunter. Tel est le cas récent de l'adoption d'une loi sur le « Trust » sous l'impulsion du ministre de l'Économie et des Finances.

Toutefois, il doit garder à l'esprit que certaines doctrines sont des principes juridiques, et non des descriptions, et que leurs contenus se développent *sui generis* dans chaque juridiction. Le Cambodge ne fait pas exception à la règle. Tout comme la tradition de la Common Law qui a été exportée par le colonisateur britannique sur tous les continents, on ne peut pas nier qu'en dépit d'une parenté évidente entre les droits américains, australiens et anglais, la Common Law n'est pas uniforme. À partir d'une expérience commune de la Common Law anglaise, ces différents systèmes ont produit leur propre paradigme de Common Law.

Prenons par exemple une référence à la doctrine de la séparation des pouvoirs. L'accent mis par les Anglais sur l'indépendance de la magistrature est différent de la séparation officielle des pouvoirs en Australie, elle-même différente de l'organisation française et de celle des États-Unis qui met l'accent sur l'équilibre des pouvoirs. La version cambodgienne de la séparation des pouvoirs s'est dégagée de la mise en œuvre de sa nouvelle Constitution en 1993. Elle n'a pas été importée ou transplantée entièrement. Son droit est encore en pleine mutation, passant par essais et erreurs, comme en témoignent plusieurs modifications successives intervenues au cours des deux dernières décennies. Le législateur a dû s'appuyer sur l'existant, sur l'acquis juridique utilisable des régimes politiques antérieurs dans ce qu'il avait de compatible avec les impératifs de la Constitution de 1993 et bien sûr les standards internationaux énoncés par la Charte de l'ONU et les conventions et traités.

Le sujet de la réforme d'un système juridique ne doit pas se limiter aux organismes étatiques. Bien au contraire, il bénéficiera des contributions intellectuelles d'un groupe plus vaste composé d'universitaires, de praticiens du droit et d'autres parties prenantes pertinentes. Le gouvernement devrait accentuer ses efforts de collaboration avec le milieu académique, les universités, les centres de recherche et les groupes de réflexion afin d'enrichir tous les aspects de la recherche universitaire et de s'inspirer de l'expertise nationale en matière de réforme juridique et judiciaire. Il convient de bien apprécier les facteurs et conditions nationales ainsi que le contexte et les antécédents historiques de toutes ces initiatives de réforme. En collaborant avec les universitaires et les chercheurs locaux, le gouvernement enverrait d'une part un message clair que les contributions académiques sont les bienvenues et d'autre part il les encouragerait à mener à bien les recherches et les analyses sur les implications *ex ante* et *post ante* de diverses lois jusqu'à présent en vigueur.

En outre, il est nécessaire que le gouvernement veille à ce qu'un organisme approprié ayant la stature politique et le prestige appropriés entreprenne la mise en œuvre d'un solide programme de réforme juridique et judiciaire. Cet organisme, doté d'une composition inclusive des pouvoirs exécutif, judiciaire et législatif, pourrait entreprendre des initiatives de réforme ambitieuse bien au-delà des limites et compétences du judiciaire pour s'attaquer à l'ensemble du système juridique du pays. La présence de juristes nationaux, désormais plus instruits, jouant un rôle contributeur, tant au sein du gouvernement qu'au sein de la société civile, peut constituer donc un facteur essentiel de réussite pour l'avenir des réformes juridiques.

Reconstruction des droits subjectifs

Pendant des années, le règne du prakas que l'on impose aux opérateurs économiques a été largement dénoncé par le secteur privé. Pire, les ministères eux-mêmes ne sont pas au courant de la multitude de prakas adoptés par les divers ministères. Or, certains prakas ignorent souvent, par ignorance ou par négligence de la part du rédacteur, la hiérarchie des normes juridiques, annulant ainsi les dispositions des anukrets ou des krets, voire même des lois.

Dans un régime de droit, il est nécessaire que l'ensemble des textes qui créent les obligations et droits des individus et qui organisent l'administration et le pouvoir politique constituent un ensemble rationnellement organisé. D'une façon plus concrète, il faut que la constitution, les lois, les règlements et arrêtés, qui représentent l'essentiel du droit positif, voient leurs rapports réciproques déterminés de façon rigoureuse. Il doit y avoir une gradation dans la force juridique de ces textes de telle sorte que la règle juridique inférieure ne puisse porter aucune atteinte aux règles supérieures dans la hiérarchie.

Dans les années à venir, en matière de préparation des projets de réglementation, le ministre comme ordonnateur principal devrait se plier à la discipline du respect de la hiérarchie des textes, qui est parfois perdu de vue. Le respect de l'ordre juridique du Royaume présenté sous l'aspect d'une échelle ou d'une pyramide de normes avec la constitution au sommet devrait à tout prix prévaloir.

Cohérence des lois spéciales

Le système normatif au Cambodge est caractérisé actuellement par beaucoup de lacunes qui ne se comblent que lentement. Des brèches sensibles subsistent entre le Code civil et les lois spéciales. Le Code civil, étant une loi de principe généralement appliquée, contient des règles juridiques applicables entre les parties ayant un statut égal, comme les dispositions relatives à la famille. En revanche, les lois commerciales spéciales adoptent un ensemble de règles modifiées qui s'appliquent aux entités commerciales exerçant des activités à but lucratif.

On peut mettre en évidence que le rythme rapide des changements sociaux et économiques a fait en sorte qu'un grand nombre de nouvelles lois a proliféré dans de nombreux domaines tandis qu'entre temps une vague déferlante d'assistance technique, provenant de diverses traditions juridiques et implantées singulièrement dans différents ministères, a eu comme effet l'incorporation des dispositions spécifiques dans des lois spécialisées, certains étant incompatibles ou même contradictoires avec celles du Code civil. Cette interpénétration n'est pas sans susciter des problèmes d'harmonisation ou de compatibilité constitutionnelle, lorsque des lois spéciales d'inspiration anglo-saxonne sont adoptées en amont des codes fondamentaux. Il est donc extrêmement important que le Code civil soit considéré et respecté comme la loi générale de droit civil. Lorsque d'autres lois spécialisées édictent des dispositions différentes de ce dernier, leur rationalité et leur pertinence doivent nécessairement être examinées à la lumière du Code civil.

Ainsi, pour des raisons de cohérence, d'efficacité et de commodité qui ont à prévaloir, et non la supériorité d'un système sur un autre qui est en cause, il faut faire appel en priorité à des experts de droit écrit, si on doit se référer à l'assistance technique étrangère. Pour autant que le juriste et le juge cambodgiens auront à œuvrer dans le cadre législatif et judiciaire que ce droit détermine, il est primordial de maintenir la conformité à la tradition du droit khmer, qui se réfère à la dominante tradition romano-germanique, tant en ce qui concerne les principes, le fond et la procédure que les mécanismes de mise en œuvre. Le Cambodge doit continuer à enrichir son régime juridique ainsi choisi tout en sauvegardant l'identité et l'originalité du droit khmer par des apports de la Common Law et de la tradition anglo-saxonne qui sont déjà présentes, surtout en matière de transactions commerciales.

Codification des lois administratives

La tradition civiliste est également dominée par l'idée que l'administration obéit à des règles différentes de celles qui régissent les relations privées (Code civil) : la *summa divisio* droit public/droit privé est l'une des plus fondamentales des systèmes continentaux. Dans ce contexte, des lois particulières visant à réglementer l'administration publique ont été introduites au Cambodge au cours des deux dernières décennies. Une panoplie de législation assez transversale fut introduite dans les domaines du droit civil et du droit pénal. Cependant, il reste des lacunes importantes du côté du droit administratif, bien que la stratégie de réforme juridique et judiciaire ait spécifiquement préconisé la codification du droit administratif sous la forme d'un code administratif. Jusqu'à ce jour, le projet de codification reste inachevé et, par conséquent, la tâche prioritaire du gouvernement est de conclure cet important élément constitutif solide d'un État de droit. On peut remarquer que dans les pays de l'ASEAN, la Thaïlande, les Philippines et la Malaisie ont récemment commencé à codifier leur droit administratif général, reflétant ainsi cette nouvelle tendance. À l'instar du Cambodge, l'Indonésie, le Laos et le Vietnam n'ont ni code administratif ni compilation distincte de droit administratif.

Dans le contexte de l'édification d'une nation d'après-guerre, il est tout à fait compréhensible que le droit administratif soit un instrument pour établir les responsabilités et le contrôle. Il y a encore des lacunes dans de nombreuses procédures administratives générales, principalement sur les procédures de soumission des plaintes, sur le droit d'être entendu et sur l'obligation de l'administration de motiver ces décisions. Il y a peu de possibilités, pour un citoyen cambodgien ou un ressortissant étranger, d'avoir recours ou d'espérer obtenir réparation pour des actes inappropriés venant de l'administration. Il y a eu des cas où les autorités publiques ont annulé sans possibilité de recours des décisions qui avaient déjà créé des droits positifs pour les individus. Dans d'autres cas, certaines autorités publiques ont introduit des réglementations rétroactives, contraires au principe de la sécurité juridique. Par exemple, en 2018, un règlement très controversé fut adopté par le ministère du Travail imposant une indemnité d'ancienneté rétroactive. Ce règlement va à l'encontre du principe fondamental de la sécurité juridique en tant que principe général du droit administratif et du droit en général.

Pour autant que le droit administratif cambodgien reflète une inégalité entre les demandeurs privés, qu'il s'agisse d'un individu ou une grande entreprise, et que les pouvoirs publics doivent disposer d'une certaine marge de manœuvre pour gouverner un pays, le gouvernement devrait encourager un changement progressif de mentalité de ses fonctionnaires afin de mieux servir et protéger le public contre certains actes malhonnêtes de certains d'eux. La transparence et la sécurité juridique exigent donc que le gouvernement s'engage aussi tôt que possible dans la compilation systémique des lois et règlements administratifs existants en un code administratif complet et cohérent, accompagné d'un code de procédure administrative.

Réforme de la magistrature

La branche judiciaire est encore constituée en grande partie par les mêmes protagonistes qui ont commencé leur carrière lorsque le système socialiste à parti unique prévalait dans les années 1980. Plus problématique encore, il s'agit de personnes qui ont été formées et acculturées spécifiquement à recevoir des ordres et non à prendre du recul et à avoir une réflexion critique. Bien que la Constitution de 1993 ait modifié les normes juridiques, les pratiques et les traditions actuelles persistent. Le renforcement de la capacité judiciaire est donc de la plus haute importance pour assurer l'évolution de la magistrature vers une profession plus sérieuse et indépendante. Bon nombre de lacunes actuelles pourraient être comblées par un financement accru de la part du gouvernement, comme le fait d'investir dans une formation plus régulière et continue recouvrant un large spectre de sujets avancés destinés au corps de la magistrature. Auparavant, les efforts déployés pour former les juges demeuraient limités par rapport aux besoins réels. Il est donc essentiel de veiller à ce que les programmes de formation des compétences s'orientent aussi bien sur les pratiques et techniques d'interprétations que sur les dimensions théoriques ou académiques. Ce genre de programme de longue haleine permettrait l'usage plus approfondi des outils pédagogiques et des pratiques plus pointues. Il serait ainsi pertinent de prévoir des formations accentuées sur les méthodes de raisonnement « déductif » qui caractérise la famille romano-germanique et « inductive » comme dans le cas de la famille de Common Law.

La réforme de la magistrature devrait être entreprise avec une revue concomitante de la rémunération des juges. On ne peut pas s'attendre à ce que les juges soient à l'abri des tentations pécuniaires si l'État ne leur fournit pas des moyens financiers qui les protègent efficacement contre la corruption. Un apport salarial adéquat accompagné par d'autres rémunérations qui puissent répondre à des conditions de vie dignes diminuera d'une part le risque associé à la corruption et d'autre part leur donnera un sens de dignité et de fierté professionnelle. Il ne fait aucun doute que les effets de ces actions se mesureront par l'accroissement de la confiance et du respect pour la magistrature cambodgienne, tant dans le secteur public que privé, en particulier dans la communauté internationale.

Sur le plan financier, les dépenses budgétaires supplémentaires seront compensées par l'augmentation spectaculaire des recettes publiques générées par la croissance et le succès du secteur privé en tant qu'acteurs économiques et contribuables. Les entreprises tiendront certainement compte de cette évolution positive dans leur prise de décision concernant l'engagement de nouveaux investissements ou, tout du moins, pour le maintien de leurs opérations existantes.

Interprétation du droit - Interprétation du droit interne

De nombreux décideurs et juges cambodgiens croient, en toute sincérité et bonne foi, qu'un code peut s'appliquer à toutes les circonstances, sans qu'il soit nécessaire de recourir à une interprétation juridique ni de faire référence à des interprétations législatives. Or, le caractère général et abstrait de certaines dispositions dans le code oblige le juge à les interpréter pour les adapter aux faits qui lui sont soumis, mais il arrive parfois que le juge interprète surtout selon ses propres convictions, ce qui donne parfois lieu à des jugements imprévisibles. Par le passé, les juges eux-mêmes, la plupart nouveaux dans le métier, n'appliquaient pas toujours la loi avec une grande rigueur. Ainsi, l'indépendance et l'impartialité des juges ne servent pas à grand-chose lorsqu'il n'y a pas d'uniformité dans l'interprétation de la loi.

Généralement, le juge doit interpréter les codes et les lois de manière stricte. Dans un système de droit écrit, la jurisprudence joue un rôle nécessaire en termes de construction et de complémentarité lorsque la loi présente des lacunes. Cette jurisprudence peut parfois servir, par l'effet de son application par des juges, de principe général de droit. Toutefois, cette méthode de lecture exhaustive des dispositions législatives existantes en vue de créer de nouvelles interprétations et, par extension, de nouvelles lois n'est pas encore réellement implantée au Cambodge, et ce pour deux raisons : *Primo*, le droit codifié n'a pas fait encore l'objet d'interprétations par des juristes ; *Secundo*, lorsque les juges sont saisis par les parties, l'interprétation d'une même loi ou d'un même fait peut aboutir à des solutions différentes d'un tribunal à un autre par manque de connaissances sur des décisions antérieures et par l'absence d'une ligne directrice ou d'une méthode d'interprétation de la loi.

L'une des principales différences entre les systèmes de droit civil et de Common Law relève dans l'autorité conférée aux précédents. En Common Law, les décisions des tribunaux servent encore de base à l'interprétation de la loi. Dans certains pays de droit civil, les décisions des cours suprêmes sont rendues exécutoires par la loi. Même dans les pays où les décisions des juridictions supérieures ne sont pas formellement contraignantes, elles sont susceptibles d'être suivies par les juridictions inférieures. Bien que les tribunaux cambodgiens ne soient pas tenus d'appliquer les précédents, les juges, et surtout ceux récemment formés, doivent être conscients de la nécessité d'une certitude et d'une prévisibilité raisonnables, ce qui exige que les affaires semblables soient traitées de la même façon.

Beaucoup de travail devra être effectué par le ministère de la Justice et la Cour suprême pour harmoniser l'interprétation et l'application des codes et des lois par les tribunaux dans tout le pays, afin d'assurer la cohérence dans leur application et d'assurer la sécurité juridique et la stabilité des relations contractuelles et des transactions commerciales. En raison de certaines carences législatives qui nécessitent un réexamen à la lumière du droit comparé, l'appréciation de la cohabitation des deux systèmes juridiques devrait être facilitée par l'accès à des décisions de justice comme les arrêts de la Cour suprême ou même ceux de la Cour d'appel ainsi que des commentaires doctrinaux. À titre d'illustration, dans le domaine des contentieux fonciers, dont le volume envahit l'agenda des tribunaux, il n'est pas raisonnable de maintenir l'effet néfaste quant à la prévisibilité juridique. L'incertitude autour de l'interprétation du concept de « *nominee* » dans des sociétés de « *land holding* » et la confusion autour de la doctrine anglophone de « *beneficial and legal rights* » s'avèrent être la source de controverse au sein du tribunal cambodgien ces deux dernières décennies. Quant à l'avenir, il est encore loin d'être tout tracé.

La publication des arrêts de la Cour ainsi que des commentaires dans des revues académiques seraient très souhaitables pour que la machine judiciaire s'améliore et fonctionne de manière cohérente dans tout le pays. Pour atteindre ces objectifs, il est essentiel que la Cour suprême compile et publie ses décisions. Dans le passé, la Cour suprême a commencé à compiler quelques opinions judiciaires, tandis que certaines décisions des tribunaux inférieurs ont été publiées, quoiqu'au contenu laconique. De telles pratiques devraient être relancées et maintenues dans la pratique. Le respect et la crédibilité du système judiciaire en dépendent.

La tradition civiliste a longtemps été dominée par la figure du professeur de droit, symbole de la dogmatique juridique, au cœur de la construction civiliste du droit. Ce courant doctrinal est parti du postulat que tout le droit réside dans la loi. À travers les commentaires des Codes, on doit pouvoir rechercher la volonté du législateur clairement exprimée ou, le cas échéant, la reconstituer par des procédés dialectiques. L'influence de la doctrine dépend d'abord de son savoir, c'est-à-dire des éléments qu'elle peut apporter afin d'enrichir la réflexion des législateurs et des juges. Les recherches et activités savantes forment non seulement la pierre angulaire du développement de la jurisprudence dans des pays comme la France, l'Allemagne ou le Japon, mais ont aussi servi de tremplin nécessaire pour obtenir la reconnaissance et le respect des universitaires dans un système juridique de droit civil. Le Cambodge doit œuvrer plus ardemment dans cette direction qui est de plus en plus pressante.

Interprétation du droit souple international

La mondialisation des marchés est à la source de tant de transactions commerciales si complexes que les lois nationales sont incapables de les régir. La jurisprudence cambodgienne, dans son état actuel, est relativement nouvelle et, par conséquent, moins abondante, voire inexistante, par rapport à d'autres pays de droit civil. En ce qui concerne l'interprétation des contrats internationaux, le juge cambodgien doit être ouvert à l'emploi de normes internationales et aux instruments internationaux juridiquement non contraignants « droit souple » qui sont aujourd'hui généralement considérés comme une norme de droit international coutumier.

Les instruments de droit souple très nombreux en droit international économique se traduisent sous forme de normativité adoucie, misant sur leur mise en œuvre spontanée par les États et les acteurs économiques en raison de leur qualité technique et de leur capacité à répondre aux besoins de régulation sociale. Ils entretiennent souvent des relations complexes avec les normes juridiquement contraignantes, rendant leur connaissance indispensable pour le juriste. Les institutions internationales comme la CNUDCI émettent un grand nombre d'actes de droit souple comme les modèles de traités ou loi-type. Le Cambodge a adopté des lois-types sur l'arbitrage et sur le commerce électronique, c'est pourquoi il est nécessaire d'adopter séparément ou de se référer aux règles spécifiquement adaptées aux transactions internationales et distinctes des transactions nationales.

Les « Principes d'UNIDROIT relatifs aux contrats du commerce international » représentent une nouvelle tentative de combler les différences entre le droit civil et la Common Law. Ces Principes d'UNIDROIT ne sont pas destinés à avoir un caractère contraignant, mais à servir de modèle aux législateurs nationaux pour guider les tribunaux et les arbitres dans l'interprétation du droit uniforme existant et pour aider à la prise de décision concernant les litiges relatifs aux contrats commerciaux internationaux. Les Principes d'UNIDROIT ont été élaborés par l'organisation éponyme afin de contribuer à l'harmonisation du droit commercial international. Ces Principes servent souvent de cadre de référence commun pour l'interprétation uniforme des lois nationales.

Les « Principes du droit européen des contrats » constituent un autre droit non contraignant. Ces Principes créés par la Commission du droit européen des contrats sont basés sur le concept d'un système européen uniforme de droit des contrats. La Commission tente d'élucider les règles fondamentales du droit des contrats et plus généralement le droit des obligations que la plupart des systèmes juridiques des États membres de l'UE, donc presque tous les pays appartiennent au groupe des pays de droit civil, ont en commun.

Élaboration de précédents judiciaires et doctrine

Dans la famille romano-germanique, le fait que la doctrine n'ait pas force obligatoire ne l'empêche pas d'exercer une certaine influence, voire de jouer un rôle considérable, y compris dans la création des normes. La doctrine universitaire, en particulier, a été pendant des siècles considérée comme une source fondamentale du droit. En effet, l'opinion d'un auteur n'est pas une règle de droit qui s'impose à tous. L'opinion doctrinale se caractérise, en opposition avec les règles de droit, par sa diversité. En théorie, il peut y avoir autant d'auteurs que de pensées. L'autorité d'une opinion s'impose par sa pertinence et sa rationalité et se fait le plus souvent par les interprétations et les systématisations du droit auxquelles elle procède.

En pratique, forment la doctrine tous les auteurs dont l'opinion peut être connue des autres et, en particulier si elle est issue de la communauté des académiciens. L'autorité des auteurs dépend évidemment de leur notoriété, de leurs titres et de la valeur des revues dans lesquelles sont publiés leurs articles. La publication est ainsi sans doute le critère le plus tangible de la doctrine. Celle-ci s'exprime donc normalement dans les traités, manuels et répertoires divers, dans les chroniques et notes d'arrêts des revues juridiques, dans les rapports des congrès tenus par les praticiens, ainsi que dans les thèses de doctorat. En termes de production doctrinale, ces ouvrages sont des productions pédagogiques, qui constituent une première approche des problèmes traités. Destinés à l'enseignement, ils ont essentiellement pour but de faire comprendre la logique du système juridique et son fonctionnement interne. La doctrine est donc la voie d'accès la plus importante à la connaissance du droit. Elle est une part essentielle dans l'élaboration du droit. Par son action sur sa transmission et son enseignement, elle contribue à l'unification et à la cohérence du droit.

Dans le cas des pays développés, un de l'aboutissement final de la carrière d'un juriste serait de devenir académicien. Ce titre est extrêmement difficile compte tenu de la haute stature de ce poste dans un pays de droit civil. Contrairement aux États-Unis, où tous ceux qui enseignent dans une faculté de droit reçoivent le titre de professeur, dans de nombreux pays de droit civil, un professeur est généralement une personne titulaire d'un doctorat qui a reçu une chaire professorale. Malheureusement, un tel respect est encore loin d'être reconnu dans le contexte cambodgien. Les universitaires cambodgiens doivent s'engager davantage et au plus haut niveau possible dans leur implication relative à l'élaboration des lois et des politiques nationales pour mériter le respect de leurs homologues parlementaires ou hauts fonctionnaires du côté gouvernemental.

Il devient donc impératif pour les universitaires cambodgiens de produire davantage d'analyses, de traités scientifiques, de manuels de formation tant sur les questions juridiques et judiciaires nationales qu'au niveau des études théoriques et pratiques de droit comparé. Maintenant que les codes civil et pénal sont en place, ils doivent s'engager à publier une série de traités afin d'interpréter les règles et doctrines prévues dans ces codes et contribuer au développement de la jurisprudence cambodgienne. D'autres ouvrages universitaires poursuivent un objectif plus pratique et immédiat. Ce sont des articles de revues et des notes d'observation, qui étudient des sujets d'actualité, des guides, qui ont pour but d'exposer les solutions concrètes du droit positif en décrivant les règles légales et les décisions judiciaires, ou en proposant des modèles d'actes ou des contrats-types. Ajoutons à cela d'autres ouvrages qui se veulent plus exhaustifs et scientifiques à savoir les monographies, qui analysent méthodiquement une question particulière, les traités, qui s'attachent à l'étude systématique d'une branche du droit, ou les chroniques de jurisprudence, qui passent en revue les décisions des tribunaux.

Il va de soi que ces ouvrages de droit devraient être publiés régulièrement sur divers sujets juridiques. En sélectionnant les décisions importantes et en procédant à leur publication et à leur commentaire, la doctrine, à travers les efforts des académiciens, pourrait avoir également une influence importante par rapport à la jurisprudence. Ainsi, l'avocat veillerait à leur faciliter la tâche en appuyant leur thèse, chaque fois qu'il en a la possibilité, sur des citations d'auteurs réputés tandis que très fréquemment, le juge prendrait soin de consulter la doctrine pour se faire une opinion sur le problème qu'il a à résoudre.

Par ailleurs, le rôle des universitaires peut aller bien au-delà des analyses de *lege lata*, c'est-à-dire à propos de la loi telle qu'elle existe en droit positif. Ils se doivent de contribuer activement à la préparation et à l'élaboration des projets de loi. Dans la mesure où ces auteurs réfléchissent sur le droit et formulent des énoncés, des critiques et des propositions juridiques, ils peuvent raisonner également de *lege ferenda*, c'est-à-dire au sujet de la loi devant être créée, dans la perspective d'une nouvelle législation qui devrait être adoptée. Il est important que les universitaires aient conscience de la responsabilité qui est la leur à cet égard.

Cela dit, on pourra noter que parallèlement à l'inflation législative et réglementaire qui caractérise ces vingt dernières années, on assiste à une divergence considérable de la production doctrinale, qui est de plus en plus soucieuse pour autant que beaucoup de boursiers reviennent des pays anglophones, formés donc au système anglo-saxon. Le risque est qu'à ce rythme, la doctrine finisse par être plus compliquée à cause de différences philosophiques et idéologiques. Ce serait justement la diversité de ces auteurs et de leurs opinions qui alimentent constamment les controverses dont le droit a besoin pour aller de l'avant.

Paradoxalement, beaucoup de Cambodgiens sont aussi formés dans les mêmes institutions universitaires, soumis aux mêmes enseignements en France et au Japon et bien d'autres pays de droit civil. Ce corps d'intellectuels, bien ancré au Cambodge, se réintègre progressivement dans des espaces de formation et de recherche. Ils acquièrent un vocabulaire identique, des schémas de pensée similaires et des types de raisonnements communs. Ainsi se crée un esprit de corps qui, à son tour, renforce la cohérence du système juridique. Au fur et à mesure que s'ajoutent les solutions jurisprudentielles et les lois nouvelles, le rôle de la doctrine pourrait s'élargir afin d'assurer l'intégration de ces éléments successifs d'inspirations diverses dans le système juridique du pays et de préserver sa cohérence. Son rôle est alors de forger des concepts et des théories qui aident à la détermination des solutions justes tout en rendant compte au mieux des divers éléments du droit positif.

Un phénomène récent qui mérite d'être relevé est l'émergence d'une doctrine non universitaire, plus syndicale et critique, dont les points de vue divergent souvent des analyses traditionnelles.

On assiste ainsi au développement d'une doctrine syndicale professionnelle, qui entraîne un risque de lobbying auquel il convient d'être attentif. Le point de vue exprimé est alors unilatéral et le risque est grand pour un tribunal de prendre pour une vérité ce qui est seulement la position d'un secteur d'activités ou d'une fédération professionnelle. Le nombre excessif d'ONG plaidant leurs intérêts dans divers secteurs de l'État en est l'une des illustrations.

Quant à sa contribution au développement et à la pérennité de la tradition du droit civil, le juge cambodgien devrait élaborer ses propres écrits et réflexions afin de faire face aux questions juridiques émergentes et de veiller à ce que le Code demeure pertinent dans la société cambodgienne en constante évolution. Les décisions devraient être classées de manière à permettre aux universitaires et aux chercheurs de les étudier et de les commenter. Il faudrait mettre en place un registre judiciaire disponible au public pour que les personnes concernées puissent faire un suivi rapide des dossiers. Sans une telle organisation systématique, il serait très difficile de suivre le déroulement des cas judiciaires et comprendre comment les tribunaux appliquent certaines dispositions du Code civil.

En somme, le tribunal pourrait en toute fierté affirmer son adhésion aux principes de transparence et d'indépendance en veillant à ce que le registre judiciaire de tous les tribunaux reste accessible au public, que tous les jugements des juridictions civiles et pénales soient publiés y compris le raisonnement qui sous-tend la décision, et que les transcriptions judiciaires officielles soient publiées, si possible, en ligne. En outre, le public devrait avoir davantage accès à l'information sur l'organisation, le fonctionnement et la prise de décision de la magistrature. L'accès à l'information concernant les procédures judiciaires devrait également être amélioré au niveau local. Un site Web complet sur la magistrature serait une initiative de réforme judiciaire bienvenue.

Par ailleurs, le Conseil d'arbitrage maintient aussi son propre recueil des décisions arbitrales qui contient des centaines de sentences et d'ordres du Conseil datant de sa formation. Ce recueil démontre le rôle actif du Conseil d'arbitrage dans le règlement des conflits de travail. Cette contribution en termes de jurisprudence liée au règlement des conflits de travail est aussi importante que ceux des tribunaux de droit commun.

Amélioration de la rédaction législative - Réforme institutionnelle

Au regard de l'abondance des textes en vigueur, de leur incohérence et de leur insuffisance substantielle, l'amélioration de leur qualité juridique est de première nécessité. Il est nécessaire que le gouvernement veille à ce qu'un organisme approprié ayant la stature politique et le prestige appropriés, voire même un « ministère de droit », entreprenne la mise en œuvre d'un bon programme de réforme de la production des lois et textes réglementaires.

L'institution, en sa qualité de rédacteur législatif en chef au service du gouvernement, doit se voir octroyer de tous moyens logistiques et humains appropriés. Polyvalente et pluridisciplinaire, cette institution doit diversifier l'utilisation des catégories d'agents et d'experts nationaux ou étrangers à travers l'agrégation non seulement des publicistes, mais des privatistes, des commercialistes et des économistes, afin de pouvoir dépasser la spécialité de chaque ministère au niveau de compétence juridique. Pour tenir compte des contraintes d'un travail législatif qui s'effectue en trois langues, et des difficultés consistantes qu'impliquent l'usage d'une terminologie juridique insuffisamment précise, l'institution devrait se doter d'une section d'experts de traduction de haut niveau afin de combler les lacunes du droit comparé franco-anglo-khmer.

Lignes directrices pour la rédaction législative

En 2000, le gouvernement a publié des lignes directrices pour la rédaction de nouvelles lois. Toutefois, des exercices de formation plus pratiques devraient être proposés dans tous les ministères pour mettre en œuvre ces lignes directrices. On peut aisément les énumérer : les procédures concernant la circulation des textes inter ministères, les modalités de consultation en amont des parties prenantes, l'établissement de dates butoirs pour les concertations interministérielles, l'adoption des textes au Conseil des ministres et le rappel de la hiérarchie des actes normatifs. Dans la mesure du possible, ces lignes directrices devraient introduire des paramètres clairs afin de préciser les instances qui mériteraient d'être abordées par des règlements, les organismes responsables de la mise en œuvre ainsi qu'un calendrier pour l'adoption des règlements d'application ou autres règles et procédures provisoires nécessaires.

Les nouvelles lois devraient être clairement rédigées, faciles à comprendre et devraient se limiter autant que possible aux recours à des règlements d'application ultérieurs. Il serait bon de tirer les leçons du passé pour se rendre compte dans quelle mesure l'absence de procédures d'insolvabilité ordonnées et efficaces risque d'aggraver la crise financière. Il est possible que, faute de procédures efficaces, appliquées de manière prévisible, les créanciers se trouvent dans l'impossibilité de recouvrer leurs créances, ce qui a des répercussions sur le crédit. En outre, sans procédures ordonnées, les droits des débiteurs risquent d'être insuffisamment protégés, et les différents créanciers de ne pas être traités de manière équitable.

Contrôle législatif *a priori*

La transplantation des règles et des lois d'un pays à l'autre peut donner un grand élan aux changements juridiques si l'environnement social et politique du pays bénéficiaire est pris en compte. En revanche, une absence d'examen législatif *a priori* peut faire dévier les bonnes intentions de la loi envisagée, entraînant ainsi des répercussions inattendues. À titre d'exemple, la rédaction de la loi sur l'Insolvabilité ne fait aucune distinction entre les grandes et les petites entreprises (ni ne préconise une telle distinction) alors que le pays compte en grande majorité des PME.

L'approche du modèle économique néoclassique doit être revue en fonction de la réalité du pays. L'examen à priori législatif augmente les chances de réussite d'une greffe légale, car des modifications nécessaires seraient apportées pour assurer une meilleure cohérence avec le système juridique. Cette étude approfondie du contexte dans lequel les lois transplantées seraient appliquées doit intervenir avant que les instructions ne soient données au rédacteur. Il s'agit d'un processus essentiel qui constitue la pierre angulaire de la rédaction de la loi. Elle fixera le coût de la législation à adopter et les modalités de son financement, soit sur le budget de l'État, soit par appel aux bailleurs de fonds, soit par la combinaison des deux ainsi qu'en signalant l'effet escompté sur les formalités administratives que le projet de loi entraîne pour les ministères ou les opérateurs économiques du secteur privé. Par le passé, bon nombre de lois sont inapplicables ou inappliquées en raison de l'insuffisance des institutions de mise en œuvre. Or, cette insuffisance institutionnelle est trop évidente au Cambodge pour ne pas insister sur ce risque.

Renforcement de la consultation avec les parties prenantes

Dans un pays sortant de crise comme le Cambodge où les connaissances et le savoir-faire sont limités, le succès dans la reconstruction de la nation et la survie économique dépendrait, en grande mesure, de la synergie entre les efforts gouvernementaux, les expériences et les connaissances des parties prenantes nationales et internationales. Il y a cependant des limites à ce que le secteur privé peut faire en l'absence de soutien public et vice versa. L'exemple le plus abouti de cette coordination est la création d'une industrie nationale du vêtement qui emploie maintenant près d'un million de travailleurs, ce qui n'aurait jamais été rendu possible sans les partenariats entre les secteurs public et privé tant au niveau national qu'international.

De tels partenariats et consultations avec le secteur privé dans le domaine de la réforme juridique et judiciaire pourraient même suivre un parcours similaire. Par le passé, le gouvernement a organisé à maintes reprises des consultations publiques sur les projets de loi avec les organisations de la société civile, le secteur privé, les pays donateurs et les bailleurs de fonds, mais de façon plutôt sporadique. Assurer la tenue régulière de telles consultations évitera que le gouvernement ne soit critiqué pour son manque de transparence. De telles consultations aboutissant à des débats sérieux avec la communauté nationale de juristes et des professionnels sur des questions juridiques très complexes et controversées pourraient donner lieu à des suggestions positives pour les parlementaires et les décideurs politiques cambodgiens les plus qualifiés.

En même temps, il faut également rehausser la qualité des consultations inter et intra-ministérielles. Jusqu'à présent, ce mécanisme de consultation a bien servi de moyen d'échange régulier de points de vue et d'information entre les ministères et organismes concernés, quoique sa qualité dépend du dynamisme de l'organisateur. Un ministère habilité de ce mandat réduirait ainsi au minimum les conflits institutionnels ainsi que les incohérences et lacunes dans les dispositions juridiques. Une consultation plus systématique entre le pouvoir exécutif et les deux chambres du Parlement permettrait une meilleure coordination afin que ces derniers puissent programmer leurs travaux prioritaires sur des lois qu'ils seront éventuellement appelés à examiner et à adopter.

En ce qui concerne les consultations externes avec les donateurs, il faudrait éviter l'imposition de dispositions juridiques rédigées à l'étranger dans un vide contextuel et puis transposées au pays, étant donné qu'elles ne reflètent pas toujours la réalité juridique et judiciaire réelle du pays. Afin de respecter pleinement l'indépendance et l'appropriation du pays, les prestataires d'assistance technique doivent faire plus d'efforts pour proposer des alternatives politiques adéquates tout en laissant au gouvernement le soin de prendre ses propres décisions.

En outre, une législation de qualité pourrait bénéficier de la contribution technique de la communauté académique. Bien que la participation des parties prenantes et l'engagement de partenariats, en particulier avec le milieu universitaire, prennent du temps et ne sont pas sans controverse, leurs avantages en valent la peine. Le processus aurait comme effet l'élargissement de l'appropriation nationale de la réforme et ajouterait une force stimulante aux efforts du gouvernement. Il veillerait également à ce que le soutien politique ne s'affaiblisse pas une fois que la mise en œuvre de ces lois aurait commencé et que les conséquences et contestations de ces lois deviennent plus visibles.

Un autre élément concerne les périodes de consultation, de notification et de commentaires des parties prenantes. De telles formalités existent dans de nombreux pays dans le but d'assurer la transparence, la prévisibilité et une plus grande participation du public à l'élaboration des politiques et des lois. L'exigence d'une période de commentaires avant l'approbation du projet de loi ou d'autres instruments réglementaires permettraient aux parties prenantes ou au public de donner leur avis préalable.

Concrètement, au début de la période de notification et de commentaires, le ministère concerné devrait annoncer l'achèvement d'un projet de loi ou de règlement, et ensuite solliciter des commentaires et d'autres intrants de la part des parties prenantes. Par la suite, avant son approbation finale, des forums de consultation ou des audiences publiques avec le secteur privé et la société civile pourraient être organisés, où ils peuvent présenter les politiques concernées, les objectifs et les lignes directrices de la législation et d'autres documents d'appui comme des notes explicatives. Pour ce qui est des bonnes pratiques, le ministère concerné pourrait fournir toutes les notes explicatives et autres documents de présentation à ses principaux intervenants. Les échanges de courriels et, très récemment, l'utilisation d'outils de médias sociaux comme WhatsApp et Telegram est devenue le moyen le plus approprié de diffuser ces documents.

Pour des législations touchant au secteur privé, le Groupe de travail du Forum gouvernement-secteur privé chargé de la législation, de la fiscalité et de la gouvernance doit être utilisé au maximum afin de donner aux milieux des hommes d'affaires et aux investisseurs la possibilité de formuler des commentaires et des recommandations dans un délai précis. Le gouvernement pourrait exiger un délai officiel de préavis, par exemple de 45 à 60 jours, avant l'approbation des projets de lois ou de règlements par le gouvernement.

Un avis au public indiquant qu'une nouvelle loi ou un nouveau règlement serait adopté à une date donnée fournirait au public des renseignements qui leur permettraient de mieux se préparer. Cette approche est particulièrement importante pour le secteur privé, qui doit adapter sa planification et ses opérations aux nouvelles règles et exigences statutaires. Les publications dans les journaux d'affaires locaux peuvent être l'occasion pour les ministères de publier de tels avis publics.

Quelques éléments supplémentaires pour assurer la qualité de la rédaction

La précision et la clarté sont essentielles à la rédaction législative. Les rédacteurs doivent d'abord bien comprendre les concepts qui sont utilisés avant de les intégrer dans les projets de loi, de sorte que tout un chacun puisse les comprendre. Pour ceux qui auraient besoin de travailler avec des experts étrangers, ou ceux qui doivent travailler sur des questions spécifiques liées à l'ASEAN, à l'OMC ou à d'autres instruments internationaux, leurs compétences de rédaction devront être beaucoup plus développées.

En ce qui concerne le contenu substantiel, tous les rédacteurs juridiques doivent également maîtriser les dimensions économiques, financières, commerciales et environnementales ainsi que d'autres questions juridiques liées par exemple aux projets de restructuration des entreprises d'État, de partenariat public-privé ou de contrat de concession comme le « *BOT (Build-Own-Transfer)* ». D'autres domaines spécialisés tels que la faillite, les travaux liés à l'insolvabilité, la protection de la propriété intellectuelle, et les droits du travail méritent aussi une attention particulière.

L'emploi de définitions

Dans un contexte de droit transplanté, il en est de plus important de s'assurer que les concepts introduits soient bien compris, ce qui passe en premier lieu par la nécessité d'une bonne utilisation des définitions. Leur but est de rendre une loi plus compréhensible, permettant une meilleure appréhension du contenu de la loi qui va s'appliquer aux personnes. Les opinions divergent quant à l'utilisation des définitions. Ces dernières sont nécessaires si l'objet d'une loi est nouveau et que les termes utilisés ne sont pas communément connus ou compris. Ceci est particulièrement vrai pour les mots nouveaux ou inconnus en langue khmère. Il y a également des situations conflictuelles de savoir si les définitions devaient figurer dans une section distincte, ou si elles devaient être incluses la première fois qu'un nouveau terme est utilisé dans un texte de loi. Le choix dépendra souvent de la complexité du sujet. Dans un cas comme dans l'autre, il faut éviter la sur ou sous-utilisation des définitions ainsi que l'emploi des définitions superficielles, ces pratiques pouvant nuire à l'objectif premier qui est la compréhension de la loi.

La traduction

En principe, les lois ne devraient pas faire l'objet de traduction d'une langue à une autre. La raison en est simple : il peut être parfois trop difficile d'obtenir un sens précis par la traduction. Afin de limiter le recours à la traduction, une autre méthode serait de développer des compétences et des techniques de rédaction en khmer. En termes de méthodologie, il serait bien d'exiger que la rédaction soit rédigée dans les deux langues, une langue khmère et une version anglaise ou française. Les deux versions peuvent être vérifiées pour assurer la cohérence du concept et l'exactitude de l'utilisation des termes.

Une façon de régler le problème de traduction est d'emprunter les bonnes pratiques des autres pays qui ont de l'expérience dans l'utilisation simultanée de plusieurs langues dans leur rédaction législative, en particulier le Canada ou la Louisiane. Certaines lois canadiennes doivent être rédigées dans les deux langues officielles – le français et l'anglais. Deux rédacteurs travaillent ensemble, mais rédigent les textes séparément – c'est ce que l'on appelle la « rédaction parallèle », c'est-à-dire que le projet de loi est rédigé en français par un rédacteur, et dans le même temps en anglais par un autre rédacteur. Cette double traduction est une véritable aubaine pour les comparatistes. La traduction louisianaise utilise une terminologie civiliste, faisant appel au lexique du Code civil louisianais, qui s'exprime en langue anglaise depuis maintenant deux siècles. En revanche, le juriste formé à la Common Law passe la frontière linguistique, mais doit aussi franchir celle des systèmes.

Une autre initiative bénéfique à plus long terme serait de développer des instruments juridiques précis et clairs en khmer. Bien que le but d'utiliser le « khmer ordinaire » puisse être utile lors de la rédaction, cette règle peut ne pas s'appliquer dans toutes les situations. Beaucoup de sujets juridiques sont très complexes et leur rédaction sous forme de lois sera une tâche complexe et difficile. Un grand problème pour le Cambodge qui persiste jusqu'à nos jours relève de la nécessité de créer de nouveaux termes scientifiques et technologiques khmers. Souvent, les rédacteurs peuvent avoir besoin d'utiliser des mots Pali, que la plupart de la population ne comprend malheureusement pas.

Assurer la prévisibilité des normes juridiques

Le droit cambodgien est en pleine reconstruction, ce qui implique par défaut son parcours assez hasardeux, la plupart du temps à travers un processus de tâtonnement ou simplement une approche essais-erreurs, créant ainsi une incertitude juridique. Le principe de sécurité juridique contient deux significations liées, mais distinctes : la « prévisibilité des normes », c'est-à-dire la possibilité d'y avoir facilement accès, la capacité de chaque citoyen à les comprendre, et le droit du citoyen de ne pas les voir changer trop souvent ou rétrospectivement. Le principe de « confiance légitime » des justiciables dont la situation personnelle ne doit pas être remise en question trop profondément par l'annulation d'une norme.

L'élément essentiel pour avoir un bon projet de loi repose sur la nécessité d'éliminer les incertitudes juridiques. Les conflits potentiels qui existent entre les lois en vigueur et souvent non abrogées doivent être résolus. Les textes juridiques se chevauchent parfois sans se compléter ni se combiner, quand ils ne se contredisent pas. L'observation de la hiérarchie des actes normatifs manque de lisibilité, de telle sorte qu'il arrive qu'un ministère émette des circulaires ou prakas pour réglementer des matières qui relèveraient au moins d'un anukret. En matière pénale, la superposition des textes, les variations qui affectent la technique d'abrogation des lois antérieures estimées incompatibles avec les principes de la Constitution favorisent l'arbitraire des décisions juridictionnelles.

Bien que le Code civil ait tenté dans certains articles de préciser si les nouvelles dispositions du Code civil auront préséance sur les lois plus anciennes et plus spécifiques, comme la loi Foncière, il reste de nombreuses provisions de droits qui sont encore entourées de doute, par exemple en ce qui concerne le chapitre sur les entités juridiques à but non lucratif, en conflit potentiel avec la loi sur les Associations et les organisations non gouvernementales, de même que le Code civil avec la loi sur les Transactions sécurisées.

L'État de droit exige que les lois soient généralement prospectives (et non rétrospectives). Le principe de la non-rétroactivité des lois s'explique pour des raisons de sécurité juridique. Une loi ne peut remettre en cause une situation produite par le respect des lois anciennes. De plus, le citoyen n'aurait pas confiance en la loi s'il venait à douter que son comportement, conforme à la loi actuelle, puisse être répréhensible en vertu d'un texte postérieur. Mais encore est-il nécessaire de déterminer les principes de non-rétroactivité des nouvelles lois, lesquelles sont toutefois assorties d'exceptions prévoyant par exemple qu'une loi nouvelle puisse s'appliquer dès son adoption dans son entièreté, tandis qu'une autre loi aura vocation à régir certaines situations passées.

Préparation de la soumission des lois au parlement - l'exposé des motifs

Par le passé, les projets de loi n'étaient souvent pas accompagnés de documents précisant la justification stratégique de la loi. Seul un bref énoncé de motif de la loi accompagne la plupart des projets de loi, ce qui rend donc extrêmement difficile pour les législateurs de comprendre les problèmes abordés dans le projet de loi. En effet, on ne trouve souvent aucune suggestion sur les options législatives ou réglementaires disponibles, ni de stratégie de mise en œuvre, de lien avec les lois existantes, de coûts de conformité, etc.

Pour ce qui concerne l'amélioration de l'exposé des motifs, les projets de loi n'ont pas à se limiter à des déclarations de principes. Dans le cas des lois majeures, un bref exposé de la politique générale à laquelle le texte s'intègre serait le bienvenu. Les dispositions doivent être dotées d'un contenu normatif que la loi autorise, ordonne, interdit ou au contraire crée des obligations et des droits. Si elle se réfère à une codification antérieure, la loi devrait prendre la forme d'une insertion nouvelle ou de la modification de tel ou tel article. Si elle présente un commentaire de textes transplantés destiné à expliquer les modifications apportées, à leur nature et à leur incidence sur les conditions nationales, il s'avérerait très utile pour les parlementaires. Il est tout à fait important de fournir un descriptif des mesures à prendre et, s'il y a lieu, des conditions à remplir pour bénéficier des dispositions du texte ainsi qu'un commentaire destiné à orienter l'interprétation de la loi et à entrer dans le détail des règles du fonctionnement à suivre.

Renforcement des capacités - Renforcement de la capacité des institutions de formation

Développement de compétences générales pour mieux maîtriser les concepts de droit comparé : Étant donné que les facultés de droit forment les juristes d'un pays, il n'existe pas de meilleures institutions pour façonner la compétence, l'éthique professionnelle et le sens des responsabilités pour ces futurs professionnels de droit, bien avant leur admission au Barreau. Sans outrepasser le rôle du Barreau, des cours spécialisés qui s'occupent de l'ensemble de la profession juridique avec des modules spéciaux pour répondre aux besoins spécifiques de certaines branches de la profession constituent un complément bienvenu au Centre de formation professionnelle du Barreau. Il convient d'éviter une situation où les ressources limitées disponibles, tant financières qu'intellectuelles, seraient utilisées d'une manière incohérente et éparpillée pour ce genre de formation. C'est ainsi qu'on peut en assurer les gains d'efficacité susceptibles de résulter d'une initiative de formation juridique bien coordonnée et compréhensive.

Tout commence par une bonne formation juridique au niveau universitaire et une meilleure orientation professionnelle pour les étudiants en droit. Le but recherché dans ces enseignements est de leur donner une formation intellectuelle, de leur fournir des cadres de référence idéologiques et techniques et de les préparer à penser et pratiquer en fonction des méthodes de droit romano germanique. Cela dit, l'utilisation générale de la « méthode socratique » de l'enseignement, typique aux cours universitaires dans les pays de Common Law, amène aussi une valeur ajoutée en termes d'élaboration d'une pensée critique. Pour un pays souffrant de tant de lacunes juridiques, il est important de récompenser ou d'enrichir ainsi les codes et les doctrines par des interprétations pertinentes en fonction de l'évolution politique, socio-culturelle du pays.

Dans les facultés de droit public cambodgiennes, l'étude du droit est clairement séparée entre le droit privé et le droit public. Mais ce n'est pas le cas des universités privées où l'influence des professeurs formés dans des pays anglo-saxons est très forte étant donné que le Cambodge dispose d'une importante diaspora qui a émigré aux États-Unis après la guerre. Beaucoup d'entre eux ont maintenant pris leur retraite et sont rentrés dans leur pays natal pour partager leurs expériences et enseigner dans des universités privées, y compris les facultés de droit. Étant donné que la formation juridique est très différente dans les deux systèmes juridiques, on ne peut par conséquent que prévoir ses effets sur l'orientation de la carrière des étudiants. En ce qui concerne le système dualiste de droit dont le Cambodge se retrouve actuellement, un débat sérieux mériterait d'être initié sous la forme d'un programme national de droit requis pour dispenser la formation juridique.

Inspiré du style français de l'École nationale de la magistrature, le ministère de la Justice a également œuvré pour la création de l'Académie royale de la profession judiciaire, qui comprend l'École des juges et des procureurs, l'École des greffiers de cour, l'École des notaires, l'École d'huissier et le Centre de formation des avocats. Un tel centre pourrait être à long terme le moteur du renforcement des ressources humaines de la magistrature, mais aussi des ressources financières, de la qualité du personnel et d'un programme complet de formation.

En outre, un programme de formation accentué sur le droit international s'avéra nécessaire, car le juge sera inévitablement appelé à statuer sur des litiges de plus en plus complexes. Le défi pour les formateurs est de concevoir des programmes qui permettront aux juges et autres cadres de la magistrature impliqués dans le règlement des litiges de mieux comprendre les diverses pensées juridiques motivant derrière toutes ces transactions commerciales internationales.

Comme le droit international privé présente une particularité assez complexe, il faut aussi des juges dotés de connaissances solides en la matière pour l'assurer, ce qui n'est encore pas le cas au Cambodge. Le droit international privé désigne pour chaque catégorie de conflit une règle de conflit permettant la détermination de la loi applicable dont le contenu permettra de trancher le litige. Parfois, le conflit de lois pourrait être évité par l'existence d'une règle de droit international privé qui donnerait directement la solution au litige. En fait, il ne s'agit pas d'en faire l'étude, d'autant que cette discipline reste à construire au Cambodge, mais d'en présenter le mode de raisonnement. Entre-temps, la bonne interprétation et la bonne application du droit international privé seraient bien assurées par ces genres de formation ciblée.

Développement d'outils pédagogiques et de curricula pour les rédacteurs

Le développement d'outils pédagogiques de droit comparé est un outil essentiel pour le rédacteur dans ses travaux quant aux choix de mots inconnus dans les deux systèmes juridiques et pour trouver leurs équivalents juridiques en langue khmer. La mise à jour de dictionnaires et de lexiques spécialisés sur les droits comparés est nécessaire. Dans le cas de la traduction, les dictionnaires fournissent des définitions potentielles de mots. Toutefois, ils ne donnent pas de sens ni d'équivalents de traduction pour les phrases et ne décrivent que rarement le mot en contexte. Par conséquent, la bonne approche est de chercher pour n'importe quel terme juridique à utiliser dans plusieurs dictionnaires, même après qu'une traduction standard pour un terme particulier ait été choisie. Le traducteur doit aussi maîtriser le contexte et le système juridique duquel le terme est issu.

Il faut prendre conscience des phénomènes découlant de l'ambiguïté des termes juridiques, qui appartiennent simultanément à un champ linguistique ainsi qu'à un système juridique. Si l'on tient compte de cet élément, on comprend mieux pourquoi des pays qui parlent la même langue recourent à des vocabulaires juridiques différents. Les nouvelles terminologies juridiques doivent être mises à jour en khmer afin de refléter les nouveaux concepts juridiques contenus dans les nouvelles législations. Ces meilleures pratiques contrastent fortement avec la plupart de l'approche des bailleurs de fonds qui financent seulement des projets à court terme. Leurs experts juridiques étrangers se rendent au Cambodge pour sonder quelques opinions pendant une courte période et retournent vers leurs pays pour y préparer des projets dans leur langue, dont la plupart entièrement en anglais. Ensuite ils renvoient leurs projets aux homologues cambodgiens pour la traduction en khmer.

Renforcement de la capacité des rédacteurs

La qualité inégale des règlements publiés au cours des dernières années démontre clairement que la compétence et le niveau juridique des rédacteurs de textes législatifs doivent être renforcés. Il ne suffit pas que les juristes du gouvernement et du parlement qui sont chargés de rédiger des projets de loi suivent une formation juridique dans le cadre de laquelle le programme ne comprend que les concepts d'un seul système, qu'ils soient issus du droit civil ou de la Common Law. Il est essentiel que leurs formations portent sur le droit comparé. En attendant que ces futurs cadres soient pleinement instruits, les actuels chargés de la rédaction devraient suivre un programme complet pour utiliser intelligemment le droit disponible.

Renforcement de la capacité des parlementaires

Il est de notoriété publique que la bonne gouvernance est essentielle au développement du pays. Il conviendrait donc notamment de renforcer la capacité et l'efficacité du parlement cambodgien, que ce soit par l'intermédiaire des parlementaires eux-mêmes ou par une structure de soutien indépendante.

Toutefois, il faut être réaliste, cet objectif ne peut se réaliser que graduellement et progressivement. Par le passé le processus législatif s'est heurté à de sérieuses difficultés, à commencer par le niveau inégal des parlementaires, une certaine hétérogénéité sociale des élus, un professionnalisme encore insuffisant, une inexpérience législative aussi aggravante et le défaut criant des moyens de ressources humaines mis à leur disposition.

L'Assemblée nationale et le Sénat n'ont pas encore démontré leur pleine efficacité en matière de débat et de contrôle exercé sur les politiques gouvernementales, de rédaction ou de révision des lois. Toutefois, la nécessité d'appuyer ces deux structures pour qu'elles puissent assumer l'ensemble de leurs responsabilités est une priorité. Même avec un succès modeste, l'impact se ferait ressentir au niveau de l'application des valeurs et des principes inscrits dans la constitution et, dans un sens plus pratique, sur la qualité législative du pays.

Dans le but d'accélérer le processus législatif, les membres de l'Assemblée nationale et du Sénat pourraient bénéficier des initiatives visant les domaines d'amélioration des compétences, y compris l'analyse des concepts des lois comparatives ; la mise en place d'un programme de formation continue à disposition des députés afin de mieux les armer professionnellement dans les débats avec les parties prenantes nationales ainsi qu'avec leurs collègues interparlementaires de la région, autrement dit de l'ASEAN. La présence d'une équipe réduite d'experts triés sur le volet de préférence dans les administrations des parlements de pays occidentaux des deux grands systèmes de droit et de l'ASEAN auprès des commissions spécialisées contribueraient énormément à l'amélioration de la qualité de contrôle des projets de loi.

Les capacités d'analyse sur les législations des autres pays pourraient également être améliorées en termes de moyens informatiques à travers des souscriptions spécialisées comme la base de données de Lexis/Nexis. Encore faut-il envisager une formation continue d'assistants et de collaborateurs rattachés auprès des diverses commissions et du Comité permanent sur les méthodes avancées sur leurs travaux de réflexion et d'examen des projets et des propositions de loi. Par ailleurs, l'Assemblée nationale et le Sénat doivent renforcer également leur capacité d'analyse des traités et conventions internationales. Comme la plupart des pays de droit civil sont « monistes », c'est-à-dire que lorsque le pays ratifie un traité, celui-ci fait automatiquement partie du droit interne, les parlementaires à ce titre devraient être plus prudents dans la ratification de traités ou de conventions internationales. Les commissions parlementaires doivent assurer leur fonction en vérifiant la conformité de la législation nationale avec les normes internationales et en examinant régulièrement les règlements et pratiques du gouvernement au regard des lois auxquelles ils sont censés donner effet. Malheureusement, le Cambodge a eu de sérieux problèmes avec l'application des conventions et traités internationaux, en raison de la faible appréciation de leurs implications au niveau national. Cela est particulièrement vrai dans le cas des normes du travail et des droits de l'homme, qui ont été utilisés en grande partie par l'UE comme un prétexte d'ingérence à la souveraineté du Cambodge dans le contexte du TSA.

Pour les parlementaires, le rôle et l'influence de la doctrine est également incontestable. La doctrine peut jouer son rôle, qui est de conseiller les acteurs politiques. Même si le législateur garde évidemment une totale liberté face à la doctrine, il aura souvent tendance à suivre les propositions avancées, surtout si elles portent sur la technique juridique ou les résultats pratiques de la législation en cause. La plupart des lois sont d'ailleurs préparées dans les cabinets ministériels, où travaillent des conseillers, des professeurs ou des professionnels du droit dans les matières concernées, comme à l'occasion du projet de Code pénal lorsque le gouvernement avait sollicité le soutien de M. Castel, magistrat français, pour élaborer le projet de la réforme du droit pénal. Plus récemment, la réforme du Code civil a été inspirée par les travaux du groupe doctrinal emmené par JICA. Quant à la réforme du droit des sociétés, du régime commercial, elle doit beaucoup à la doctrine dans son ensemble, laquelle, outre les cabinets d'avocats, a été consultée et a su faire preuve de réactivité en abreuvant le ministère de réactions et propositions. D'une façon générale, ces « faiseurs de système » sont assez souvent appelés à faire partie des commissions consultées lors de la préparation des lois nouvelles.

Renforcement des capacités de la magistrature

Dans la recherche d'une plus grande efficacité, le tribunal cambodgien devrait envisager d'utiliser beaucoup plus les technologies de l'information comme outil dans leur processus d'adjudication. Ainsi, les juges devraient également être équipés du matériel et des logiciels nécessaires pour accomplir les tâches qui leur sont confiées. Des programmes spécifiques accentués sur les concepts de droit comparé et les différences procédurales sont aussi importants. Un certain nombre de juges et de cadres de la magistrature devrait être envoyé régulièrement en France, en Allemagne ou au Japon et dans d'autres pays de Common Law pour poursuivre des formations plus approfondies sur l'évolution du droit comparé et du droit économique international.

L'incapacité de certains juges à rédiger leurs décisions de façon claire et succincte pourrait engendrer des difficultés dans leur application par la suite. Des problèmes peuvent survenir lorsque les juges ne rédigent pas des instructions claires ou lorsque les greffiers ne comprennent pas les termes du jugement parce qu'ils ne sont pas bien rédigés, ou lorsque le jugement devrait exiger beaucoup plus de clarté pour faciliter son exécution, en particulier pour les litiges fonciers, par exemple lorsque la superficie, la description et la délimitation du terrain ne sont pas conformes aux spécifications données dans le jugement.

Beaucoup de reconnaissance doit être accordée aux CETC dans l'énorme effort de renforcement de capacités qu'elle a pu conférer aux juges, aux avocats et au personnel cambodgien en termes de raisonnement juridique et d'efficacité des techniques de rédaction, ces lacunes étant clairement visibles dans la pratique juridique cambodgienne actuelle. En raison de la dualité de la structure de ce tribunal international, ces efforts déployés pour assurer le transfert des connaissances entre les ressortissants et le personnel international ont été bénéfiques.

Le succès d'un tribunal dépend énormément de la qualité et de la gestion de l'appareil de soutien administratif. Il faut insister sur le fait que le renforcement des capacités du système judiciaire et du système d'arbitrage est un processus à long terme. Compte tenu de l'attente du public sur le sérieux du tribunal, le gouvernement doit s'efforcer davantage d'émettre des mesures supplémentaires et plus ciblées pour faire en sorte que l'infrastructure de soutien administratif soit adéquate et puisse répondre aux exigences croissantes de la société cambodgienne. Les fonctions des greffiers sont aussi nombreuses que complexes. Le succès de la réforme judiciaire reposant en grande partie sur la hausse de productivité judiciaire à travers l'amélioration des processus de travail, la mise à niveau constante des compétences des huissiers, des greffiers et d'un corps administratif de justice se traduira par une meilleure productivité dans la gestion des audiences, le bon suivi des dossiers et une bonne rédaction des opinions émises par les juges. Par ailleurs, il s'avère aussi essentiel que les greffiers et le personnel du ministère maîtrisent le contenu non seulement des dispositions du Code civil et du Code pénal, mais aussi des lois spéciales en vigueur.

Renforcement des capacités du barreau et des avocats

L'influence la plus remarquable du droit romain tient en réalité à la conception du droit et du raisonnement juridique qu'il véhicule. Avec le droit civiliste, les juristes cambodgiens vont redécouvrir la dogmatique juridique et apprendre à penser le droit de manière scientifique et logique. Étant donné que les entreprises et les investissements étrangers doivent compter sur les services juridiques fournis par les avocats cambodgiens, le rôle du Barreau doit être réévalué en termes d'efforts liés à la formation et le renforcement des compétences nécessaires pour faire face aux besoins croissants des pratiques multi juridictionnelles inhérentes au commerce international.

Le Barreau, responsable de la formation, de la supervision et de la professionnalisation d'une nouvelle génération d'avocats cambodgiens, a joué un rôle crucial dans le passé dans la promotion et la protection des droits de l'homme, mais il fait gravement défaut dans le domaine du droit commercial, sans parler des litiges internationaux. Malgré ses efforts et ses intentions louables, le Barreau souffre d'un manque criant de ressources financières et intellectuelles. Il est encore loin d'être en mesure de fournir une formation juridique continue régulière à ses membres, et encore moins une formation juridique au public.

Actuellement le Barreau ne peut pas se payer le luxe pour tout ce qui a trait à la provision des programmes de formation aux avocats sur des sujets aussi difficiles que les transactions internationales. La formation juridique dans le domaine du droit commercial reste, dans une large mesure, dépendante des financements étrangers. Toutefois, cette composante du financement avait été diminuée bien longtemps, en raison du manque d'intérêt des pays donateurs pour le financement de ce qu'ils qualifient de travail relevant de la compétence du secteur privé.

Pour un pays de 16 millions d'habitants, il a fallu plus de deux décennies au Barreau pour former à plus d'un millier le nombre d'avocats en exercice. Il faudra encore beaucoup plus d'années avant que les étudiants des facultés de droit puissent être admis au Barreau. Et même là, il leur faudra encore plus d'années avant de pouvoir s'imposer dans les domaines spécialisés comme le commerce international et le droit des affaires.

Au cours de ces dernières années, le Barreau s'est impliqué de plus en plus dans la réforme juridique à travers sa contribution professionnelle telle que la provision de commentaires sur les questions de réforme juridique, son engagement dans des évènements d'actualité ayant une importance juridique et sa participation dans la rédaction de lois publiques clés comme le droit foncier, les codes pénal et civil, la loi sur les CETC, pour en nommer que quelques-unes. Les pays donateurs, aussi bien que les bailleurs de fonds comme la BAD, le FMI et la Banque mondiale devraient reconsidérer leur soutien au Barreau, surtout dans le financement de projets de renforcement de capacité dans le droit commercial et même sur le droit comparé. Ces activités auraient ainsi des retombées positives à long terme pour la société et l'économie cambodgienne.

Des cours pratiques sur l'analyse critique des doctrines juridiques qui sont intrinsèques à différents systèmes ainsi que sur la rédaction de contrats commerciaux internationaux pour les avocats mériteraient d'être mis au programme du Barreau. Il existe de nombreuses situations dont les spécificités relatives aux interprétations des transactions commerciales internationales seraient bien appréciées par l'avocat cambodgien.

Le droit, en tant que discours et pratique, est une réalité inhérente à toute activité sociale, dont la connaissance est répandue chez tous les individus, même si elle est superficielle chez la plupart d'entre eux. Quoique cette connaissance soit partielle et que certains professionnels du droit eux-mêmes ont tendance à se spécialiser dans un domaine particulier, il importe pourtant de comprendre que le droit est un système cohérent, doté de raisonnements et d'une logique propre. Là est peut-être la faiblesse systémique du système éducatif cambodgien qui met en cause la capacité de réflexion et de raisonnement juridique. Pour les Cambodgiens, apprendre, c'est mémoriser. La plupart des avocats cambodgiens sont habitués à un système éducatif qui encourage la mémorisation des rôles et décourage davantage l'analyse, la pensée critique et les jugements indépendants.

Éducation et formation continue

La création des institutions n'est pas suffisante pour rendre justice aux citoyens. Il faut que les juges, les procureurs ainsi que les avocats soient également bien formés pour assurer une bonne application de la loi et que ces acteurs prennent pleinement la responsabilité de leurs actes. C'est aussi un moyen pour le Cambodge, et surtout pour le peuple cambodgien de réinstaurer de nouveau sa confiance dans les acteurs de l'État. Lorsqu'on a une institution judiciaire dotée de juges compétents, les investisseurs étrangers pourraient en avoir la confiance dans leurs décisions d'investir, ce qui aurait un impact sur le développement économique durable du pays.

Il existe un consensus clair sur la nécessité de mettre l'accent sur la formation. Qu'il s'agisse de la formation des juges et des greffiers sur les règles de fond ou de procédure, ou de la formation des parlementaires et de leurs adjoints aux subtilités de la législation et des techniques législatives modernes, ou même de la formation des avocats et des rédacteurs juridiques, des notaires et du personnel parajuristes, on ne peut qu'insister sur le caractère impérieux de ces besoins. Le recyclage offert dans le cadre des programmes de formation juridique continue est d'ailleurs essentiel pour garantir la crédibilité même du rédacteur du gouvernement qui doit non seulement maîtriser son propre système juridique, mais également apprendre le système juridique des autres pays dont bon nombre des ressortissants viennent investir au Cambodge.

Assistance technique

Trop souvent dans le passé, on ne peut que constater, non sans inquiétude, la faiblesse du niveau de coordination au sein du système des Nations Unies lui-même, et entre les organisations des Nations Unies et les principaux bailleurs de fonds multilatéraux et bilatéraux dans leurs programmes d'assistance technique. La manière dont ces agences et ces pays donateurs délivrent leur assistance peut également être un point d'inquiétude.

Les experts étrangers doivent s'abstenir d'adopter une approche universelle, surtout néoclassique, dans la rédaction des lois. Bien que certains principes soient universels et que de nombreuses approches se soient avérées efficaces dans divers contextes, la recette de rédaction d'une bonne loi, qu'elle provienne de concepts étrangers ou non, est de procéder au préalable à une analyse approfondie des conditions locales. Les bailleurs de fonds devraient éviter la tentation d'imposer leurs propres conceptions de lois qu'ils jugent certes nécessaires, mais qui sont parfois malheureusement inappropriées, sans tenir compte de leurs conséquences potentielles sur l'ensemble du cadre juridique. Trop souvent, ces donateurs cèdent à cette tentation d'exporter et de transplanter leur propre système, ce qui se solde parfois par une contre-productivité et des enchevêtrements dans leurs travaux. En fait, les donateurs devraient envoyer un message cohérent et consistant de leur intention d'aider le gouvernement à trouver des solutions appropriées qui puissent répondre aux besoins propres du pays. Le conflit institutionnel entre la loi sur les Transactions sécurisées et le Code civil en est un bon exemple, encore loin d'être résolu.

Une coordination et une transparence accrue apparaissent indispensables à cet égard. Sans même évoquer des questions de chevauchement et de dysfonctionnement qui devraient finir par se poser, il ne serait pas superflu d'examiner de quelle manière il conviendrait de combiner et d'ajuster au mieux les intérêts du Cambodge avec les projets d'appui institutionnel présents et réalisés par les nombreux bailleurs de fonds. Le prestataire de l'assistance juridique doit lui aussi faire des efforts plus conscients afin d'apprécier davantage les différences culturelles, juridiques et linguistiques avant de s'engager abruptement dans le partage de sa connaissance et de ses conseils à son homologue cambodgien. De même, le juriste cambodgien doit aussi s'efforcer de maîtriser la connaissance des doctrines et des concepts qui motivent le fournisseur de l'assistance juridique. Un manque de sensibilisation et de compréhension de ces nuances juridiques très variées entraînera très certainement des malentendus et des récriminations des deux côtés.

Le prestataire d'assistance juridique doit entreprendre ses travaux de manière à permettre à ses homologues cambodgiens d'adopter une « approche de travail commune » dans l'élaboration des textes juridiques avec les experts juridiques étrangers. Souvent, les dispositions de nombreuses lois ne s'appliquent pas d'elles-mêmes, surtout dans les domaines procéduraux. Ainsi, le besoin de suivi est particulièrement important dans l'élaboration des règlements d'applications comme les anukrets et les prakas. Par le passé, l'assistance technique a eu tendance à se concentrer uniquement sur la rédaction de projets de loi principaux suivis de quelques séminaires de diffusion.

Afin d'assurer une application efficace des lois, il convient de mettre en place des projets d'assistance technique à moyen et long terme, en vue de fournir un programme intégral commençant par la rédaction de la loi, suivi par une assistance continue centrée sur la rédaction des textes d'application et le renforcement des ressources humaines dans la mise en œuvre. Le conseiller étranger doit être plus actif dans son rôle de mentorat. Ce genre de formation tout au long du processus renforce à la fois ce qui a été appris et permet une revue critique sur ce qui a besoin d'être renforcé ou ajusté. Toute forme d'assistance doit viser à transmettre des compétences, des connaissances ainsi que des outils de résolution de problèmes afin que les institutions nationales responsables deviennent plus performantes qu'auparavant. L'objectif ultime doit donc être de former les juristes cambodgiens à assimiler les travaux de leurs experts ou conseillers étrangers aussitôt que possible.

D'autres approches pourraient consister à offrir des bourses visant à constituer un noyau de jeunes juristes qualifiés possédant de bonnes compétences en langues étrangères et la possibilité d'y être formé. Des opportunités de stages dans des cabinets d'avocats étrangers devraient être offertes aux jeunes juristes, juges et aux employés de niveau intermédiaire impliqués dans les travaux de réforme juridique et judiciaire. Des visites d'étude, des séminaires et des ateliers pourraient également servir à améliorer et actualiser les compétences juridiques déjà existantes des cadres supérieurs plus âgés ou des praticiens du droit.

De nouveaux cabinets d'avocats ont connu une croissance continue sous l'effet conjugué de l'afflux soutenu des investissements directs étrangers et de l'augmentation du commerce international. Quoiqu'ils ne soient pas nombreux, les juristes étrangers ont transmis beaucoup de connaissances précieuses à leurs confrères cambodgiens, en particulier dans le domaine de pratiques juridiques multi juridictionnelles. Néanmoins, l'avocat cambodgien est toujours confronté à des obstacles importants dans son rapport avec les clients internationaux. La portée de sa formation dans ces domaines spécialisés reste limitée, ce qui constitue un obstacle sérieux lorsqu'il a à traiter des dossiers d'affectation multi juridictionnelle. La maîtrise de certaines connaissances et principes de la Common Law et du droit civil pourrait s'avérer inestimable lorsqu'il s'agit d'expliquer des concepts de droit comparatif aux clients provenant de plusieurs juridictions.

Un autre obstacle pour l'avocat cambodgien travaillant dans l'arène juridique internationale est lié à sa faiblesse en langues étrangères. Il est généralement bien connu que la plupart d'entre eux ne sont bons ni en français ni en anglais en raison du système éducatif du pays. Ce handicap de compétences linguistiques opère comme une contrainte pour beaucoup d'entre eux et ne leur permet pas de poursuivre leur éducation continue à l'étranger. Très souvent pour celui qui est habilité aux langues étrangères, son accès à des expériences internationales contribue largement au développement de ses compétences juridiques multi juridictionnelles. L'étudiant en droit et l'avocat doivent donc élargir la portée de leur compétence linguistique très tôt afin de pouvoir colmater ces brèches.

Il est tout aussi important de réactualiser les connaissances en droit comparé, en particulier dans le contexte de leur application dans le système d'arbitrage commercial international. Dans les règlements des différends, l'avocat, l'arbitre et l'institution d'arbitrage devraient chercher à mieux comprendre les approches fondamentales des systèmes de droit civil et de Common Law en arbitrage international, ce afin de mieux servir les parties à la procédure. En fin de compte, l'arbitrage commercial international pourrait être une bonne combinaison des deux systèmes, car il aurait tendance à moins privilégier les litiges plus apparents dans le système de Common Law, à donner accès à un processus plus équitable dans certaines juridictions de droit civil, et à fournir un procédé de règlement des différends plus économique.

Publication et diffusion du droit - Publication des lois comme instruments d'application

Le principe selon lequel l'ignorance de la loi n'est pas une défense recevable présuppose que les lois soient régulièrement publiées et portées à la connaissance et à l'attention de la population. Favoriser l'accès à la règle de droit constitue un préalable au renforcement de l'État de droit, à la bonne gouvernance ainsi qu'au développement d'une économie de marché où règne le respect des obligations commerciales. L'accès à l'information sur les lois et règlements est particulièrement important parce que ces normes fixent « les règles du jeu » pour tous les acteurs de l'économie. De plus, cette transparence peut réduire considérablement les coûts de transaction pour les entreprises, en particulier pour les petites entreprises, et faciliter le développement du secteur privé.

Outre le passage d'un système juridique dirigiste et lacunaire à un système libéral plus complexe, la méconnaissance des règles en vigueur, l'ignorance largement répandue des textes adoptés durant les années 80 et 90 constituent des obstacles sérieux à une compréhension de la règle de droit et rendent ainsi la lisibilité du système juridique plus ardue.

Publications de règlements pour conformité aux obligations internationales

Le droit commercial international fait partie du droit administratif puisqu'il établit les règles publiques relatives aux licences d'importation, aux droits et tarifs douaniers. Le Cambodge est un membre de l'ASEAN et de l'OMC. Bien que son adhésion dans le groupement régional ait été en elle-même un évènement politique et économique, l'intégration dans l'ASEAN est en grande partie reconnue comme un engagement juridique continu, où la transparence des lois et des procédures est une exigence explicite pour tous ses membres. En outre, les instruments juridiques de l'ASEAN et de l'OMC obligent le Cambodge à publier des informations commerciales pertinentes et à les mettre à jour. Cette transparence exige donc que les textes législatifs et réglementaires soient diffusés et que les procédures juridiques de prise de décision soient cohérentes et respectées. Par exemple, les États membres de l'ASEAN se sont engagés à mettre un certain nombre d'accords comme l'Accord sur le commerce des marchandises de l'ASEAN (ATIGA) sur Internet par l'intermédiaire d'un référentiel central de l'ASEAN. Les pratiques actuelles du Cambodge de publier des lois et des règlements relatifs au droit commercial restent largement insuffisantes dans le contexte de sa conformité à l'ASEAN. En ce qui concerne le respect des règles de l'OMC, le Cambodge s'est engagé à prendre trois mesures de transparence qui n'ont malheureusement pas été entièrement ni systématiquement mises en œuvre.

La diffusion du droit

La lutte pour l'installation d'un État de droit suppose aussi que le droit soit connu. Une des formes de l'insécurité juridique vient des textes non publiés. À cet égard, plusieurs initiatives émanant de diverses sources ont depuis quelque temps fait leur chemin quoiqu'encore loin d'être suffisantes. II convient de continuer l'effort et même de le renforcer. De nouveaux vecteurs de diffusion du droit doivent être créés pour pousser cette avancée dans la diffusion du droit positif cambodgien. Un site Web, important pour l'étranger, en constituerait l'outil idéal en raison des coûts très négligeables et de la qualité des réseaux téléphoniques 4G, bientôt 5G qui jalonnent le pays. Le site devrait être actualisé et reprendre tous les textes publiés dans les divers compendiums et bulletins publiés par diverses organisations et institutions. Il devrait être utilement complété par des CD Roms. La réalisation de dossiers, comme cela existe dans certains pays, peut être établie par thème, comprenant une série de textes législatifs ou réglementaires, des articles de doctrine et de la jurisprudence. Un index trilingue s'avérerait nécessaire permettant aux étrangers d'identifier le contenu des textes non traduits et d'en faire une traduction nécessaire.

En dehors des textes contemporains, il y a aussi la nécessité d'inclure les textes plus anciens en khmer d'avant 1975 et même leur traduction. Les archives nationales disposent de cette documentation comprenant de nombreux textes inédits, en khmer et en français. Bien que le khmer soit la langue officielle, il faut tenir compte du fait que l'État fonctionne en utilisant trois langues de travail, avec l'anglais et le français dans le domaine du droit. La question cruciale de la fiabilité de la traduction nous conduit à nous rapporter pour plus de sûreté aux transcriptions en khmer d'avant 1970, car de l'avis des spécialistes, celles-ci semblent les plus fiables en matière de terminologie et de vocabulaire à utiliser. II serait donc déraisonnable de ne pas exploiter ces éléments du patrimoine juridique cambodgien que les Khmers rouges ont miraculeusement oublié de détruire. En termes de traduction officielle, le gouvernement devrait s'engager à augmenter ses ressources budgétaires pour financer des projets de publication de lois et de règlements, surtout à travers l'URSDE, avec leurs traducteurs accrédités. Les retombées d'un tel investissement rapportent beaucoup plus au pays sur le plan économique et politique.

En ce qui concerne les efforts de mitigation des effets de coexistence des deux systèmes juridiques, l'objectif d'accès au droit pour tous ne peut être toutefois complètement atteint. Tenant compte de cette lacune systémique et de l'évolution de plus en plus complexe des autres lois spécialisées, il est difficile pour un non-juriste de comprendre le droit sans l'aide d'un juriste.

Le droit romain est avant tout un droit savant enseigné dans les universités. L'aboutissement de cette construction savante du droit est l'élaboration de codes qui exacerbent le primat du droit écrit et la rationalisation de l'ordre juridique. Le recours aux codes et aux lois est une caractéristique centrale du droit civil. Au cœur du droit civil se retrouve la foi dans la codification comme moyen d'assurer une approche rationnelle, logique et systématique du droit. La codification cambodgienne est en quelque sorte dite réformatrice, car le codificateur a un rôle créateur. Tel est le cas du Code pénal, du Code de procédure pénale, du Code civil et du Code de procédure civile. En revanche, la codification à droit constant comme le Code de travail se contente de compiler et de présenter de manière structurée, ordonnée et réfléchie les textes existants. De plus, de nombreux textes de lois sont entrés en vigueur sans avoir été codifiés, ce qui obscurcit la lisibilité des principes applicables à un cas particulier. Du côté du droit administratif, le Cambodge n'a ni code administratif ni compilation distincte du droit administratif. Enfin, de nouvelles disciplines, telles que le droit de la propriété intellectuelle sont apparues et ne font pas encore l'objet de Code dédié. La nécessité de vulgariser le droit cambodgien doit être une préoccupation sérieuse et continue du gouvernement.

Les médias de masse jouent un rôle essentiel dans la diffusion de la sensibilisation juridique. À cet égard, la radio, la télévision et les journaux sont des outils efficaces pour diffuser les questions juridiques avec des explications accessibles. Le gouvernement doit encourager les médias publics et privés à créer des sessions juridiques afin de diffuser toutes les lois et réglementations. Les séances sur les droits comparés devraient être un ajout bienvenu pour enrichir la base de connaissances juridiques. Il est également essentiel pour le gouvernement de faire beaucoup plus d'efforts de vulgarisation sur l'importance de la réforme juridique et judiciaire visant à combler les lacunes créées par ces deux systèmes de droit. Cela aidera également à gérer les attentes du public puisqu'il s'agit d'un processus à long terme et souvent lent. Une participation proactive des ministères et autres parties prenantes concernés est cruciale pour atteindre cet objectif.

*****

Conclusion

L'histoire juridique du Cambodge est riche et il s'avère difficile de trouver un autre pays avec autant de mutations, aussi positives que négatives de son système juridique. Les lois et les codes d'influence romano-germanique ont progressivement été introduits au Cambodge avec l'arrivée du protectorat français en 1863. Dès les années 1930, le système juridique français exerçait déjà une forte influence dans le pays.

Le statut actuel du droit cambodgien contemporain doit être examiné à la lumière du contexte dramatique dans lequel a été plongé son parcours politique. Son système juridique a à peine survécu dans les décombres récents que le régime Pol Pot a laissés. Le processus exigera la plus grande patience de la part des responsables politiques cambodgiens avant qu'ils ne puissent remettre en place progressivement un cadre juridique viable digne du respect de son peuple.

Ces dernières décennies, surtout après la fin de la guerre civile vers les années 1990, ont été marquées par un phénomène d'acculturation juridique massive à travers des coopérations en matière juridique avec de nombreux pays, dont la France, mais également le Japon, l'Australie, le Canada, les États-Unis, etc. Les lois des pays occidentaux ont été largement transposées au Cambodge, afin d'être en adéquation avec les changements sociaux et économiques nécessaires au développement d'une économie de marché.

Beaucoup de débats fascinants portent sur la pertinence du droit et des idées juridiques étrangères comme moyen de façonner le droit national. L'idée fondamentale d'utiliser le droit comparé comme un pont entre les systèmes et les cultures juridiques a provoqué des réflexions intéressantes sur son emploi en tant qu'outil pour découvrir les circonstances et les mécanismes d'interaction entre les différentes juridictions par lesquelles le droit national d'un pays se développe à travers une « transplantation juridique ». Par ailleurs, dans le sillage des discussions animées sur la mondialisation, la convergence entre les systèmes juridiques et l'unification du droit privé international y trouvent aussi leur place, quoiqu'encore largement incertaine.

Dans certains pays, l'évolution du droit découle principalement de l'importation de règles d'autres systèmes juridiques conformément aux besoins imprévisibles des décideurs nationaux. Cette école de pensée soutient que l'évolution juridique est largement indépendante de la société. Elle opèrerait ainsi dans sa propre dimension, souvent détachée de celles des autres institutions sociales, contrairement à d'autres pays, adhérents aux pensées des théoriciens postmodernistes, qui ont développé leur droit et leur culture juridique en harmonie avec les cadres épistémiques, linguistiques, culturels et moraux. Le cas du Cambodge est une bonne synthèse de ces deux écoles de pensée.

Le droit cambodgien nécessite, pour être mieux apprécié, d'être situé par rapport aux systèmes juridiques étrangers. D'une manière générale, à part une meilleure connaissance de son droit national, cela permet de mettre en relief les points de convergence ou de divergence entre son système juridique et ceux des deux grands systèmes que sont le droit romano-germanique et la Common Law. La prise en compte des rapports entre le droit cambodgien et le droit international apparaît d'autant plus indispensable qu'il existe une forte pression provenant de l'intégration régionale et mondiale.

Depuis les Accords de paix, bon nombre de pays donateurs et des bailleurs de fonds ont apporté leur soutien à la mise en place d'un grand nombre de législations couvrant un éventail allant des codes et procédures pénales et civiles, aux lois commerciales et d'autres lois positives spécialisées. Tandis que le Code pénal et le Code civil ont été respectivement soutenus par la France et par le Japon en collaboration avec des juristes cambodgiens, la rédaction des autres lois a été possible grâce au soutien technique de la part des divers pays donateurs et institutions financières internationales comme le FMI, la BAD et la Banque mondiale. Ces derniers ont principalement apporté leur aide dans le renforcement du cadre juridique lié au commerce et au développement du secteur privé. La tradition de la Common Law a vu son influence progressivement ancrée dans le système juridique cambodgien à travers l'adoption de lois commerciales spécialisées, et au fil du temps, un mélange ou une sorte de cohabitation de droit romano-germanique et de la Common Law s'est retrouvée au sein du même espace juridique dans le pays.

Certes, le Cambodge est beaucoup plus « occidentalisé » aujourd'hui qu'il ne l'était lors des années 1990 quand il traversait une période de reconstruction. La réception des théories juridiques occidentales a joué un rôle important dans l'occidentalisation du système juridique national. Malgré ses diverses traditions juridiques subies du passé, le Cambodge a pris la décision d'embrasser le droit continental, et donc son modèle législatif, ses concepts et systèmes, ses principes fondamentaux. Par ailleurs, la tradition civiliste s'est avérée très appropriée dans la reconstruction d'un système juridique d'un pays qui a malheureusement connu la destruction totale de ses institutions juridiques et judiciaires. Tout d'abord, cette tradition est l'instrument de la raison humaine et de la volonté générale qui place l'individu au cœur du système juridique en lui reconnaissant des droits subjectifs ainsi que d'autres concepts occidentaux d'égalité et d'individualisme lors de la présence et la gouvernance de l'APRONUC. Précisément à l'inverse de la tradition civiliste qui insiste sur les droits subjectifs de l'individu, la

Common Law n'a pas pour objet premier de protéger des droits, mais de mettre en place des procédures qui permettront d'assurer la justice (« *remedies precede rights* »).

La tradition civiliste est idéalisée et constitue la principale source du droit qui se concrétise dans le code. Ce légicentrisme explique, d'une part, la place limitée accordée à la jurisprudence, qui de toute façon n'existe plus vu l'abolition totale de l'État de droit et le système socialiste du passé. Elle s'oppose radicalement à la tradition juridique anglaise qui consacre un droit fondamentalement jurisprudentiel, élaboré par les juridictions royales en réponse à des demandes concrètes de résolution de litiges. Pour un pays sortant de guerre et d'un vide juridique, le but est d'établir les bases de la société et non pas seulement de résoudre des litiges.

Dans l'ensemble, le Cambodge a presque tous les codes civils d'inspiration occidentale ainsi que des lois spécialisées. L'économie du Cambodge a prospéré au cours des dernières décennies et continuera de croître de façon constante. Animé par la nécessité de soutenir le secteur privé émergent et de répondre aux exigences de la régionalisation et de la mondialisation du commerce, le système juridique doit mettre en place de plus en plus de lois orientées vers l'économie du marché et des règles moins discrétionnaires. De nouvelles lois régissant les transactions privées sont transplantées pour répondre aux attentes des investisseurs en termes de transactions transfrontalières et aux besoins des politiques économiques orientées vers l'intégration. Dans son ensemble, elles constitueront les piliers d'un cadre juridique solide sur lequel pourrait se baser une nouvelle plate-forme de croissance économique.

Garantir le respect des règles commerciales internationales n'est pas une mince affaire, et malgré tous les efforts et la volonté politique manifestés jusqu'à présent, le Cambodge ne peut tout simplement pas se permettre de tout faire dans un court laps de temps. La période d'adhésion à l'OMC a été une bonne impulsion initiale et l'arrivée de la CEA lui a redonné un nouveau souffle.

De nouveaux facteurs géopolitiques vont contribuer à faire du Cambodge un pays potentiellement attractif et la tendance croissante des investissements provenant du Japon et de la Chine, deux pays de droit civil, reflète le changement de la structure de production dans la sous-région du Mékong, comme l'industrie manufacturière légère et des pièces d'assemblage. C'est également un autre facteur qui explique le soutien continu du gouvernement japonais au perfectionnement du système juridique cambodgien, y compris le prochain projet de publication des arrêts de la cour. La présence grandissante de la diaspora franco-cambodgienne et le retour des jeunes boursiers d'études supérieures de France continueront à stimuler l'économie cambodgienne ainsi que de tester la mise en œuvre de son système juridique.

La réintroduction du Code civil fut un moment de transformation historique dans le système judiciaire du pays. Même s'il est vrai que ce code régissait le Cambodge depuis à peine une décennie, la société s'est vu radicalement transformée, passant d'une société agraire à industrielle tandis que sa transition politique vers un régime pluraliste démocratique est plus que jamais irréversible. Tout comme le Code pénal, le Code civil est une loi fondamentale qui marque un grand pas en avant pour le Cambodge, reflétant un caractère hybride avec l'influence du droit cambodgien préexistant ainsi que celui du droit japonais, allemand et français. Dans son ensemble, il revêt un effet salutaire pour la société cambodgienne, lui promettant une plus grande sécurité juridique en vertu de l'État de droit que le peuple cambodgien avait perdu. Dès le rétablissement de la paix, on remarquera la domination du droit public qui établit les pouvoirs et les structures de l'État, délimite les devoirs, et parfois seulement les droits de ces citoyens. Parallèlement, un corpus cohérent de droit privé se retrouve largement éparpillé dans diverses lois positives adoptées ad hoc au fil des années.

Avec une décennie de recul, il appert que les codes civil et pénal ont atteint en partie les objectifs escomptés. En d'autres termes, on pourrait dire qu'elles ont façonné d'une manière désirable la conscience sociale et juridique du pays après un vide juridique total dans le sillage du régime khmer rouge.

Le Code civil français, qui a survécu plus de deux cents ans, occupe aussi une place particulière dans le système codifié cambodgien. Les effets durables de ce Code napoléonien, imprégné du cœur de la nation française, ne peuvent être ignorés. À l'instar de son homologue français, le Code civil cambodgien devra faire face aux transformations juridiques, sociologiques et culturelles qui vont secouer inexorablement le paysage juridique cambodgien pour les générations futures.

Pour assurer sa pérennité et pour qu'il puisse rester viable et durable, le gouvernement doit œuvrer incessamment à rendre ces codes compréhensibles pour la société. L'une des raisons est liée à l'application et à l'interprétation des principes généraux énoncés dans les Codes, comme la bonne foi, la politique publique et la règle interdisant les abus de droit, entre autres. En fin de compte, ces principes doivent permettre aux juges d'appliquer ces Codes afin de répondre aux besoins légitimes de la société cambodgienne en mutation. Cependant, le défi pour les juges cambodgiens réside plutôt dans leur capacité à raisonner juridiquement parlant et à leur capacité à s'adapter aux circonstances changeantes de la société. Par ailleurs, les doctrines et les arrêts des tribunaux doivent être publiés pour compléter l'interprétation du Code civil. Très peu d'universitaires cambodgiens ont publié leurs traités pour soutenir les pensées juridiques motivant les diverses lois et codes. Finalement, l'élaboration de nouvelles lois spéciales peut accroître la portée du Code, quoique la prolifération incohérente de ces lois avec le Code civil doit être évitée à tout prix.

En termes de réforme juridique et judiciaire, la Stratégie rectangulaire du gouvernement est de parvenir à un système judiciaire crédible et stable qui promeut les droits de l'homme, renforce la primauté du droit et assure la justice sociale. La modernisation du cadre juridique, comprenant la mise en œuvre des trois lois fondamentales, à savoir la loi sur l'Organisation et le fonctionnement du Conseil suprême de la magistrature, la loi sur le Statut des juges et des procureurs et la loi sur l'Organisation des tribunaux, témoigne de ces derniers efforts. Ces trois lois traitent de la gestion structurelle de ressources humaines et financières, de l'organisation des tribunaux ainsi que de l'agrandissement de nouvelles fonctions juridictionnelles comme la création des unités spécialisées au sein des tribunaux et l'établissement des cours d'appel régionales. Des lois sur le statut des notaires, des huissiers et des greffiers sont aussi en cours de préparation. Enfin, la pénurie de ressources pèse énormément sur le système et c'est ainsi que le ministère de la Justice a également œuvré pour la création de l'Académie royale de la profession judiciaire, qui comprend l'École des juges et des procureurs, l'École des greffiers de cour, l'École des notaires, l'École d'huissier et le Centre de formation des avocats.

Les codes civil et pénal ont certainement contribué à l'État de droit et à la justice. Les juges fondent actuellement leurs décisions sur ces codes à part leur propre conscience, l'esprit de l'équité et les traditions coutumières. Alors que la constitution cambodgienne proclame l'existence d'un système judiciaire indépendant, le système judiciaire actuel n'est pas encore totalement indépendant. Une partie du problème découle inévitablement de l'histoire tragique du pays. Il faudra une ou deux générations d'efforts concertés pour compenser les pertes indicibles infligées par les khmers rouges. Heureusement, nous arrivons presque à la fin de la première génération.

Alors que la réforme judiciaire progresse lentement, le Cambodge peut être fier du succès obtenu dans le sillage des efforts de longue haleine du gouvernement, à savoir la mise en place effective d'un mécanisme de règlement alternatif des différends. L'arbitrage du travail est un modèle de réussite dans la réforme juridique et judiciaire. C'est un excellent exemple d'un mécanisme de règlement des différends qui fonctionne bien au Cambodge. À ce jour, l'OIT a attribué le succès du Conseil d'arbitrage à un haut niveau de coopération entre les principaux acteurs, notamment le gouvernement, les associations d'employeurs et les syndicats. Son succès a reçu une telle approbation et un tel respect de la part de l'industrie du textile et des chaussures qu'il pourrait servir de modèle de réforme dans d'autres pays, particulièrement des pays d'économie émergente et pour ceux sortant de guerre. Au cours de ces dernières années, sous l'impulsion du modèle de droit civil, le ministère du Travail a initié, à travers un mécanisme tripartite consultatif, la rédaction de la loi sur les procédures d'arbitrage des conflits du travail en 2015 dans le but d'établir un tribunal du travail. Toutefois, tenant compte de la réussite du Conseil d'arbitrage et suite à la demande de toutes les parties prenantes, le gouvernement a décidé de mettre fin à ce processus et de réaffirmer la continuation du mécanisme existant de conciliation et de règlement des conflits de travail.

Le Cambodge est aussi un cas type de dualité juridique qui démontre comment les meilleurs éléments du droit civil et de la Common Law se sont retrouvés côte à côte dans son système juridique indigène, quoique l'évolution de ce mélange aurait été faite de manière ponctuelle. Rétrospectivement, l'expérience démontre qu'un système n'est pas nécessairement « meilleur » que l'autre étant donné que tous deux ont leurs propres points forts et points faibles. Par ailleurs, les différences entre ces deux systèmes sont beaucoup moins importantes aujourd'hui qu'il y a un siècle – dans les pays de Common Law, de plus en plus de législations sont adoptées par le parlement tandis que dans les pays de droit civil, les décisions de la Cour suprême jouent un rôle créateur du droit. La différence est plus dans le style et la méthodologie que dans le fond, lequel a tendance à s'effacer. Ces facteurs, parmi d'autres, expliquent peut-être l'absence de tension parmi les décideurs et les parties prenantes cambodgiens quant à leur perception sur ces deux systèmes juridiques.

En fusionnant le meilleur des deux systèmes, le Cambodge pourrait entreprendre de futures réformes pour en arriver à un système juridique plus fort et plus efficace. Cette tendance à emprunter à la fois au système de la Common Law et au système de droit civil va à l'encontre de ceux qui disent que seuls les juristes de la Common Law devraient apporter leurs efforts de réforme dans les pays de Common Law ou que seuls ceux de droit civil devraient fournir leur assistance à la réforme du droit civil aux États nouvellement sortis de conflit. Le Cambodge peut prendre des deux, à condition qu'il puisse assurer l'appropriation de sa décision en fonction de sa propre situation. Il faut espérer que les juristes et décideurs cambodgiens résistent à certaines transplantations juridiques qui s'avéreraient inadaptées à la culture, à l'histoire et aux intérêts économiques du pays. Tout en préservant l'héritage traditionnel, il faut donc renforcer les institutions et le droit cambodgien en l'adaptant dans la mesure du possible avec des innovations juridiques issues des autres systèmes qui sont censés améliorer le fonctionnement de l'ensemble. C'est une démarche de bon sens. S'il est vrai que l'appui de la coopération française et japonaise est important, on aurait tort d'en conclure que celle-ci tend à l'exclusivité : la tâche est immense et d'autres interventions sont possibles et souhaitables pourvu qu'elles reflètent le vœu des autorités cambodgiennes et les besoins de la société.

Après deux décennies de transplantation juridique, le Cambodge peut tirer des leçons de ses récentes expériences pour assurer son propre destin quant à la cohérence de ses propres lois et à l'amélioration de son propre système juridique. C'est tout autant une bonne occasion pour les juristes cambodgiens de réfléchir sur l'état des lieux des lois en vigueur, de les mettre à jour afin qu'elles puissent correspondre aux nouvelles réalités et enjeux du développement du pays. Les leçons du passé nous rappellent que le recours aux seules forces économiques ne suffirait pas à apporter des changements juridiques systémiques. Il est donc indispensable de renforcer l'appropriation par les acteurs juridiques du pays. Par le passé, des mesures ont été prises en vue d'accroître la participation des homologues cambodgiens au processus de réforme législative. Les Cambodgiens devraient, dans la mesure du possible, concevoir leur propre cadre juridique en fonction de leurs propres réalités, tout en veillant à ce que le soutien technique des donateurs « renforce et non remplace » les institutions ou l'expertise locale. Avec le renforcement continu de la capacité nationale, il est donc fort possible d'assurer la cohérence juridique dans un futur proche. La voie à suivre est prometteuse, si l'on considère les réalisations concrètes du passé récent.

En termes de renforcement des capacités nationales, les acteurs du secteur privé, y compris le Barreau, les chambres de commerce et les universités, sont devenus de plus en plus performants, habilités et proactifs quant aux formulations des commentaires de fond sur diverses mesures législatives dans le cadre de leur dialogue avec le gouvernement. Au sein de la branche judiciaire, la création des CETC fut une étape importante dans le processus de renforcement des capacités au sein du système juridique national. Des leçons devraient être tirées de ce tribunal hybride à forte participation nationale, qui est en lien étroit avec le système de droit civil du pays. Bien que ce tribunal n'ait pas catalysé une réforme juridique de grande ampleur au Cambodge, son impact sur le personnel cambodgien a eu des effets salutaires en termes de développement de leur compétence professionnelle. En 2003, l'ancien secrétaire général des Nations Unies, Kofi Annan, a prévu que ce tribunal devrait avoir « une valeur patrimoniale considérable, dans la mesure où cela entraînera le transfert de compétences et de savoir-faire au personnel judiciaire cambodgien ».

En fin de compte, l'avenir n'est pas sans risque. Le vrai défi qui devra être relevé par le Cambodge viendra de l'étranger, plus exactement de l'Europe, de l'ASEAN, de l'ONU et des droits supranationaux, desquels découlent des règles minutieuses qui affecteront la vie juridique du pays. Ce sera un défi beaucoup plus destructeur et bien plus inquiétant. Alors que le Cambodge traverse une période difficile dans sa gestion sur le retrait des préférences tarifaires lié au régime TSA de l'UE, il y a une leçon claire à tirer pour les décideurs, les parlementaires et les juristes cambodgiens : leur manque d'intérêt et leur faible capacité quant aux débats sur ces enjeux aussi nationaux qu'existentiels, constituent un grave danger quant à l'appréciation des implications et des conséquences politiques possibles survenant ultérieurement des traités et conventions internationaux que le Cambodge a signés ou ratifiés. À l'avenir, le gouvernement devra concilier ces enjeux afin d'atténuer les effets de certaines ingérences géopolitiques et idéologiques occidentales risquant d'empiéter sur l'indépendance et la souveraineté du pays.

À part ce caveat géopolitique, en effet, l'avenir impose la confiance. C'est dire que, malgré de multiples transformations, l'avenir est ouvert à l'espoir et à la persévérance. Le système juridique hybride cambodgien a un avenir s'il sait retenir une coexistence intelligente des règles. Qu'il y ait, ici ou là, quelques lacunes... c'est évident. Mais écoutons le conseil d'un sage : « Ne faites pas le mieux l'ennemi du bien ».

Annexes

Chronologie du développement politique, économique, juridique et institutionnel

De 1863 à 1954 : Période du Protectorat français.

1863 : Le traité place le Cambodge sous le protectorat de la France.

1877 : Les autorités françaises du protectorat tentent de mettre en place un organe judiciaire moderne qui puisse remplacer le système traditionnel de règlement des différends cambodgien.

1884 : La Convention confère tous les pouvoirs au protectorat français pour entreprendre des réformes judiciaires et administratives.

1898 : Abolition de l'esclavage.

1902 : le Siam rétrocède en 1902 et 1907 les provinces de Melouprey et Bassac, puis de Battambang, Siem Reap et Banteay Mean Chey.

1911 : Code pénal et Code d'enquête pénal.

1920 : Code civil.

1922 : Réforme judiciaire sur la séparation du pouvoir judiciaire de celui des gouverneurs provinciaux.

1936 : Promulgation de 3 lois régissant les relations entre employeurs et employés.

1937 : Nouveau Code de procédure civile.

1941 : Le roi Monivong meurt et Norodom Sihanouk (son petit-fils de 19 ans) est couronné roi par les Français de Vichy.

1945 : Les Japonais chassent les Français de Vichy et accordent au Cambodge son indépendance sous Sihanouk. Fin de la Seconde Guerre mondiale et retour des Français au Cambodge.

1946 : Un accord de Modus Vivendi avec Sihanouk octroie l'autonomie administrative interne et démocratise les institutions. Les fonctionnaires français sont faits « conseillers » des khmers. Une monarchie constitutionnelle est établie avec une assemblée nationale élue au suffrage universel. Une Assemblée constituante cambodgienne de 67 membres est élue.
La Thaïlande doit de facto puis officiellement rendre les provinces de Battambang et Siem Reap au Cambodge.
Transfert de l'administration des tribunaux cambodgiens de l'administration française au gouvernement cambodgien.

1947 : Promulgation de la première Constitution cambodgienne instituant une monarchie constitutionnelle. Le roi Norodom Sihanouk abdique et devient chef d'État.

Le roi Sihanouk approuve la constitution (sur le modèle de la quatrième République française).

1948 : Sihanouk dissout l'Assemblée et forme un nouveau gouvernement, responsable envers lui-même, de démocrates de droite.

Création d'un tribunal administratif.

1949 : Le Cambodge obtient l'indépendance, la France conservant le contrôle de la défense, des affaires étrangères et de la sécurité intérieure.

Création de la Haute Cour de justice.

1950 : Les États-Unis reconnaissent le Cambodge.

Code de commerce.

Code de justice militaire.

1951 : De nouvelles élections en août donnent une large majorité aux démocrates.

1952 : Sihanouk congédie le gouvernement, formant un nouveau gouvernement dont il se proclame Premier ministre : Il règne par décret, mettant ainsi fin au pluralisme politique.

1953 : Le Cambodge bénéficie de facto d'un statut de partie contractante du GATT en tant qu'ancienne colonie de la France.

Les protocoles franco-cambodgiens accordent la pleine souveraineté sur les questions militaires, judiciaires et économiques. L'administration française transfère l'administration des tribunaux cambodgiens au gouvernement cambodgien.

Sihanouk nomme un nouveau gouvernement et commence sa « croisade royale pour l'indépendance du Cambodge » en France et dans les capitales occidentales.

1954 : La Conférence de Genève se réunit pour régler les conflits coréens et indochinois.

L'indépendance du Cambodge est confirmée dans la « Déclaration finale de la Conférence de Genève ».

La France signe le Traité Franco-Khmer. Au régime de protectorat se substitue une indépendance limitée au sein de l'Union française. Le statut d'État associé laisse la France maîtresse du jeu en matière de défense, police, diplomatie, justice, douanes et monnaie.

Le drapeau français est abaissé et le drapeau cambodgien levé.

Les accords de Genève mettant fin à la Guerre d'Indochine scellent la reconnaissance internationale du Cambodge, du Laos et du Vietnam.

La pleine indépendance, y compris économique, monétaire et douanière, est obtenue.

De l'Indépendance à l'APRONUC

1955 : Un accord d'aide militaire est signé avec les États-Unis.

Élections au Cambodge. Sihanouk abdique en faveur de son père, Suramarit, et avec son nouveau mouvement, le Sangkum balaye les élections le 11 septembre.

1958 : Le Sangkum remporte une victoire massive aux élections de l'Assemblée

1960 : Participation à la Conférence de Bandung. Sihanouk s'engage aux côtés de Tito, Nkrumah, Nehru, Nasser, Soekarno et Chou Enlai dans ce qui deviendra à Belgrade en 1961 le mouvement des pays non-alignés.

Les politiques neutralistes de Sihanouk sont approuvées par référendum constitutionnel et le prince est nommé chef de l'État à vie du Royaume. Au décès de Suramarit, la reine mère Kossamak devient « gardienne du trône ».

Sihanouk parachève sa domination politique aux élections générales. Il redevient un temps Premier ministre puis, jusqu'en 1970, au fil des 25 gouvernements du Sangkum, va jongler avec les casquettes de prince, chef de parti, chef du gouvernement (7 fois) et enfin chef d'État.

1962 : Le Cambodge finalise les négociations avec les parties contractantes du GATT sur les termes de son protocole d'adhésion, bien qu'il ne termine jamais les procédures nationales de ratification.

1963 : Le Sangkum et le neutralisme à l'épreuve des réalités politico-économiques et de la guerre froide. Sihanouk renonce à l'aide économique et militaire des États-Unis. Financement remplacé par une aide accrue de l'URSS et de la Chine.

1964 : Les mesures économiques radicales comprennent la nationalisation de toutes les activités bancaires et d'import-export – les banques étrangères sont fermées et les institutions privées nationales sont liquidées.

1966 : Des élections générales ont lieu. Lon Nol est nommé Premier ministre.

1967 : Lon Nol démissionne après un accident de voiture. Sihanouk forme un gouvernement d'urgence.
L'ASEAN est fondée.

1968 : Les Khmers Rouges lancent une vaste campagne de guérilla dans toute la région occidentale en janvier. Lon Nol revient comme ministre de la Défense pour stopper la détérioration rapide de la sécurité.

1969 : Le Cambodge rejoint l'OIT.
Les États-Unis commencent secrètement à bombarder le Cambodge en mars. Sihanouk annonce la reprise des relations diplomatiques avec les États-Unis.
Lon Nol est nommé Premier ministre en août.

1970 : Une campagne intensive de bombardement du Cambodge par le B-52 détruit une partie importante de la campagne, plongeant le pays dans l'instabilité.
Le Cambodge est en guerre civile qui paralyse le développement. Les zones agricoles sont perdues en raison de l'insécurité et des conflits.
Le Prince Norodom Sihanouk est destitué par le Premier ministre général Lon Nol.
La République khmère est proclamée et la monarchie est officiellement abolie. Le prince Sihanouk forme un gouvernement en exil.

1971 : L'état d'urgence est déclaré le 20 octobre. l'Assemblée nationale est privée de ses pouvoirs législatifs le 16 octobre.
La nouvelle Constitution introduit un nouveau système politique multipartite et des principes démocratiques.

1972 : Ratification de l'adhésion à l'OIT et de diverses conventions de l'OIT.

17 avril 1975 : Le régime de Lon Nol s'écroule. Les États-Unis évacuent leur ambassade, retirent le statut de la nation la plus favorisée et imposent un embargo total au Cambodge.
Le régime des Khmers rouges commence. Le Kampuchéa démocratique (DK) est établi.

1976 : Sihanouk démissionne de son poste de chef d'État et est maintenu en détention dans un « palais ».
Proclamation de la Constitution du DK.

1978 : Les troupes vietnamiennes entrent au Cambodge.

1979 : Le régime du DK s'est effondré le 7 janvier. Le Cambodge est libéré du régime des Khmers rouges.

La République populaire du Kampuchéa (RPK) est établie. Heng Samrin est réélu président.
Un tribunal populaire révolutionnaire réuni a Phnom Penh condamne à mort par contumace pour génocide Pol Pot et Ieng Sary.

1980 : Attaquant les Khmers rouges, l'armée vietnamienne franchit la frontière thaïlandaise. Les pays de l'ASEAN font adopter à l'ONU une résolution exigeant le retrait des soldats vietnamiens.
L'Inde reconnaît officiellement le régime Heng Samrin, le seul pays asiatique non communiste à le faire.
La Banque centrale est rétablie.
La réintroduction du riel par la nouvelle banque centrale.
Décret-loi relatif à la décision d'établir les tribunaux révolutionnaires du peuple dans toutes les provinces et municipalités.

1981 : La Constitution du RPK est proclamée.
La conférence internationale des Nations Unies sur le Cambodge (représentants de 79 pays et observateurs de 25 autres) s'ouvre à New York et adopte une résolution appelant au retrait des forces vietnamiennes.
Un Conseil d'État et un Conseil des ministres remplacent la CPRK par le secrétaire général du parti et ministre de la défense, Pen Sovann, comme Premier ministre.
Décret-loi concernant l'élection des représentants à l'Assemblée nationale du RPK.

1982 : Accord sur l'aide économique et technologique signé avec l'URSS concernant l'agriculture, les transports et les communications.
Décret-loi concernant la sauvegarde des biens de l'État ; Décret-loi sur les impôts d'exploitation ; Décret-loi sur les taxes à l'importation ; Décret-loi concernant l'organisation des tribunaux et des bureaux des poursuites ; Décret-loi concernant l'organisation et les activités du Conseil des ministres ; Décret-loi sur l'organisation de l'Assemblée nationale et du Conseil d'État ; Décret-loi sur l'organisation du tribunal militaire ; Décret-loi relatif à la procédure juridique d'établissement des lois et règlements.

1983 : Création du Comité économique mixte Vietnam-Laos-Cambodge.

1984 : Introduction du principe de l'économie mixte (la reconnaissance du rôle du secteur privé) dans la constitution de la RPK.
Décret-loi concernant la révision, la réduction ou l'appel des peines pénales.

1985 : Premiers pas sérieux vers un accord de paix.
Hun Sen est élu par l'Assemblée nationale à la présidence du Conseil des ministres.
Décret-loi concernant la répression de la contrefaçon ; Décret-loi concernant la perception des taxes de licence ; Décret-loi sur la perception des impôts d'exploitation ; Décret-loi sur la perception des taxes sur les marchandises à l'intérieur du pays ; Décret-loi sur l'organisation de la Cour suprême du peuple et Procureurs généraux accrédités auprès de la Cour suprême du peuple ; Décret-loi concernant la préservation des trésors historiques et culturels et des monuments nationaux ; Décret-loi concernant l'obligation de servir en défense de la Patrie.

1986 : Décret-Loi portant modification de l'article 12 de la Constitution de la RPK. Des réformes précoces axées sur le marché sont introduites : libéralisation des prix, privatisation de certaines entreprises publiques et adoption d'un système bancaire à deux niveaux.

1987 : Décret-loi sur la gestion de la pêche.

1988 : Entretiens en France entre Hun Sen et Sihanouk sur la question de la structure politique d'un post-établissement le 20-21 janvier.
Retrait partiel des troupes de Hanoi.
L'Assemblée générale des Nations Unies et la résolution parrainée par l'ASEAN appellent à la création d'une autorité administrative intérimaire pour gouverner le pays entre le retrait des troupes et la tenue d'élections libres.
Décret-loi sur les contrats et autres obligations ; Décret-loi sur la gestion forestière ; Décret-loi sur l'organisation du cabinet ministériel du ministère du contrôle.

1989 : Une révision de la constitution transforme la RPK en « État du Cambodge », déclaré « neutre, pacifique et non aligné ». Changement de drapeau, rétablissement du bouddhisme, abolition de la peine de mort, reconnaissance de la propriété privée et introduction de l'économie de marché.

1989 : Conférence internationale sur le Cambodge à Paris le 30 juillet.

1989 : Le Vietnam termine son retrait des troupes du Cambodge le 26 septembre.
Décret-loi sur le mariage et la famille ; Décret-loi sur les droits à l'importation et à l'exportation ; Décret-loi sur le drawback des droits ; Décret-loi sur les investissements étrangers ; Décret-loi sur le contrôle des institutions financières ; Décret-loi sur la gestion des devises, des métaux précieux et des pierres ; Décret-loi sur les procédures pénales.

1990 : Les cinq membres permanents du Conseil de sécurité (P-5) proposent que l'ONU joue un rôle accru dans le règlement du conflit.
Le Conseil de sécurité des Nations Unies s'accorde sur un plan de paix cambodgien exigeant la création du CNS de 12 membres composés de dirigeants cambodgiens de toutes les factions. Le CNS occuperait le siège du Cambodge à l'ONU, mais céderait la plupart de ses pouvoirs à l'ONU jusqu'à l'élection d'un nouveau gouvernement.
Les factions approuvent le plan de paix P-5 dans son intégralité et s'engagent à le placer dans un règlement politique global lors d'une prochaine réunion de la Conférence internationale de Paris sur le Cambodge.
L'Assemblée générale de l'ONU approuve le plan de paix.

1991 : Déclaration du cessez-le-feu par toutes les parties au Cambodge le 1er mai.
Signature des Accords de paix de Paris.
Etablissement de l'Autorité Provisoire des Nations Unies au Cambodge (APRONUC) par le Conseil de sécurité des Nations Unies
Levée de l'embargo commercial américain par les États-Unis.
Le Cambodge rejoint le Groupe de la Banque mondiale.
Décret-loi instituant la taxe d'enregistrement ; Décret-loi sur la navigation fluviale ; Décret-loi sur la circulation routière ; Décret-loi instituant la taxe à l'abattage ; Décret-loi instituant la taxe de timbre ; Décret-loi sur l'emprisonnement physique forcé ; Décret-loi sur la punition des actes de terrorisme ; Décret-loi sur la punition de l'usage illégal d'armes et d'uniformes ; Décret-loi sur l'exécution des jugements civils ; Décision relative aux dispositions relatives au droit judiciaire et pénal et à la procédure applicable au Cambodge pendant la période transitoire.

1992 : L'APRONUC entame son déploiement avec l'arrivée de son chef Yasushi Akashi. Le pays est dès lors sous la tutelle de l'ONU, théoriquement par délégation du CNS.
Décret-loi et Anukret sur la comptabilité ; Décret-loi sur la création d'entreprises d'assurance ; Décret-loi sur le contrôle des institutions financières ; Décret-loi sur la navigation fluviale ; Droit du travail ; Droit foncier. SNC adhère à divers instruments internationaux, dont le Pacte relatif aux droits civils et politiques et le Pacte international relatif aux droits économiques, sociaux et culturels.

1993 : Les relations diplomatiques américano-cambodgiennes sont rétablies.
Élections nationales tenues ; Adoption de la nouvelle monarchie constitutionnelle. La Constitution proclame le roi Norodom Sihanouk chef d'État et établit un gouvernement de coalition.
Loi sur le budget ; Loi sur la gestion financière ; Loi sur la procédure pénale ; Loi sur l'organisation et les activités des tribunaux de l'État du Cambodge.

Fin du mandat de l'APRONUC - Le Cambodge contemporain sous sa nouvelle constitution : 1993

1993-1994 : Programme national de réhabilitation et de développement du Cambodge (NPRD)
Loi sur la ratification de l'accord de crédit pour le développement pour l'année 1994 approuvée le 5 novembre 1993 entre le Royaume du Cambodge et l'Agence internationale de développement ; Accord de coopération économique et commerciale avec le Vietnam ; Accord sur le transit des marchandises avec le Vietnam ; Accord sur le transit des marchandises avec la RDP Lao ; Accord de coopération économique, scientifique et technique avec la Malaisie ; Loi sur l'investissement du Royaume du Cambodge ; Loi sur l'immigration ; Loi sur l'aménagement territorial, l'urbanisme et la construction ; Loi sur l'organisation et le fonctionnement du Conseil des ministres ; Loi sur les statuts généraux de la fonction publique ; Loi sur l'organisation et le fonctionnement du Conseil suprême de la magistrature.

1995 : Le Cambodge devient membre de l'OMPI.

Mise en œuvre du Programme national de réhabilitation et de développement du Cambodge (INPRD).

Loi de ratification de l'accord de crédit daté du 3 mars 1995 entre le Cambodge et la BAD ; Accord commercial avec la RDP Lao ; Accord avec la Fédération de Russie sur les relations économiques et commerciales ; Accord de coopération culturelle et scientifique avec la Fédération de Russie ; Mémorandum sur les relations économiques et commerciales avec le Philippines ; Loi sur les chambres de commerce ; Loi sur les statuts des entreprises d'État ; Loi portant sur la réglementation commerciale et le registre du commerce ; Loi portant sur la profession d'avocats ; Loi sur la presse.

1996 : Plan de développement socio-économique I (SEDP I) (1996-2000)
Le Sénat américain modifie et approuve le projet de loi pour accorder un traitement NTR au Cambodge. Le président Clinton signe la loi. Le Cambodge demande la désignation au système de préférences généralisées des États-Unis.
Accord sur les relations commerciales et la protection des droits de propriété intellectuelle avec les États-Unis ; Accord de coopération commerciale,

économique et technique avec la Thaïlande; Accord de protection des investissements avec : la Chine ; la Confédération suisse ; et Singapour.

Loi sur la ratification de la Convention-cadre des Nations Unies sur les changements climatiques ; Loi sur la ratification de la Convention sur les zones humides d'importance internationale, en particulier en tant qu'habitat de la sauvagine ; Loi sur l'adoption de l'adhésion du Cambodge à la SFI ; Loi sur les institutions bancaires et financières ; Loi sur la nationalité ; Loi sur la protection de l'environnement et la gestion des ressources naturelles ; Loi sur la gestion des produits pharmaceutiques ; Loi sur les statuts généraux des entreprises publiques.

1997 : Crise financière asiatique

Accord commercial avec la Chine ; Accord commercial avec l'Indonésie ; Accord de protection des investissements avec la Corée ; Protocole d'entente sur la coopération en matière de propriété intellectuelle avec la Thaïlande.

Loi sur la fiscalité ; Loi sur les changes ; Code du travail ; Loi sur l'avortement ; Loi sur les partis politiques ; Loi sur l'élection de l'Assemblée nationale ; Loi sur la gestion financière pour l'exercice 1998.

1998 : Strategie Triangulaire (1998-2003)

Le Cambodge devient membre de la Convention de Paris pour la protection des droits de propriété industrielle ; Accord commercial avec le Vietnam ; Accord commercial avec la République populaire du Laos ; statut de « NTR » accordée.

Loi sur l'organisation et le fonctionnement du Conseil constitutionnel ; Loi établissant un modèle de statut particulier d'une entité ; Loi sur l'élection de l'Assemblée nationale - addenda 1 et 2 ; Loi sur la gestion financière et la propriété des municipalités et des provinces.

1998 : Hun Sen devient seul Premier ministre le 30 novembre.

1999 : ***Fin du régime des Khmers rouges.*** Adhésion à l'ASEAN. Le Cambodge soumet son mémorandum sur le régime du commerce extérieur au Secrétariat de l'OMC. Accord bilatéral sur les textiles avec les États-Unis – NPF avec conditions ; Accord bilatéral sur les textiles avec l'UE ; Accord commercial avec la Malaisie. Loi portant sur l'adhésion du Royaume du Cambodge à l'Agence multilatérale de garantie des investissements ; Loi sur l'adoption des conventions n° 87, 98, 100, 111, 105 et 138 de l'Organisation internationale du travail ; Ratification de l'Accord sur les douanes de l'ASEAN ; Loi sur les modifications du registre des règles commerciales et du commerce ; Loi sur les banques et les institutions financières ; Loi sur la gestion financière pour l'année fiscale 2000 ; Loi modifiant l'article 51 de la Loi sur la fonction publique ; Loi interdisant l'utilisation de tous les types de mines antipersonnel.

2000 : Accord commercial avec Brunei Darussalam ; Loi sur les assurances ; Loi sur l'audit ; Loi sur la gestion des produits et services de qualité et de sécurité ; Loi sur la gestion de la profession médicale privée, paramédicale et professionnelle de l'aide médicale.

2001 : Plan de développement socio-économique II (SEDP II) (2001-2005) ; Plan directeur du Secteur financier du Gouvernement royal du Cambodge (2001-2010) ; Renouvellement de l'Accord sur les textiles des États-Unis pour une autre période de trois ans ; Ratification de la Convention du Centre international pour le règlement des différends relatifs aux investissements ; Droit foncier ; Loi sur l'électricité du Cambodge ; Loi sur l'administration communale ; Loi sur les circonstances aggravantes pour les crimes ; Loi sur la reconnaissance et l'exécution des sentences arbitrales étrangères.

2002 : Plan directeur de développement pour la zone frontalière Vietnam - Cambodge – Laos ; Accords avec la Turquie : (i) Accord commercial général et (ii) Accord sur les textiles et les vêtements ; Accord commercial avec la Chine ; Accord commercial avec la Corée ; Accord commercial avec l'Inde ; Ratification du Protocole 8 sur les mesures sanitaires et phytosanitaires pour la mise en œuvre de l'accord-cadre de l'ASEAN sur la facilitation du transit des marchandises ; Ratification de l'Accord sur la facilitation du transport transfrontalier de marchandises et de personnes entre le Cambodge, la République démocratique populaire du Laos, la Thaïlande et le Vietnam ; Ratification du protocole sur l'arrangement spécial pour les produits sensibles et très sensibles de l'accord sur le régime du tarif de préférence effectif commun pour la zone de libre-échange de l'ASEAN.

Protocole d'entente avec le Canada sur l'Initiative des pays les moins avancés prévoyant un taux tarifaire de zéro pour tous les textiles et vêtements admissibles exportés du Cambodge.

Loi sur les forêts ; Loi sur la comptabilité d'entreprise, la vérification et la profession comptable ; Loi sur les marques, le nom commercial et les actes de concurrence déloyale.

2003 : Adhésion à l'OMC lors de la 5e réunion ministérielle de l'OMC à Cancún.

Stratégie de réforme juridique et judiciaire.

Adoption de la Stratégie rectangulaire pour la croissance, l'emploi, l'équité et l'efficacité au Cambodge Phase I (2003-2008)

Stratégie nationale de réduction de la pauvreté (NPRD) (2003-2005)

Lancement de la politique « Open Sea Policy » pour ouvrir plus de ports internationaux.

Accord entre l'ONU et le Gouvernement royal du Cambodge concernant les poursuites en vertu des crimes commis pendant la période du Kampuchéa démocratique.

Loi sur les brevets, les modèles d'utilité et les dessins et modèles industriels ; Loi sur le droit d'auteur et les droits connexes ; Loi modificative de la loi sur la fiscalité ; Loi modifiant la loi sur les investissements.

2004 : National Program for Administrative Reform (2004-2008)

Loi sur l'adoption du Protocole sur la participation du Cambodge à l'OMC ; Loi sur l'adoption de l'accord entre les Nations Unies et le Cambodge concernant la poursuite en vertu du droit cambodgien des crimes commis pendant la période du Kampuchéa démocratique.

Droit financier pour la gestion en 2004 ; Droit financier pour la gestion en 2005 ; Loi sur l'octroi de titres royaux et de prérogatives à l'ancien roi et à la reine du Royaume du Cambodge ; Loi sur la constitution complémentaire pour garantir le processus régulier de l'institution nationale ; Loi sur le Conseil royal du trône ; Loi modifiant les articles de la loi sur l'établissement de CETC pour les crimes commis pendant la période de la démocratie du Kampuchéa.

2005 : Stratégie de développement du secteur privé au Cambodge.

Plan d'action pour la mise en œuvre de la réforme juridique et judiciaire

Ratifications des accords de l'ASEAN.

Loi sur la statistique ; Loi sur les entreprises commerciales ; Loi sur l'élection des sénateurs ; Loi sur les instruments négociables et les opérations de paiement ; Loi sur les archives nationales ; Loi modifiant la Loi sur le contrôle des drogues ; Loi modifiant les articles 88 et 111 (nouveaux) de la Constitution ; Loi modifiant les articles du règlement intérieur de l'Assemblée nationale ; Loi sur la gestion des armes et des explosifs ; Loi sur la prévention de la violence familiale et la protection des victimes.

2006 : Mise en place du tribunal des Khmer Rouges
Adoption du nouveau Plan national de développement stratégique 2006-2010
Loi sur la monogamie ; Loi sur la pêche ; Loi sur l'arbitrage commercial ; Loi sur les titres de l'État ; Loi sur la circulation routière ; Loi modifiant les articles 2 et 15 de la loi sur les chambres de commerce ; Code de procédure civile ; Loi modifiant les articles de la loi sur l'organisation et la fonction de la Banque Nationale du Cambodge ; Loi modifiant l'article 63 la Loi de l'APRONUC ; Loi modifiant l'art 13 nouvelle loi sur l'élection de l'Assemblée nationale ; Loi modificative sur l'élection du conseil de commune/sangkat.

2007 : Lancement de la Stratégie d'intégration du commerce ; Protocole relatif à l'Accord de Madrid concernant l'enregistrement international des marques, adopté le 27 juin 1989, modifié le 3 octobre 2006 et le 12 novembre 2007 ; Loi sur les douanes ; Loi sur les normes du Cambodge ; Loi sur la concession ; Loi sur l'insolvabilité ; Loi sur les opérations sécurisées ; Loi sur l'éducation ; Loi sur les titres de l'État ; Loi sur l'émission et le commerce de titres non gouvernementaux ; Loi sur la gestion des ressources en eau du Royaume du Cambodge ; Loi sur la biosécurité ; Loi sur les zones protégées naturelles ; Loi sur le blanchiment d'argent et la lutte contre le financement du terrorisme ; Loi modifiant la Loi sur la gestion des produits pharmaceutiques ; Code civil ; Code de procédure pénale ; Loi sur la modification de la loi sur l'organisation et le fonctionnement du conseil constitutionnel ; Loi modifiant les articles de la loi du travail ; Loi anti-terroriste ; Loi sur la répression de la traite des personnes et de l'exploitation sexuelle.

2008 : Adoption de la Stratégie rectangulaire pour la croissance, l'emploi, l'équité et l'efficacité au Cambodge Phase II (2008-2013) ; Ratification des sept conventions fondamentales de l'OIT ; Loi sur le système de finances publiques ; Loi sur les aires naturelles protégées ; Loi sur la gestion des semences et des droits d'obtentions du Royaume du Cambodge ; Loi sur la gestion des pesticides et des engrais ; Loi sur l'aviation civile ; Loi sur l'élection des conseils provinciaux, municipaux, de district et Khan de la capitale.

2009 : L'initiative « EBA » de l'UE entre en vigueur ; Loi sur l'adoption de l'accord global sur l'investissement de l'ASEAN ; Loi sur l'adoption de l'Accord de partenariat économique global entre l'ASEAN et le Japon ; Loi sur le tourisme ; Loi sur le système des unités ; Loi sur la métrologie ; Loi sur le crédit-bail ; Loi sur les concessions ; Loi sur la protection et la promotion des droits des personnes handicapées ; Code pénal.

2010 : Loi portant approbation de l'Accord sur l'investissement de l'Accord-cadre de coopération économique globale entre l'ASEAN et la Chine ; Loi sur l'adoption de l'accord entre le Cambodge et le Vietnam sur le transport fluvial ; Loi sur l'octroi aux étrangers du droit de propriété sur une unité privée dans un immeuble en copropriété ; Loi sur l'expropriation ; Loi sur la lutte contre la corruption.

2011 : Loi portant adoption de l'Accord multilatéral de l'ASEAN sur la libéralisation totale des services de fret aérien ; Loi d'approbation de l'accord d'extradition entre le Royaume du Cambodge et la Corée ; Loi d'application du Code civil ; Loi sur l'organisation et le fonctionnement de l'Assemblée nationale et du Sénat ; Loi sur la prison ; Loi sur le plan budgétaire et la gestion des actifs de l'administration sous-nationale.

2012 : Loi de ratification de l'accord d'assistance judiciaire mutuelle en matière civile entre le Cambodge et la République socialiste du Vietnam ; Loi sur l'inspection des drogues ; Loi sur le contrôle des drogues et des engrais agricoles ; Loi sur la gestion financière 2013 ; Loi sur les marchés publics ; Loi sur la détermination du nombre de sièges à l'assemblée générale ; Loi sur l'élection du Sénat ; Loi sur les circonstances aggravantes de la criminalité.

2013 : Adoption de la Stratégie rectangulaire pour la croissance, l'emploi, l'équité et l'efficacité au Cambodge Phase III (2013-2018) ; Loi sur les coopératives agricoles ; Loi sur la gestion financière 2014 ; Loi modifiant l'article 28 de la loi sur la gestion et le fonctionnement du conseil des ministres ; Loi contre la reconnaissance des crimes pendant les Khmers rouges ; Loi sur la prévention des incendies et la lutte contre les incendies ; Loi sur le conseil suprême de la défense nationale.

2014 : Loi portant adoption de l'accord de coopération culturelle entre les gouvernements des États membres de l'ASEAN et du gouvernement de la Fédération de Russie ; Loi portant adoption de l'accord sur les privilèges et immunités de l'ASEAN ; Loi sur les indications géographiques ; Loi sur la circulation routière ; Loi sur les assurances ; Loi sur la gestion financière 2015 ; Loi sur l'administration de l'usine et de l'artisanat ; Loi sur l'adoption du Plan national de développement stratégique 2014-2018 ; Loi d'adoption de l'Accord sur les douanes de l'ASEAN ; Loi sur l'organisation et le fonctionnement du Conseil suprême de la magistrature ; Loi sur l'organisation des tribunaux ; Loi sur le statut des juges et des procureurs.

2015 : Lancement de la Politique de développement industriel (2015-2025)
Loi sur les associations et les organisations non gouvernementales ; Loi sur l'élection communale ; Loi sur la gestion des sinistres ; Loi sur l'élection des Conseils Communaux ; Loi sur l'élection des membres de l'Assemblée nationale ; Loi sur l'électricité ; Loi sur la gestion financière 2016 ; Loi sur la circulation terrestre ; Loi sur l'organisation et le fonctionnement du Comité électoral national ; Loi sur les baux financiers spéciaux ; Loi sur la statistique ; Loi sur les télécommunications ; Loi sur la lutte antitabac.

2016 : Traité de coopération en matière de brevets (PCT) ; Loi d'adoption du Protocole 7 du système de transit douanier de l'Accord-cadre de l'ASEAN sur la facilitation du transit des marchandises ; Loi de ratification sur la Banque asiatique d'investissement dans les infrastructures ; Loi sur les syndicats ; Loi sur la comptabilité et l'audit ; Loi sur la gestion financière 2017 ; Loi sur la gestion des professions de la santé ; Loi sur la réglementation des praticiens de la santé ; Loi sur la justice pour mineurs.

2017 : Accord avec l'Office européen des brevets (OEB) sur la reconnaissance des brevets européens ; Loi sur les recours commerciaux ; Loi sur la licence obligatoire pour la santé publique ; Loi sur l'élection des sénateurs ; Loi sur la gestion financière 2018.

2018 : Adoption de la Stratégie rectangulaire pour la croissance, l'emploi, l'équité et l'efficacité au Cambodge Phase IV (2018-2023) ; Amendements des articles de la Constitution du Royaume du Cambodge.
Accord de double taxation entre le Cambodge, le Vietnam et l'Indonésie ; Loi sur l'approbation du traité d'extradition entre le Royaume du Cambodge et la Russie ; Loi sur la ratification d'un accord visant à éviter la double imposition et à prévenir l'évasion fiscale en ce qui concerne les impôts sur le revenu ; Loi sur les paiements budgétaires généraux de l'État pour la gestion de l'année 2017 ; Loi sur le salaire minimum ; Loi sur la nationalité ; Loi sur la gestion financière 2019.

2019 : Loi sur la fiducie.

*****

Bibliographie

I - Bibliographie générale

A - Ouvrages généraux

ALBARIAN (Alexis) et MORETEAU (Olivier), Le droit comparé et Comparative Law and...Actes de la conférence annuelle de Juris Diversitas, Presses Universitaires D'Aix-Marseille, (2016).

ASCENSIO (Hervé), *Droit international économique*, Thémis droit, Presses universitaires de France, (2018).

ASSOCIATION HENRI CAPITANT, Les droits de tradition civiliste en question : À propos des rapport Doing Business de la Banque Mondiale (Vol. 1), Société de législation comparée, (2006) ; Les droits de tradition civiliste en question : À propos des rapport Doing Business de la Banque Mondiale, Contributions des Groupes autres que le Groupe français de l'Association Henri Capitant (Vol. 2), Société de législation comparée, (2006).

AUBY (Jean-Bernard) et FREEDLAND (Mark), La distinction du droit public et du droit privé : regards français et britanniques, The Public Law/Private Law Divide : une entente assez cordiale ?, Colloques, Panthéon-Assas, (2004).

BERTOSA (Bernard), La Justice, les affaires, la corruption : Conversation avec Agathe Duparc Fayard, (2009).

BARNETT (Randy E.), Four Senses of the Public Law-Private Law Distinction, Georgetown University Law Center, (1986).

BROOK (J.), Secured Transactions, 2de ed., Aspen Law & Business, (2002).

CASLAV (Pejovic), Civil Law and Common Law: Two Different Paths Leading to the Same Goal, 32 VUWLR, (2001).

CORTEN (Olivier), Méthodologie du droit international public, éditions de l'Université de Bruxelles, (2017).

DELPLANQUE (Catherine), Origins and impact of the French Civil Code, Undated

DEMAN (Myriam), JULIAN (Magali), Guide de l'anglais des contrats d'affaires : Lecture, traduction, rédaction, LexisNexis, Paris. (2015).

DIOUF (Abdou), Passion Francophone : Discours et interventions 2013-2014, Bruyant, (2014).

DREYFUS (Simone), Droits des relations internationales : éléments de droit international public, 4e éd. Éditions Cujas, (1992).

FEINERMAN (V. James), "Introduction to Asian Legal Systems," In Danner & Bernal (eds) (1994).

FOND MONETAIRE INTERNATIONAL, Orderly& Effective Insolvency Procedures, (1994) ; Pour des procédures d'insolvabilité ordonnées et efficaces : Principales questions, Washington DC, (2000).

GHESTIN (Jacques) et BARBIER (Hugo), Traité de droit civil : Introduction générale, 5e éd., LGDG, (2018).

HARRISON (Lawrence E.) and HUNTINGTON (Samuel P.) (eds), Culture Matters: How Values Shape Human Progress, (2001).

HILL (C.) and MENZEL (J.), Constitutionalism in Southeast Asia, Volume 3, Cross-Cutting Issues, Konrad-Adenauer-Stiftung, (2009).

HIROSATO (Y.) and KITAMURA (Y.) (eds.) (Ed.), The Political Economy of Educational Reforms and Capacity Development in Southeast Asia, Springer Science, Business Media B.V., (2009).

KUONG (Teilee), A Story of Constitutional Evolution Beyond Rhetoric, Nagoya University Center for Asian Legal Exchange.

LEGEAIS (Raymond), Grands systèmes de droit contemporains : Approche comparative, 3e éd., LexisNexis, (2016).

NORTH (Douglass), Institutions, Institutional Change, and Economic Performance, (1990).

OFOSU-AMAAH (W. P.), SOOPRAMANIEN (R.) and UPRETY (K.), Combating Corruption: A Comparative Review of Selected Legal Aspects of State Practice and Major International Initiatives, (1999).

PONTHOREAU (Marie-Claire), le droit comparé en question(s) : entre pragmatisme et outil épistémologique, revue internationale de droit comparé, (2005).

RAMBAUD (Thierry), Introduction au droit comparé : Les grandes traditions juridiques dans le monde, Presses Universitaires de France, (2014) ; Introduction au droit comparé : Les grandes traditions juridiques dans le monde, Quadrigue Manuels, Presses universitaires de France, (2017).

RENE (David), JAUFFRET-SPINOSI (Camille) et GORE (Mari), Les grands systèmes de droit contemporains, 12 th édition, Dalloz, (2016).

ROBAYE (René), Comprendre le droit, 4e édition, Couleur Livres, (2010).

SEIDMAN (Ann), SEIDMAN (Robert) and ABEYESEKERE (Nalin), Legislative Drafting for Democratic Social Change: A Manual for Drafters, Kluwer Law International Ltd., (2001).

TRUBEK (David M), The New Law and Economic Development: A Critical Practice, (2006).

WATSON (Alan), Legal Transplants : An Approach to Comparative Law (revised ed, (1993).

ZWEIGERT (L.) and KOTZ (H) (1998) Introduction to comparative law, 3rd edn. Oxford : Oxford University Press.

B - Articles, chroniques, notes, observations, commentaires, rapports, conférences, séminaires, colloques, études, communications, avis et conclusions

ACKERMANN (Bruce), The Rise of World Constitutionalism, 83 Virginia Law Review 771 (1996). al

BANQUE MONDIALE, Conference Proceedings: Comprehensive Legal and Judicial Development: Toward an Agenda for a Just and Equitable Society in the 21st Century. Washington, DC., (2001).

BELISLE (Denis J.), Speaking Notes for Making Trade Work for the Poor, 2003.

CAIRNS (John W.), Watson, Walton, And The History Of Legal Transplants, GA. J. INT'L & COMP. L. [Vol. 41:637, (2013).
CASLAV (Pejovic), Civil Law and Common Law: Two Different Paths Leading to the Same Goal, 32 VUWLR, (2001).
CRAWFORD (J.), PELLET (A.) and REDGWELL (C.), Anglo-American And Continental Traditions, In Advocacy Before International Courts And Tribunals, Cambridge Journal of International and Comparative Law (2)4: 1–23, (2013).
DELIYANNI-DIMITRAKOU (Christina), Le Droit Comparé à l'épreuve du Pluralisme Juridique et de la Mondialisation, Études de l'IRDEIC n° IX/2013, Presses de l'Université Toulouse 1 Capitole, (2013).
FUMICHON (Bruno de Loynes de), Introduction Au Droit Comparé, Journal de Droit Comparé Du Pacifique, Collection 'Ex Professo', Volume II, (2013).
HOFMEISTER (Wilhelm), The promotion of democracy as a task of international cooperation, In LEOPOLDO, (J. Dejillas), KARCHER (L. Gunther), The Development of Democracy in the ASEAN Region, Konrad Adenauer Stiftung, (1997).
HOFSTEDE (Geert), Hofstede's Cultural Dimensions, *In* TOMPENAARS (Fons) and COEBERGH, 100+ Management Models, (2017).
HUNTINGTON (Samuel P.) (eds), Culture Matters: How Values Shape Human Progress, (2001).
ICHIHARA (Maiko), Understanding Japanese democracy Assistance, Carnegie Endowment for International Peace, (2013).
JAUFFRET-SPINOSI (Camille), Rapport de synthèse, In Travaux de l'Association Henry Capitant des amis de la culture juridique française, Le Contrat, Journées Brésiliennes, Tome LV, Société de législation comparée, (2005).
MOUSOURAKIS (George), Legal Transplants and Legal Development: A Jurisprudential and Comparative Law Approach, Acta Juridica Hungarica, (2013).
MUIR-WATT (Horatia), La fonction subversive du droit comparé, In Revue internationale de droit comparé. Vol. 52 N° 3, Juillet septembre, (2000). pp. 503-527.
O'CONNOR (Vivienne), Practitioner's Guide, Common Law and Civil Law Traditions, International Network to Promote the Rule of Law, March (2012).
SACCO (Rodolfo), Culture et droit civil, Rapport général, In Travaux de l'Association Henry Capitant des amis de la culture juridique française, Droit et Culture : Journées louisianaises, Tome LVIII, Bruyant et LB2V, (2008).
SHUSEI (Ono), Comparative Law and the Civil Code of Japan, Hitotsubashi journal of law and politics, 24: 27-45, (1996).
THI (Thanh Trai Le), the French Legal Profession: A Prisoner of Its Glorious Past ?, Year of Publication.
TRUBEK (David M), The "Rule of Law" in Development Assistance: Past, Present, and Future, In David M. TRUBEK and Alvaro SANTOS (eds), The New Law and Development: A Critical Practice, (2006); 'Toward a Social Theory of Law; An Essay on the Study of Law and Development' 82(1) Yale Law Journal 1-50, (1972).
VAN HOECKE (Mark), Six méthodes pour la recherche comparative en droit, In Alexis Albarian, Olivier Moréteau, Le droit comparé et Comparative Law

and...Actes de la conférence annuelle de Juris Diversitas, Presses Universitaires D'Aix-Marseille, (2016).

C - Thèses, mémoires

BEVERIDGE (Barbara Jane), How Culture, Law, and Language are all Barriers to Effective Cross-Cultural Legal Communication, Specifically International Commercial Contracts, Master of Laws Thesis, Faculty of Graduate Studies, Faculty of Law, The University of British Columbia, April 1998.

FEKETE (Balázs), Paradigms of Modern Comparative Law, Toward a New Interpretation of the History of Comparative Law, PhD Thesis, Pázmány Péter Catholic University, Faculty of Law- and Political Sciences, Doctoral School, Budapest, (2009).

WHELAN (Darius), Thesis for a Master of Laws, The Comparative Method and Law Reform, University College Cork, (1988).

D - Documents officiels

BANQUE MONDIALE, Company Codes of Conduct and International Standards : An Analytical Comparison Part I of II, (2003); Doing Business Report, (2006) ; Doing Business Report: How to Reform, (2007).

NATIONS UNIES, Report of the Panel on United Nations Peace Operations: Comprehensive Review of the Whole Question of Peacekeeping Operations in All Its Aspects ("Brahimi Report") UN Doc A/55/305–S/2000/809 (21 August 2000); Haut-Commissaire Aux Droits De L'homme, Droits de l'homme et application des lois : manuel de formation à l'intention des services de police, Série sur la formation professionnelle n° 5, (1997).

E - Périodiques, encyclopédies et dictionnaires

DALLOZ, Lexique des termes juridiques, 23e éd. 2015-2016, (2015).

DREYFUS (Simone) et NICOLAS-VULLIERME (Laurence), La Thèse de doctorat et le mémoire : Étude Méthodologique (Science juridiques et politiques) (3e édition)

II - Bibliographie sur le Cambodge

A - Ouvrages généraux

ADHEMARD (Leclère), Droit cambodgien, (1894). Source gallica.bnf.fr / Bibliothèque nationale de France.

ADHÉMARD (Leclère), Histoire du Cambodge, (1914).

AYRES (David M.), Anatomy of a Crisis-Education. Development and the State in Cambodia 1953-1998, (2000).

ARMSTRONG (John), Sihanouk Speaks, (1964).

AUSTERMILLER, (Steven), ADR in Cambodia's Legal System

BALIVET (Beatrice) (coordinatrice), Introduction au droit cambodgien, Presse Universitaire du Cambodge, (2005).

BAARS (Patricia), A Practical Guide to Legislative Drafting, UNHCHR, TAF et CLRDC, (2001).

BASIL (Fernando), Problems Facing the Cambodian Legal System

BECKER (Elizabeth), When the War was Over: Cambodia's Revolution and the Voices of its People, (1986); When the War was Over: Cambodia and the Khmer Rouge Revolution, 2d ed., (1998).
BERNANDER (B.) et al., Facing a Complex Emergency: Evaluation of Swedish Support to Emergency Aid to Cambodia, (1995).
BIPIN (Adhikari), Problems of Court and Adjudication System in Cambodia: A Review, Cambodia Office of the High Commissioner for Human Rights, (2002).
BIZOT (François), Le Portail : Prisonnier des Khmers rouges, La Table Ronde, (2000).
BARTU (Peter), The 'Fifth Faction': The United Nations Intervention in Cambodia 1991-1993, (1998).
BROWN (MacAlister) and ZASLOFF (Joseph), Cambodia Confounds the Peace-Makers, 1979-1998, (1998).
BROWN, (F. Z.) and Timberman, (D. G.) (eds), Cambodia and the International Community, (1998).
CALAVAN (Michael), BRIQUETS (Sergio) and O'BRIEN (Jerald), Cambodian Corruption Assessment, (2004).
CAMBODIA DEVELOPMENT RESOURCE INSTITUTE (CDRI), Impact of the Regional Financial Crisis, (1998); The Asian Financial Crisis and Southeast Asian Transitional Economies: The Cambodian Perspective, (1999); Cambodia: Enhancing Governance for Sustainable Development. Final Report. Phnom Penh, (2000) ; Accountability and Neo-Patrimonialism in Cambodia, a critical literature review, (2007).
CAMBODIAN SOCIETY OF COMPARATIVE LAW, Cambodian Yearbook of Comparative Legal Studies, (2010).
CARNEY (Timothy), Communist Party Power in Kampuchea (Cambodia): Documents and Discussion, (1977).
CHAN (Bopta), The Re-emergence of Accounting Profession in ASEA: The Case of Cambodia, La Trobe University, (2010).
CHAN (Sophal) and ACHARYA (Sarthi), Land Transaction in Cambodia, (2002).
CHAN (Sucheng), Survivors: Cambodian Refugees in the United States, University of Illinois Press, (2004).
CHANDA (Nayan), Brother Enemy: the War After the War, (1986).
CHANDLER (David), The Tragedy of Cambodian History: Politics, War, and Revolution Since 1945, (1991); Voices from S-21: Terror and History in Pol Pot's Secret Prison, (1999); Brother Number One: A Political Biography of Pol Pot, (1999); A History of Cambodia, 4th ed, (2008).
CHANDLER (David) and KIERNAN (Ben) (eds), Revolution and Its Aftermath in Kampuchea: Eight Essays, (1983).
CHHANG (Song), The Origin of the Cambodian-Vietnamese Border Conflict, Cambodia Affairs Institute, Inc., (1978).
CHHIENG (Yannara), Donors Meeting on the UNDP/RGC Country Cooperation Framework 1997/2000, (1997).
CHHON (Keat), 45 Mois au ministère de l'économie et des finances : Bilan, diagnostic, and perspective, Institut cambodgien pour la coopération et la paix, (1998).
CHUON (Nath), Khmer Dictionary, Buddhist Institute, Phnom Penh, (1968).
CHRISTINA (M.) et al., Alexander, A Practical Guide to Increasing Democracy in Cambodia, (2003).

CICP, FES and CDC, National Conference on Investment in Cambodia: Opportunities, Challenges and Prospects, How can Cambodia Restimulate its Private Sector Investment? (1999).
CIORCIARI, (J. C.) (ed), The Khmer Rouge Tribunal, (2006).
CLAIRON (Marcel), Manuel de procédure civile et voies d'exécution, Droit Khmer, 2e édition, Imp. JOUVE, (1959) ; Droits des sociétés, Droit Khmer.
COE (D. Michael) and EVANS (Damian), Angkor and the Khmer Civilization, 2de ed., Thames & Hudson, (2003).
COGHILL (Stuart), Resource Guide to the Criminal Law of Cambodia, International Human Rights Law Group, (2000).
COLLARD (Paul), Cambodge et Cambodgiens : Métamorphose du royaume khmer par une méthode française de protectorat, Centre de documentation et de recherche sur la civilisation khmère (CEDOREK), (2001).
CORFIELD (Justin), Khmers Stand Up ! A History of the Cambodian Government, 1970-1975, (1994).
CUMMINS (Nick), The 1997 Coup in Cambodia: The Prince, the Comrade and the Revolutionary, (2007).
DETH (Sok Udom), the People's Republic of Kampuchea 1974 – 1989: A Draconian Savior? (2009).
DETH (Sok Udom), SUN (Suon), and BULUT (Serkian), Cambodia's Foreign Relations in Regional and Global Contexts, Konrad Adenauer Stiftung, (2017).
DOEUK (Pidor), General Administrative Law, (2009).
DUC (Rasy), Administrative law, Ecole Royale d'Administration, (1994).
DEVELOPMENT CONSULTING INTERNATIONAL, Private Sector Assessment for the Kingdom of Cambodia, (2003).
DIEPART (Jean-Christophe), Fragmentations territoriales au Cambodge, Association pour contribuer à l'Amélioration de la Gouvernance de la Terre, de l'Eau et des Ressources naturelles (AGTER), AgroParisTech, Comité technique « Foncier et développement » (CTFD), (2017).
DOCUMENTATION CENTER OF CAMBODIA, The Duch Verdict, Khmer Rouge Tribunal Case 001: Is Justice Being Served for the 14,000 Prisoners at S-21 (Toul Sleng prison)?, (2010); Searching for the truth. Special English Edition Quarter III, (2010).
DY (Khamboly), A History of Democratic Kampuchea (1975-1979), (2007).
EAR (Sophal), The Political Economy of Aid and Governance in Cambodia, (2007).
ECONOMIC INSTITUTE OF CAMBODIA, Export Diversification and Value Addition for Human Development, Economic Institute of Cambodia, (2009).
EDWARDS (Penny), After the Killing Fields: Lessons of the Cambodian Genocide, (2005); Cambodge : The Cultivation of a Nation, 1860-1945, University of Hawaïi Press, (2007).
EK (Madra), The Factors Contributing to Cambodia's Civil War, 1950s-1980s, Lessons Then and Now, EK Tha & Madra and Associates, (2015).
ETCHENSON (Craig), The Rise and Demise of Democratic Kampuchea, (1985).
FAWTHROP (Tom) and JARVIS (Helen), Getting Away with Genocide? Elusive Justice and the Khmer Rouge Tribunal, (2005).
FINDLAY (Trevor), Cambodia: The Legacy and Lessons of UNTAC, (1995).
FOREST (Alain), Le Cambodge et la colonisation française : Histoire d'une colonisation sans heurts (1897-1920), (1980).

FRINGS (Viviane), The Failure of Agricultural Collectivization in the People's Republic of Kampuchea, 1979-1989, (1991).
GAILLARD (Maurice), Démocratie Cambodgienne, La constitution du 24 septembre 1993, (1994).
GARDERE (Jean-Daniel), Une histoire cambodgienne : Les 4 vies de l'étonnant M. Keat Chhon, L'Harmattan, (2016) ; Monnaie et souveraineté, Eléments pour une histoire économique, politique et monétaire du Cambodge, Banque Nationale du Cambodge. Non daté ; Les Voies du Cambodge : Croissance et défis 1998-2013, Banque Nationale du Cambodge, (2013).
GOTTESMAN (Evan), Cambodia After the Khmer Rouge: Inside the Politics of Nation Building, (2003).
GRANT (Curtis), Cambodia Reborn? The Transition to Democracy and Development, (1998).
GROSLIER (Bernard-Philippe), Angkor and Cambodia in the Sixteenth Century According to Portuguese and Spanish Sources (trans : Michael Smithies), Orchid Press, (2006).
GRUBE (Douglas), Donors in Disarray: Prospects for External Assistance to Cambodia. Special Report, (1998); What Next for Foreign Aid in Cambodia? (1998).
HAING (Ngor S.), Surviving the Killing Fields: the Cambodian odyssey of Haing S. Ngor, (1989).
HANG (Chuon Naron), The Effects of WTO Membership on the SMEs and Garment Sector of Cambodia, (2002); Cambodian Economy: Charting the Course of a Brighter Future, Asian Development Bank, (2009).
HANG (Chuon Naron) et GILBERT-DESVALLONS (Patrick), Les Finances publiques au Cambodge : Le défi de la réforme, Phnom Penh, (2007).
HANSEN (Anne), How to Behave: Buddhism and Modernity in Colonial Cambodia, (2007).
HARRIS (Ian), Cambodian Buddhism: History and Practice, (2005).
HEDER (Steve), Cambodian Communism and the Vietnamese Model (Vol. 1) : Imitation and Independence, 1930-1975, White Lotus, (2004).
HENG (Samrin), The People's Struggle: Cambodia Reborn, Edition Didier Millet, (2018).
HEUVELINE (Patrick), Between One and Three Million: Towards the Demographic Reconstruction of a Decade of Cambodian History (1970-1979), (1998).
HILDEBRAND (George) and PORTER (Gareth), Cambodia: Starvation and Revolution, (1976).
HING (Thoraxy), The Development of Cambodian Investment Policy and Practices, (2000), (2002), (2003); Cambodia's Investment Potential Challenge and Prospect, (2003).
HOR (Peng), KONG (Phallack) and MENZEL (Jörg) (Eds.), Introduction to Cambodian Law, Konrad Adenauer Stiftung, (2012).
HUGHES (Caroline), Nature and Causes of Conflict Escalation in the 1998 National Election, (2000); The Political Economy of Cambodia's Transition, 1991-2001, (2003).
HUGHES (Caroline) and KIM (Sedara), The Evolution of Democratic Process and Conflict Management in Cambodia: A Comparative Study of Three Cambodian Elections, (2004).

HUN (Sen), The Ten-Year Journey, 1979-1989, (1988) trans of: Dop Chhnam Ney Domnaeur Kampuchea? Address to the Seventh Meeting of the Government-Private Sector Forum, Cambodia, (2004).
IMBERT (Jean), Histoire des institutions khmères, Annales de la Faculté de Droit de Phnom Penh, (1962).
INDOCHINA RESEARCH LIMITED, Strengthening Grassroots Business Initiative East Asia Hub Review Cambodia, Lao PDR and Vietnam, (2004).
INTERNATIONAL HUMAN RIGHTS LAW GROUP, The Cambodian Defenders Project and the Cambodia Public Advocates, (1996).
IRVIN (G), Rebuilding Cambodia's Economy: UNTAC and Beyond'. Working Paper Series No 149. The Hague: Institute of Social Studies, (1993).
ISSEI (Sakano), Drafting fundamental laws in Cambodia: Japan's experience in supporting legislation of the Civil Code and the Code of Civil Procedure, JICA. undated
JACKSON, (K D), Cambodia 1975-1978: Rendez vous with Death, (1989).
JAYANT (Manon), Cambodia: ASEAN Membership and Macroeconomic Policy Issues, (1998).
JELDRES (A. Julio), Shadow Over Angkor (Vol. 1) : Memoirs of His Majesty King Norodom Sihanouk of Cambodia), (2005).
JENNAR (Raoul M.), The Cambodian Constitutions: 1953-1993, (1995); Trente ans depuis Pol Pot : Le Cambodge de 1979 à 2009, L'Harmattan, (2010) ; Comment Malraux est devenu Malreaux, CapBear édition, (2015).
KAMM (Henry), Cambodia: Report from a Stricken Land, (1998).
KANNAN, (K. P), Economic Reform, Structural Adjustment and Development in Cambodia, (1997).
KAO (Kim Hourn) and KAPLAN (Jeffrey A.) (eds) Dynamo or Dynamite? Cambodia's Future in ASEAN, (1999).
KEAT (Chhon) and AUN (Porn Moniroth), Economic Development of Cambodia in the ASEAN Context: Policies and Strategies, (1998).
KENT (Alexandra) and CHANDLER (David) (eds), People of Virtue: Reconfiguring Religion, Power and Moral Order in Cambodia Today, (2007).
KHIEU (Mealy), Report on Legal Aspects of the Agricultural Sector of Cambodia, (2002).
KHIEU (Samphan), Economie du Cambodge, (1959). Aussi traduit en Anglais KHIEU (Samphan), Cambodia's Economy and Problems of Industrialization (translated in English by Laura Summer, Cornell University: New York, (1976).
KIERNAN (Ben), How Pol Pot Came to Power: À History of Communism in Kampuchea, 1930-1975, (1985); Genocide and Democracy in Cambodia: The Khmer Rouge, the United Nations, and the International Community, (1993); The Pol Pot Regime: Race, Power and Genocide in Cambodia under the Khmer Rouge, 1975-1979, (1996).
KIERNAN (Ben) and BOUA (Chanthou) (eds), Peasant and Politics in Kampuchea 1942–1981. Cambridge : Cambridge University Press, (1965).
KLINTWORTH (Gary), Vietnam's Intervention in Cambodia in International Law, (1989).
KOY (Neam), Introduction to Cambodian Judicial Process, (1998).

KY (Tech), LY (Tayseng), BUN (Honn) and YIM (Sary), Legal Profession in Cambodia, BAKC, (2005).
LACOUTURE (Simone), Cambodge, (1964).
LEVY (S. Barry) and SUSOTT (Daniel), Years of Horror, Days of Hope: Responding to the Cambodian Refugee Crisis. Ed. Millwood NY: Associated Faculty Press, (1986).
LINDSAY, (E.H.) et al, The Law of Marriage and the Family in the Kingdom of Cambodia, Year of Adoption.
LANCASTER (Donald), The Emancipation of French Indo-China, (1961); (ed. and tr.), Pol Pot's Little Red Book: The Sayings of Angkar, (2004).
LY (Daravuth) and MUAN (Ingrid) (eds.), Cultures of Independence: An Introduction to Cambodian Arts and Culture in the 1950s and 1960s, (2001).
MALAY (Phcar), Une enfance en enfer : Cambodge, 17 Avril 1975 - 8 Mars 1980, Robert Laffont, (2005).
MARSTON (John) and GUTHRIE (Elizabeth), (eds.), History, Buddhism, and New Religious Movements in Cambodia, (2004).
MARTIN (Marie-A.), Le mal cambodgien, (1989).
MENZEL (Jörg), The Cambodian Constitution, Secretary of the Senate of Cambodia, (2008); General Principles of Administrative Law for a Cambodian Context,
MENZEL (Hauerstein K.), (Eds.), The Development of Cambodian Administrative Law, Konrad-Adenauer-Stiftung, (2014).
MERAN (Joël), Cambodge : La Reconstruction, Naissance d'un « tigre » du XXI Siècle, Les éditions du Mékong, (1996).
MERNA (A.) et al., Guide to the Preparation and Evaluation of Build-Own-Operate-Transfer Project Tenders, (1996).
MOEUNG (Sonn) and LOCARD (Henri), Prisonnier de l'Angkar, (1993).
MOREL (Jean), État des lieux et projets de réformes administratives nécessaires au redémarrage économique du Cambodge, Ambassade de France, (1993).
MYSLIWIEC (Eva), Punishing the Poor: The International Isolation of Kampuchea, (1988).
NAIR (Susheela), Consumers in the Cambodian Marketplace, Consumers International, (2007).
NEM (Sowath), Civil War Termination and the Source of Total Peace in Cambodia, Reahou, Phnom Penh, 2012.
NEWMAN (Edward) and RICH (Roland) (eds), The UN Role in Promoting Democracy: Between Ideals and Reality, (2004).
NOREN-NILSSON (Astrid), Cambodia's Second Kingdom : Nation, Imagination, and Democracy, Cornell University, (2016).
NORODOM (Sihanouk), La Monarchie cambodgienne et la croisade royale pour l'Independence, (1957) ; War and Hope: The Case for Cambodia, (1980); Bittersweet memories, (1981) [trans of : Souvenirs doux et amers]; Prisonnier des Khmers Rouges, (1986).
NORODOM (Sihanouk) and BURCHETT (Wilfred), My War with the CIA (1973).
NORODOM (Arunrasmy) and JELDRES (A. Julio), A Life Dedicated to Cambodia, Commemorating the Life and Times of His Majesty the King Father, Preah Bat Samdech Preah Norodom Sihanouk of Cambodia, (2012).
OSBORNE (Milton), Politics and Power in Cambodia: The Sihanouk Years, (1973); Before Kampuchea: Preludes to Tragedy, (1979).

OXFAM INTERNATIONAL, Urban Land Policy for Poverty Reduction in Cambodia, (2000).
PEOU (Sorpong), Intervention and Change in Cambodia-Towards Democracy? (2000); International Democracy Assistance for Peacebuilding: Cambodia and Beyond, (2007).
PICH (Laurence), Au-delà du ciel, (1984).
PIN (Yathay), L'utopie meurtrière, (1979).
PONCHAUD (François), Cambodia Year Zero, (1978).
PRUD'HOMME (Rémy), L'économie du Cambodge, Presse universitaires de France, Paris, (1969).
PUTZIG (Eric), DAVENPORT (Dave), Cambodian Law on Commune Elections, (2001).
REDDI, (V M), A History of the Cambodian Independence Movement 1863-1955, (1971).
RICHARDSON (Sophie), The July 1998 Cambodian National Election, (1999).
ROBERT (Eric), Les Accords de Paris sur le Cambodge, Quelles perspectives en matière de droits de l'homme ? Centre de droit international de l'Université Libre de Bruxelles, Revue belge de droit international, (1992).
ROS (Chatrabot), Les recherches en sciences humaines et sociales sur le Cambodge, un survol historique, *In* ROYAL UNIVERSITY OF PHNOM PENH, the 5 th Socio-Cultural Research Congress on Cambodia, (2002).
SAY (Bory), General Administrative Law, 2nd ed. (2001); Droit Administratif Général (3rd ed.), Phnom Penh, Editions Angkor, (2002) ; Administrative Science (1st ed.), Phnom Penh, Editions Angkor, (2007).
SAK (Sutsakhan), The Khmer Republic at War and the Final Collapse, (1980).
SHAWCROSS (William), Sideshow: Nixon, Kissinger and the Destruction of Cambodia, (1979).
SIK (Boreak), Land Ownership, Sales and Concentration in Cambodia, (2000).
SLEUK RITH INSTITUTE, Building a Permanent Documentation Center of Cambodia: Helping Cambodians remember, heal, and build a brighter future after the legacy of the Khmer Rouge, (2010).
SLIWINSKI (Marek), Une analyse démographique du génocide des Khmer Rouges, (1995).
SLOCOMB, (Margaret), An Economic History of Cambodia in the Twentieth Century. Singapore: National University of Singapore Press, (2010); The Peoples' Republic of Kampuchea: The Revolution after Pol Pot, (2004).
SOK (Siphana), Formulation of a Legal and Judicial Reform strategy, (2002); Lessons from Cambodia's Entry to the World Trade Organization, (2005); Doing Business in Cambodia, Sweet & Maxwell, (2016); Legal Aspects of Doing Business in Cambodia, SokSiphana&associates (2018).
SOK (Siphana) and SARIN (Denora), Legal System of Cambodia, Center for International Legal Studies, Salzburg, (1998); Legal Aspects of Doing Business in Cambodia, CLRDC, Phnom Penh, (1998); Laws and Regulation on Environment Biodiversity and Protected Areas, CLRDC, Phnom Penh, (1999); Cambodia: Employment Law in Asia. Asia Business Law Review, Nanyang Business School, Nanyang Technological University, Singapore, (1999).

SOK (Siphana), SARIN (Denora), et Le DREAU (Eric), Cambodge : La Résolution des Différends, Asie Règlement des Différends, Cahier Juridiques et Fiscaux de L'Exportation. Centre Français du Commerce Extérieur, Paris, (1999).

STOCKHOLM SCHOOL OF ECONOMICS and SUPREME NATIONAL ECONOMIC COUNCIL, Land and Human Development in Cambodia, (2007).

STONE (Oliver) and KUZNICK (Peter), The Untold History of the United States, Gallery Books, (2012).

STUART (C.), Resource Guide to the Criminal Law of Cambodia (English Edition), Year of Publication.

TAING (Ratana), The Influence of the Constitutional Council's Decisions on the Administration in Cambodia

TRANET (Michel), L'esclavage au Cambodge, Post-angkorien (XIVe –XIXe siècle), (1983).

TULLY (John), Cambodia under the Tricolour: The Sisowath Years, (1996); France on the Mekong: a History of the Protectorate in Cambodia, 1863-1953, (2002).

UEHARA (Toshio), "Kanbojia minji sosho hoten no seiritsu"[Enactment of Cambodia's Code of Civil Procedure], Jurist, no. 1358, P.26;

UN (Kheang), Patronage Politics and Hybrid Democracy: Political Change in Cambodia, 1993-2003, (2005).

VANGRASSTEK, Laws and Policies of the United States of America Concerning the Accession of Cambodia to the World Trade Organization, UNCTAD, (2000).

VICKERY (Michael), Cambodia: 1975-1982, (1984); Kampuchea: Politics, Economics and Society. London, (1986) ; Society, Economics, and Politics in Pre-Angkor Cambodia: The 7th-8th Centuries, (1998).

WANG (Guiguo), LEE (Alan Yuk-Lun) and LEUNG (Priscilla Mei-Fun), Essential of the Laws of the Belt and Road Countries: Cambodia, Malaysia, Singapore, Zhejiang University Press, (2017).

YAPA (S.), JACOBS (K.), Accounting in transition in the transitional economy: the case of Cambodia, Australian National University, (2000).

ZHOU (Daguan), Cambodia: The Land and its People (ed. and tr. Peter Harris), (2007).

B - Articles, chroniques, notes, observations, commentaires, rapports, conférences, séminaires, colloques, études, communications, avis et conclusions

ABRAMI (Regina), Worker Rights and Global Trade : The U.S.-Cambodia Bilateral Textile Trade Agreement (2003), Harvard Business School Case Study, Cambridge, MA: Harvard Business Publishing, (2004).

ADLER D., WOOLCOCK M., Justice without the Rule of Law? The Challenge of Rights-Based Industrial Relations in Contemporary Cambodia, World Bank, vol. 2 issue 2, (2009).

ANNABI (H) et al, Report of the United Nations Fact-Finding Mission on Present Structures and Practices of Administration in Cambodia, 24 April - 9 May 1990, (1990).

APRONUC, Quelques propositions d'amélioration du système judiciaire, Inter office Mémorandum de Madame Gilberte Deboisvieux, Inspecteur du Service de la Sécurité publique à M. Bernard Constantin, Chef du Service de la Sécurité publique, le 1 juin 1993.

AYRES, D. (2000). Tradition, Modernity, and the Development of Education in Cambodia. Comparative Education Review, 4(4).

BAARS (Patricia) et al., Explanatory Notes on Draft Law of Commercial Enterprises, (2000).

BANQUE NATIONALE DU CAMBODGE, Commentaires relatifs à la Loi sur les Institutions Bancaires, 19 octobre 1998.

BETTER FACTORIES CAMBODIA, Quarterly Newsletter, (2015).

BONNIEU (Michel), PHOV (Samphy), HEL (Chamroeun), CHAING (Sinath), KOEUT (Rith) et COUVIDAT (Marion), Projet de nouveau code pénal commenté et comparé : Contribution à l'étude du droit pénal khmer, Ministère de la Justice, (2005).

BUSSY-GALLOWAY (Marie), L'enseignement du français langue étrangère au département de droit, In Faculté de droit et des sciences économiques, Annales, (1999).

CAMBODIA LEGAL RESOURCE DEVELOPMENT CENTER, Compendium of Cambodian Laws, Volume III, (2001).

CANADA LEGISLATIVE SUPPORT PROJECT, Training Workshop for Parliamentarians on the Genesis of the Inconsistency between Law: The Case of Civil Code and the Land Law and Training Workshop for Parliamentarians on Public Consultation: Presentation of Guidelines, (2009).

CANADIAN BAR ASSOCIATION, Canadian Bar Association and Bar Association of the Kingdom of Cambodia Training Project: Communication with the Client Training Provided by the Canadian Bar Association, (2001).

CARAD (David), Official Comments on the Laws of Secured Transactions, (1998).

CASTEL (Philippe), Projet de Code de procédure pénale, (1997).

CHEN (Shihlun Allen), The Distance of a Heartbeat, Sino-Cambodia's People to People Relations under the 21st Cambodia Maritime Silk Road toward the New Era, In ROYAL UNIVERSITY OF PHNOM PENH, "The Belt and Road Initiative and its Implications for Cambodia's Development, (2019).

CHET (Chealy), Higher Education in Cambodia. In HIROSATO (Y.) and KITAMURA (Y.) (eds.) (Ed.), The Political Economy of Educational Reforms and Capacity Development in Southeast Asia (pp. 153-165): Springer Science, Business Media B.V. (2009).

CHEUNBORAN (Chanborey), Small State's Hard Strategic Choice: Cambodia between ASEAN and China, *In* ROYAL UNIVERSITY OF PHNOM PENH, "The Belt and Road Initiative and its Implications for Cambodia's Development, (2019).

COUNCIL FOR SOCIAL DEVELOPMENT, The Court Watch Project: The First Twelve Months of Court Monitoring Oct 2003-Sep 2004, (2004); Annual Report, The Court Watch Project, (2005), (2007); Report on the Process of the National Assembly Sessions: 1st, 2nd and 3rd Sessions, and the First Extra-Ordinary Session, 3rd Mandate, 15 December 2003 - 15 December 2005, Parliamentary Watch Project, (2005).

CONSTITUTIONAL COUNCIL OF THE KINGDOM OF CAMBODIA, Constitutional Justice and Social Integration, 3rd Congress of the World Conference on Constitutional Justice, Seoul, (2014).

CLAYTON (T.), Building the New Cambodia: Educational Destruction and Construction under the Khmer Rouge, 1975-1979. History of Education Quarterly 38(1), 1-16, (1998).

DFDL, Draft Commercial Contract Law with Explanatory Notes, (2009).

DOCUMENTATION FRANÇAISE, Les institutions du Cambodge, Notes et Etudes Documentaires, (1969).

DOCUMENTATION CENTER OF CAMBODIA, Searching for the truth. Special English Edition Quarter III, (2010).

DOEUK (Pidor), La diversité du phénomène de privatisation au Cambodge, In Faculté de droit et des sciences économiques, Annales, (1999).

DONOVAN (Dolores A.), JONES (Sidney) and PoKempner (Dinah) and MUSCAT (Robert J.), Rebuilding Cambodia: Human Resources, Human Rights, and Law: Three Essays; Foreign Policy Institute, Paul H. Nitze School of Advanced International Studies, Johns Hopkins University, (1993).

DONOVAN (Dolores A.), The new Cambodian Civil Code, University of San Francisco, (2012).

DONOVAN (Dorothy A.), Cambodia: Building a Legal System from Scratch, 27 The International Lawyer 445, 448. (1993).

EAR (Sophal), Cambodia's Economic Development in Historical Perspective (1953-1970), The Belkeley McNAIR Journal, 3 (12), (1995); Sowing and Sewing Growth: The Political Economy of Rice and Garments in Cambodia. Working Paper No. 384. Stanford, CA : Stanford Center for International Development, (2009).

EAST-WEST MANAGEMENT INSTITUTE, Land law of Cambodia: A Study and Research Manual, (2003).

FACULTÉ DE DROIT ET DES SCIENCES ECONOMIQUES, Les Annales 1996, 1997, 1998, and 1999.

FRANCIS (James J.), Justice and Law Reform in Cambodia: Building a Legal Aid Consciousness from the Ground Up, (Conference Paper presented at The Role of the UN in Peacebuilding and the Development of Democratic Governance in Cambodia: Past, Present, and Future Harrison, Glenn Cove, NY, 1-3 November, (2005).

FRINGS (Viviane), Cambodia After Decollectivization: 1989-1992, Journal of Contemporary Asia, (1994).

GARMENT MANUFACTURERS ASSOCIATION IN CAMBODIA, 14 % Bonus of Quota on Labor Law Implementation, (1999).

GEVA (Benjamin), Payment System Modernization and Law Reform in Developing Nations: Lessons From Cambodia And Sri Lanka, The Banking Law Journal, (2009).

GOUR (Claude), Hiérarchie des textes et respect de la légalité en droit public cambodgien, In Faculté de droit et des sciences économiques, Annales, (1999).

GOURDON (Alain) et GHELBER (Xavier), Projet de rapport final, Réforme juridique, Diagnostic, Présidence du Conseil des ministres, Unité de Coordination juridique, (2000).

HAMZAH (Hanim), « Legal Issues and Implications of the BRI », In CIMB ASEAN Research Institute, China's Belt and Road Initiative (BRI) and Southeast Asia, (2018).

HIROTO (M.), Comments on the draft Commercial Arbitration Law of Cambodia from the Japanese Working Group for Supporting the Drafting of the Code of Civil Procedure, (2005).

HUN (Sen), Legislative and Physical Security are of Paramount and Guaranteed, Cambodian Business, June (1998), pp. 5-13.

INTERNATIONAL BUSINESS CHAMBER CAMBODIA, Government-Private Sector Forum: Agenda Matrices of the Working Group, (2004).

KAO (Kim Hourn), Cambodia's Integration in ASEAN: Lessons Learnt and the Road Ahead, In KAO Kim Hourn and Jeffrey A. KAPLAN (eds) Dynamo or Dynamite? Cambodia's Future in ASEAN, (1999).

KAPLAN (Jeffrey A.), Cambodia's ASEAN and WTO Integration: A Legal Perspective, In SOK (Siphana) (ed), Cambodian Legal and Judicial Reform in the Context of Sustainable Development, Phnom Penh, (1998).

KHMER INSTITUTE OF DEMOCRACY, Democracy and Law (Vol. 3), No.1&2, (2001).

KOLBEN (Kevin), Trade, Monitoring, and the ILO: Working To Improve Conditions in Cambodia's Garment Factories, Yale Human Rights and Development Law Journal 7, (2004).

KUONG (Teilee), Development of Property Law in Cambodia, Vietnam and China: What is behind the legal reforms in transition to a market economy? Harvard-Yenching Institute Working Paper Series, Nagoya University, (2010).

LEOS (Raymond), The Role of Access to Information in Promoting Democracy, Good Governance, and Development in Cambodia, In Access to Information, Phnom Penh, UNDP, (2010).

LIM (Eng), Le nouveau statut de la fonction publique du Royaume du Cambodge, In Faculté de droit et des sciences économiques, Annales, (1997).

LOEUNG (Chbay), Redonner aux termes juridiques leur signification, In Faculté de droit et des sciences économiques, Annales, (1999).

LUY (Lay Sreng), What GSP Means to Cambodia? The Most Favored Nation Status and the Opportunities of Economic Growth in Cambodia, (1995).

LY (Chantola), Preparing for a Competition Law: Legal Inventory, (2005).

LY (Tayseng), Formation of contract and third parties in Cambodia, In CHEN- Wishart, LOKE & Vogenauer, Studies in the Contract Laws of Asia Vol. II: Formation and Third-Party Beneficiaries, Oxford University Press, (2018).

MINAMI (T.), The Cambodia Civil Code Commentary Part VI: Section 8-9, (2010).

MINISTRY OF COMMERCE, Commentary on the Insolvency Law, January 2003.

MINISTRY OF COMMERCE, Explanatory Notes of the Law on Commercial Enterprises, November 2000.

MINISTRY OF JUSTICE, JAPAN, Brief Information of Japan's Legal Assistance and the ICD, RTI; Basic Policy for Legal Assistance of Japan; National Seminar on the Drafting of Civil Code and Code of Civil Procedure of Cambodia, Law For Development, (2003).

MINISTRY OF JUSTICE, JAPAN, Code of Civil Procedure, Draft of Ancilliary Laws (with commentary on each article) and Textbook on the Code of Civil Procedure of The Kingdom of Cambodia, (2007).

MUM (Chanserey), Le règlement du contentieux administratif au Cambodge, In Faculté de droit et des sciences économiques, Annales, (1999).

NGONGI (M.), Draft Directive Relating to the Possession and Carrying of Weapons, (1992).
NEWMAN (Edward), The UN's modest impact on Cambodia's democracy, In NEWMAN (Edward) and ROLAND (Rich) (eds), The UN Role in Promoting Democracy: Between Ideals and Reality, (2004).
NICOLAS-GRÉCIANO (Marie), *Justice et vérité sur le génocide cambodgien*, La Revue des Droits de l'Homme, Université Paris Nanterre, mars (2019).
OU (Sivhuoch), Statebuilding in Cambodia: Contradiction between Rule of Law and State Capacity to Maintain Peace and Stability? University of Waterloo Graduate Journal of Political Science, Volume 8 Issue 1, (2016).
OUM (Sarith) et SUNG (Sy Youth), Activités de l'Assemblée nationale du Royaume du Cambodge (première législature 1993-1998), In Faculté de droit et des sciences économiques, Annales, (1999).
OXFAM INTERNATIONAL, Social Change in the Vortex of Revolution, In Karl Jackson (ed), Cambodia 1975-1978: Rendezvous with Death, (1989).
OZAKI (Michiaki), Technical assistance and its achievement in drafting the civil code and the Code of Civil Procedure of the Kingdom of Cambodia, Japan International Cooperation Agency, undated.
PARLIAMENTARY CENTRE, The Cambodia-Canada Legislative Support Project: Project Implementation Plan, (2001).
POIMBOEUF (Jean-Claude), Allocution à l'occasion du colloque de droit comparé sur le patrimoine – URDSE, (2015).
POLASKI (Sandra), Cambodia Blazes a New Path to Economic Growth and Job Creation, Carnegie Papers 51, (2004).
ROS (Chatrabot), Les recherches en sciences humaines et sociales sur le Cambodge, un survol historique, In ROYAL UNIVERSITY OF PHNOM PENH, the 5 th Socio-Cultural Research Congress on Cambodia, (2002).
ROYAL UNIVERSITY OF PHNOM PENH, the 5th Socio-Cultural Research Congress on Cambodia, (2002).
SAINTE-MARIE (Denis), Réalisation d'une base de données juridiques relative au droit cambodgien sur CD-ROM de septembre 1996 à septembre 1998, In Faculté de droit et des sciences économiques, Annales, (1999).
SARIN (Denora) and SOK (Siphana), Cambodia, In Jocelyn Kellam (ed), Product Liabilities in the Asia Pacific (1999).
SAY (Bory), République ou monarchie, In GAILLARD (Maurice), Démocratie cambodgienne, La constitution du 24 septembre 1993, (1994) ; Index des normes juridiques publiées au Journal Officiel de juillet 1993 à mai 2003, 1e éd., 2003.
SENG (Loth), La réussite asiatique à l'épreuve de la crise financière : Le cas de la Thaïlande, In Faculté de droit et des sciences économiques, Annales, (1998).
SIBBEL (Lejo), Linking Trade with Labor Rights: The ILO Garment Sector Working Conditions Improvement Project in Cambodia, Raoul Wallenberg Institute of Human Rights and Humanitarian Law, Faculty of Law, Lund University, Sweden, 2004.
SOK (Siphana) (Ed.) Compendium of Cambodian Laws, Volume I, CDC, Phnom Penh, (1995).
SOK (Siphana), Position Paper on "the Legal and Institutional Framework for the Strengthening of the Market Economy", (1995); Current Update and

Challenges of the Law and the Implementation of Law in Cambodia & International Conference on the Cooperation of Law and Social Change in Asia, (1998); Legal Diagnostic Report : Issues and Options to consider in the establishment of an Environment Trust Fund in Cambodia, Projet de la Banque mondiale, (1998); Capacity Development for Policy Research, Planning and Analysis Project, Phase I: Project Development and Design, (1998); Review of the Current and Projected Legal and Fiscal Environment Concerning the Commercialization of Industrial Units under Government, (1999); Role of corporate law for the governance of firm and the process of capital formation, In Participatory Workshop on Draft Law of Commercial Enterprises, Ministry of Commerce, 17-18 august 2000; Commercial Enterprises Law, Text and Materials, (2001).

SPM Consultants, Towards Legal & Judicial Reform; The Third Report of the SIDA Advisory Team on Democratic Governance and Human Rights in Cambodia, (2002).

TEP (Darong), Cambodia and the Rule of Law, In Occasional Papers Democratic Development Rule of Law, edited by Konrad Adenauer Foundation. St. Augustin : Konrad Adenauer Foundation, (2009).

THE ASIA FOUNDATION, Draft the Document on the Basic Aspects of Contract Law for the Training of Selected Personnel by Minister of Commerce of Cambodia, (1997); Democracy in Cambodia – 2003: A Survey of the Cambodian Electorate, (2003).

THENG (Chan-Sangvar), Administrative law and decentralization, ed. Kong Phallak, Hor Peng, Jörg Menzel, In Introduction to Cambodian Law, Konrad Adenauer Foundation, (2012).

TREMBLAY (Josée) and SARIN (Denora), Intellectual Property Laws and Regulations Expressly attributed to the Jurisdiction of the Court and related explanatory notes or commentaries, (2003); The Commercial Court Law of the Kingdom of Cambodia, Vol. 1 Commercial Court Practice, (2003).

TOSHIYASU (Kato), Learning from the Asian Economic Crisis Cambodia Development Review, (1998).

UNG (Huot), Speech delivered upon being elected as First Prime Minister of the Kingdom of Cambodia at the 8th Session, First Legislature of the National Assembly, Phnom Penh, 6 August 1997.

UNIVERSITY OF CAMBODIA, The Third Cambodia Economic Forum: Increasing Cambodia's Competitiveness for Growth and Poverty Reduction in the Face of the Global Financial Crisis, (2009); The Fourth Cambodia Economic Forum, Cambodian Economy in Post-Crisis Environment, Industrial Policy – Options Towards a Sustainable Development, (2011).

VAR (Huot), Address of H.E. Ambassador Extraordinaire and Plenipotentiaire of the Kingdom of Cambodia of the United States of America during the Session of the Subcommittee on Trade of the Committee on Ways and Means, Year of Publication.

YAMAMOTO (Kazuhiko), *Sekai wo toku: Kanbojia ni okeru ho seibi jigyo*, Working out the World: The Legal and Judicial Development Project in Cambodia.

YASUSHI (Akashi), Lessons from the Cambodian experience, (Speech made at the Conference on the UN's Role in peace-building and the development of

democratic governance in Cambodia: past, present and future, Glen Cove, 2 November 2005)
ZEPP (A. Raymond), Cultural Aspects of the Battambang Monks/HIV Project, In ROYAL UNIVERSITY OF PHNOM PENH, the 5th Socio-Cultural Research Congress on Cambodia, (2002).

C - Thèses, mémoires

CHHIV (Yiseang), Le Travail gouvernemental au Cambodge de 1993 à 2015, Thèse de Doctorat de l'Université de recherche Paris Sciences et Lettres, Université Paris-Dauphine, (2017).
HOR (Peng), The Reform of Parliament in Cambodia: Towards an Effective Parliament in terms of Strong Representation, LL.D. Dissertation, Nagoya University Graduate School of Law, (2005).
LIM (Suy Hong), L'égalité dans les relations du travail au Cambodge, Thèse de doctorat en droit, Université Lumière Lyon 2.
SOK (Siphana), "The Role of Law and Legal Institutions in Cambodia's Economic Development: Opportunities to Skip the Learning Curve." Bond University, (2008).
THENG (Chan-Sangvar), Le Service public au Cambodge, Thèse de Doctorat en droit public, Université Lumière Lyon 2, (2007).

D - Documents officiels

ACADEMIE ROYALE DES PROFESSIONS JUDICIAIRES, Training Plan for a Period of Five Years 2008-2012, (2008).
ACCORD GÉNÉRAL SUR LES TARIFS DOUANIERS ET LE COMMERCE (GATT), Protocole d'adhésion du Cambodge, instruments de base et documents sélectionnés onzième supplément (Genève, Suisse : GATT, 1963).
AGENCE JAPONAISE DE COOPERATION INTERNATIONALE (JICA), Country Specific Aid Implementation Plan, Cambodia FY 2000, (2000) ; Code of Civil Procedure Draft Ancillary Laws (with their commentary on each article) and Textbook on The Code of Civil Procedure of The Kingdom of Cambodia, (2007).
AMBASSADE DE FRANCE AU CAMBODGE, Organisation de l'enseignement supérieur, Fiche Cambodge, Service de Coopération et d'Action culturelle, 29 septembre (2014).
AUTORITÉ TRANSITOIRE DES NATIONS UNIES AU CAMBODGE, United Nation Electoral Law for Cambodia, (1992) ; United Nations Transitional Authority in Cambodia Electoral (Political Activity) Regulations, (1993); United Nations Transitional Authority in Cambodia Electoral (Political Activity) Regulations, (1993).
BANQUE ASIATIQUE POUR LE DEVELOPPEMENT, Memorandum of Understanding Fact-Finding Mission for Technical Assistance for Strengthening Capacity in Trade and Industry Sector, (1996); MoU Between the Royal Government of Cambodia and Fact-finding Mission of the Asian Development Bank for the Proposed Technical Assistance for Improving Legal Infrastructure in the Financial Sector, (2002); Capacity Building for Banking and Financial Management in Cambodia, (2002); Proposal for Professional Services : Improving Legal Infrastructure in the Financial Sector,

(2002); Phase I Report, Cambodia's Garment Industry: Meeting the Challenges of the Post-Quota Environment, (2004).

BANQUE MONDIALE, Cambodia Agenda for Rehabilitation and Reconstruction, (1992); Le Cambodge : Programme d'action pour le relèvement et la reconstruction, (1992) ; Cambodia : From Rehabilitation to Reconstruction, (1994); Cambodia: Rehabilitation Program: Implementation and Outlook, (1995); Cambodia: From Recovery to Sustained Development, (1996); Cambodia: Progress in Recovery and Reform, (1997); Statement on Partnerships at the Post-CG Meeting of April 5-6, (2000); The Public Private Infrastructure Advisory Facility, Private Solutions for Infrastructure in Cambodia, (2001); Cambodia Seizing the Global Opportunity: Investment Climate Assessment & Reform Strategy, (2004); Cambodia Technical Working Groups: The New Partnership Paradigm, (2004).

BAR ASSOCIATION OF KINGDOM OF CAMBODIA, General Assembly: Bar Association's Activities Report, (2000).

CETC, Trial Chamber Case 002/02, Case File No. 002/19-09-2007/ECCC/TC, Summary of Judgement, 16 November 2018.

COMMISSION EUROPÉENNE, Commission Implementing Decision of 11 February 2019 on the initiation of the procedure for temporary withdrawal of the tariff preferences provided to the Kingdom of Cambodia under Article 19 of Regulation (EU) No 978/201, C/2019/896. OJ C55 of 12 February 2019; Report of findings and conclusions pursuant to Article 19(7) of Regulation (EU) 978/2012 relating to a procedure for temporary withdrawal of preferential arrangements applicable to the Kingdom of Cambodia under Article 19 of Regulation (EU) No 978/201, 11 November 2019.

COMPTROLLER GENERAL OF THE UNITED STATES, Report to the Congress: U.S. Assistance to the Khmer Republic (Cambodia), (1973).

CONGRÈS AMÉRICAIN, Chambre des représentants, Commission des relations internationales, Sous-commission du commerce international, Embargo de commerce des États-Unis avec le Vietnam du Sud et le Cambodge (1975).

CONSEIL CONSTITUTIONNEL, Documents de décision et avis consultatifs du Conseil constitutionnel (1998-2008), (2009).

CONSEIL POUR LA REFORME ADMINISTRATIVE, Capacity Building Practices of Cambodia's External Partners : A Management Framework for Capacity Development: Mandating Effectiveness and Value for Money, (2005); Handbook for Civil Servants: Serving people better, (2010); Publications : Law on the Organization of the Courts, the Status of Judges and Prosecutors, and the Organization and Functioning of the Supreme Council of Magistracy, (2014).

CONSEIL POUR LE DEVELOPPEMENT DU CAMBODGE, Consultative Group Meeting for Cambodia, (1999) ; Cambodia rehabilitation and development board, Capacity Building Practices of Cambodia's Development Partners, (2004); Cambodia Aid Effectiveness Report, (2007); Japan's ODA Handbook, (1995); Cambodia Investment Guidebook, (2012); The Compendium of Cambodian Laws, Volume I, II, (1998).

CONFERENCE DES NATIONS UNIES SUR LE COMMERCE ET LE DEVELOPPEMENT ET LA CHAMBRE DE COMMERCE

INTERNATIONALE, Cambodia : An investment Guide to Cambodia: Opportunities and Conditions, (2004).

COUR INTERNATIONALE DE JUSTICE (CIJ), Judgment : Case Concerning the Temple of Preah Vihear (Cambodia v. Thailand) Merits, 1962. Kingdom of Cambodia v. Kingdom of Thailand, Case no. 45, 1962.

EUROCHAM CAMBODIA, 2016 White Book Trade & Investment Policy Recommendations, (2016).

FOND MONETAIRE INTERNATIONALE, Cambodia : Preparation of the Law on Bankruptcy. Comments on the Draft Law of Bankruptcy, (1999).

GOUVERNEMENT ROYAL DU CAMBODGE, Déclaration de Tokyo sur la réhabilitation et la reconstruction du Cambodge, émise à la conclusion de la Conférence ministérielle sur la réhabilitation et la reconstruction du Cambodge, le 22 juin 1992, (1992) ; Programme national de réhabilitation et de développement du Cambodge (NPRD), (1994) ; Mise en œuvre du Programme national de réhabilitation et de développement du Cambodge (INPRD), (1995) ; Problèmes liés à la mise en œuvre du PNRD, CIRC III, Paris, 14-15 mars 1995, (1995) ; Plan de développement socio-économique I (SEDP I) 1996-2000, (1996) ; Triangle Strategy : Royal Government Platform for the Second Term 1998-2003, (1998); Document provisoire sur la stratégie de réduction de la pauvreté, (2000) ; Plan de développement socioéconomique II (SEDP II), A Journey to the Economic Growth and Poverty Reduction Strategies 2001-2005, (2001); Plan directeur du secteur financier 2001-2010, (2001) ; Stratégie rectangulaire pour la croissance, l'emploi, l'équité et l'efficience, Phase I 2003-2008, (2003) ; Stratégie nationale de réduction de la pauvreté (NPRD) 2003-2005, (2003) ; Stratégie de réforme juridique et judiciaire, (2003) ; National Program for Administrative Reform (NPAR) 2004-2008, (2004); Stratégie de développement du secteur privé au Cambodge (2005) ; PNUD – European Commission, Strengthening Democratic and Decentralized Local Governance in Cambodia: Building Local Capacity through Networking and Local – Local Cooperation, (2005); Plan d'action pour la mise en œuvre de la réforme juridique et judiciaire, Conseil pour la réforme juridique et judiciaire, (2005) ; Plan directeur du secteur financier 2006-2015, (2006) ; Plan national de développement stratégique (PNDS) 2006-2010, (2006) ; Déclaration du Gouvernement royal du Cambodge et des partenaires au développement sur l'amélioration de l'efficacité de l'aide, (2006) ; Stratégie rectangulaire pour la croissance, l'emploi, l'équité et l'efficience, Phase II, 2008-2013, (2008) ; Mise à jour du Plan national de développement stratégique 2009-2013, (2009) ; Stratégie rectangulaire pour la croissance, l'emploi, l'équité et l'efficience, Phase III 2013-2018 ,(2013) ; 17th Government-Private Sector Forum "AEC 2015- Opportunities and Challenges for Cambodia, (2014); Financial Sector Blueprint of the Royal Government of Cambodia 2015–2025, (2015); Union européenne-Cambodge 9ème Comité conjointe, Sub-Group on Institution Building, Administrative Reform, Legal and Judicial Reform, Governance and Human Rights, (2016); Stratégie rectangulaire pour la croissance, l'emploi, l'équité et l'efficience, Phase IV 2018-2023, (2018) ; To Tell The Truth, White Paper I and II, (2018); Consolidated Responses to the European Commission Regarding the EBA Enhanced Engagement—Cambodia, 12

August 2019; Final Response to the European Commission Regarding the EBA Enhanced Engagement—Cambodia, 12 December 2019.

HAUT-COMMISSARIAT DES NATIONS UNIES AUX DROITS DE L'HOMME (HCDH), BUREAU CAMBODGE, Compilation of Law Documents being implemented in Cambodia, (2011) ; Land Concessions for Economic Purposes in Cambodia: a Human Rights Perspective, (2004); Economic Land Concessions in Cambodia: A Human Rights Perspective, (2007).

INTERNATIONAL BAR ASSOCIATION, Justice versus Corruption : Challenges to the Independence of the Judiciary in Cambodia, Report of the International Bar Association's Human Rights Institute, September 15.

INTERNATIONAL CONSULTING GROUP, Preliminary Plan for Development of the Secured Transactions Filing Office, ADB TA No. 3861 CAM Improving legal Infrastructure in the Financial Sector, 13 March 2003.

INTERNATIONAL FINANCE CORPORATION (IFC), Government-Private Sector Forum : Agenda Matrices and Position Papers of the Working Groups 13th Forum - 15th Forum, (2010).

NATIONS UNIES, Conseil de Sécurité des Nations Unies, Résolutions 718 (1991) du 31 octobre 1991 et 745 (1992) du 28 février 1992 ; Département de l'information publique, Accord sur un règlement politique global du conflit au Cambodge : Paris, 22 octobre 1991 (DPI/N80-92077-janvier 1992-OIM) ;

MINISTERE DE L'AGRICULTURE, DES FORESTS ET DE LA PECHE, Forest Policy Reform Project : Forest Policy Transition Paper for Cambodia, (1998); Procedures of Meeting to Brief the International Community and Senior Officials of the Royal Government of Cambodia on Forest Policy Reform, (1998).

MINISTERE DES AFFAIRES SOCIALES, DU TRAVAIL ET DES VETERANS, Future Direction for Social Affairs Within the Ministry of Social Affairs Labor and Veterans Affairs for the year 1995 and the years 1996-2000, (1995).

MINISTERE DES AFFAIRES ETRANGERES ET DE LA COOPERATION INTERNATIONALE, Crisis in July Report on the Armed Insurrection: Its Origins, History and Aftermath, (1997).

MINISTERE DU COMMERCE, Official Gazette, Intellectual Property Division, (2000) ; Opportunities, Challenges and Commitments for Cambodia's Accession to the WTO: Explanatory Notes Prepared for the Plenary Session of the National Assembly, (2001); Globalization Conference: Business and Law Perspectives Conference Proceedings, (2001); Implementing the Integrated Framework "IF" in Cambodia, 2002; Cambodia: Integration and Competitiveness Study, A Pilot Study Prepared under the Integrated Framework for Trade-Related Technical Assistance to Least-Developed Countries, (2002); Cambodia's Garment Industry: Meeting the Challenges of The Post-Quota Environment, (2004); Protocol on the Accession of the Kingdom of Cambodia to the World Trade Organization, (2004); Workshop on the Dissemination of Commercial Laws (Commercial Arbitration and Secured Transactions), (2010).

MINISTERE DE L'ÉCONOMIE ET DES FINANCES, Public Financial Management Reform Program : Strengthening Governance through Enhanced Public Financial Management, (2004).

MINISTERE DE L'INFORMATION, Comments on Draft Press Law, (1994).

MINISTERE DE L'INDUSTRIE, DES MINES ET DE L'ENERGY, Private Sector Assessment for the Kingdom of Cambodia, (2003); Implementation Agreement between the Ministry of Industry, Mines and Energy and XXXX for the Kirirom I Hydropower Plant Rehabilitation Project, (1999); Power Purchase Agreement between Electricité du Cambodge and XXXX for the Kirirom I Hydropower Plant Rehabilitation Project, (1999).

MINISTERE DE LA JUSTICE, Interministerial Workshop Proceedings on Judiciary Reform, (1995); JICA, Draft of the Code of Civil Procedure of Cambodia, (2002) ; Recueil bilingue des textes juridiques comportant des dispositions pénales, 1996-2002, (2003) ; Compilation of Bilingual Legal Text on Criminal Provisions in Khmer and French (1st ed.), (2003); Draft of New Criminal Code of the Kingdom of Cambodia, (2003).

MINISTERE DU PLAN, Socio-Economic Survey of Cambodia (1993-94), (1995); Cambodia Human Development Report, (1999); Cambodia Millennium Development Goals Report, (2003); Achieving the Cambodia Millennium Development Goals 2005 Update, (2005).

MINISTERE DU TRAVAIL, The Arbitration Council and the Process for Labour Dispute Resolution in Cambodia, (2004).

ORGANISATION INTERNATIONALE DU TRAVAIL (OIT), The Arbitration Council and the Process for Labor Dispute Resolution in Cambodia, (2003); Guide to the Cambodian Labour Law for the Garment Industry, (2005); Sixteenth Synthesis Report on Working Conditions in Cambodia's Garment Sector, (2006).

ORGANISATION MONDIALE DU COMMERCE (OMC), Adhésion du Cambodge : Mémorandum sur le régime du commerce extérieur WT/ACC/KHM/2 (1999), WT/ACC/KHM/3-17 (2001, 2002), WT/ACC/SPEC/KHM/4/Rev.1 (2003), Genève ; Accession of Cambodia: Questions and Replies, (2001); 2005 Joint WTO/OECD Report on Trade-Related Technical Assistance and Capacity Building, (2005).

PRESIDENCE DU CONSEIL DES MINISTRES, Securities And Exchange Regulation Working Group, Working to Promote Integrity and Investor Protections: While the coming Cambodia stock exchange is not yet a reality, one day you will be able to log on & trade on it, (1995); Unité de réforme juridique, Recueil Judiciaire et de Jurisprudence, (1999) ; Unité de réforme juridique, Handbook on Drafting Law and Legislation, Présidence du Conseil des ministres, UNDATED ; Committee for the Adoption of Legal Work, Lexicon of Legal and Administrative Terms, (2008).

PROGRAMME DES NATIONS UNIES POUR LE DÉVELOPPEMENT, Kampuchea Needs Assessment Study, (1989) ; Comprehensive Paper on Cambodia, (1992); Project Document for the Approval of Special Programme Resources, (1993); Proposition d'appui à la mise en œuvre du programme gouvernemental de réorganisation structurelle de l'État et d'augmentation de sa capacité (1994) ; The Consultative Group Meeting: A Cambodian Experience, (1996); Letter to H.E. Keat Chhon on the Assessment Mission for Cambodia's Entry into ASEAN, (1996); Programme Support for Aid Coordination and Management to the Council for the Development of Cambodia (CDC), Project Performance and Evaluation Report, (1997);

Cambodia Country Competitiveness Driving Economic Growth and Poverty Reduction, (2009).

THE ARBITRATION COUNCIL, Compilation of Arbitral Awards & Orders (Vol. 16), 1st ed., (2011), (2012); Annual Report, Investing in the Future: The Arbitration Council's Commitment to Sustainable and Harmonious Industrial Relations, (2014), (2015).

E - Périodiques

Cambodge Soir Cambodge NouveauKhmer TimesPhnom Penh PostThe Cambodia Daily

*****

Index

Accord de Paris, 13, 29, 127
ACDI, 137
AKASHI, 29
APRONUC, 3, 10, 29, 30, 71, 82, 88, 115, 116, 160, 173
Assemblée constituante, 154
ASEAN 8, 9, 10, 34, 35, 36, 37, 69, 109, 132, 192, 244, 249, 276, 301, 329, 333, 334, 344, 365, 381, 389, 399, 412
CNS, 23
Loi de l'APRONUC, 251
Loi Electorale des Nations Unies de 1992, 251
Loi sur les Procédures pénales de 1993, 251
PIDCP, 3, 261
PIDESC, 3
Résolution 745 sur l'établissement de l'APRONUC, 110
CEA, 243, 323
Lingua franca, 295
Pays d'influence de la Common Law, 328
Pays d'influence du français, 328
Assistance juridique française, 291, 295, 310
BOISSONADE, 98
Assistance juridique japonaise
Charte de l'Aide officielle au développement, 86
MORISHIMA, 87
OGAWA, 101
Autonomie juridique
LEGRAND, 320
BAD, 88, 133, 196, 197, 199, 203
Bailleurs de fonds
Aide publique au développement, 106, 123
Comité international à la reconstruction du Cambodge, 107
Conditionnalité, 88
Modèle économique néoclassique, 90, 91, 235
Problèmes de coordination, 88
Banque Asiatique de Développement. *Voir* BAD
Banque mondiale, 29, 88, 90, 110, 130, 133, 188, 198, 199, 242, 244
Rapport « Doing Business », 240
Cambodge
État du Cambodge, 11, 22, 68, 244, 279, 298, 317, 319
Kampuchéa démocratique, 10
République khmère, 9, 18

Sângkum Reastr Niyum, 6
CCI, 134
CETC, 91, 92, 93, 115, 116, 216, 220, 273, 274, 275, 285, 433
CHEM Sgnuon, 87
Chine
Initiative de la Route du Soie, 323
Civil code
Code civil japonais, 287
CNS, 68, 251, 279, 290
CNUCED, 134
Code civil
Code civil cambodgien de 1954, 200
Code civil japonais, 349
Code civil napoléonien de 1804, 288
Incompatibilités potentielles, 200
Lois spéciales, 201
Code civil allemand, 287
Code civil français
GRIMALDI, 36
Code de procédure pénale
CASTEL, 68
COHCHR, 132, 134
Common Law
Anglophonie, 37
Case law, 38
Droit américain, 39
Equitable remedies, 340
Jurisprudence, 38, 43, 49, 91, 115, 117, 231, 268, 292, 302, 308, 310, 311, 329, 331, 335, 345
Méthodes d'interprétation, 341
Règle du précédent judiciaire, 38
Statute law, 330
Constitution
Constitution de 1947, 15
Constitution de 1972, 18
Constitution de 1976, 19
Constitution de 1981, 21
Constitution de 1993, 25, 26, 66, 94, 110, 111, 118, 121, 152, 205, 212, 227, 228, 231, 244, 250, 254, 267, 279, 284, 303, 305, 313, 318
Constitution de 1993
Aspects transformatifs, 112
Continuité juridique, 281
Cour constitutionnelle, 18, 283
Crise asiatique de 1997, 85
Crise financière mondiale, 2, 55, 56
CRJ, 313
CSM, 316, 317
Culture
Doctrine sur le Bouddhisme, 333
Doctrine sur le Confucianisme, 334
HOFSTEDE, 332
Démocratie
Approche développementale, 83
Approche politique, 83

Droits de l'homme, 85
État de droit, 19, 25, 72, 73, 82, 86, 88, 101, 115, 121, 125, 217, 226, 229, 240, 252, 256, 274, 279, 283, 289, 297, 299, 312, 313, 319, 320
PEOU, 80
Sécurité humaine, 84
Doctrine, 44, 254, 307, 308, 309, 310, 311
GHESTIN et BARBIER, 307
Production doctrinale, 310
Doctrine du contrôle constitutionnel, 282
Doctrine du contrôle judiciaire, 282
Droit
Common Law, 37, 81, 96, 116, 130, 207, 224, 236, 252, 268, 282, 322, 326, 327, 329, 330, 331, 335, 336, 337, 338, 341, 345, 346
Droit processuel, 235, 237
Droit allemand
Droit civil allemand, 349
Rechtsvergleichung, 33
Droit américain
American Law Institute, 330
Bill of Rights, 39
Corporations Act, 71
État fédéral, 39
Restatements, 330
UCC, 331
Droit cambodgien, 112, 278, 287, 292, 305
Classification des contrats, 347
Code civil, 9, 200
Code d'enquête criminelle de 1911, 13
Code d'organisation judiciaire de 1911, 13
Code de procédure civile, 87, 98, 101, 199, 200, 203, 285, 288, 317, 320
Code de procédure civile de 1963, 288
Code de procédure civile de 2006, 70
Code de procédure en matière civile de 1938, 14
Code de procédure pénale, 69, 285, 317
Code pénal de 1924, 14
Dimension linguistique, 292
Droit administratif, 26, 306, 309
Droit coutumier, 145
Dualité d'ordres juridictionnels, 305
GOUR, 139
Hiérarchie des lois, 138
Influence de la Common Law, 102
Loi du Travail, 244, 245
Loi Foncière, 244
Loi sur l'Application du Code civil, 214
Loi sur l'Arbitrage commercial, 71, 201, 270
Loi sur les Parties politiques, 27
Présomption de culpabilité, 317
Processus législatif, 150
Rôle minime de la doctrine, 309
Sources d'obligations, 347
Sources documentaires, 136
Sources formelles, 137

Sources matérielles, 137
Sources non obligatoires, 138
Sources obligatoires, 138
Système romano germanique, 13
Droit civil, 3, 18, 79, 199, 207, 222, 224, 235, 236, 237, 243, 268, 269, 273, 277, 281, 282, 284, 285, 286, 305, 306, 322, 327, 329, 330, 331, 335, 336, 337, 341, 346
Division entre Droit privé et droit public, 230
Droit civil comparé
DAVID, 32
Droit comparé
CARPANO et MAZUYER, 32
Convergence, 328, 330
DAVID, 35
Différences structurelles, 328
Fonctionnalisme, 41
Force majeure, 338
Grandes traditions juridiques, 35
HOECKE, 32
KAHN-FREUND, 51, 53, 58, 59, 61, 62, 63, 77, 80, 102, 211
LAMBERT, 33
LEGRAND, 49, 292
MARSH, 60, 61, 95
Méthode analytique, 42
Méthode comparative, 41
Méthode du droit en contexte, 43
Méthode du noyau commun, 45
Méthode fonctionnelle, 40
Méthode historique, 44
Méthode structurelle, 41
Méthodes de recherche comparative, 40
MONTESQUIEU, 48, 49, 51, 53, 58, 61, 62, 89, 237, 256
PFERSMANN, 33
ROBAYE, 138
SACCO, 43, 44, 207
Traduction juridique, 339
Traité de droit comparé de 1950, 35
WATSON, 44, 58, 62, 350
ZWEIGERT et KÖTZ, 32, 35, 40
Droit comparé de la Common Law et du droit civil
Rapprochement de la Common Law et du droit civil, 330
Droit de la propriété intellectuelle, 247, 270, 325
Droit du contrat
Principes d'UNIDROIT, 346
Principes du droit européen des contrats, 346
Règles coutumières, 325
Droit français
Code civil français, 14, 36, 77, 98
Droit international privé, 224, 235, 270
Droit international public, 223, 224, 249
Droit islamique, 54
Droit privé, 38, 41, 42, 79, 222, 223, 224, 235, 237, 242, 246, 248, 250, 286
Droit commercial, 2, 4, 224, 235, 236, 271, 300, 328, 329, 331
Fondation, 340

Trust, 38, 43, 63, 329
Droit privé américain, 225
Droit privé français, 230
Droit public
Droit administratif, 79, 222, 223, 224, 229, 230, 231, 284, 306
Droit constitutionnel, 42, 156, 222, 223, 224, 249, 306
Droit financier, 224
Pouvoir public, 29, 222
Droit romano-germanique, 81, 82, 83, 116, 117, 130, 225, 252, 305
Droits de propriété intellectuelle, 56, 70, 182, 238, 257, 266, 271, 272, 449
Accord sur les ADPIC, 71
ECOSOC, 162
Évènement transformateur, 273
Facteurs constitutionnels et politiques
KAHN-FREUND, 57
Facteurs environnementaux
MONTESQUIEU, 57
FMI, 29, 88, 198, 199, 240, 249, 273
Francophonie, 2, 291
GATT, 29, 102, 185, 432
HENG, 10, 20
HUN, 11, 24, 31, 97, 192, 289
Politique gagnant-gagnant, 26
JENNAR, 15
KEAT, 227
Khmer Rouges
Angkar, 10, 20, 297
LEGEAIS, 34
Législation déléguée, 146
LON, 9, 18, 19
Nations Unies, 7
Conseil de sécurité des Nations Unies, 23, 110
NORODOM Ranariddh, 11, 24
NORODOM Sihanouk, 6, 11, 24, 279
OCDE, 86
OIT, 114, 261, 267, 439
Accession du Cambodge, 17
OMC
Accord Multifibres de l'OMC, 104
Accords de l'OMC, 29, 182, 184
Adhésion, 2, 4, 102, 123, 126, 127, 133, 164, 181, 199, 242, 246, 270, 271, 273
Arrangement multifibres, 259
Article XII de l'Accord de Marrakech instituant l'OMC, 28
Cadre intégré pour l'assistance technique liée au commerce pour les pays les moins avancés, 198
Engagements, 2, 4, 30, 31, 105, 127, 133, 134, 186, 248, 274
Harmonisation du droit commercial, 63
Plan d'action législatif national, 181, 183, 184, 199
Politique d'adhésion, 104
Programme de réformes législatives, 182
Protocole d'adhésion, 29
Réforme des politiques commerciales, 127
Réforme juridique, 181
Termes et conditions d'adhésion, 29

Traitement de la nation la plus favorisée, 184, 266
Traitement national, 184, 266
Unité de conformité juridique de l'OMC, 199
OMPI, 70
ONUDI, 134
Path-dependent, 153
PDSE, 124, 125, 187
PNRD, 4, 123, 125, 227
PNUD, 124, 133, 198, 218
Privatisation, 74, 89, 90, 108, 195, 234, 235, 245
Statuts généraux des entreprises publiques, 89
Protectorat français, 3, 6, 8, 15, 79, 277
Abolition de l'esclavage, 13
Convention de 1884, 13
Réformes juridiques, 12
Traité bilatéral, 12
Réforme constitutionnelle, 27
Réforme juridique, 3, 4, 50, 62, 104, 129, 130, 131, 133, 173, 187, 188, 189, 190, 241, 289, 312
Unité de réforme juridique, 187
Règlement alternatif des différends, 270
République Populaire du Kampuchéa. *Voir* RPK
ROBAYE, 136, 309
Royaume du Cambodge, 24
RPK, 108, 243, 278
Droit privé, 21
SAY, 269, 280, 309
SGP, 4, 257, 261
SIDA, 4, 132
Stratégie nationale de développement
MPNRD, 123
PDI, 127
Stratégie rectangulaire, 124
Stratégie triangulaire, 124
Système judiciaire cambodgien
Conseil suprême de la magistrature, 316
Contentieux administratif, 305
Loi de 1993 sur l'Organisation des tribunaux, 298
Loi sur l'Organisation et du fonctionnement du Conseil suprême de la magistrature, 314
Loi sur l'Organisation et le fonctionnement des Tribunaux, 313
Loi sur le Statut des juges et des procureurs, 304
Masse budgétaire, 301
Tribunal administratif de 1948, 15
Théorie de l'économie néoclassique
KAHN-FREUND, 89
LEGRAND, 89
Transplantation involontaire
ARMINJON, NOLDE et WOLFF, 76
Transplantation juridique, 45, 83
Aplatissement de la diversité économique et culturelle, 53
ARMINJON, NOLDE ET WOLFF, 45
CREPEAU, 46
Degré de transplantabilité, 53
Distortion ou biais, 96

Droit civil, 50
Géométrie variable, 52
Impératif économique, 102
Inconvéniences, 65
Influences sur le droit cambodgien, 64
KAHN-FREUND, 50
LEGRAND, 50
MARSH, 50
Mouvement moderniste néo-libéral, 75
Théorie des origines juridiques, 47
Théorie économique, 46
Volontarisme, 94
WATSON, 50
TSA
Better Factories Cambodia, 263
Cambodia National Rescue Party, 261
Conventions fondamentales de l'OIT, 262
Conventions fondamentales sur les Droits de l'homme, 261
Loi du Travail, 258
OIT, 258
UCJ, 162
UE, 74, 113, 128, 199, 257, 261, 262
UNICEF, 134
URDSE, 4, 218, 296

Table des matières

Remerciements **5**

Principales abréviations **7**

Introduction **9**

CHAPITRE I –
Aperçu historique des politiques et de leurs évènements transformatifs au Cambodge **13**

Le développement politique de la période précédant le Protectorat aux temps modernes 14
La période précédant le Protectorat : le droit régissant la société cambodgienne 17
La période du Protectorat : Le début de la transplantation du système juridique français 18
Période après l'Indépendance (1953 - 1970) : Développement du système juridique 20
La République Khmère et la guerre civile (1970 - 1975) : Point de départ de l'influence juridique américaine 21
Le Kampuchéa démocratique et son régime (1975 - 1979) : Démantèlement total du système juridique 22
La République populaire du Kampuchéa (1979-1989) : Reconstruction du système juridique sous l'influence socialiste 24
L'État du Cambodge (1989-1991) : Le début d'une transition 25
L'Autorité provisoire des Nations unies au Cambodge (1991-1993) : Lois et règlements provisoires imposés par l'ONU 25

CHAPITRE 2 –
Le Cambodge contemporain et les évènements transformatifs **27**

La Constitution de 1993 (1993-présent) : La transition vers la démocratie, l'économie de marché et le rétablissement de l'État de droit 27
Réinsertion régionale et mondiale : De l'ASEAN à l'OMC (1999-2004) : Présence des lois privées internationales 29
De l'OMC à la Communauté économique de l'ASEAN (2004-présent) : Consolidation de l'État de droit et approfondissement des lois privées 31

CHAPITRE 3 –
Expériences du Cambodge en termes de transplantation juridique **33**

Contexte historique 34
La tradition romano-germanique 36
La tradition de Common Law 37
Méthodes de recherche comparative 39

Théories et concepts sur la transplantation juridique ... 43
Comprendre Montesquieu, le pionnier du droit comparé, sur « De l'Esprit des Lois » ... 45
Les points de vue des juristes contemporains sur la question des transplantations juridiques : Kahn-Freund, Legrand, Watson et Marsh ... 46
Méthodes pour la recherche comparative en droit ... 54
Le Cambodge dans le contexte théorique du droit comparé ... 54

CHAPITRE 4 –
Justification des motifs de transplantation juridique ... 57
Vestige de la transplantation du système juridique au Cambodge ... 57
Diversité de cette transplantation juridique ... 60
Transplantation ad hoc des lois ... 62
Transplantation involontaire ... 66
Facteurs politiques ... 68
Approche des donateurs bilatéraux ... 70
Approche des donateurs multilatéraux ... 74
Transplantation volontaire ... 78

CHAPITRE 5 –
L'aide au développement et son influence sur la transplantation bi-juridique au Cambodge ... 87
Aide au développement axée sur la démocratie, les droits de l'homme et la reconstruction de l'État ... 87
Les conditions favorisant des changements transformatifs ... 88
L'engagement envers la démocratie et les droits de l'homme façonné par les Accords de Paris ... 90
Efforts concentrés sur la reconstruction institutionnelle de l'État ... 96

CHAPITRE 6 –
Stratégies des bailleurs de fonds sur l'aide au développement et les programmes de réforme du gouvernement ... 99
Les grands évènements ayant eu une influence sur l'aide au développement ... 99
Programme de réforme pour la reconstruction, la réhabilitation et le développement ... 101
Principaux programmes d'aide au développement ... 104
Politique de l'aide des agences bilatérales ... 106
Politique de l'aide des bailleurs de fonds multilatéraux ... 107

CHAPITRE 7 –
Examen des lacunes du processus législatif cambodgien ... 111
Les sources internes du droit cambodgien ... 112
La législation et la hiérarchie des lois ... 113
Le droit coutumier ... 118

Problèmes de la législation déléguée 119

CHAPITRE 8 –
La faiblesse de la rédaction législative comme cause principale des mélanges **123**
Le processus législatif au Cambodge 123
Lacunes dans le continuum du processus de rédaction et d'adoption de la législation 128
Lacunes dans le processus de rédaction des lois par le ministère de tutelle 131
Lacunes dans le processus d'adoption des lois au niveau de l'Assemblée nationale 139
Lacunes dans le processus d'examen des projets de loi au niveau du Sénat 142
Le processus de promulgation et de révision constitutionnelle 143

CHAPITRE 9 –
Les facteurs à l'origine des lacunes juridiques **145**
Hypothèses politiques erronées entre les liens juridiques et économiques 145
Succès dans les réformes économiques envers l'insuffisance des réformes juridiques 149
L'absence de leadership ministériel clair mène à un statu quo législatif au niveau sectoriel 154
Prolifération des lois spéciales dictée par les forces du marché et les engagements liés à l'adhésion à l'OMC 158
Études de cas d'incohérence des lois spécialisées avec le Code civil 160
Conflits sur les techniques de rédaction 163
Amendements ou abrogations de dispositions contradictoires 167
Absence d'une base de données juridique complète pour appuyer la rédaction législative 169

CHAPITRE 10 –
Développement du droit public et du droit privé **175**
Une politique démesurée entre la gouvernance et le développement économique et ses effets sur les types de lois adoptées 175
Domination du droit public après la période de paix 177
Faible émergence du droit privé pendant la période d'intégration 184
Vagues de développement du secteur privé et les effets sur la renaissance du droit privé 190

CHAPITRE 11 –
L'influence des pays donateurs sur le droit international public et privé **195**

Les « moments historiques » de l'acceptation des normes juridiques internationales 195
Greffes des instruments des Nations Unies en matière de droits de l'homme dans la Constitution 198
Effets du Système généralisé de préférences (SGP) 201
Coopération et pressions internationales 202
Incertitude dans la distinction entre le droit civil et la Common Law en droit international 207
Influence du droit international privé et des lois internationales types 210
Influence du droit international public dans le système judiciaire cambodgien 213

CHAPITRE 12 –
Causes et effets des transplantations juridiques sur le système juridique cambodgien 217
Facteurs façonnant le plein retour du Droit civil au Cambodge 217
Réintroduction des codes et achèvement du processus du plein retour au droit civil 223
Facteurs linguistiques et facteurs liés à l'éducation 227

CHAPITRE 13 –
Évènements transformatifs du système judiciaire 233
Dépendance du parcours historique 233
La magistrature cambodgienne porteuse d'un lourd héritage du passé 234
Le système judiciaire cambodgien à un tournant dans sa recherche de son identité : Divergence du parcours historique 238
Efforts de réforme de la magistrature 244
Progrès dans la réforme des procédures judiciaires 247

CHAPITRE 14 –
Effets de deux systèmes juridiques au niveau de la mise en œuvre des transactions commerciales 251
Différences structurelles commerciales entre le droit civil et la Common Law 251
La nature des contrats internationaux 254
Les dimensions juridiques régionales 255
Différences structurelles entre les deux systèmes juridiques 256
Rapprochement de la Common Law et du droit civil 257
La culture et ses effets sur les négociations contractuelles 258
Les différences culturelles et leurs effets sur le règlement des différends 260
L'importance de la langue dans le traitement des clauses contractuelles internationales 261

CHAPITRE 15 –
L'interprétation du contrat en droit civil et en Common Law **265**
Comment le tribunal tente-t-il d'interpréter l'intention « subjective » des parties ? 265
Droit Cambodgien sur les obligations 269
Règles d'interprétation de contrat au Cambodge 271

Propositions de réforme **275**

Conclusion **307**

Annexes **315**

Bibliographie **327**

Index **349**

Structures éditoriales du groupe L'Harmattan

L'Harmattan Italie
Via degli Artisti, 15
10124 Torino
harmattan.italia@gmail.com

L'Harmattan Hongrie
Kossuth l. u. 14-16.
1053 Budapest
harmattan@harmattan.hu

L'Harmattan Sénégal
10 VDN en face Mermoz
BP 45034 Dakar-Fann
senharmattan@gmail.com

L'Harmattan Cameroun
TSINGA/FECAFOOT
BP 11486 Yaoundé
inkoukam@gmail.com

L'Harmattan Burkina Faso
Achille Somé – tengnule@hotmail.fr

L'Harmattan Guinée
Almamya, rue KA 028 OKB Agency
BP 3470 Conakry
harmattanguinee@yahoo.fr

L'Harmattan RDC
185, avenue Nyangwe
Commune de Lingwala – Kinshasa
matangilamusadila@yahoo.fr

L'Harmattan Congo
219, avenue Nelson Mandela
BP 2874 Brazzaville
harmattan.congo@yahoo.fr

L'Harmattan Mali
ACI 2000 - Immeuble Mgr Jean Marie Cisse
Bureau 10
BP 145 Bamako-Mali
mali@harmattan.fr

L'Harmattan Togo
Djidjole – Lomé
Maison Amela
face EPP BATOME
ddamela@aol.com

L'Harmattan Côte d'Ivoire
Résidence Karl – Cité des Arts
Abidjan-Cocody
03 BP 1588 Abidjan
espace_harmattan.ci@hotmail.fr

Nos librairies en France

Librairie internationale
16, rue des Écoles
75005 Paris
librairie.internationale@harmattan.fr
01 40 46 79 11
www.librairieharmattan.com

Librairie des savoirs
21, rue des Écoles
75005 Paris
librairie.sh@harmattan.fr
01 46 34 13 71
www.librairieharmattansh.com

Librairie Le Lucernaire
53, rue Notre-Dame-des-Champs
75006 Paris
librairie@lucernaire.fr
01 42 22 67 13

www.ingramcontent.com/pod-product-compliance
Lightning Source LLC
LaVergne TN
LVHW011154061026
849535LV00003B/726